EXPERIENCE
Media Strategies in an Immersive Visual Culture

Frits Gierstberg
Bas Vroege

'The war on terrorism, in which President Bush has now called in the support of Tom Cruise and Cameron Diaz, will simply have to be put on hold. Hollywood has something else on its mind: the war against a monster that is stealthily creeping into the American living room. A rectangular al-Qaida, filled with transistors, leads and cables: the digital video recorder,' wrote journalist Frank van Workum in *de Volkskrant* newspaper on August 29, 2002. The reason for the excitement? Not the fact that the digital video recorder (DVR) is capable of learning the viewing preferences of its owner, making an online match with the transmission schedule and then automatically recording favourite programmes – no matter how wonderful – but the fact that these little devices are capable of detecting the advertising intermissions and skipping them. The manufacturers of this 'digital ad killer' were promptly summoned before the courts by a group of media companies that saw their advertising revenues under threat. Pending a judgement, they have already put countermeasures in place to confuse the software in the 'smart' little box. At which their adversaries – to nobody's surprise – set about making the machine immune for the dodging and weaving of the advertisers.

This example is characteristic of the rat race in which today's media creators and media consumers are entangled. The root of it is that the visual media influences our world-view, our behaviour and our thinking to an ever-greater degree. We live in an age in which we have to process a burgeoning quantity of images and media messages: from art to entertainment and from news to advertising, and everything in between – from infotainment to advertorial. This 'visual culture' is reinforced by economic and technological progress. Each of us

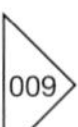

009

Claude Closky, *World News*, 2002, 16/9 plasma monitor, computer, blue adhesive, silent. Exhibition view: Jennifer Flay Gallery, Paris

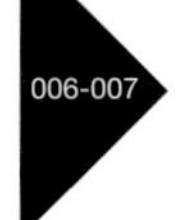

006-007

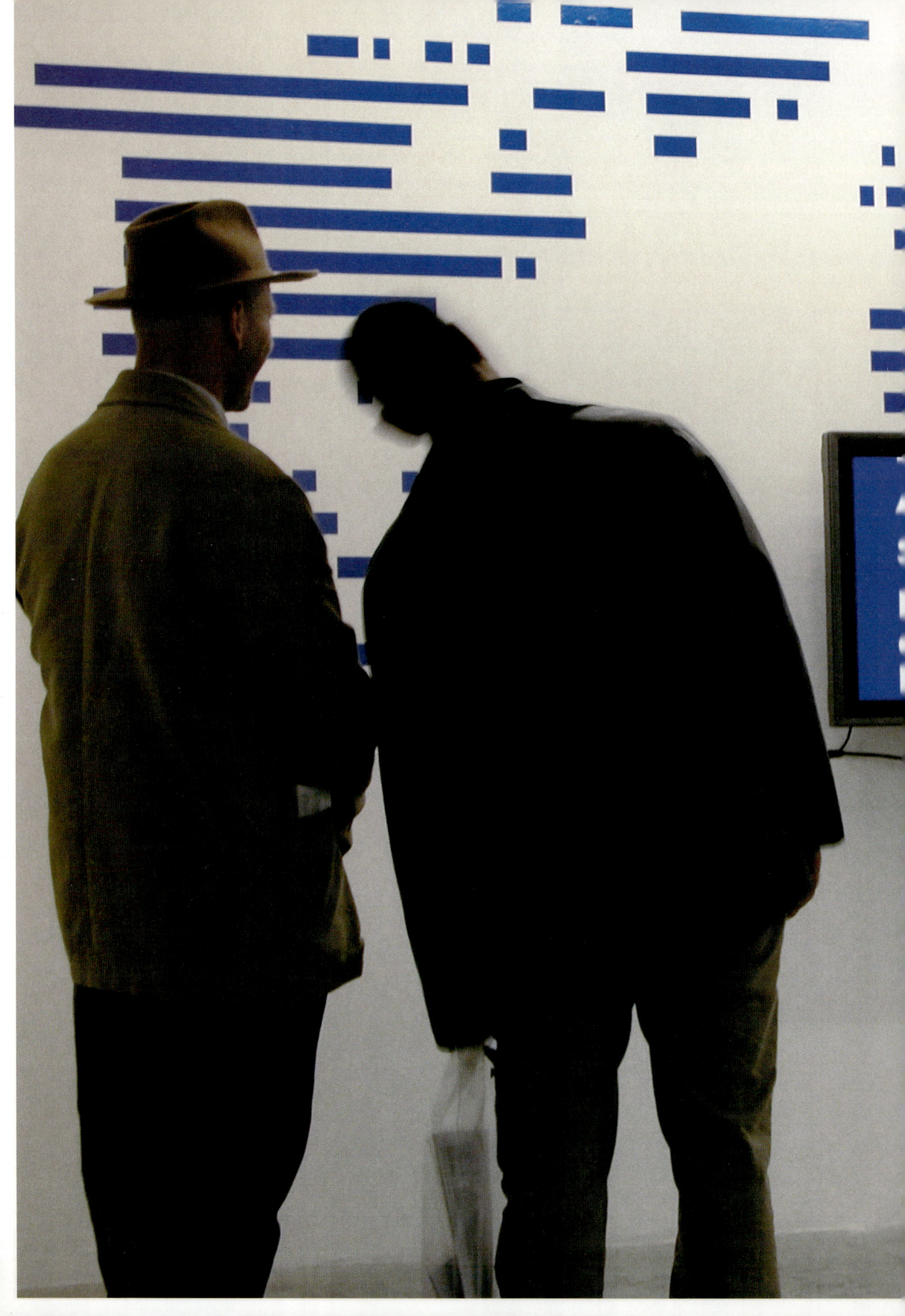

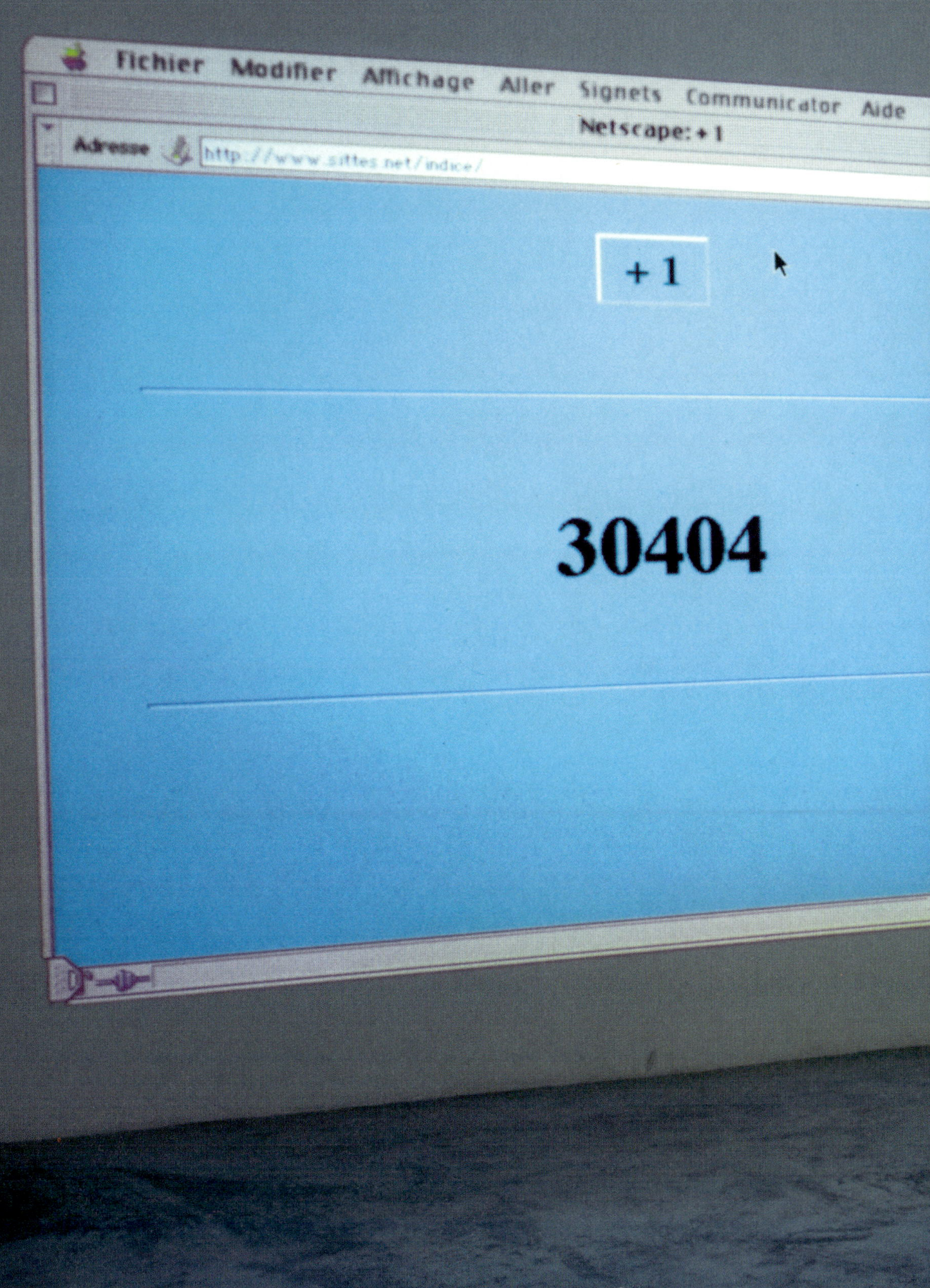
Fichier Modifier Affichage Aller Signets Communicator Aide
Netscape: +1
Adresse http://www.sittes.net/indice/
+1
30404

"*And what does it remind me of? Nothing, anonymous, anywhere, anything place. Like the back-ground to a more interesting pic-ture, like a composite of non-distinctive elements*"

EXPERIENCE, the media rat race
photography, art, architecture, fashion, publicity, advertising, entertainment, technology

Foto Biënnale Rotterdam V
NAi Uitgevers/Publishers, Rotterdam
Nederlands fotomuseum, Rotterdam

Editors: Frits Gierstberg & Bas Vroege

CHANTAL AKERMAN
BIG BROTHER
DAVID CLAERBOUT
CLAUDE CLOSKY
BIJLMER CRASH
RINEKE DIJKSTRA
FAT
ANDREAS GURSKY
ALFREDO JAAR
OSAMU KANEMURA
GERALD VAN DER KAAP
KESSELSKRAMER
RALPH KÄMENA / SCHIE 2.0
TARA KARPINSKI
MAGAZINES: I-D, PURPLE, TANK, BLAG, ADDICT!
BRUCE MAU

Claude Closky, *+1*, 2000, internet connection, computer, video projector, table
Installation view: Jennifer Flay Gallery, Paris

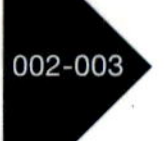

002-003

MONDOPHRENETIC
MVRDV
GEERT MUL
PHILIPS
STEFAN RÖMER
JOACHIM SCHMID
THOMAS STRUTH
FRANCIS SUMMERS
VERIFY
VIDEO GAMES
BILL VIOLA
MARKUS WEISBECK

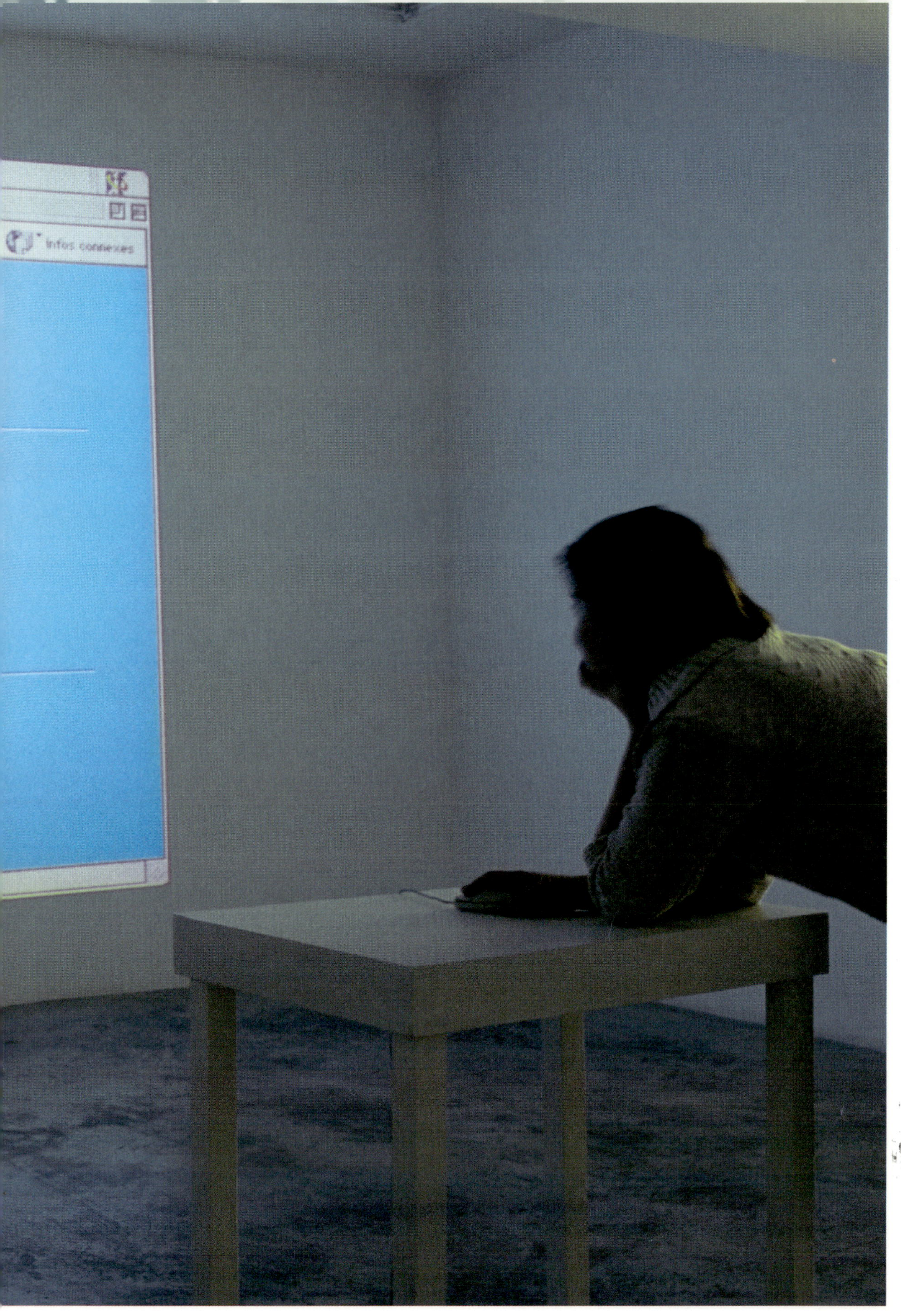

Infos connexes

EXPERIENCE
Mediastrategieën in een immersieve beeldcultuur

Frits Gierstberg
Bas Vroege

'De strijd tegen het terrorisme, waarvoor president Bush intussen ook de hulp heeft ingeroepen van Tom Cruise en Cameron Diaz, moet maar even wachten. Hollywood heeft iets anders aan zijn hoofd: de oorlog tegen een monster dat stilletjes de Amerikaanse huiskamer binnensluipt. Een vierkante Al Qa'ida, gevuld met transistoren, snoeren en kabels: de digitale videorecorder' schreef *Volkskrant*-journalist Frank van Workum op 29 augustus 2002. Reden voor de opwinding: niet dat de digitale videorecorder in staat is om de programmavoorkeuren van zijn eigenaar te leren kennen, een match te maken met het online opgehaalde uitzendschema en vervolgens zelfstandig de favoriete programma's op te nemen – hoe prachtig ook – maar het feit dat deze apparaatjes in staat zijn om de reclameblokken te herkennen en over te slaan. De fabrikanten van deze 'digitale reclamekiller' werden prompt voor de rechter gedaagd door een aantal mediabedrijven dat zijn reclame-inkomsten bedreigd zag. In afwachting van het vonnis namen ze alvast tegenmaatregelen om de software van het slimme kastje te ontregelen. Waarop de tegenpartij – dat zal niemand verbazen – aan de slag ging om het apparaat immuun te maken voor de slimmigheidjes van de reclamemakers.
Dit voorbeeld is typerend voor de *ratrace* waarin beeldmakers en beeldconsumenten vandaag de dag zijn verwikkeld. De oorzaak daarvan is dat ons wereldbeeld, ons gedrag en ons denken in toenemende mate worden beïnvloed door de visuele media. We leven in een tijdperk waarin we steeds grotere hoeveelheden aan beelden en mediaboodschappen te verwerken krijgen: van kunst tot entertainment en van nieuws tot reclame met alles wat daar inmiddels tussenzit: van infotainment tot advertorial. Deze 'beeldcultuur' wordt versterkt

005

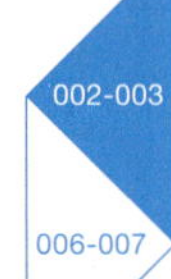

002-003

006-007

Claude Closky grijpt op minimale wijze maar met vaak maximaal effect in in de informatie en de beelden die de media ons voordurend aanreiken.
Closky's installatie *World News* bijvoorbeeld maakt gebruik van de eindeloze hoeveelheid nieuwsberichten zoals die continu en wereldwijd door persbureau's wordt verspreid. Op een videoscherm zien we teksten langskomen die veel lijken op korte nieuwsitems, maar waar steeds iets mee aan de hand is: de berichten zijn met elkaar vermengd geraakt en tot bizarre en betekenisloze informatie geworden. Closky's meest minimale werk is misschien wel het werk *+1*: op een internetsite zien we een button met een getal (met een blauwe hemel als achtergrond), waarop we kunnen klikken: het getal wordt bij iedere klik ééntje groter. Het is de ultieme manier om je aanwezigheid op het internet als individu kenbaar te maken, maar daar blijft het verder ook bij. In andere minimale werken plaatst hij een bestaand beeld tegenover zijn spiegelbeeld of presenteert hij een reeks betekenisloze neologismen. Zie www.sittes.net.

Claude Closky makes minimal interventions in the information and the images with which the media constantly bombard us – often to maximum effect.
Closky's *World News* installation, for example, makes use of the endless stream of news items that are incessantly distributed around the globe by press agencies. On a video screen we see a tickertape with texts that closely resemble short news items, but there is something odd about them: the newsflashes are jumbled, transforming them into bizarre and meaningless information. Closky's most minimal work is probably *+1*: on a webpage we see a clickable button with a number (with a blue sky as background), and with each click the number increases by one. It is the ultimate way to make one's individual presence on the Internet count, but that is just about all. In other minimal works he places an existing image alongside its mirror image, or he presents a series of meaningless neologisms. See www.sittes.net.

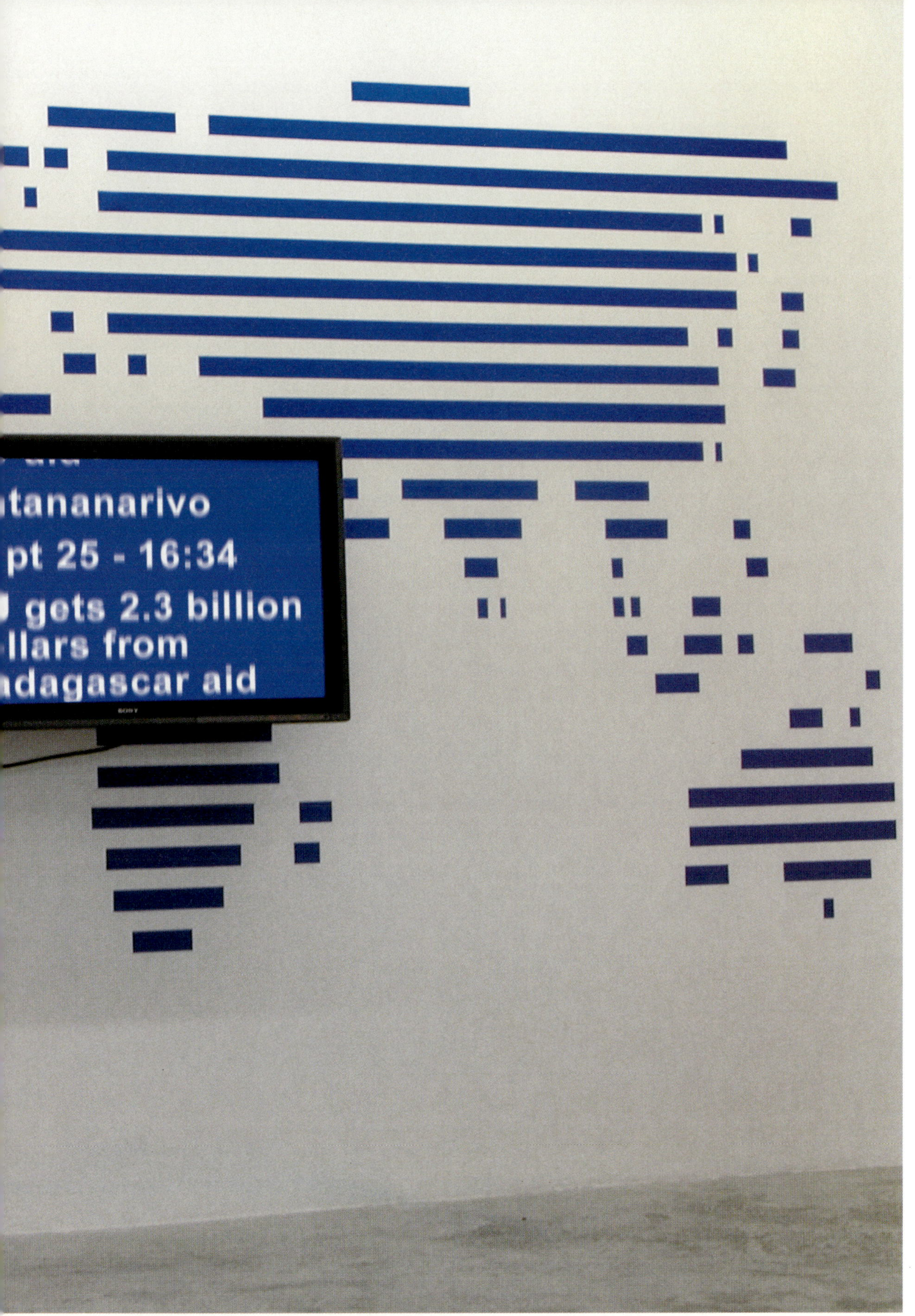
tananarivo
pt 25 - 16:34
gets 2.3 billion
llars from
adagascar aid

door economische en technologische ontwikkelingen. Ieder van ons moet steeds harder op zoek naar manieren om met de overvloed aan (visuele) informatie om te gaan. Daarmee groeit de behoefte aan hulpmiddelen zoals bovengenoemde digitale videorecorder (DVR, ook wel aangeduid als PVR, personal video recorder). Maar de economische belangen zijn groot, zoals het voorbeeld ook duidelijk maakt. Wanneer wij ons bewust of onbewust steeds beter weten af te sluiten van informatie, of immuun, geconditioneerd dan wel verveeld raken voor/van het dagelijkse bombardement van beelden, zijn er nieuwe technieken en strategieën nodig om ons als consument te bereiken (en te beïnvloeden). Dat geldt natuurlijk niet alléén voor commerciële beeldmakers: ook filmers, fotografen, beeldend kunstenaars, architecten, televisiemakers en (grafisch) vormgevers willen hun publiek kunnen blijven bereiken, om het even of het nu artistieke, journalistieke, ideologische of anderssoortige boodschappen betreft. Ook zíj zijn gedwongen om zich rekenschap te geven van de toenemende impact van de beeldcultuur en de reactie daarop van hun publiek. Die positie hoeft vanzelfsprekend niet bij voorbaat een defensieve te zijn: de hedendaagse mediamens is immers behoorlijk vaardig geworden en kan veel informatie tegelijkertijd verwerken. Onderdompeling in een geheel door elektronische media gecreëerde omgeving, die meerdere zintuigen tegelijkertijd aanspreekt, is hem niet langer vreemd. *Immersie* (onderdompeling) is een strategie die inmiddels op steeds meer gebieden wordt toegepast.

De uitdijende beeldcultuur dwingt onze hersenen tot het steeds vaker en sneller onderscheid maken tussen wat voor ons persoonlijk belangrijk of interessant is, en wat niet. Wij hebben daarvoor grotendeels onbewust een mentaal filter ontwikkeld dat ongewenste (lees: irrelevant geachte) visuele indrukken buitensluit als een vorm van persoonlijk informatiemanagement. De keuzes die wij daarbij maken, hangen af van onze gemoedstoestand, onze kennis, onze interesses en de omstandigheden: in het verkeer bijvoorbeeld maken we andere keuzes dan zappend voor de televisie. Maar ook het medium of de mediale context (bijvoorbeeld met tekst of met muziek, in de krant of in een museum) waarin de beelden tot ons komen zijn bepalend voor onze ontvankelijkheid ervoor en voor de manier waarop wij het aangereikte beeldmateriaal beoordelen en waarderen. Die mediale context is overigens snel aan het veranderen door de onderlinge 'versmelting' van verschillende media. Ieder digitaal bestand kan immers worden vertaald naar beeld, geluid, kleur, beweging etc. Waar vroeger sprake was van 'multimedia' is de integratie dankzij digitalisering veel ingrijpender en kan van de totale versmelting van media (bijvoorbeeld van film, video, fotografie, telefonie, televisie, radio onderling en/of met digitale netwerken) worden gesproken, die kenmerkend is voor het tijdperk van de 'postmedia'.
Het idee van het persoonlijke 'informatiemanagement' is natuurlijk niet nieuw, noch de behoefte aan hulpmiddelen daarbij. Misschien is de JA/NEE sticker op de brievenbus het meest eenvoudige voorbeeld. We zijn allemaal gewend dat onze internetprovider de 'spam' (ongewenste reclameboodschappen via e-mail) voor ons tegenhoudt en over niet al te lange tijd kan ieder huishouden overstappen op de eerder genoemde PVR. Apple introduceerde begin 2003 haar eigen webbrowser: *Safari*. Niet alleen de naam is significant (ruikt naar avontuur en is daarmee geheel in overeenstemming met het eigentijdse belevingsdenken), maar vooral ook

012

has to search harder and harder for ways to deal with the profusion of (visual) information. At the same time, there is a growing need for tools such as the DVR (also sometimes known as PVR, for 'personal video recorder'). But the economic interests are more than considerable, as the example makes clear. As we consciously or unconsciously come to better understand how to shut out information, or as we become immune, conditioned or bored with and/or by the relentless bombardment of images, then there is a need for new techniques and strategies in order to reach (and influence) us. the consumers. Of course that does not solely apply for commercial image producers: filmmakers, photographers, artists, architects, television producers and (graphic) designers also want to continue to reach their public, whether it be with messages of an artistic, journalistic or ideological nature, or any other. They too are forced to take into account the growing impact of visual culture and the public's reaction to it. The position taken does not necessarily have to be a defensive one: the contemporary, media-savvy man has, after all, become considerably skilled and can process a lot of information in an instant. Immersion in an environment that is created entirely by electronic media and addresses various senses simultaneously is no longer strange to him. Immersion is a strategy that is being applied in more and more areas.

The burgeoning visual culture forces our brains to make more frequent and more rapid distinctions between what is personally important or interesting for us, and what is not. In order to do this we have largely subconsciously developed a mental filter that excludes unwanted visual impressions (i.e. those considered irrelevant), like a form of personal information management. The choices that we make in this depend on our disposition, our knowledge, our interests and the circumstances: we make different choices when driving on the road to when zapping in front of the television, for example. The medium or the media context (via text or via music, in the newspaper or in a museum) in which we receive the message are also essential to our receptiveness to them, and for the way in which we judge and value the visual material presented to us. Apart from that, this media context is evolving rapidly due to the mutual 'fusing' of various media. Every digital file can be rendered in image, sound, colour, movement and so on. Whereas it used to be a case of 'multi-media', the integration afforded by digitization is much more profound, and it now goes as far as the complete fusion of media (e.g. combinations of film, video, photography, telephony, television and radio, with or without digital networks) which is characteristic of the 'post-media' age.

The idea of personal 'information management' is not new, of course, nor the demand for tools to do this. The Dutch example of 'YES/NO' stickers on personal letterbox, to indicate whether or not the resident wishes to receive free door-to-door advertising, is an obvious example. We are all accustomed to our Internet provider blocking 'spam' (unsolicited advertisements via e-mail) for us, and soon every household will be able to switch to PVR. Apple introduced its own web browser in early 2003: *Safari*. It is not just the name that is significant (hinting at adventure and thus perfectly suited to today's 'experience' mentality) but more especially the fact that the Mac user can eliminate the possibility of intrusive pop-up ads appearing on the desktop by 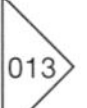 typing the key combination 'Command+K'.

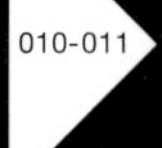

Herman Asselberghs, Els Opsomer, Rony Vissers, *Mondophrenetic™*, 2000

010-011

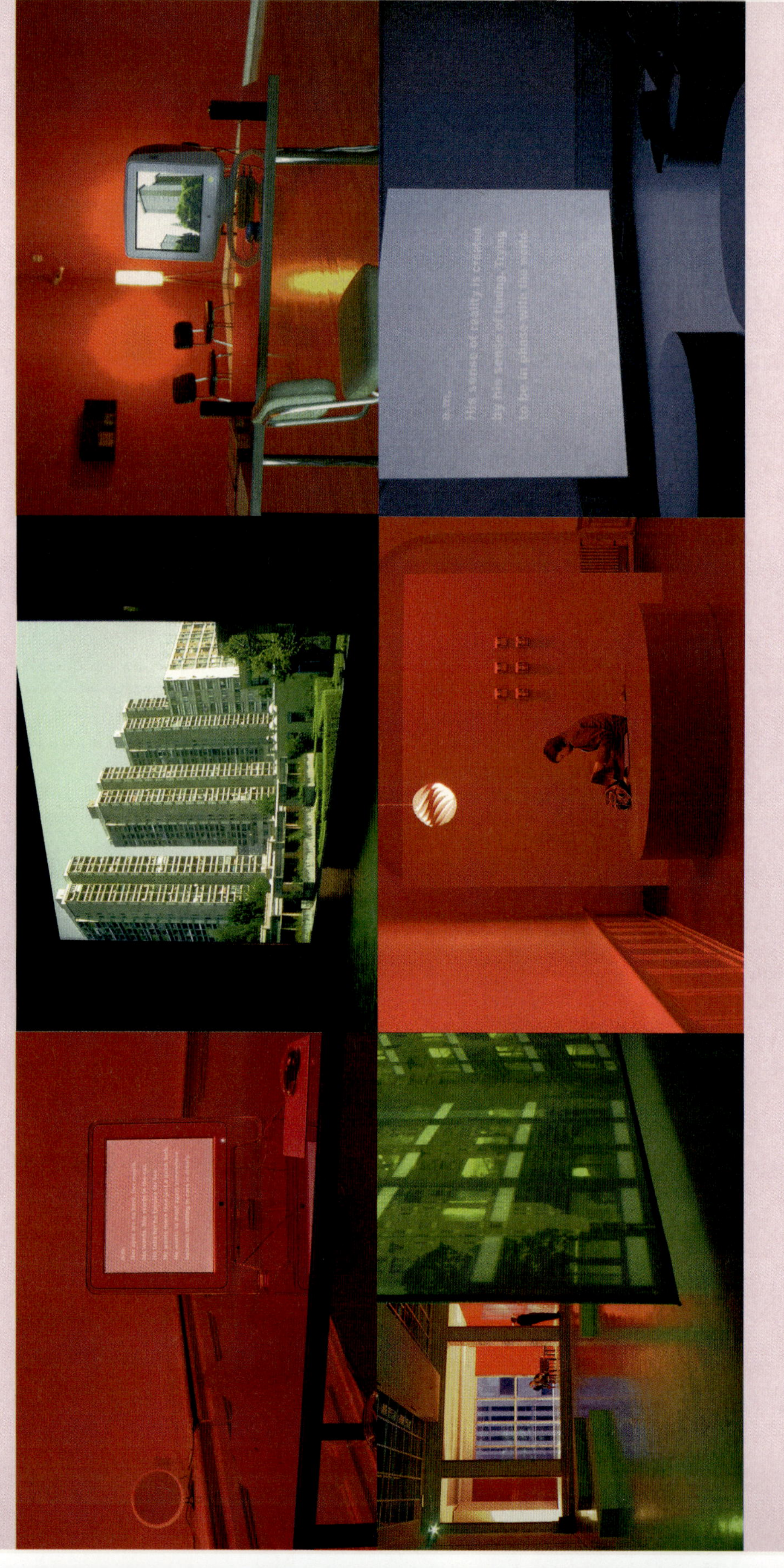

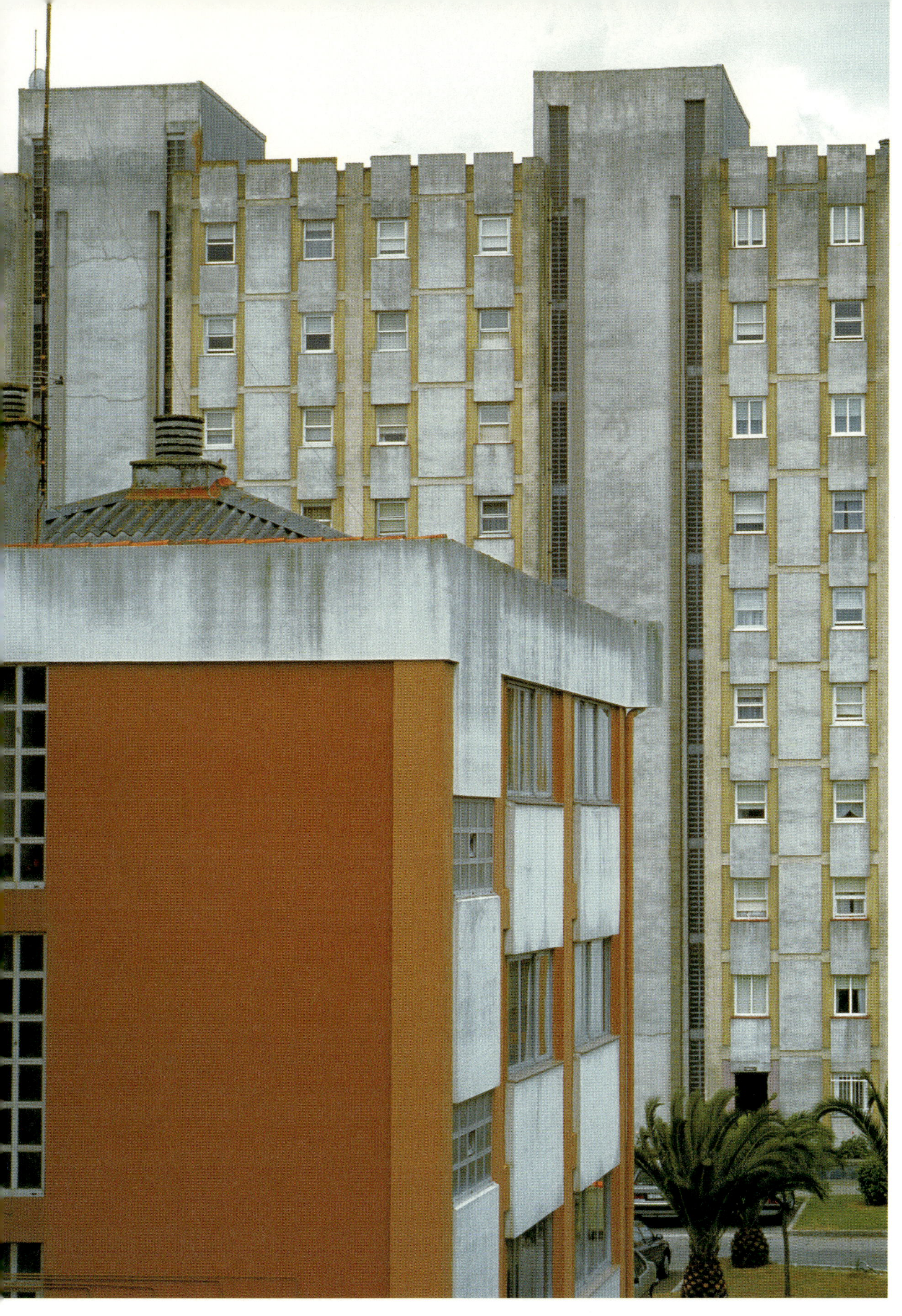

het feit dat de Mac-gebruiker door middel van de toetsencombinatie 'appeltje' K pop-up vensters geen kans meer geeft op de desktop te verschijnen.

De bedrijven die de 'filterapparatuur' ontwikkelen zijn opvallend genoeg vaak dezelfde als degenen die weer nieuwe apparaten op de markt brengen waarmee we nóg vaker, op nog meer momenten van de dag en in nog andere situaties allerlei mediaboodschappen kunnen ontvangen en/of over informatie kunnen beschikken. Een schijnbare paradox die vanuit commercieel perspectief maar al te begrijpelijk is. Of, in 'consumentengidsjargon': da's mooi twee keer verdienen aan je klanten...

De snelle ontwikkeling van de communicatietechnologie voor zowel woord als beeld zorgt ervoor dat we op allerlei manieren, 24 uur per dag, online zijn, dat wil zeggen aangesloten op het wereldwijde netwerk van mediaverbindingen – en dus ook bereikbaar! Modemerken en elektronicaconcerns bijvoorbeeld ontwikkelen samen 'wearable technology', kledingstukken met ingebouwd entertainment. Apple verkoopt via zijn website een snowboardjack van Burton AMP, waarin de succesvolle iPod MP3 speler is verwerkt. Het bedieningspaneeltje zit in de mouw verwerkt, je hoeft je handschoenen niet uit te trekken om een ander nummer te kiezen. Philips en Nike brengen samen 'wearable' MP3 spelers op de markt onder de naam PSA (Portable Sport Audio). Het leidt geen twijfel dat ook andere apparatuur op afzienbare termijn met kleding zal 'vergroeien'. Het is een ontwikkeling die overigens binnenkort ook in de huiskamers merkbaar zal zijn. Interactieve communicatie- en beeldtechnologie wordt in de nabije toekomst in onze 'smart homes' geïntegreerd. De centrale computer herkent de binnenkomende bewoner en laat zijn/haar favoriete muziek horen, bij zijn/haar favoriete kamertemperatuur. Ook bepaalt hij of 's morgens in de badkamer de beursberichten op het als scheerspiegel vermomde beeldscherm verschijnen, of een tekenfilmpje dat het goed tandenpoetsen bij de kinderen stimuleert. Als het aan Philips ligt, dat uitgebreid met deze 'ambient intelligence' experimenteert in het zogenaamde *Homelab* in Eindhoven, zorgt de immersieve technologie voor een compleet nieuwe 'woonervaring'.

In de reclame en marketing zien we een zelfde trend in het 'immersief' maken van de mediaomgeving, zodat er aan de boodschap niet meer valt te ontsnappen. Bij het mogelijk maken van die immersieve campagnes worden reclame- en marketingbureaus flink geholpen door de snelle ontwikkeling van de mediatechnologie. De komst van internet en van de mobiele (beeld)telefonie (naast de reclamebillboards op straat die langzaamaan worden vervangen door grootformaat videoscreens met bewegend beeld) maakt het voor hen mogelijk om de consument op vele uiteenlopende (en liefst ook onverwachte) plaatsen en momenten te bereiken en onder te dompelen in een continuüm van reclameboodschappen voor één en hetzelfde product. Alleen de advertentie in het tijdschrift of het spotje op de televisie volstaat niet meer, alle media worden zoveel mogelijk tegelijkertijd ingezet en het liefst zodanig dat er ook binnen de persoonlijke levenssfeer niet meer aan valt te ontsnappen. Moderne 'branding'-strategieën zijn op dit effect gericht (en stuiten daarbij op de weerstand van de anti-globaliserings- en 'no logo' bewegingen). Steeds meer modemerken kiezen ervoor om in eigen (thema)winkels – dus in een immersieve omgeving – hun product aan te bieden. Drankmerken als Hero en Breezer kiezen voor het 'reclamemonopolie' op het niveau van het individuele café of de strandtent. Bedrijven als

02(

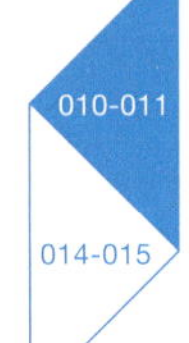
010-011

014-015

Mondophrenetic™ is een project van de Belgische kunstenaars **Herman Asselberghs**, **Els Opsomer** en **Rony Vissers**. Deze installatie is gebaseerd op de zintuiglijke, esthetische ervaring van troosteloze flatwijken in Brussel, Peking, New York, Kopenhagen, Bombay en talloze andere steden. In deze steden gemaakte foto's worden in de installatie zowel op een beeldscherm gepresenteerd als in de vorm van een doorlopende, met de computer gestuurde groot-formaat videoprojectie, begeleid door een indringende soundscape van de Britse componist en sound curator David Toop. De gefotografeerde plaatsen worden in deze presentatie geheel inwisselbaar. De toeschouwer laat zich meeslepen in een haast oneindige stroom van beelden, die aanzet tot reflectie op de moderne samenleving. Jean-Luc Godards beroemde film *Deux ou trois choses que je sais d'elle* heeft met *Mondophrenetic*™ een hedendaagse pendant gekregen. Het project kent een variant op internet (www.mondophrenetic.com) en in boekvorm (_wrapped_ , Santiago de Compostela, 2000).

Mondophrenetic™ is a project by the Belgian artists **Herman Asselberghs**, **Els Opsomer** and **Rony Vissers**. This installation is based on the sensual and aesthetic experience of desolate high-rise residential districts in Brussels, Peking, New York, Copenhagen, Bombay and countless other cities. In this installation, the photographs taken in these cities are projected onto a screen as well as being presented in the form of a continuous, computer-controlled large-format video projection, accompanied by a penetrating soundscape by the British composer and curator of sound David Toop. Presented in this manner, the photographed places are completely interchangeable. The audience is completely drawn into an almost infinite stream of images which prompt reflection on modern society. *Mondophrenetic*™ is a contemporary counterpart to Jean-Luc Godard's renowned film, *Deux ou trois choses que je sais d'elle*. There are variants of the project on the Internet, www.mondophrenetic.com, and in book form, _wrapped_ (Santiago de Compostela, 2000).

Surprisingly enough, the companies developing the 'filter tools' are often the same ones as are constantly launching new tools on the market so that we can receive media messages and/or can have information at hand at even more times of the day and in even more situations. It is an apparent paradox that makes perfect sense from a commercial perspective. Or, as 'consumer watchdogs' would put it, it's a good way to double the revenue from your clients.

The rapid development of communication technology for text as well as image means that we are 'online' in all kinds of ways 24 hours per day, i.e. connected into the worldwide network of media connections - and thus reachable as well! Fashion brands and electronics concerns, for example, are jointly developing 'wearable technology' – items of clothing with built-in entertainment. Apple, for example, sells a snowboarding jacket from Burton AMP that integrates the successful iPod MP3 player via its website. The little control panel is integrated in the sleeve, and you don't need to take off your gloves to choose a different track. Philips and Nike jointly market 'wearable' MP3 players under the name PSA (Portable Sport Audio). There is no doubt that other equipment will be 'spliced' with clothing in the foreseeable future. It is a development that will also soon be noticeable in our living rooms. Interactive communications and imaging technology will soon be integrated in our 'smart homes'. The central computer recognizes the residents as they enter, then puts on their favourite music and sets their preferred room temperature. In the bathroom in the morning, it also decides whether the stockmarket news appears on the screen masquerading as a shaving mirror or a cartoon film that encourages the children to brush their teeth properly. If it were down to Philips, which is ambitiously experimenting with what it calls 'ambient intelligence' in its 'HomeLab' in Eindhoven, then this immersive technology will provide an entirely new 'living experience'.

In advertising and marketing we can see a similar trend towards making the media environment 'immersive', so that there is no longer any way of escaping the message. The rapid evolution of the media technology has aided advertising and marketing agencies considerably in the production of these immersive campaigns. The arrival of Internet and mobile telephony, including the sending of photographic images (and alongside the advertising billboards on the street which are gradually being replaced by large-format video screens with moving images), makes it possible for them to reach consumers at a whole range of places and moments – preferably unexpected – and immerse them in a continuous flow of advertising messages for one and the same product. The advertisement in the newspaper or magazine or the advert on the television is no longer enough and, as far as possible, all media are employed simultaneously, and preferably in such a fashion that it is no longer possible to escape even when ensconced within one's personal universe. Modern 'branding' strategies focus on achieving this effect (and thus come up against the resistance of the anti-globalization and 'no-logo' movements). More and more fashion brands elect to present their products in their own retail outlets, which are often 'themed' - i.e. in an immersive environment. Drinks brands like Hero and Breezer opt for an 'advertising monopoly' at the level of the individual bar or beach cafe. Companies such as Grolsch, Vodafone and McDonalds have developed trendy video games on the Internet so that they have the full attention of

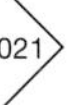
021

**Herman Asselberghs, Els Opsomer,
Rony Vissers**, *Mondophrenetic*™, 2000

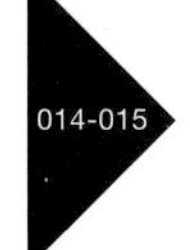
014-015

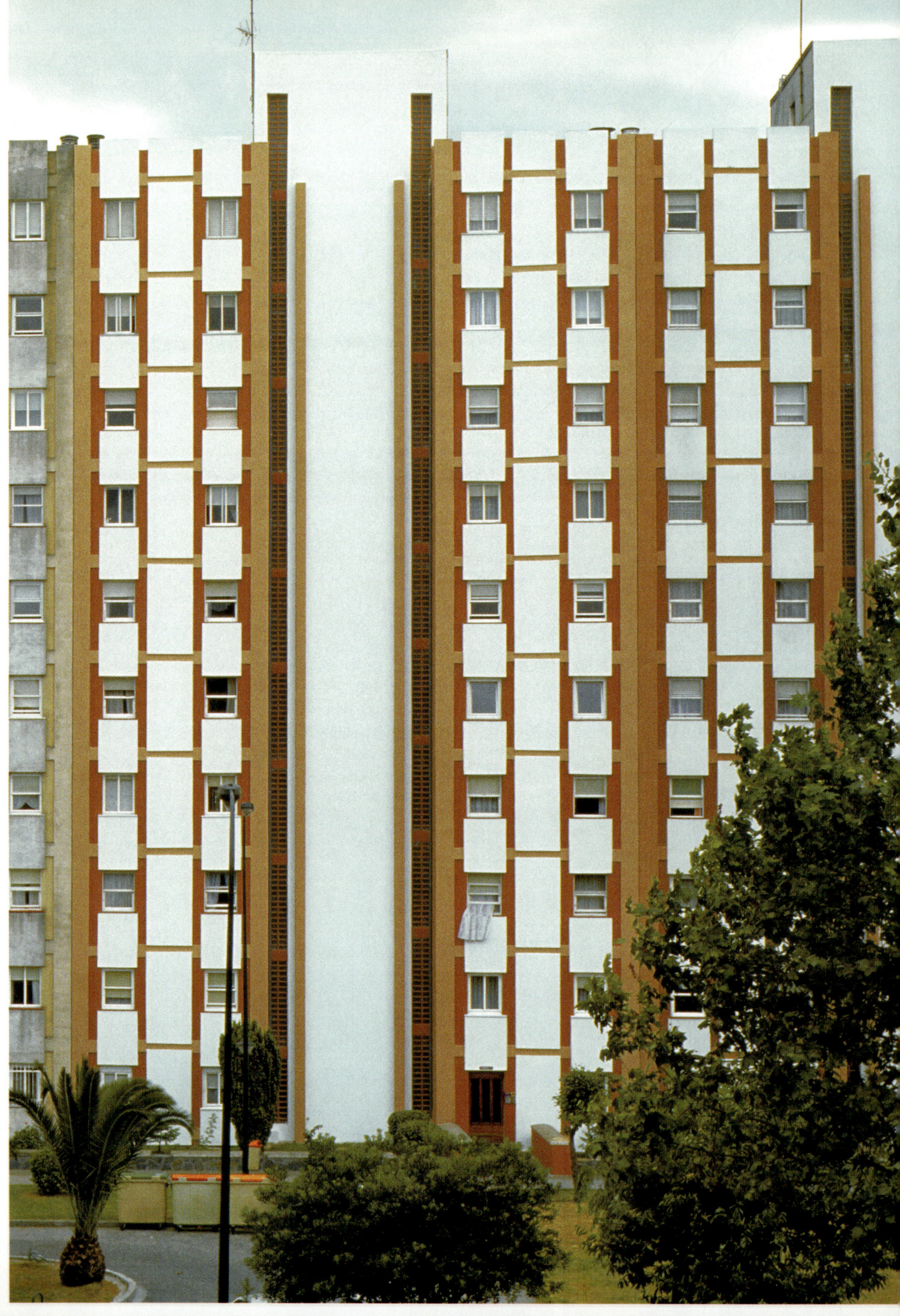

mondophrenetic™

an installation by HERMAN ASSELBERGHS _ ELS OPSOMER _ RONY VISSERS

development of the interactive concept, programming and technical advice: **ANDREAS KRATKY** / *music and soundscapes:* **DAVID TOOP** / *production:* **incident vzw** / *in co-production with* **bruxelles/brussel 2000**

with the support of the Flemish Community Commission of the Brussels Capital Region, the Belgian National Lottery, the Visual Arts Commission of the Flemish Community, the Fund 'Film in Flanders' and the Culture 2000 programme of the European Commission (Cityscape project)

Not wanting to live simply in memory. Not stopping to enjoy the present.

"Very real. When I'm out walking I focus on things like this too.
To me its only message is its own beauty it wants to express. Unretouched reality . . ."

"Heel werkelijk. Als ik buiten loop, ben ik ook op dergelijke dingen gefocust. Voor mij heeft het geen andere boodschap dan de eigen schoonheid die het wil uitdrukken. De realiteit zonder dat het gekunsteld is • • • "

Francis Summers,
Untitled - The Real Deal, 2001, video

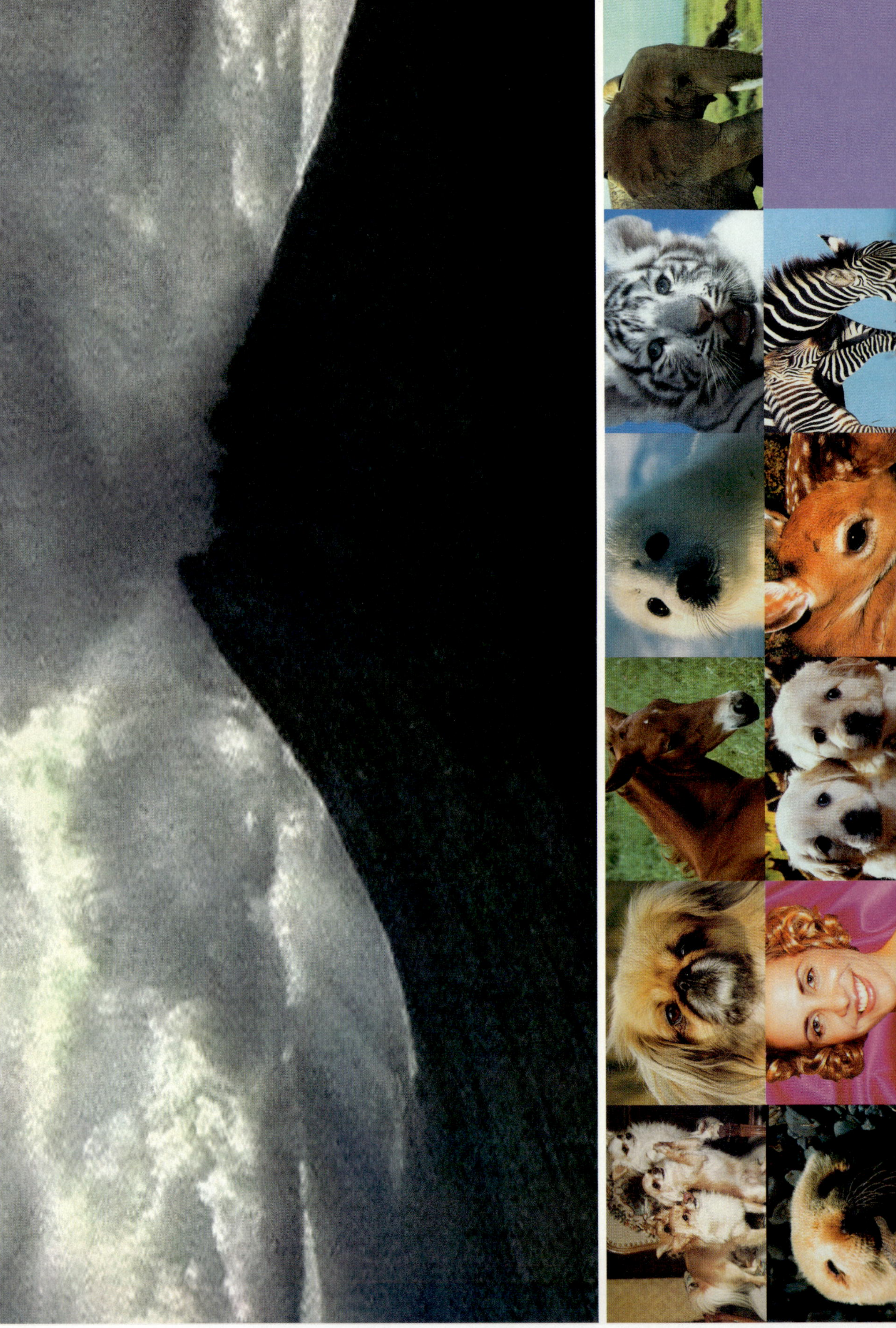

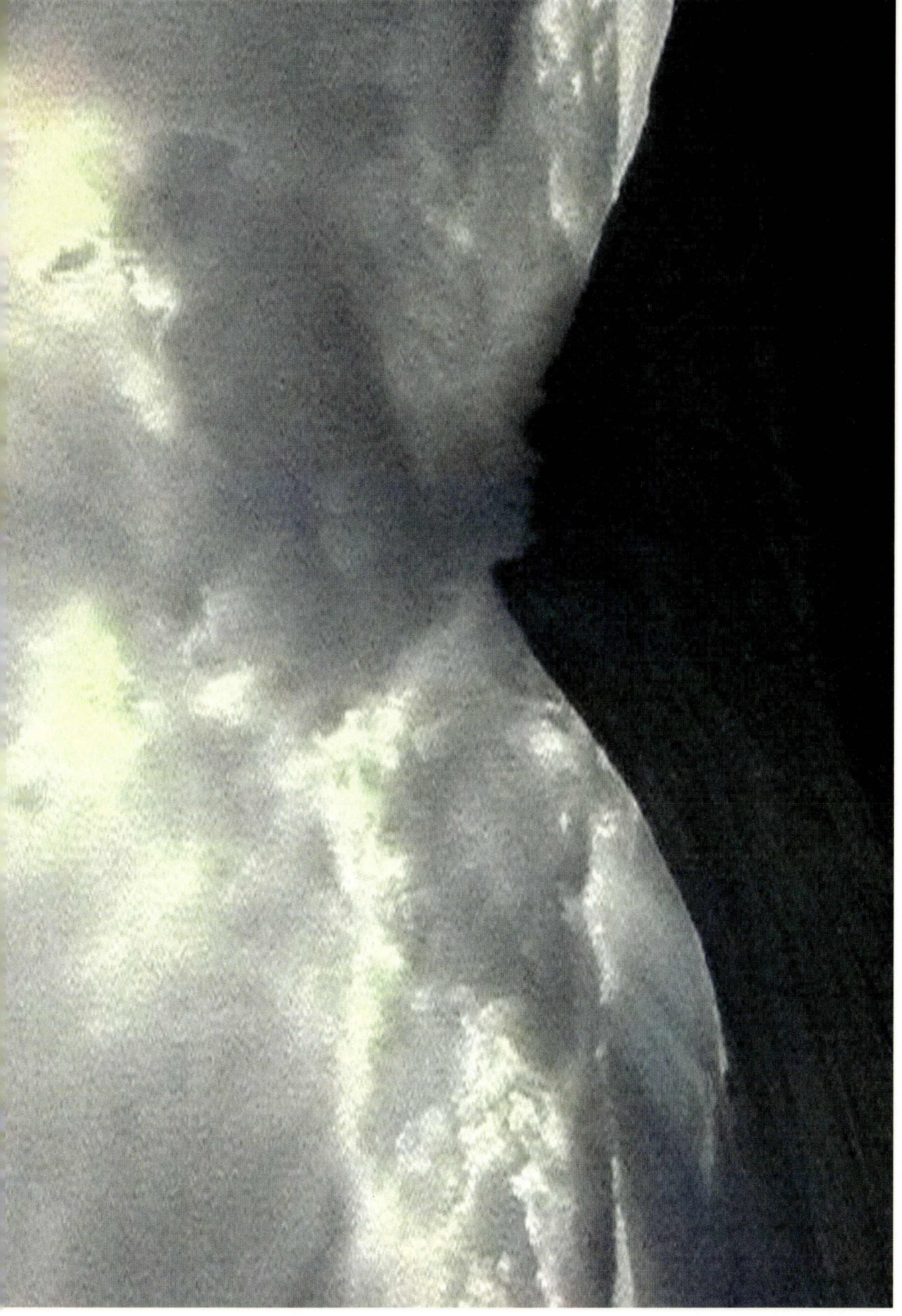

Grolsch, Vodafone en McDonalds ontwikkelen hippe videogames op internet om jonge consumenten met al hun aandacht in een spannende, maar commerciële omgeving te laten 'verblijven' (zogenaamde advergames of gamemercials).

Eén begrip komt in deze ontwikkelingen telkens weer terug: *experience*. De waarde of aantrekkelijkheid van een product of dienst wordt steeds meer in termen van de specifieke 'ervaring' aangeprezen, die de aankoop of het gebruik van het betreffende artikel de consument zal bieden. Zo opende Peugeot een Experience Center of kunnen we een Smirnoff Experience evenement bezoeken. Het *lifestyle* concept, dat de consument indirect aan een bepaalde sociale groep koppelt, staat niet langer voorop. Vanaf nu gaat het om de (individuele) beleving van het product. Stemmingen, emoties en sensaties worden opgeroepen. Belééf het! En dat kan het best bij een totale onderdompeling.

Kunst, media en entertainment

Maar ook op andere gebieden kunnen we een experience ondergaan. Tijdschriften als *Purple, TANK, More Food, Sec, Wish u were here xxx, Commons & Sense,* enz. weerspiegelen de beeldcultuur en bieden de kijker/koper de gelegenheid om eindeloos te bladeren en plaatjes te kijken. Oudere generaties 'lezers' (= kijkers van boven de dertig) bieden zij geen enkele houvast meer; voor hen vallen ze bij gebrek aan een betere term in de categorie 'betekenisloos'. Deze bladen, typerend misschien voor de huidige ontwikkeling van de beeldcultuur, bieden alleen nog maar beeld, beeld, en nog eens beeld en wie op zoek gaat naar enige samenhang of betekenis in de klassieke vorm verraadt zichzelf als behorende tot de verloren generatie van 'Barthesianen': kijkers op zoek naar een boodschap of een 'verborgen code' die het bestaan van het beeld legitimeert. Het idee dat je naar een beeldenstroom kunt kijken zonder te interpreteren – het 'kijken zonder zien' ofwel de pure 'kijkervaring' is hen volkomen vreemd.

Deze experience vormt het huiskamer- of lounge-equivalent van die van de bezoeker van de houseparty, die zich op het ritme van de muziek laat meeslepen in de beeldenwereld van de VJ. Interactieve bioscoopfilms, IMAX films en de speelhal met interactieve videogames in bewegende apparaten zijn andere bekende, niet minder populaire experience voorbeelden. Architecten ontwerpen hun gebouwen steeds vaker met het oog op ruimtelijke ervaringen. Zowel de interieurs als de integratie van gebouwen in de stedelijke context moeten belevingen opleveren en één uitstapje naar de Architectuurbiënnale in Venetië leert genoeg over de centrale, zeker niet alleen symbolische rol die immersieve multimediapresentaties spelen in het 'vertalen' van architectonische concepten.

Beeldend kunstenaars presenteren hun werk in driedimensionale installaties, waar de bezoeker kan binnentreden en het kunstwerk kan ervaren. Soms worden complete tentoonstellingen als 'ervaring' aangeboden. Discussies over het museum als 'ervaringsplek' worden steeds heviger, mede doordat de relatie tussen het (kunst)museum en de entertainmentindustrie steeds hechter lijkt te worden. Het hedendaagse museum wordt gedwongen te concurreren met andere aanbieders van vrijetijdsactiviteiten als natuur- en pretparken, ad hoc

024

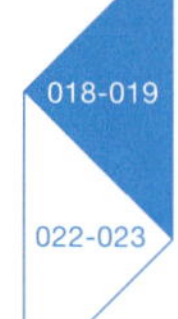

018-019

022-023

De Engelse kunstenaar en (voormalige) arts editor van het blad *Sleazenation* **Francis Summers** maakte een videowerk waarin trage filmbeelden van romantische zeegezichten, zonsondergangen en wolkenluchten voorkomen, die voortdurend op een irritante manier worden onderbroken door een razendsnelle montage van andere beelden, die overigens even clichématig 'mooi' zijn (konijntjes, poppetjes e.d.), maar die de kijkervaring telkens weer verstoren. Zelfs in hun eenvoudige presentatiewijze (op een monitor) creëren Summers' werken een omgeving van visuele en akoestische onrust en 'over-stimulation', die de alledaagse mediaervaringen in extreme vorm weerspiegelt. Summers spreekt van een soort 'cultural feedback machine', die door het gebruik van gevonden film-, televisie- en muziekfragmenten een nieuwe subjectiviteit genereert.

The English artist and former arts editor for *Sleazenation* magazine, **Francis Summers**, made a video work with slow-moving footage of 'Romantic' sea views, sunsets and cloudy skies. This footage is continually and irritatingly interrupted by a quick-as-lightning montage of other images, which are 'beautiful' in a clichéd sense (rabbits, dolls, etc.) but insistently disturb the act of watching. Despite their straightforward mode of presentation (on a monitor), Summers' works create an environment of visual and acoustic freneticism and 'over-stimulation' that mirrors everyday media experiences in the extreme. Summers refers to it as a 'cultural feedback machine', generating a novel subjectivity through its use of found film, television and music fragments.

young consumers during their 'stay' in an exciting but commercially driven environment (so-called 'adver-games' or 'gamemercials').

There is one word that comes back time and again in these developments: *experience*. The value or attractiveness of a product or service is increasingly hyped on the basis of the specific 'experience' which the purchase or use of the article in question will give the consumer. Peugeot, for example, has opened an 'Experience Center' or we can visit a Smirnoff Experience event. The 'lifestyle' concept, which indirectly links the consumer with a specific social group, is no longer the leading priority. From now on it is about the experience, individually or as part of a group, of the product. Enterprises want to evoke moods, emotions and sensations. Experience it! And that can be best achieved with complete immersion.

Art, media and entertainment

We can also have an experience in other areas. Magazines like *Purple*, *TANK*, *More Food*, *Sec*, *Wish u were here xxx*, *Commons & Sense* reflect the visual culture and offer the viewer/buyer the opportunity to endlessly leaf through them and look at pictures. They offer absolutely nothing substantial for older generations of 'readers' (i.e. viewers/audience over thirty), for whom these publications fall into the category of 'meaninglessly irrelevant', for want of a better term. Perhaps typical of the latest developments in visual culture, all that these magazines offer is picture after picture after picture, and anyone looking for any cohesion or meaning in the classic sense betrays him- or herself as a member of the lost generation of 'Barthesians' – an audience searching for a deeper meaning or a 'secret code' which legitimizes the existence of the image. The notion that you can look at a stream of images without exercising some interpretation – 'looking without seeing' or the pure 'viewing experience' – is completely alien to them.

This experience constitutes the living-room or lounge equivalent of clubbers at a house party, swept along in the world of VJ images to the beat of the music. Interactive cinema films, IMAX films and the gaming arcades with interactive video games in lurching machines are other familiar but no less popular examples of 'experience' machines. Architects increasingly design their buildings with a view to the spatial experiences. The interiors and the integration of buildings in the urban context must both generate experiences, and one visit to the Architecture Biennial in Venice says enough about the pivotal and certainly not just symbolic role played by immersive multimedia presentations in the 'translation' of architectonic concepts.

Artists present their work in three-dimensional installations that the public can enter, making it possible for them to experience the work of art. Sometimes complete exhibitions are presented as an 'experience'. Discussions about the museum as a 'place of experience' are becoming ever more heated, in part because the gap between the (art) museum and the entertainment industry seems to be shrinking. The modern-day museum has to compete with other providers of leisure activities, like nature and amusement parks, ad-hoc events like concerts and theme days, shopping centres and multiplex cinemas, all of which move with the  025 times, whether by choice or necessity, in order to survive.

Francis Summers,
Untitled - The Real Deal, 2001, video

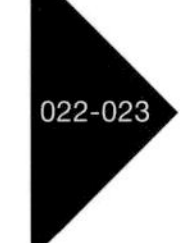

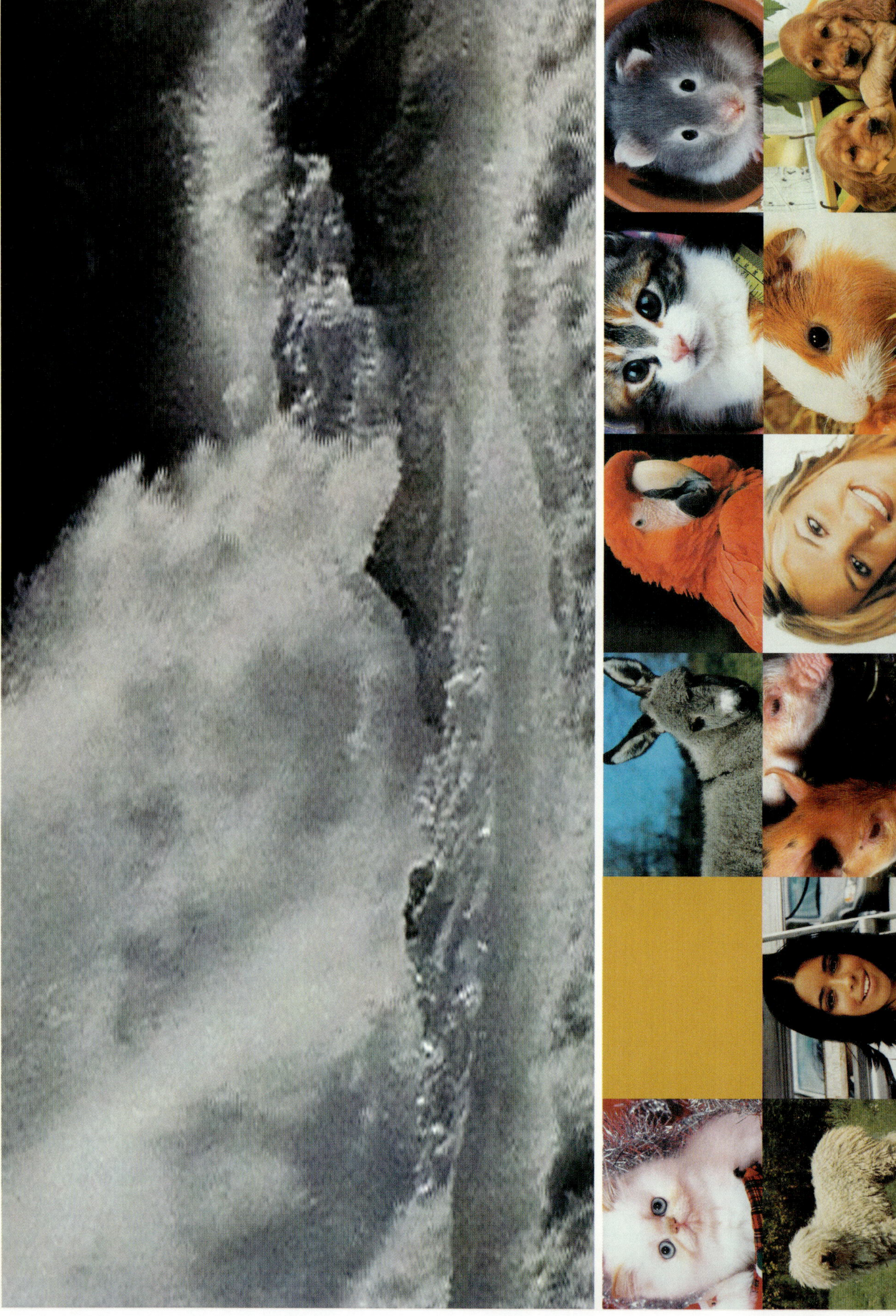

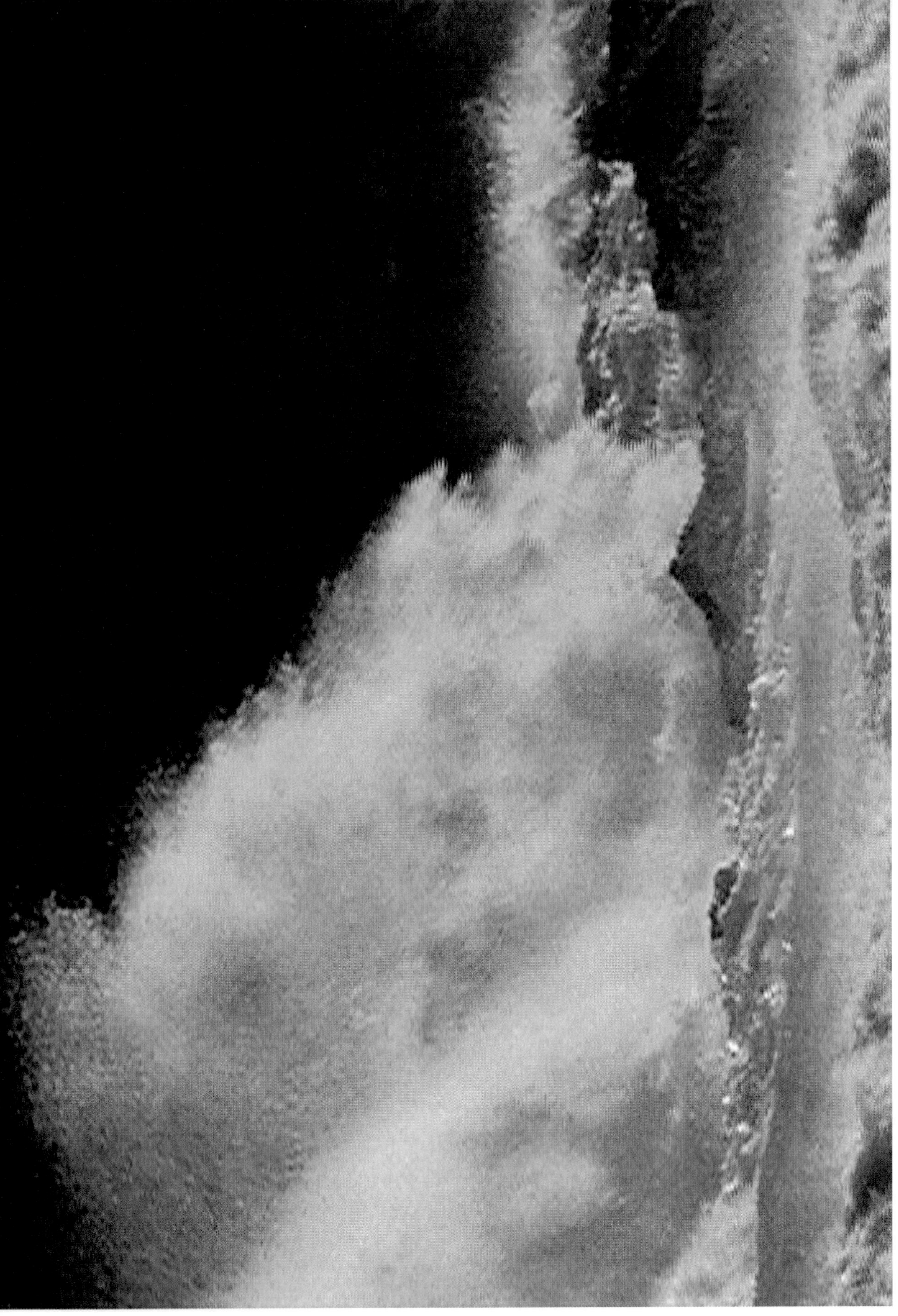

evenementen als concerten en themadagen, winkelcentra en megabioscopen, die allemaal met hun tijd mee (moeten) gaan om te overleven.

Aantrekkelijke 'totaalconcepten' voor de tentoonstellingsvormgeving en *hands on* exposities winnen aan populariteit als nieuwe manieren om meer publieksgroepen naar het museum te lokken. Aan het 'ouderwetse' museum kan immers voor de generatie die met de playstation is opgegroeid niet zo bar veel meer worden beleefd. Pleitbezorgers van het klassieke (kunst-) museum verzetten zich met een beroep op de noodzaak tot 'inhoud'. Dat beroep vertoont echter al te vaak trekjes van een generatieconflict. Want juist vanuit het beroep op de inhoud dient het museum aanzetten tot reflectie te bieden op een samenleving in transitie en de kunstenaars te tonen die daar uitspraken over doen.

Het is mede vanuit dit perspectief dat het immersieve tentoonstellingsconcept is ontstaan, vanuit de kunst zelf dus, als reactie op een veranderende maatschappelijke werkelijkheid, waarin de media en de entertainmentindustrie een centrale rol bekleden en mensen, instituties en amusement via netwerken met elkaar verbonden raken. Heel verklaarbaar is dus de interesse van beeldend kunstenaars in de cinema en de populariteit van de vooral op de mediamaatschappij reagerende videokunst in de jaren negentig. Steeds vaker veranderde het museum daarmee van een *white cube* in een *black cube*. Projecties werden eerder norm dan uitzondering. Parallel zochten kunstenaars door middel van het bouwen van installaties naar nieuwe, vaak rauwe expressievormen. De laatste jaren raken die twee tendensen steeds meer met elkaar verweven en leiden tot even complexe als evocatieve totaalomgevingen, waarin audiovisuele middelen een prominente plaats vervullen. Te denken valt daarbij aan tentoonstellingen van Walter Van Beirendonck in het Museum Boijmans Van Beuningen in 1999, van Pierre Huyghe in het Van Abbemuseum in Eindhoven (2001) en Aernout Mik (eveneens Van Abbe, 2000 en Stedelijk Museum Amsterdam, 2003).

De beleveniseconomie

De beschreven ontwikkelingen in de kunst en de media staan niet op zichzelf, maar hebben een vertrekpunt in de samenleving als geheel en met name in de economie. De parallellen daartussen zijn frappant. *Work is Theatre & Every Business a Stage* is de ondertitel van het door velen in de mediawereld geciteerde boek *The Experience Economy* van Joseph Pine en James Gilmore. Deze in 1999 gepubliceerde studie wijst op de fundamentele verschuivingen in de wereldeconomie. Was die eerst gebaseerd op de handel in ruwe grondstoffen die gaandeweg werd omgezet in gestandaardiseerde goederen, in de loop van de twintigste eeuw werd het aandeel van diensten steeds groter, totdat aan het eind van de eeuw de dienstensector tachtig procent van de totale werkgelegenheid bood. Producten zelf zijn bijverschijnselen geworden. Treffend is het voor iedereen herkenbare voorbeeld van de mobiele telefoon, waarvan geen gebruiker de werkelijke aanschafprijs kent of betaalt. De prijs van het toestel is vaak symbolisch; de kosten ervoor zitten verwerkt in de prijs van de dienstverlening, het telefoneren.

Gedreven door prijserosie, koopkrachtpotentieel en menselijke behoeften ontwikkelt de economie onder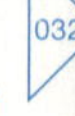

Attractive 'overall concepts' for exhibition design and 'hands-on' displays are gaining in popularity as new ways of attracting different groups of the public to museums. As far as the generation that grew up with the PlayStation is concerned, there is not an awful lot to be experienced in the 'old-fashioned' museum. Advocates of the traditional (art) museum often put up a fight by insisting on the necessity of 'substance'. However, that appeal all too often displays traits of a generation gap. That very appeal for 'substance' presents the case for museums to pause for thought and consider a society in transition and the artists who are commenting on it.

It is partly from this perspective that the immersive exhibition concept has emerged, i.e. from art itself, in reaction to a changing social reality in which the media and entertainment industries play a key role and the people, institutions and amusement end up being interconnected via networks. This makes it very easy to explain the interest of artists for cinema, as well as the popularity of video art, primarily a reaction to 'media society', in the 1990s. The museum was transformed from a white cube into a black cube with growing regularity, and projections were the norm rather than the exception. Parallel with this, artists were seeking new and often raw forms of expression by constructing installations. In recent years these two tendencies have ended up becoming increasingly intertwined, resulting in the creation of 'total environments' that are as complex as they are evocative in which audiovisual media occupy a prominent place. Examples that come to mind include exhibitions by Walter Van Beirendonck in Rotterdam's Museum Boijmans Van Beuningen in 1999, by Pierre Huyghe in the Van Abbemuseum in Eindhoven (2001) and by Aernout Mik (also in the Van Abbemuseum in 2000 as well as in the Stedelijk Museum Amsterdam in 2003).

The experience economy

The developments in art and the media that have been described are not autonomous, but are anchored in society as a whole and in the economy in particular. The parallels are striking. *Work is Theatre & Every Business a Stage* is the subtitle of the book *The Experience Economy* by Joseph Pine and James Gilmore that is cited by many people in the media world. Published in 1999, this study points out the fundamental shifts in the global economy. While this was formerly based on trade in raw materials and gradually replaced by standardized goods, during the course of the 20th century the share of services increased until, by the end of the century, the services sector accounted for eighty percent of total employment. Products themselves have become a side issue. A telling example is the mobile phone familiar to everyone, for which no user pays the actual retail price, or is even aware of it. The price of the phone is often symbolic: its cost is included in the price of the service, the calls themselves.

Driven by price erosion, potential purchasing power and human needs, the economy develops ever further, captained by a new generation of marketeers. Services and goods are made into components of precisely stage-managed events that are meant to offer an individual experience. As an enterprise (Pine and Gilmore refer to an 'experience stager') you can profit much more from this if you carry it off well. The motto is '-*ing* the 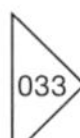

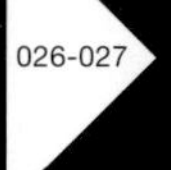

Big Brother IV, Control Room, Almere
and screen shot, 2002

026-027

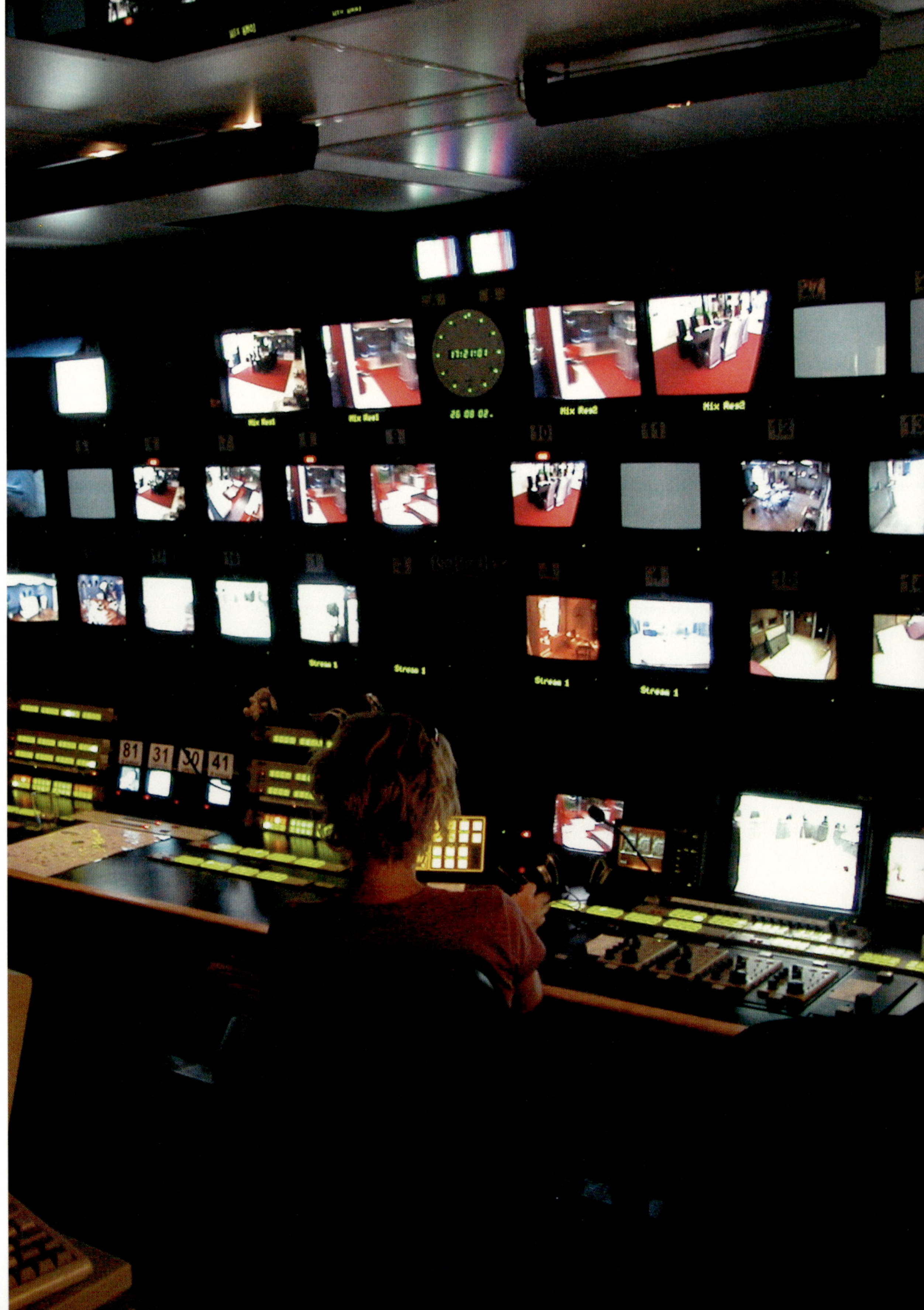

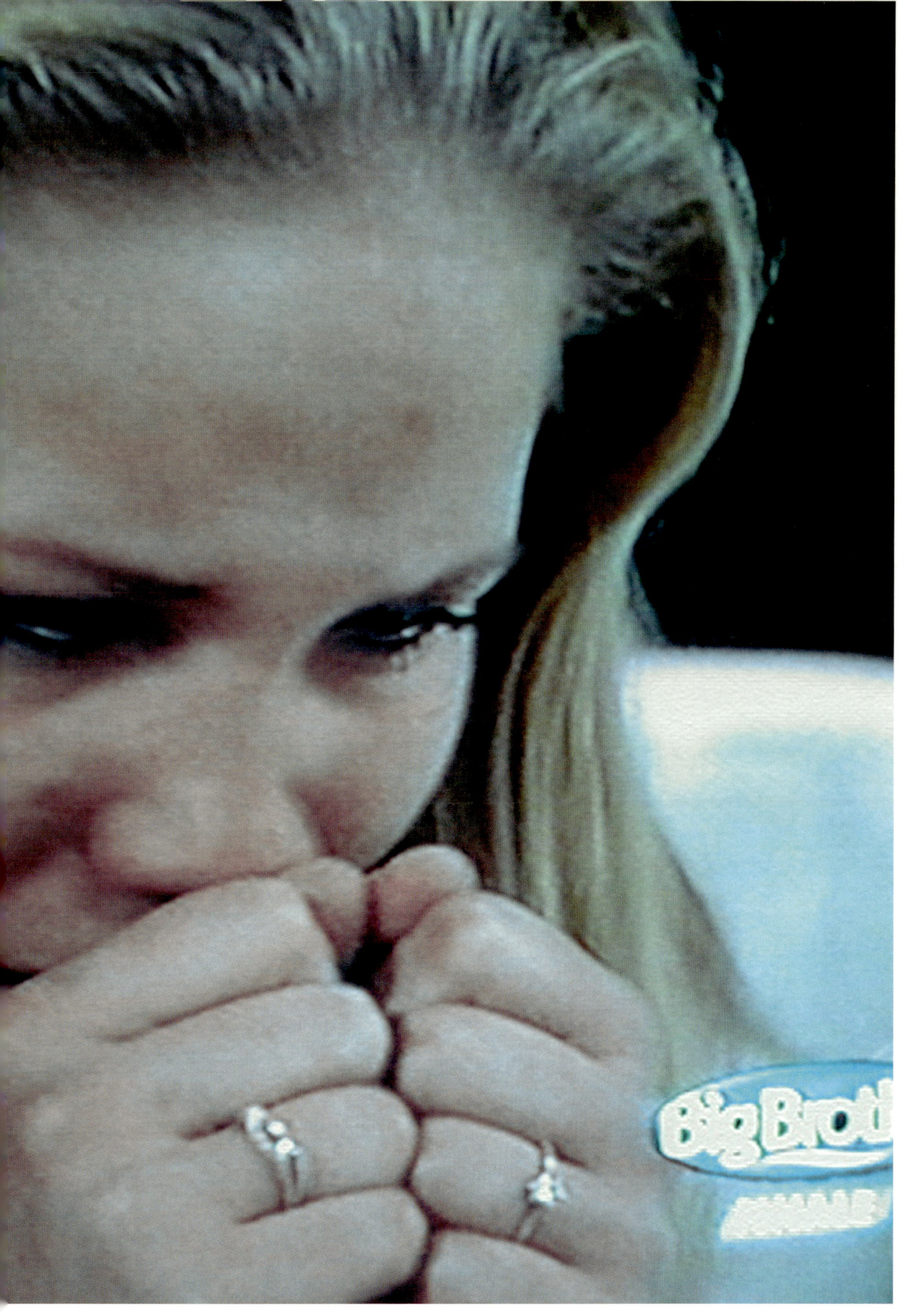

Big Broth

"*Je kunt uren naar deze foto kijken en dan heb je nog niet alles gezien. Het is in Tokio, Hongkong, ergens in Azië. Als je de bovenkant wegdenkt, zou het ook de Kruiskade in Rotterdam kunnen zijn* " • • • •

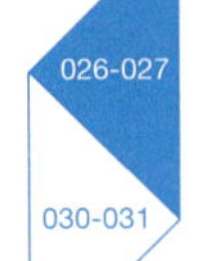

Reality tv is een wereldwijd fenomeen geworden. In de groeiende behoefte om het échte direct ('live') te kunnen zien en *beleven* wordt in uiteenlopende sensatieprogramma's op televisie voorzien: van rechtzaken tot verkeersongelukken, politie-achtervolgingen en reddingsacties door de brandweer: alles *live on camera*. Direct voor de camera geuite emoties doen het daarbij goed: zie het succes van talk-shows als *Jerry Springer* en *Oprah Winfrey*. Sinds een aantal jaren kennen we de reality soap waarvan *Big Brother* de bekendste is. Het BB-concept is door de Nederlandse producent Endemol wereldwijd in meer dan dertig landen verkocht: een kleine groep mensen verblijft gedurende een aantal maanden 24 uur per dag in één huis en de kijkers volgen zowel on line als op televisie hoe de onderlinge sociale verhoudingen zich ontwikkelen. In de vervolgseries (de vierde is in Nederland zojuist beëindigd) heeft de regie zichzelf echter uiteenlopende instrumenten in handen gegeven om in het groepsproces in te breken en om de emoties te doen oplopen, teneinde de spanning voor de kijkers hoog te houden. Eén daarvan is de opsplitsing van de woning in een 'arm' en een 'rijk' deel. De kijkers kunnen de individuele bewoners voor hun gedrag belonen of bestraffen, bijvoorbeeld door hen het huis uit te sturen. Televisiecamera's registreren het leven van de bewoners dag en nacht, al dan niet door *one-way screens*.

Reality TV has become a worldwide phenomenon. There is a whole variety of sensational television programmes to satisfy the growing demand for seeing and *experiencing* the real at first hand: from court cases to road accidents, police pursuits and rescue operations by the fire brigade, with everything 'live' on camera. Emotions expressed right in front of the camera are popular: witness the success of talk-shows such as *Jerry Springer* and the *Oprah Winfrey Show*. In the last few years we have had the 'Reality Soap', of which *Big Brother* is the most famous. The Dutch producer Endemol has sold their BB-concept in more than 30 countries around the world: a small group of people are cooped up in one house for 24 hours a day over a number of months, and viewers can follow how the interpersonal relationships develop, online as well as on television. However, in the follow-up series (in the Netherlands the fourth has just concluded), the producers have given themselves a variety of instruments to interfere in the group dynamics and stir up the emotions, with the goal of maintaining the excitement for viewers. One example of this is the division of the house into 'poor' and 'rich' sections. The viewers can reward or punish the individual residents for their behaviour, for example by banishing them from the house. Television cameras record the lives of the residents around the clock, in some cases via 'one-way' screens.

Big Brother, Fence around the Big Brother IV
house and screen shots, Almere, 2002

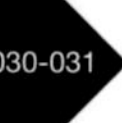

030-031

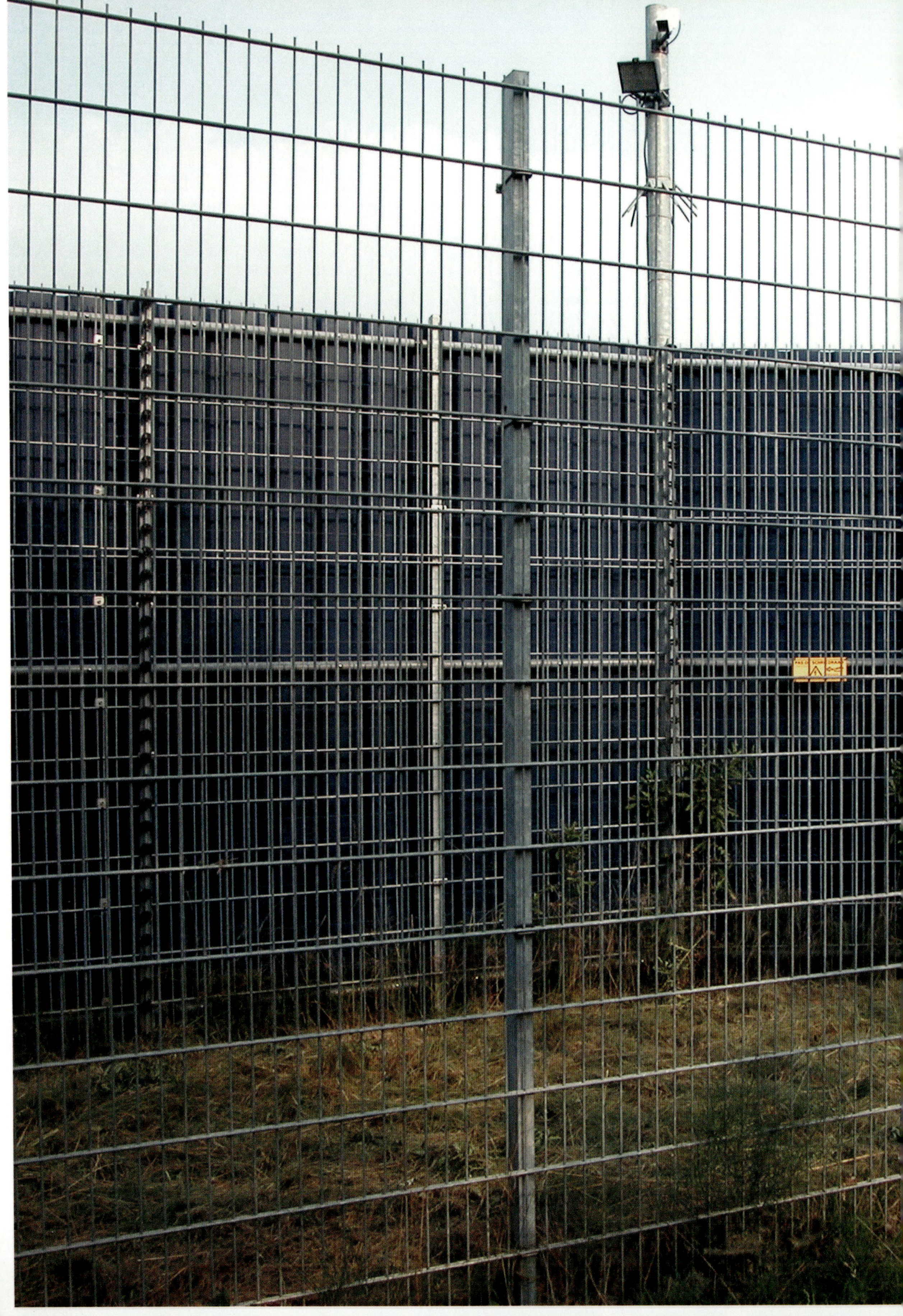

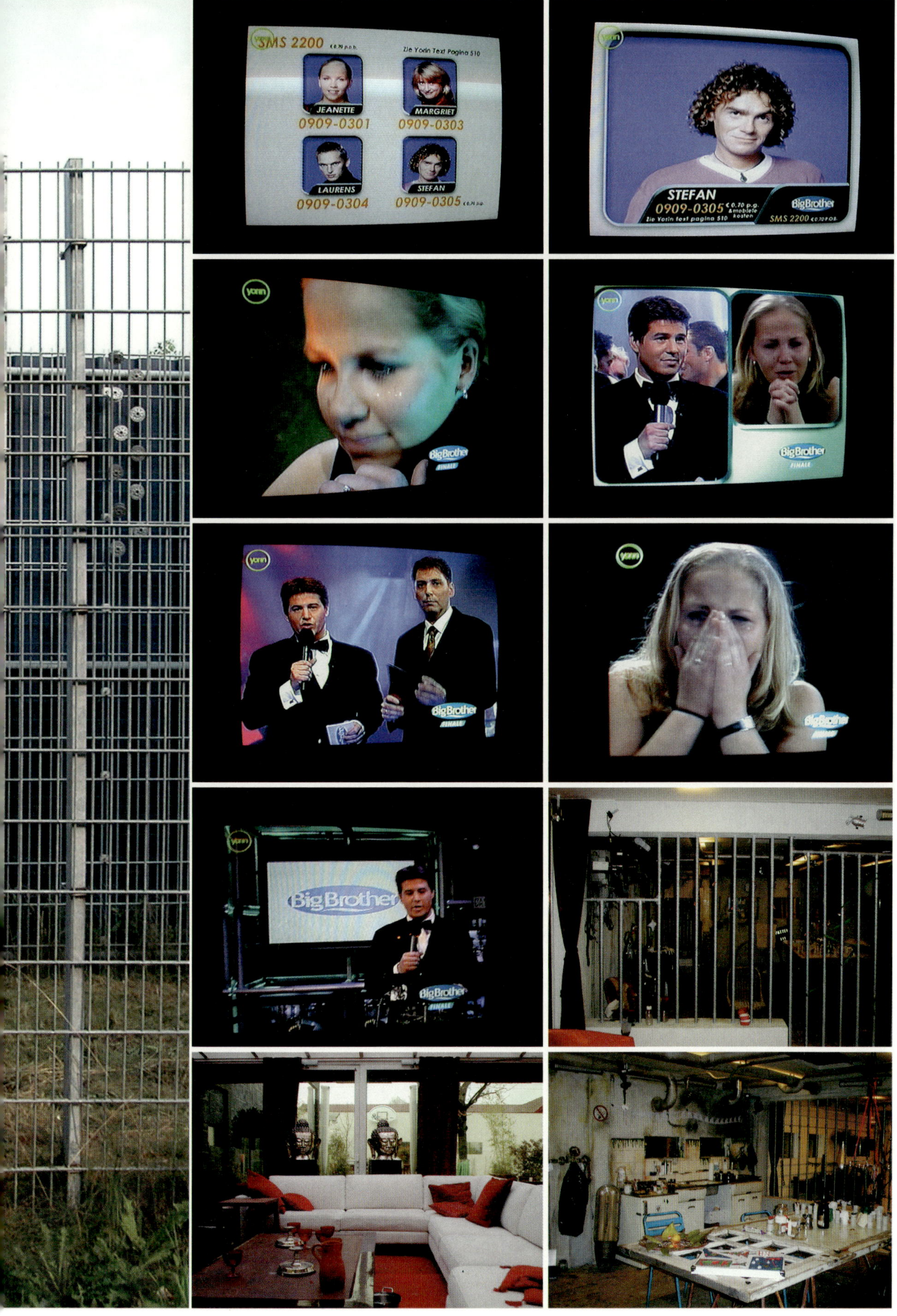
SMS 2200
Zie Yorin Tekst Pagina 510
JEANETTE
0909-0301
MARGRIET
0909-0303
LAURENS
0909-0304
STEFAN
0909-0305

STEFAN
0909-0305
Zie Yorin tekst pagina 510
SMS 2200
Big Brother
Big Brother
FINALE
Big Brother
FINALE
Big Brother
FINALE
Big Brother
FINALE
Big Brother
Big Brother
FINALE

aanvoering van een nieuwe generatie marketeers zich steeds verder. Diensten en goederen worden onderdeel gemaakt van zorgvuldig geënsceneerde gebeurtenissen die een individuele ervaring moeten opleveren. Daar kun je als bedrijf (Pine en Gilmore spreken van 'experience stager') als je het goed doet veel meer mee verdienen: '*ing* the thing' luidt het motto: leg de nadruk op de beleving van het product, wat je ermee kunt meemaken en niet zozeer op de fysieke eigenschappen ervan. En dus is de kookwinkel voorzien van een grote keuken waar kookcursussen worden gegeven en word je voor het ophalen van je nieuwe Volkswagen uitgenodigd voor een dagprogramma in Wolfsburg, in een speciaal daarvoor opgezet bezoekerscentrum. Echt geslaagd zijn deze evenementen als je, x auto's of hightech gasfornuizen verder, je dat uitje nog kunt herinneren, terwijl het product zelf allang uit je herinnering is verdwenen.

Demonstratiekeuken en bezoekerscentrum vormen – ieder met hun eigen schaal – een themapark, een afgeleide van het oorspronkelijke in 1955 totstandgekomen model: Disneyland. Disneyland vormt een immersieve omgeving, een plaats waar je wordt ondergedompeld in een complete fantasiewereld, waar de werknemers zich gedragen als acteurs en waarvan klanten consequent als gasten worden benaderd. Interessant aan Disney is onder meer het feit dat het een construct vormt dat zo consequent is dat het niet meer als nep, maar weer als 'echt' wordt ervaren.

Disneyland vormde wereldwijd het model voor themaparken van zeer diverse aard, sommige puur gericht op entertainment, andere met een toegevoegde mix van educatie en historie. Allemaal uiteraard zo nep als een deur, maar wie maalt daar eigenlijk nog om? De realiteit hoeft niet authentiek te zijn, als de ervaring het maar wel is! *Been there, done that, bought the t-shirt*: als tastbare herinnering aan een unieke, persoonlijke ervaring.

Hoezeer technologische ontwikkelingen zijn verbonden met de *experience economy*, beschrijft de Amerikaanse econoom Jeremy Rifkin in zijn spraakmakende boek *The Age of Access* uit 2000. Het boek met de veelzeggende ondertitel *The New Culture of Hypercapitalism, Where All of Life is a Paid-For Experience* geeft aan dat niet langer de oorlogsindustrie de dominante kracht is achter de verdere ontwikkeling van technologie, maar de entertainmentindustrie. Rifkin maakt zich openlijk zorgen over de entertainmentindustrie wanneer die in de jacht naar economisch succes uiteindelijk ook 'de ervaring van het leven zelf' ('lived experience') tot consumptiegoed maakt, waarvoor betaald moet worden. De uiterst efficiënte immersieve mediastrategieën die het 'hyperkapitalisme' onder meer van de kunsten heeft afgekeken en tot de zijne heeft gemaakt, laten ten slotte geen ruimte meer voor afstand, reflectie of kritiek. Cultuur en economie zijn zo definitief samengevallen. De nachtmerrie van de Franse filosoof Guy Debord is dan uitgekomen. De door hem beschreven 'spektakelmaatschappij' is daarmee werkelijkheid geworden en ieder van ons is een medium. Belééf het!

Drie posities: immersie, stilte, kritiek

Wie in de huidige mediamaatschappij de wens heeft om mensen nog een nieuwe ervaring te kunnen aanreiken (om het even of het nu een commerciële of een artistieke intentie betreft), moet in staat zijn verwachtings-

thing': place the emphasis on the experience of the product, on what you can do with it rather than on its physical characteristics. For example, the shop for cookery equipment is fitted out with a big kitchen where cookery courses are held, and in order to collect their new Volkswagen car customers are invited for a full-day programme in Wolfsburg in a specially constructed visitor centre. These events have truly succeeded if, x cars or high-tech gas ovens further, you can still remember that trip, while the product itself is long forgotten. Kitchens for demonstrating products and visitor centres are – each on their respective scale – a theme park, a derivative of the original Disneyland model that was born in 1955. Disneyland constitutes an immersive environment, a place where you are drawn into a complete world of fantasy, where the employees behave like actors and customers are dogmatically treated as guests. One of the interesting things about Disney is the fact that it is a construct that is so consistent that it is no longer perceived as fake, but once again becomes 'real'. Around the globe, Disneyland was the model for theme parks of all different kinds, some of them purely for entertainment, others offering a 'value-added' mix of education and history. Of course they are all completely fake, but who worries about that any more? The reality does not have to be authentic, so long as the experience is! 'Been there. Done that. Bought the T-shirt.' All are tangible memories of a unique, personal experience.

The closeness of the link between technological advances and the experience economy has been described by the American economist Jeremy Rifkin in his much discussed book, *The Age of Access* (2000). Its telling subtitle, *The New Culture of Hypercapitalism, Where All of Life is a Paid-For Experience*, indicates that it is no longer the war machine that is the driving force behind the further development of technology, but the entertainment industry. Rifkin openly expresses his concern that, in its pursuit of economic success, the entertainment industry making 'the experience of life itself' (the 'lived experience') into a consumer good that must be paid for. The highly effective immersive media strategies that 'hypercapitalism' has adopted from the arts leaves no room for objectivity, reflection or criticism. Culture and economy have then definitively fused. The nightmare of the French philosopher Guy Debord, what he described as the 'society of the spectacle' in which each of us is a medium, has become reality. Experience it!

Three positions: immersion, silence, critique
In today's media society, anyone who still wants to offer people a novel experience (whether with commercial or artistic intent), must be able to subvert or overpower the 'media-survival filter' of the modern media-aware citizen. More and more image-makers seem to be realizing this, and their work is a reaction to these developments. This applies for photographers, filmmakers, visual artists, graphic designers, architects, designers *pur-sang*, fashion designers and advertising agencies. There are three basic categories into which their approaches can be divided.
On the one hand there is the position of the communicator who deploys all possible technical wizardry in order to create an environment that can compete with the speed and the intensity of (media) reality in terms of

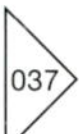

Rineke Dijkstra, *Hilton Head Island, S.C., USA*, June 24 1992

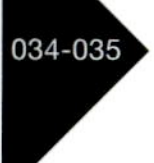

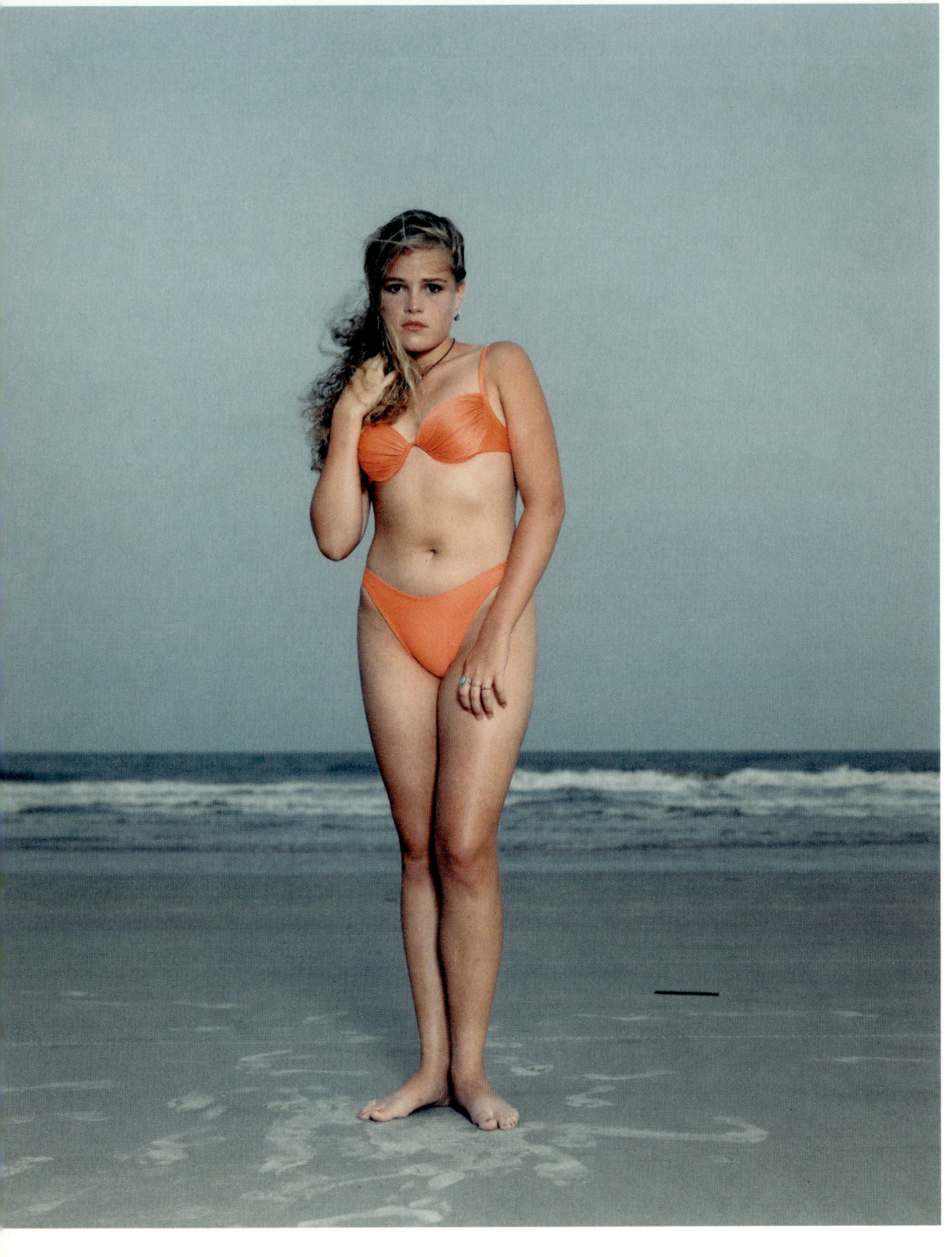

patronen te doorbreken, het 'mediasurvival filter' van de hedendaagse mediamens te ontregelen of te overweldigen. Steeds meer beeldmakers lijken zich dit te realiseren en reageren met hun werk op deze ontwikkelingen. Dat geldt voor fotografen, filmers, beeldend kunstenaars, grafisch ontwerpers, architecten, *designers*, modeontwerpers en reclamemakers. In hun aanpak vallen grofweg drie posities te onderscheiden.

Aan de ene kant de positie van de communicator die alle mogelijke technische hulpmiddelen inzet om een omgeving te creëren, die qua multimediale impact kan wedijveren met het tempo en de intensiteit van de (media) realiteit en daarmee het pad inslaat van de 'immersie', de mediale onderdompeling.

Aan de andere kant is er de positie van de beeldmaker die kiest voor de verrassing, het ontregelen van het genoemde mentale filter. Dat kan uiteraard op vele manieren. Maar in een tijd waarin onderdompeling en stapeling van prikkelingen de dominante strategie lijken te zijn geworden, is waarschijnlijk niets zo effectief als het creëren van oorverdovende stilte, door te kiezen voor een enkelvoudige mediauiting: beeld, geluid of wat dan ook, met minimale, zo transparant mogelijke vormgeving.

De derde positie is die van de beeldmaker als criticus van de mediamaatschappij. Dat gebeurt op een geheel andere wijze dan tien, vijftien jaar geleden: vrijwel verdwenen lijken de expliciete stellingnames en mediasubversieve praktijken. Ook de beeldmaker/criticus weet zijn middelen te kiezen, maar is nu meer een behendige mediasurfer dan een ondubbelzinnige activist.

EXPERIENCE probeert deze posities in kaart te brengen. Dat gebeurt tamelijk speculatief (sommige kunstenaars werden door deze interpretatie van hun werk overvallen) en in een ruim (media)maatschappelijk verband, waarin naar de parallellen werd gezocht in werken die tot de gevestigde beeldende kunst behoren en in producten en media-uitingen die afkomstig zijn uit de commerciële sfeer. De overeenkomsten in strategie, concept en uitvoering zijn vaak frappant te noemen.

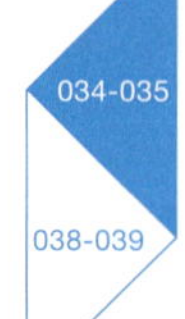

De documentaire portretten van **Rineke Dijkstra** werken, geïsoleerd van de alledaagse omgeving en getoond in de stille witte museumruimte, als mentale rustpunten met een grote intensiteit die voor een sterke visuele ervaring zorgen. Dijkstra's fotowerk laat de kracht van het enkele, stilstaande fotobeeld zien in onze dagelijkse, sterk gemedialiseerde omgeving, waarin het bewegende beeld steeds dominanter wordt. In de reeks strandportretten zorgt de genuanceerde afwisseling binnen de gekozen basiscompositie van een centrale figuur tegen een ongecompliceerde achtergrond voor een rustig ritme. De nauwgezette weergave van details, voortkomend uit het gebruik van een technische camera met grote negatieven, geeft het oog alle gelegenheid om langzaam in het beeld rond te dwalen. Tegelijkertijd roept de wat ongemakkelijke pose van de gefotografeerde persoon een emotionele respons bij de invoelende beschouwer op.

The documentary portraits by **Rineke Dijkstra** function as points of mental repose of great intensity that are a powerful visual experience, isolated from the everyday environment and displayed in the calm, white museum space. Dijkstra's photographic work demonstrates the power of the single, static photographic image in our everyday highly mediatized environment, in which the moving image is becoming ever more dominant. In the series of beach portraits the subtle variation within the chosen basic composition of a central figure against an uncomplicated background sets a peaceful rhythm. The precise registration of details, resulting from the use of an industrial camera with large negatives, gives the eye every opportunity to slowly roam around in the image. At the same time, the somewhat uneasy pose of the photographed subject evokes an emotional response from the empathetic viewer.

multimedia impact, and thus chooses the path of 'immersion' via the media. On the other, there is the position of the image-maker who opts for surprise tactics, the disabling of the mental filter we have mentioned. And there are, of course, many different ways of doing this. However, in an age in which immersion and the stacking of stimuli seem to have become the dominant strategies there is probably nothing as effective as the creation of deafening silence by opting for a mono-media message: image, sound or whatever else, with a design that is minimal and as transparent as possible.

The third position is that of the image-maker as a critic of the media society. The methodologies are completely different to those employed ten or fifteen years ago: the explicit commentaries and media-subversive practices have all but vanished. The image-maker/critic also knows how to select his or her vehicle or medium, but he or she is now more likely to be an adept media surfer than an in-your-face activist.

EXPERIENCE attempts to map out these positions. It is a fairly speculative approach (some artists might be surprised by this interpretation of their work) and it is set in a broad and sometimes media-based social context within which we seek out the parallels in works that belong within the established visual arts as well as in products and advertising that originate from the world of commerce. The similarities in strategy, concept and realization are often striking.

Rineke Dijkstra, *Tiergarten, Berlin,*
June 27 1999

038-039

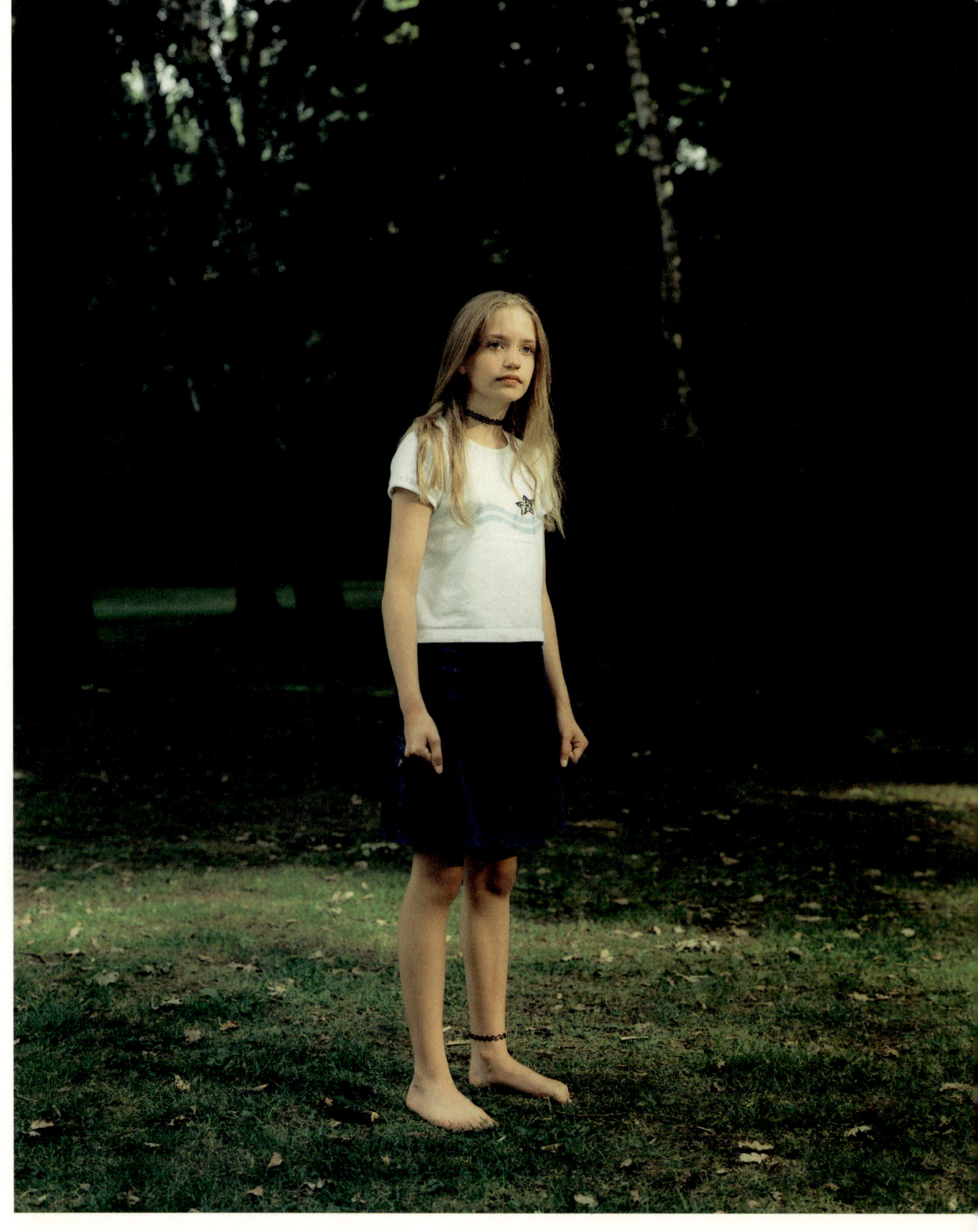

"It's good to keep on flashing visual signals like these to a world that's slowly decaying. They're the only salt in society's gruel . . ."

"Het is goed dit soort visuele signalen te blijven geven aan een wereld die langzaam naar de bliksem gaat. Het zout in de pap van de samenleving . . ."

Bruce Mau Design Inc., *Stress*, 2000, (Toronto version)

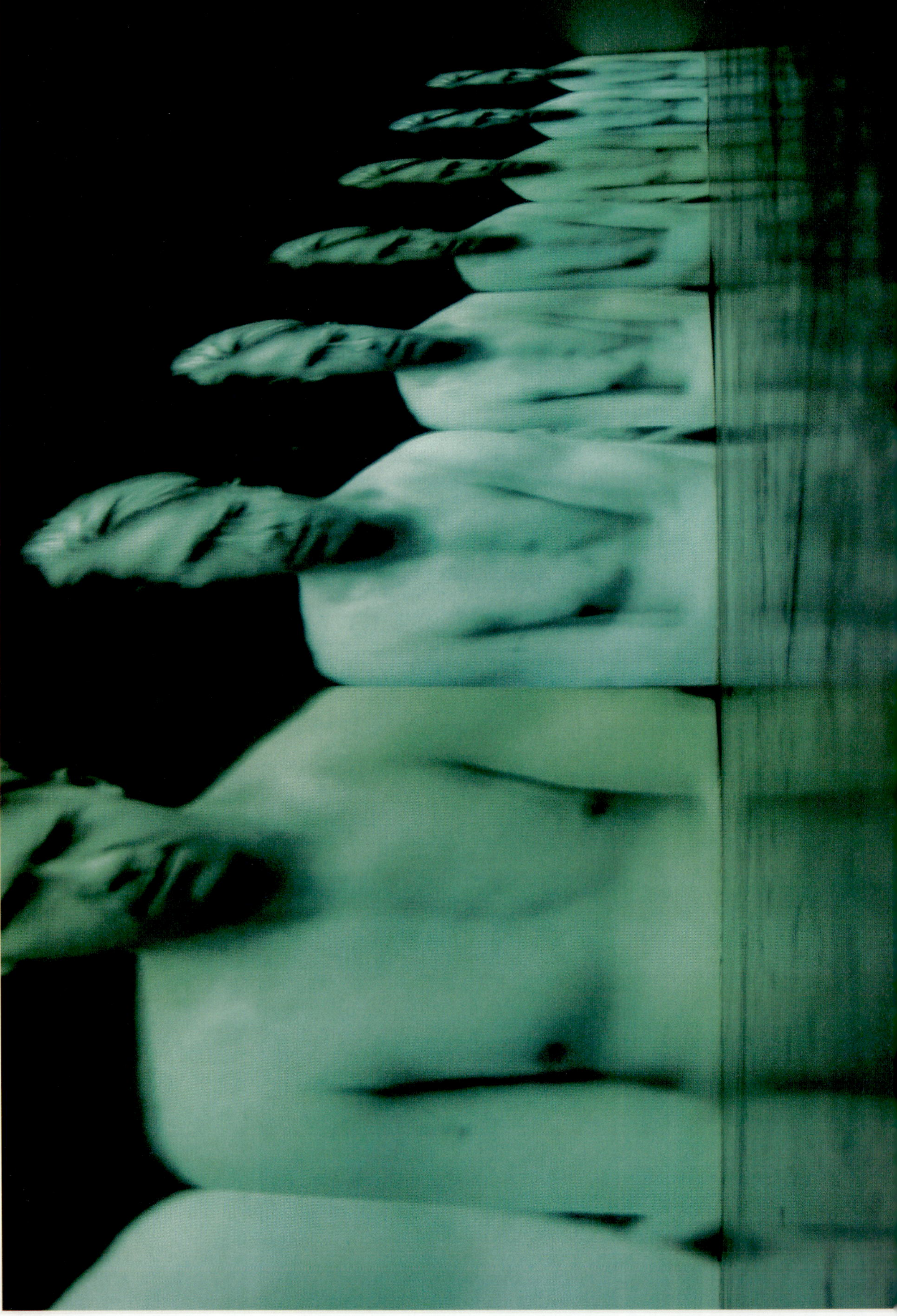

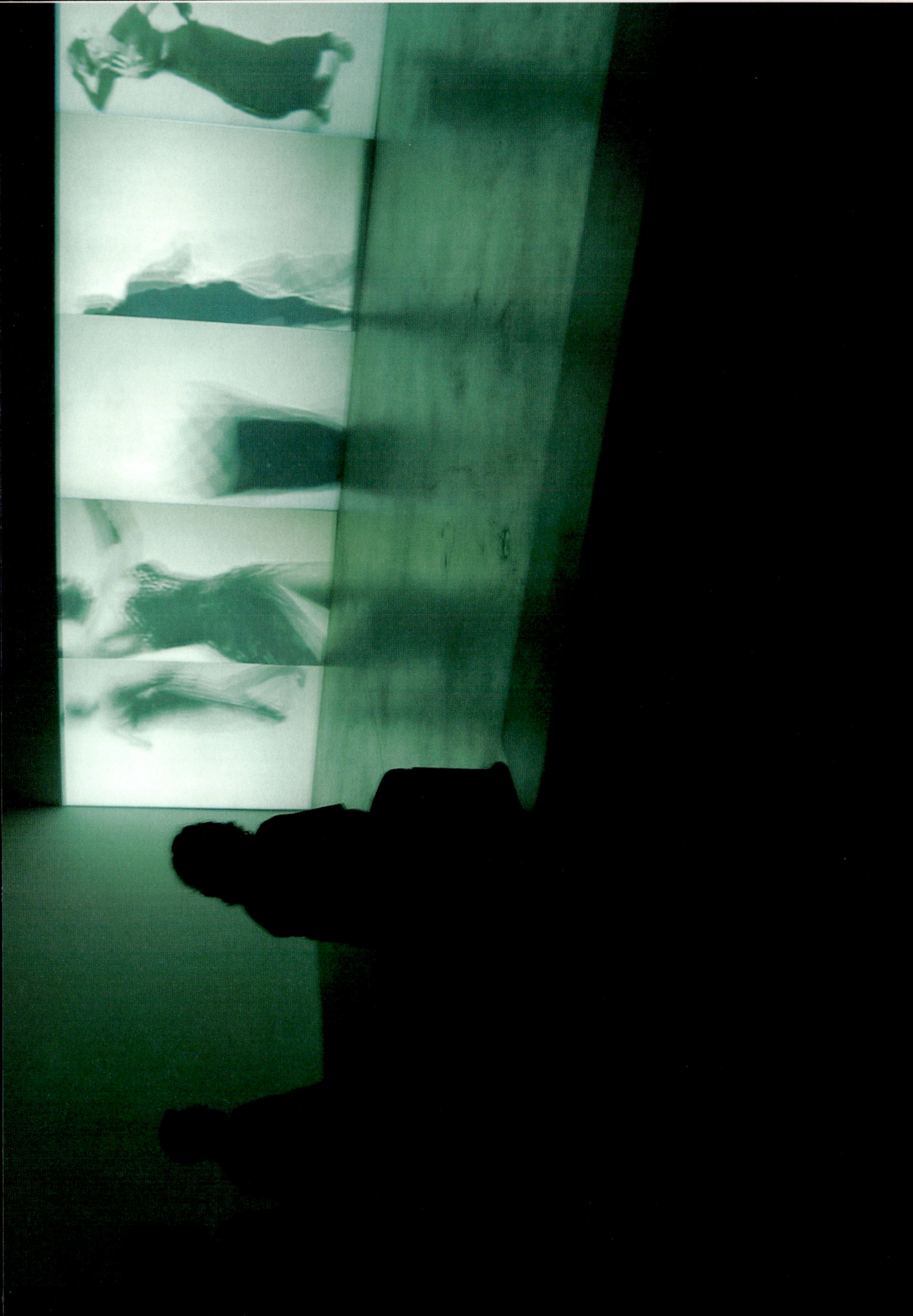

DE TRANCE
VAN DE FOTOGRAFIE

Arjen Mulder

De mens heeft van nature een behoefte om zelf iets mee te maken. Omdat we niet overal bij kunnen zijn, gebruiken we middelen om het onbereikbare naar ons toe te halen: media. Het voordeel is dat we met die media alles overal en in alle tijden kunnen beleven alsof we er zelf bij zijn. Het nadeel is dat we niets meer echt meemaken, want we zijn alleen nog aangesloten op technische apparaten en niet langer op de ware wereld. De media pogen dit euvel te ondervangen door hun gebruikers toch weer echte of onmiddellijke ervaringen te bezorgen, alleen dan op een eigen manier. Of preciezer gezegd, op twee manieren, blijkens Jay David Bolter en Richard Grusins leerboek *Remediation* (1999).

De eerste manier is die van de transparantie. Transparante media bezorgen hun gebruikers de indruk rechtstreeks kennis te maken met de werkelijkheid, die door die media in beeld of aan het klinken wordt gebracht. Dat lukt deze transparante media doordat ze zichzelf zoveel mogelijk aan het zicht en gehoor onttrekken. De gebruikers kijken dwars door de transparante media heen naar de werkelijkheid erachter, zonder aandacht te hoeven besteden aan het apparaat dat tussen hun waarneming en het waargenomene zit. De schilderkunst functioneerde eeuwenlang als transparant medium: op portretten zag je hoe de mensen er echt uitzagen (of hoe ze zichzelf en hun context echt zagen). Bij de uitvinding van de fotografie verloor de schilderkunst haar transparantie. Foto's bleken een minder vertekend beeld en daarmee een directere ervaring van de afgebeelde werkelijkheid te geven dan schilderijen. Fotografie was transparanter dan schilderkunst. En dit geldt voor elk medium: alle nieuwe media afficheren zich altijd als transparanter, 'beter', 'echter', 'vollediger' dan hun

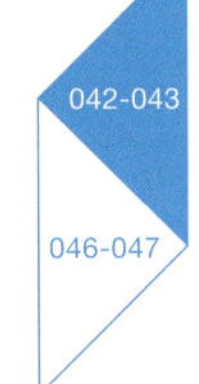

042-043
046-047

De Canadese ontwerper **Bruce Mau** is in Nederland vooral bekend vanwege zijn radicale ontwerp voor het boek *S, M, L, XL* van Rem Koolhaas uit 1995 en zijn eigen boek *Life Style* uit 2000. Mau is een toonaangevende ontwerper die in zijn werk voordurend reflecteert op de betekenis van de beeldcultuur en daarbij de grensvlakken met andere disciplines opzoekt (bijvoorbeeld tussen design en kunst, design en architectuur). In 2000 maakte hij voor de Wiener Festwochen met André Lepecki en Kyo Maclear een video-installatie met de titel *STRESS* waarin mediabeelden afkomstig uit uiteenlopende bronnen en over uiteenlopende onderwerpen op medogenloze wijze met elkaar worden gemixt en geprojecteerd op vier wanden van een kamer. De kijker raakt volledig ondergedompeld in een visueel en akoestisch 'bad'. Hij wordt zo geconfronteerd met onze moderne 'state of being', die echter in het dagelijkse leven steeds meer, 'onbewust', als een 'normale' situatie wordt ervaren. Mau zegt hierover: 'Stress is a postnatural ecology, aimed at the ultimate fusion of nervous-system and economy.'

The Canadian designer **Bruce Mau** is most famous in the Netherlands because of his radical design for the book *S, M, L, XL* by Rem Koolhaas (1995) and for his own book *Life Style* (2000). Mau is a cutting-edge designer, and in his work he continually reflects on the significance of visual culture, seeking out the intersections of various disciplines (e.g. between design and art, design and architecture). In 2000 he made a video installation with André Lepecki and Kyo Maclear titled *STRESS* for the Wiener Festwochen, in which media images about an array of subjects and drawn from a diversity of sources are relentlessly intermixed and projected on the four walls of a room. The viewer ends up completely immersed in a visual and acoustic 'bath'. This confronts the viewer with our modern 'state of being', though in everyday life this is increasingly, 'unwittingly', perceived as the 'norm'. Mau himself has said: 'Stress is a postnatural ecology, aimed at the ultimate fusion of nervous system and economy.'

THE TRANCE
OF PHOTOGRAPHY

Arjen Mulder

Man has a natural need to experience something for himself. Because we cannot be everywhere at once, we use means to bring the unattainable to us – media. The advantage is that through these media we can experience anything anywhere and anytime as though we were actually there. The disadvantage is that we no longer really experience anything, because we are now only connected to machines and not to the real world. The media try to remedy this fault by offering their users real or immediate experiences, but then in their own particular way. Or, more precisely, in two ways, according to the textbook by Jay David Bolter and Richard Grusin, *Remediation* (1999).

The first way is transparency. Transparent media give their users the impression that they are directly experiencing the reality the media portrays in sight or sound. These transparent media manage to do this because they efface themselves as much as possible from view or hearing. Users look through transparent media, without having to pay attention to the device between their observing and the observed. For centuries, painting functioned as a transparent medium: portraits showed what people really looked like (or how they saw themselves and their context). Painting lost its transparency when photography was invented. Photographs turned out to render a less distorted image and therefore a more direct experience of the reality represented than did paintings. Photography was more transparent than painting. This applies to any medium: every new medium consistently promotes itself as more transparent, 'better', 'more real', 'more thorough' than its predecessors. Film is more transparent than photography, because it moves. Television is more transparent than

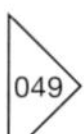

Bruce Mau Design Inc., *Stress*, 2000,
(Vienna version)

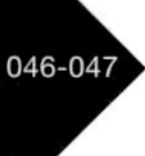

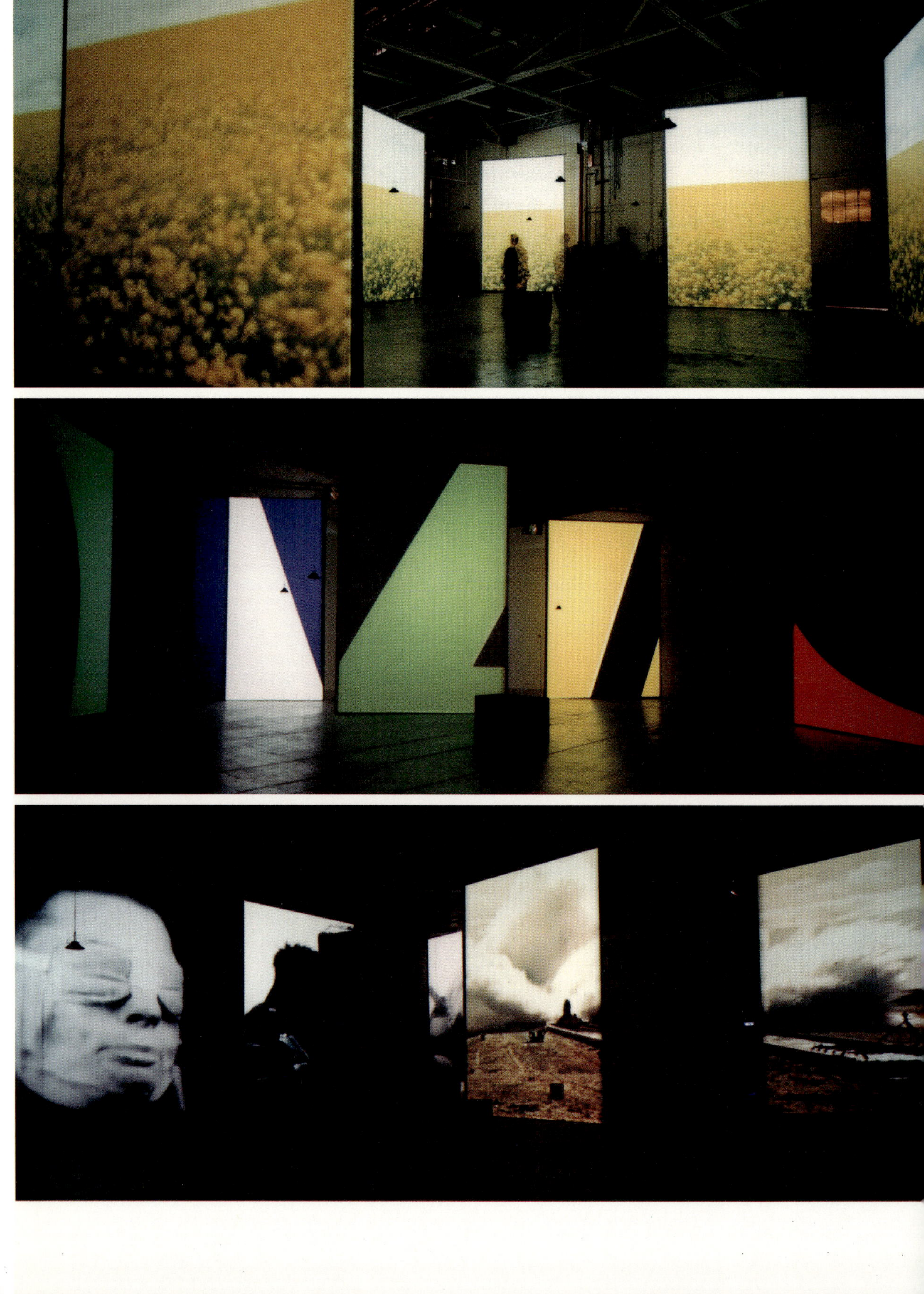

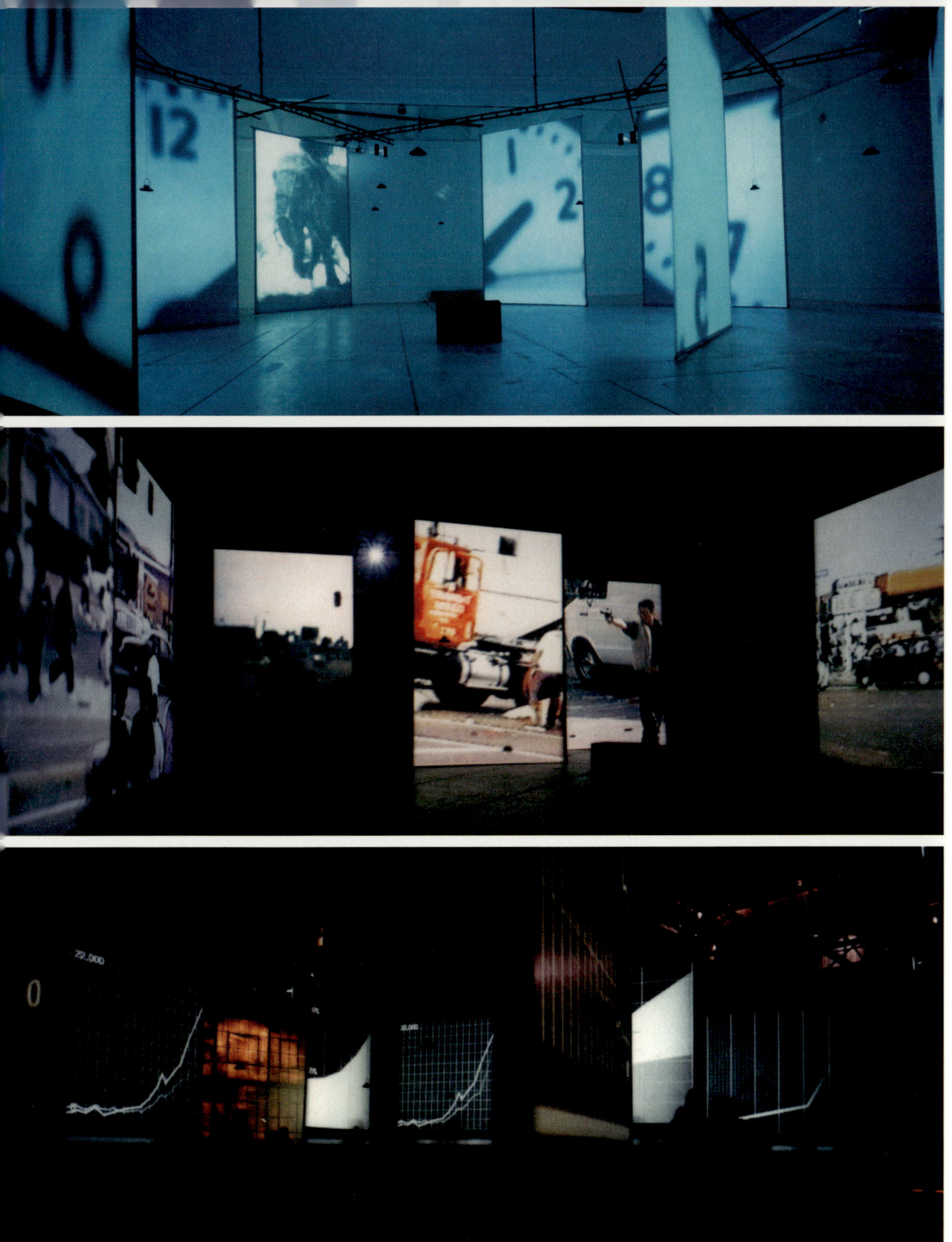

voorgangers. Film is transparanter dan fotografie, want bewegend. Televisie is transparanter dan film, want live. Webcam is transparanter dan tv, want zonder regie. Virtual reality is transparanter dan film en televisie, want driedimensionaal.

De tweede manier om mediagebruikers een onmiddellijke ervaring te garanderen is die van de hypermediatie. Hypermediaal zijn alle media die de aandacht juist niet vestigen op de door hen afgebeelde werkelijkheid, maar op zichzelf als afbeeldend medium. Kijk je door transparante media heen, dan kijk je bij hypermediale media tegen het medium aan. Het besef naar zo'n medium te kijken roept de ervaring op dat je iets echts meemaakt: je maakt het medium echt mee in plaats van te doen of het er niet is. Zo is het na de komst van de fotografie niet langer mogelijk door een schilderij heen te kijken naar de werkelijkheid die erop staat afgebeeld: je blijft altijd de verf zien, ook bij de klassieke portretten en ook bij de meest realistische wijze van weergave. Na 1850 werd de hypermedialiteit zelfs de kern van de schilderkunstige ervaring, wat onder meer leidde tot de abstracte schilderkunst die niets externs meer afbeeldt omdat ze zuivere schilderkunst wil zijn, dus verf – lijnen, vlakken, kleuren – op een ondergrond.

In de twintigste eeuw werd hypermediatie vervolgens ook de kern van de fotografische ervaring en daarna van de filmische ervaring. Alleen naïeve kalenderfotografen en nieuwsreporters denken iets over een werkelijkheid te melden, maar echte fotografen weten dat ze vooral laten zien hoe je met fotografie te werk gaat om de indruk te creëren dat je iets over een werkelijkheid meldt. Zo gaan films over hoe films je doen vergeten dat je in een bioscoop naar een filmprojectie zit te kijken. Telkens als een nieuw medium een ouder medium ontmaskert als ook-maar-een-informatiedrager in plaats van een transparante boodschapper, gebeurt hetzelfde: de belijders van het oudere medium ontdekken dat je alleen dán een echte ervaring kunt opdoen als je niet naïef meent dat jouw medium de wereld weergeeft zoals die werkelijk is, maar als je bewust onderkent dat het een medium is dat je die zogenaamd echte wereld toont. En dat het louter het medium is dat de indruk wekt dat die wereld 'echt' is.

Bioscoop en museum

Twee speciale gevallen. Er bestaat verschil tussen de filmervaring en de bioscoopervaring. De filmervaring is je persoonlijke overgave aan het bewegende beeld: het opgaan in de bewegingen van camera en personages. De bioscoopervaring is de gezamenlijke consumptie van deze filmervaring, hetgeen je alleen kunt meemaken in een echte zaal. De filmervaring kun je, zeker als je wat films buitenshuis hebt gezien, ook thuis nog wel reproduceren wanneer je een videoband bekijkt, zij het vooral van Hollywood-producten. Europese kunstfilms als van Godart, Antonioni of Van der Keuken overtuigen meer op een groot scherm, wanneer je verplicht bent ononderbroken en geconcentreerd te blijven kijken. In de huiselijke atmosfeer, waar je elk moment de voorstelling kunt stopzetten om de telefoon op te nemen of thee te zetten, krijgen deze meesterwerken al snel iets pretentieus en saais. In de bioscoop ben je bereid je zonder voorbehoud te laten meevoeren door de pure beweging van de film, en al doende je individualiteit los te laten. Voor een televisietoestel bestaat die bereidheid

film, because it is live. Webcam is more transparent than television, because it is not directed. Virtual reality is more transparent than film and television, because it is three-dimensional.

The second way to guarantee media users an immediate experience is hypermediation. Hypermedial media are any media that draw attention not to the reality they represent but to themselves as the representing media. Whereas you look through transparent media, you look at hypermedial media. The awareness that you are looking at such a medium produces the sensation of experiencing something real: you really experience the medium rather than pretend it isn't there. Since the advent of photography, for instance, it is no longer possible to look through a painting to the reality it represents: you always see the paint, even in classical portraits and even in the most realistic forms of representation. After 1850 hypermediality in fact became the essence of the experience of painting, which led in part to abstract painting, which no longer represents anything external, for it seeks to be pure painting, paint – lines, areas, colours – on a surface.

In the twentieth century hypermediation in turn became the essence of the experience of photography and then of the experience of film. Only naïve calendar photographers and news reporters actually think they are reporting something about a particular reality, while true photographers know that they are mainly revealing how you use photography to create the impression that you are reporting on a particular reality. Similarly, films are made about how films make you forget you are sitting in a cinema looking at a film projection. Every time a new medium unmasks an older medium as yet-another-information-carrier instead of a transparent messenger, the same thing happens: adherents of the older medium discover that you only conjure up a real experience not by naïvely thinking your medium shows the world as it really is, but by consciously recognizing that it is a medium showing you this so-called real world – and that it is merely the medium that is creating the impression that this world is 'real'.

Cinema and museum

Two special cases. There is a difference between the film experience and the cinema experience. The film experience is your personal surrender to the moving image: immersion in the movements of camera and characters. The cinema experience is the shared consumption of this film experience, which you can only experience in a real cinema auditorium. You can, certainly if you've ever been out to see a film, reproduce the film experience at home by watching a videotape, albeit mainly with Hollywood products. European art films like those of Godart, Antonioni or Van der Keuken are more convincing on a big screen, when you're forced to keep watching, concentrating and without interruption. In the atmosphere of the home, where you can stop the show at any time to answer the phone or make some tea, these masterpieces tend to seem somewhat pretentious and dull. In the cinema you are ready to let yourself be carried away without reservations by the pure motion of the film and to relinquish your individuality in the process. In front of a television set this readiness is reduced. In a European art film you identify with the camera work, in a Hollywood movie with the behaviour of the characters. This latter identification also works at home (you identify effortlessly with people on

057

Osamu Kanemura, *Earth Bop Bound*, 2001, video grabs

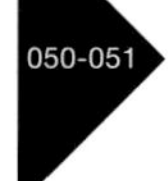
050-051

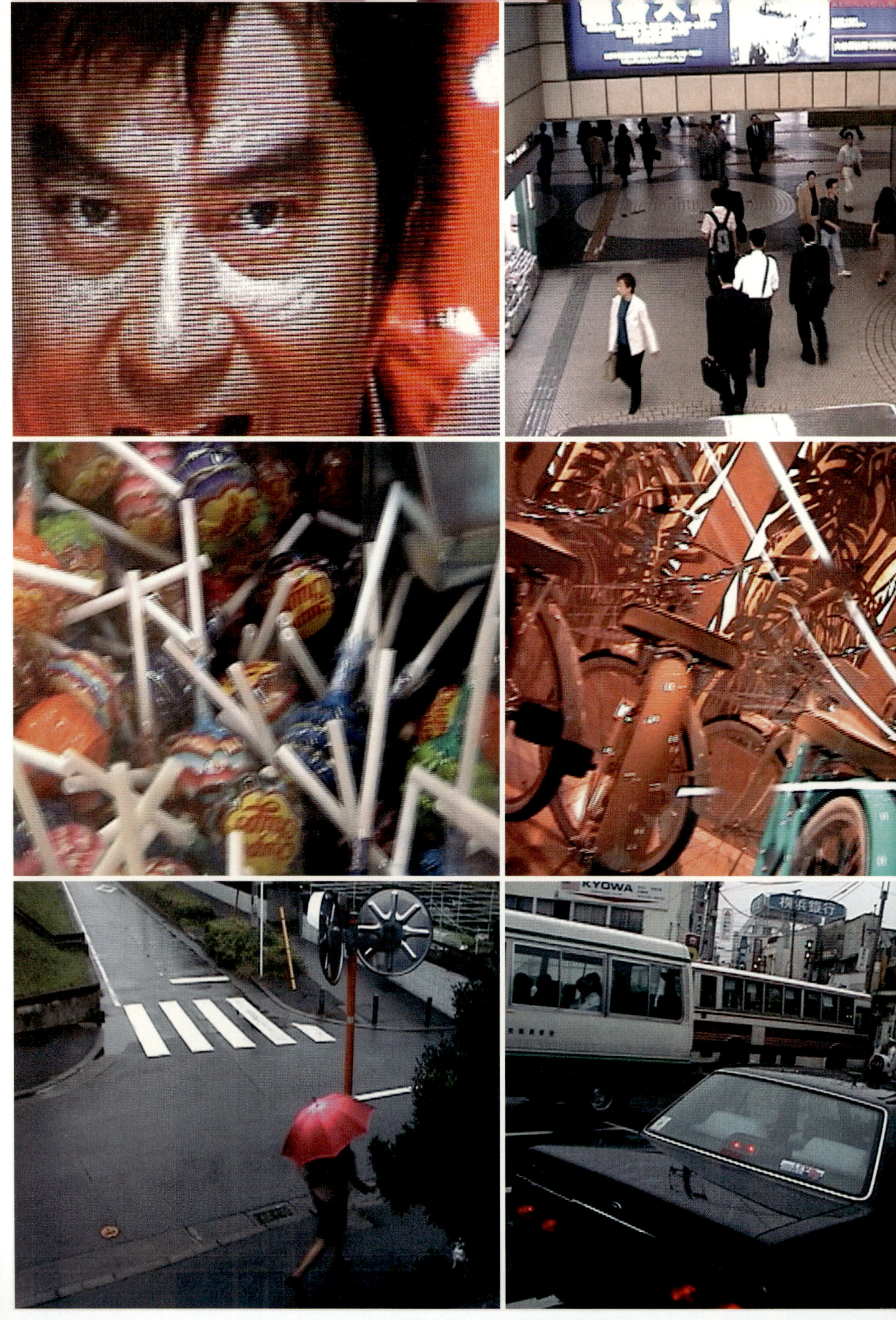

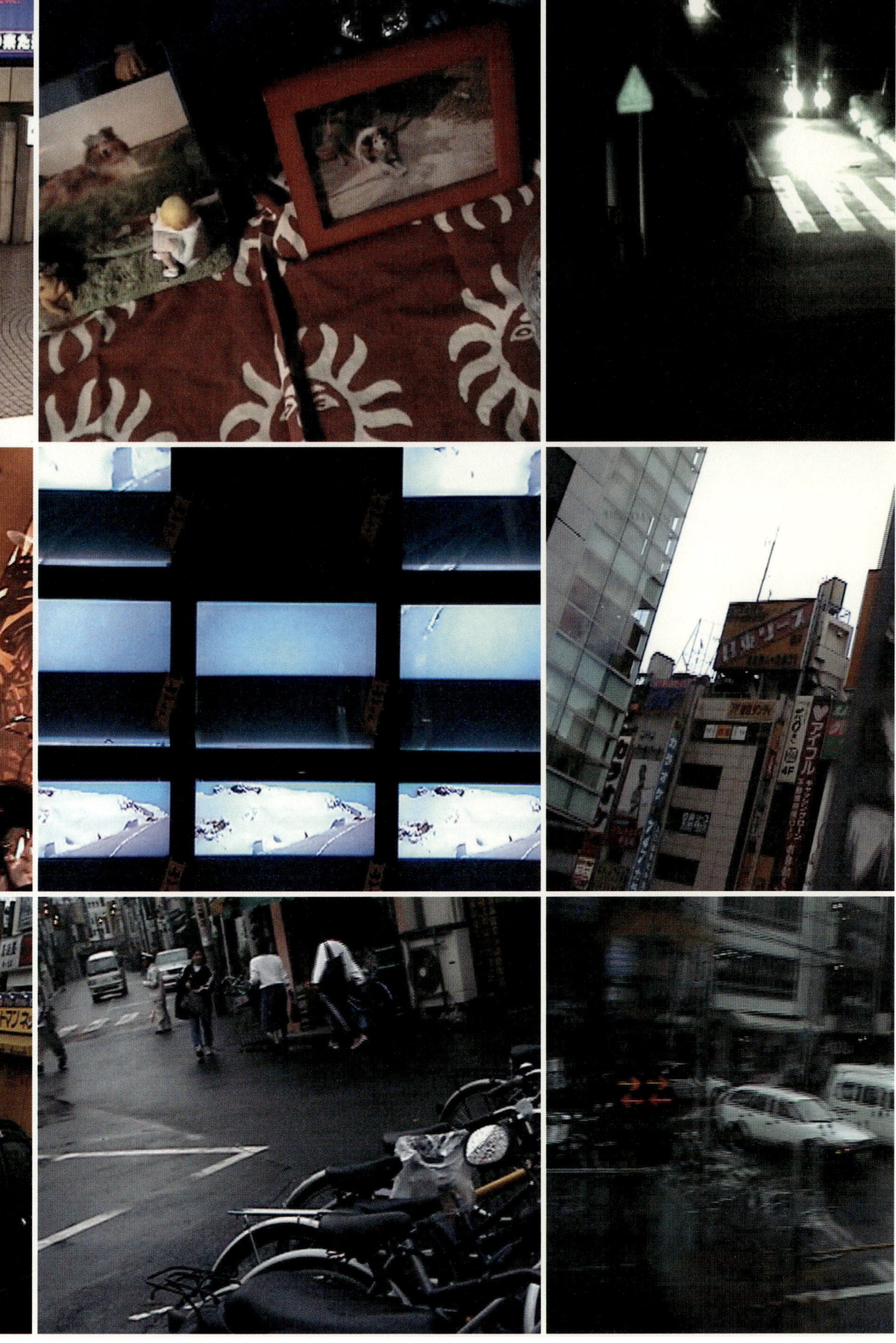

"Beelden. Ik ben er sceptisch over. Ik ben er minder gevoelig voor. Ik denk, goh, interessant gedaan. Maar het heeft geen effect op mij. Alles is mogelijk, dat proberen ze weer te geven. Of dat werkelijk zo is, is een tweede • • •„

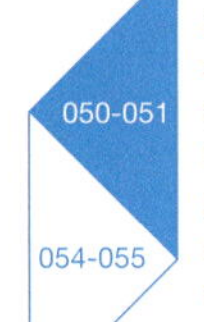
050-051
054-055

Fotograaf **Osamu Kanemura** legt al jaren op haast obsessieve wijze zijn geboortestad Tokio vast in uitgebreide series dynamisch ogende zwart-wit beelden. Hij richt zich daarbij met name op de ervaring van enorme densiteit van deze voortdurend veranderende stad. Gebouwen, objecten, constructies voor elektriciteitskabels en bovengrondse telefoonleidingen, bruggen, viaducten en spoorleidingen creëren tezamen met de grote hoeveelheid reclame-uitingen een overvloed aan visuele informatie die de gemiddelde flaneur doet duizelen. Kanemura weet dit gevoel in zijn foto's te intensiveren. Sinds enige tijd maakt hij videofilms van aan elkaar gemonteerde superkorte shots (ongeveer één seconde) met geluid, die hij groot projecteert. Hier wordt de hectiek van de stad voor de toeschouwer duidelijk voelbaar: deze wordt door middel van een simulatie 'ondergedompeld' in een intense stedelijke ervaring die iedere poging tot oriëntatie bij voorbaat frustreert.

For many years, photographer **Osamu Kanemura** has been almost obsessively photographing his birthplace Tokyo in an extended series of dynamic-looking black-and-white images. In this he particularly focuses on the experience of overwhelming density in this constantly changing city. The combination of buildings, objects, constructions for electricity cables and overhead telephone lines, bridges, viaducts and railway pylons with the massive quantity of advertisements creates a profusion of visual information to make the average stroller dizzy. Kanemura is able to intensify this feeling in his photos. For some time he has been making video films from a montage of very brief shots (about 1 second) with sound, which he magnifies in projection, rendering the chaos of the city clearly palpable for the viewer: this simulation 'immerses' the audience in an intense urban experience which precludes every attempt at orientation.

"A characteristic face. In your life you come across some incredibly handsome women, and she stood out as one. This stimulates the senses and begs for more. You actually want to get to know her better. You ask yourself: who's the person behind this likeness . . ."

"Een karakteristiek gezicht. Je komt in je leven soms ontzettend knappe vrouwen tegen, en zij viel ook zo op. Dat prikkelt en vraagt naar meer. Je wilt haar eigenlijk beter leren kennen. Je vraagt je af: wie zit er achter dit portret • • • "

Osamu Kanemura, *Earth Bop Bound*, 2001, video grabs

054-055

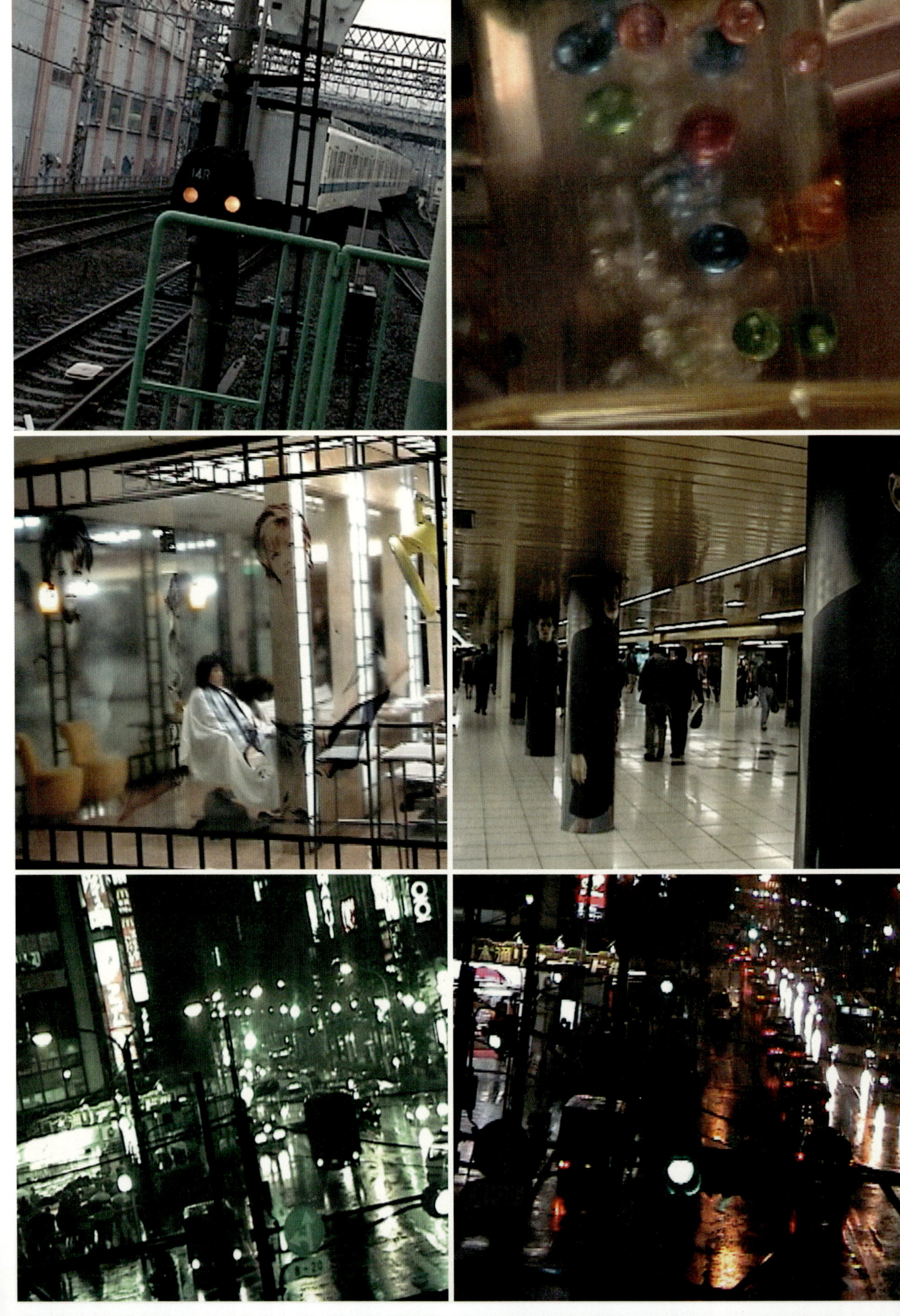

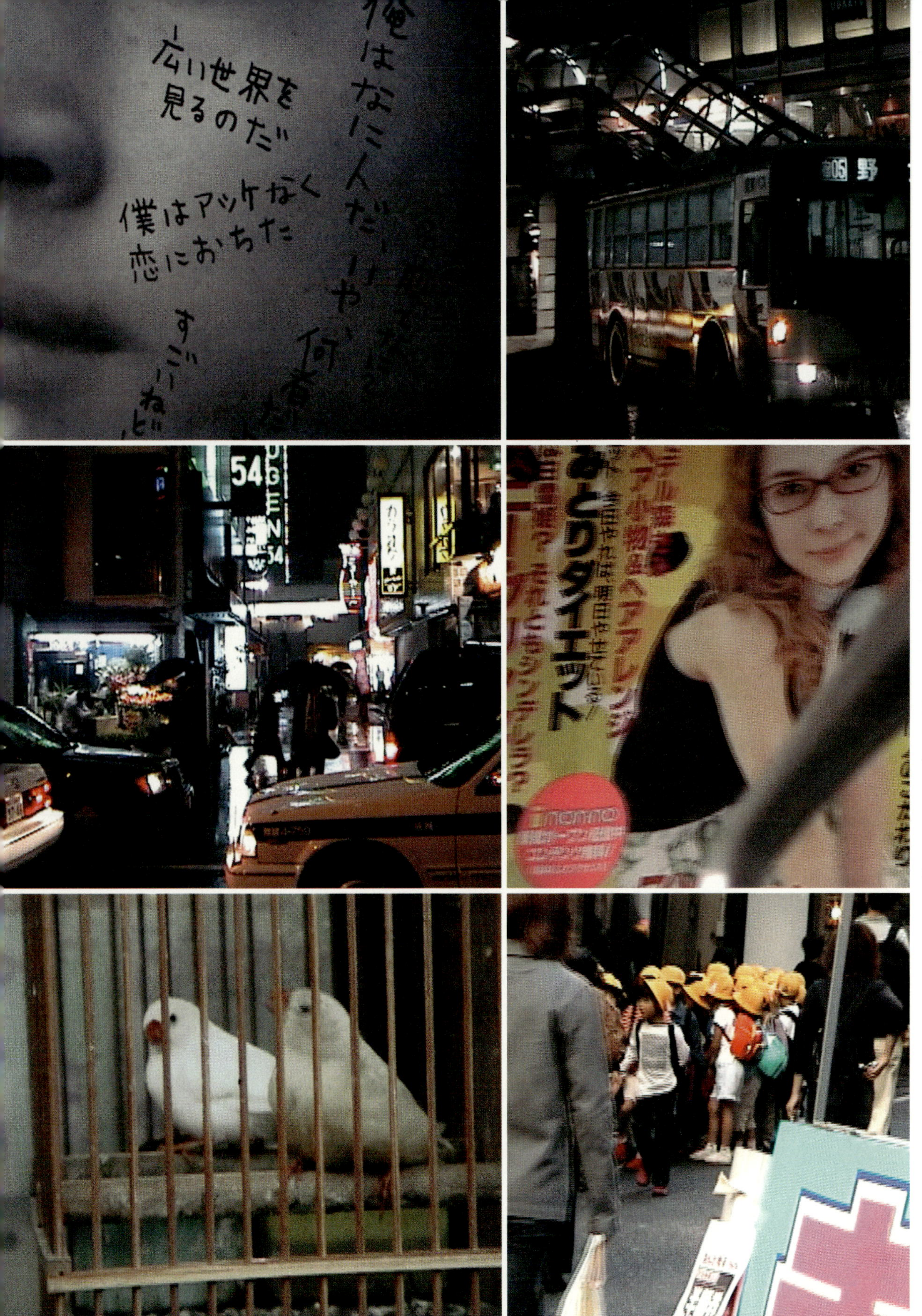
俺はなに人だ…や、
広い世界を見るのだ
僕はアッケなく恋におちた
何…
すごいね…

minder. Je identificeert je bij een Europese kunstfilm met de cameravoering, bij Hollywood-films met het gedrag van de personages. Die laatste identificatie lukt thuis ook nog wel (je identificeert je ook moeiteloos met mensen op tv), maar voor identificatie met de cameravoering is een beeldbuis klaarblijkelijk te klein. De typisch Europese film is hypermediaal, de typische Hollywood-film transparant. Daarom moet een Europese film als film worden bekeken (en niet als video, dus in een televisiecontext). De Hollywood-film ontkent zichzelf als film en kan daarom op video meeliften met de transparantie van de televisie.

Zo bestaat er ook verschil tussen de kunstervaring en de museumervaring. De kunstervaring kun je ook opdoen als je een kunstboek of catalogus met plaatjes bekijkt (zeker als je vaker een museum hebt bezocht). Voor de museumervaring moet je echter in het museum zelf zijn. Kenmerkend aan de museumervaring is dat je niet alle opgehangen of opgestelde werken even aandachtig bekijkt, maar je blik laat rondzwerven totdat deze wordt gevangen door één of enkele werken. Die bekijk je dan oplettender. Al snel echter neemt je fantasie het over en begin je je van alles voor te stellen wat op het museumobject zelf niet te zien is. Daarom kun je hetzelfde werk ook gemakkelijk meermalen gaan bekijken, of jaar na jaar het hele Rijksmuseum doorwerken: je ziet niet alleen dingen over het hoofd, je ziet vaak heel andere dingen dan er hangen. Objectief waarnemen bestaat niet, elke observatie raakt verbonden met emoties. Het bijzondere van de museumervaring is het moment dat je dwars door het scherm van je gevoelens en associaties heen breekt en oog in oog komt te staan met het getoonde werk: het kunstwerk spreekt jou en jou alleen aan. En dat is de kunstervaring.

In kunstboeken en catologi gaat het er niet zozeer om een schilderij of ander beeldend werk af te beelden, als wel om de kunstervaring van het betreffende werk te reproduceren. Met behulp van vergrotingen van details of een felle kleurstelling van een in werkelijkheid mat schilderij, wordt min of meer getoond wat je op het moment van de echte kunstervaring in het museum meemaakt, wanneer opeens een klein detail je opvalt en je het doek in zuigt, of wanneer je door een kleurencombinatie wordt geraakt en je in het kleurenpalet van het werk verzinkt. Deze kunstervaring maak je in de praktijk echter niet vaak mee in het museum – dat zal de reden zijn dat het iets vanzelfsprekends heeft om na het bezoek aan een tentoonstelling de catalogus te kopen om thuis te bekijken wat er in het museum te beleven was geweest.

Kunst is hypermediaal, het museum transparant. De transparantie van het museum bestaat hierin dat de bezoeker van alle tentoongestelde werken weet dat ze kunst zijn, of toch minstens interessant. Aandachtiger bekijken is daarom niet echt nodig, want als bezoeker hoef je zelf geen kunst meer te maken van het tentoongestelde. Maar om dat laatste draait het juist wel in de kunstervaring: doordat je ziet dat iemand, een kunstenaar, een medium zó naar zijn hand heeft weten te zetten dat hij er de indruk heeft weten op te roepen van een onverwisselbaar eigen wereld, besef je opeens dat een medium meer laat zien dan het afgebeelde: zichzelf. En daardoor onthult het jou aan jezelf als mediumgebruiker, als onderdeel van een mediasysteem waaraan het werk zijn bestaan te danken heeft en waarin jij mee moet gaan om met echte kunst contact te maken (en met wat echte kunst in jouzelf vermag te doen). Deze noodzakelijke confrontatie met de eigen blik wordt echter door de museale context geneutraliseerd: alles is al kunst, dus doe niet moeilijk en geniet er maar van.

TV), but a picture tube is clearly too small for identification with the camera technique. The typical European film is hypermedial, the typical Hollywood movie transparent. Therefore a European film must be seen as film (and not as video, in a television context). The Hollywood movie denies itself as film and therefore can hitch a ride, on video, with the transparency of television.

Similarly there is a difference between the art experience and the museum experience. You can conjure the art experience by looking at an art book or a catalogue with pictures (certainly if you've been to museums a few times). For the museum experience, however, you have to be in the museum itself. A characteristic of the museum experience is that you do not look at every work on display with equal attention, but instead let your gaze wander until it is caught by one or more works, which you then look at more carefully. However, your imagination soon takes over, and you begin to conjure up all sorts of things not visible on the museum object itself. This lets you look at the same work over and over, or slog through the entire Rijksmuseum year after year: not only do you miss some things, you often see things entirely different from those on display. Objective observation does not exist; every observation connects with emotions. What is unique about the museum experience is the moment in which you break through the screen of your feelings and associations and come face to face with the work on display: the artwork speaks to you and only you. That is the art experience.

In art books and catalogues the point is not so much to represent a painting or some other visual work as it is to reproduce the art experience of the work in question. By enlarging a detail or rendering in bright colours a painting that is in actuality muted, they can more or less show what happens to you at the moment of the true art experience in the museum, when suddenly a small detail catches your eye and pulls you into the painting, or when you are touched by a combination of colours and submerged in the work's palette of hues. In practice this art experience does not happen often in the museum, however, which is probably why it seems so natural, after a visit to an exhibition, to buy the catalogue in order to go home and see what you could have experienced at the museum.

Art is hypermedial, the museum transparent. The transparency of the museum lies in the fact that a visitor knows that all the work exhibited is art, or at the very least interesting. So closer observation is not really necessary, for as a visitor you do not need to draw any more art out of the exhibited work. But this is precisely the point in the art experience: by seeing that someone, an artist, has managed to harness a medium so well that he has succeeded in evoking the impression of a non-interchangeable inner world, you suddenly realize that a medium shows more than what it represents – it shows itself. And in this it reveals you to yourself as a medium user, as a component in a media system to which the work owes its existence and with which you must cooperate in order to come in contact with true art (and with what true art can do to you).

This necessary confrontation with your own gaze, however, is neutralized by the museum context: it's all art, so relax and enjoy it. The public also knows that the real point of a visit to a museum is not to look, but rather to hang around, to stroll, to feel the ache in your feet. You can also walk around like this in a shopping mall,

061

Markus Weisbeck, *Logo.gif*, 1998

058-059

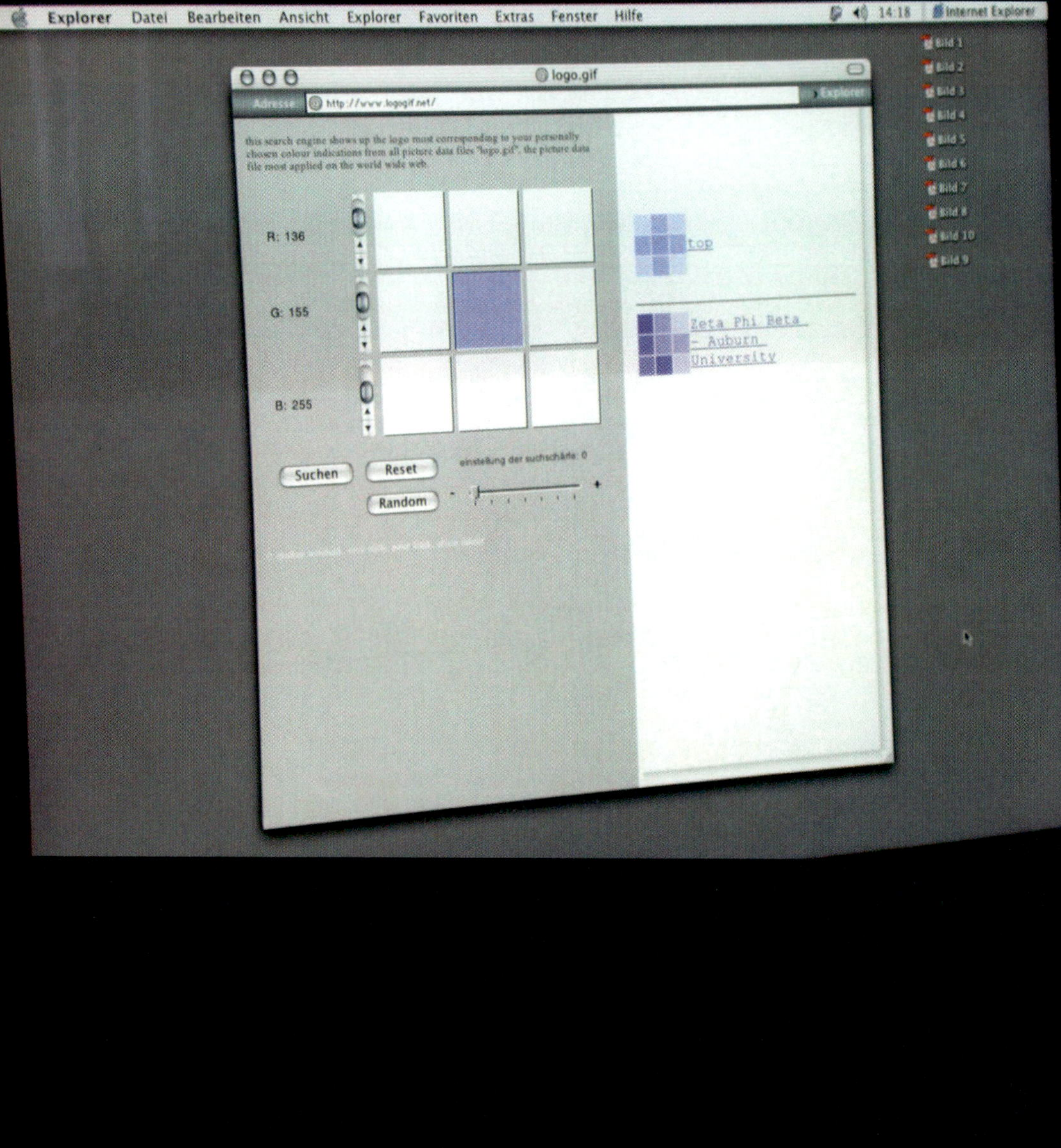

Explorer   Datei   Bearbeiten   Ansicht   Explorer   Favoriten   Extras   Fenster   Hilfe
14:18   Internet Explorer
logo.gif
Adresse   http://www.logogif.net/
Explorer
this search engine shows up the logo most corresponding to your personally chosen colour indications from all picture data files "logo.gif", the picture data file most applied on the world wide web.
R: 136
G: 155
B: 255
top
Zeta Phi Beta - Auburn University
Suchen
Reset
Random
einstellung der suchschärfe: 0
Bild 1
Bild 2
Bild 3
Bild 4
Bild 5
Bild 6
Bild 7
Bild 8
Bild 10
Bild 9

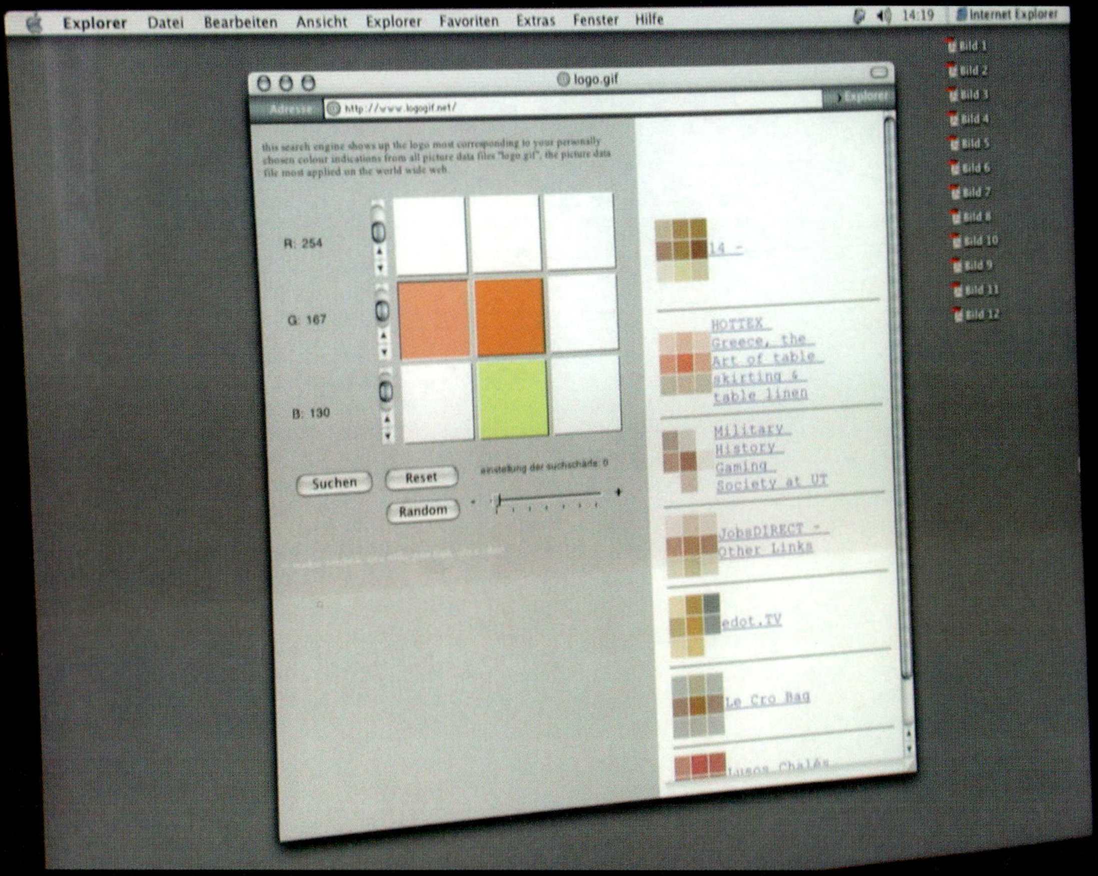

Explorer   Datei   Bearbeiten   Ansicht   Explorer   Favoriten   Extras   Fenster   Hilfe   14:19   Internet Explorer
logo.gif
Adresse: http://www.logogif.net/   Explorer
this search engine shows up the logo most corresponding to your personally
chosen colour indications from all picture data files "logo.gif", the picture data
file most applied on the world wide web.
R: 254
G: 167
B: 130
Suchen   Reset   einstellung der suchschärfe: 0
Random
14 -
HOTTEX.
Greece, the
Art of table
skirting &
table linen
Military
History
Gaming
Society at UT
JobsDIRECT -
Other Links
edot.TV
Le Cro Bag
Lusos Chalés
Bild 1
Bild 2
Bild 3
Bild 4
Bild 5
Bild 6
Bild 7
Bild 8
Bild 10
Bild 9
Bild 11
Bild 12

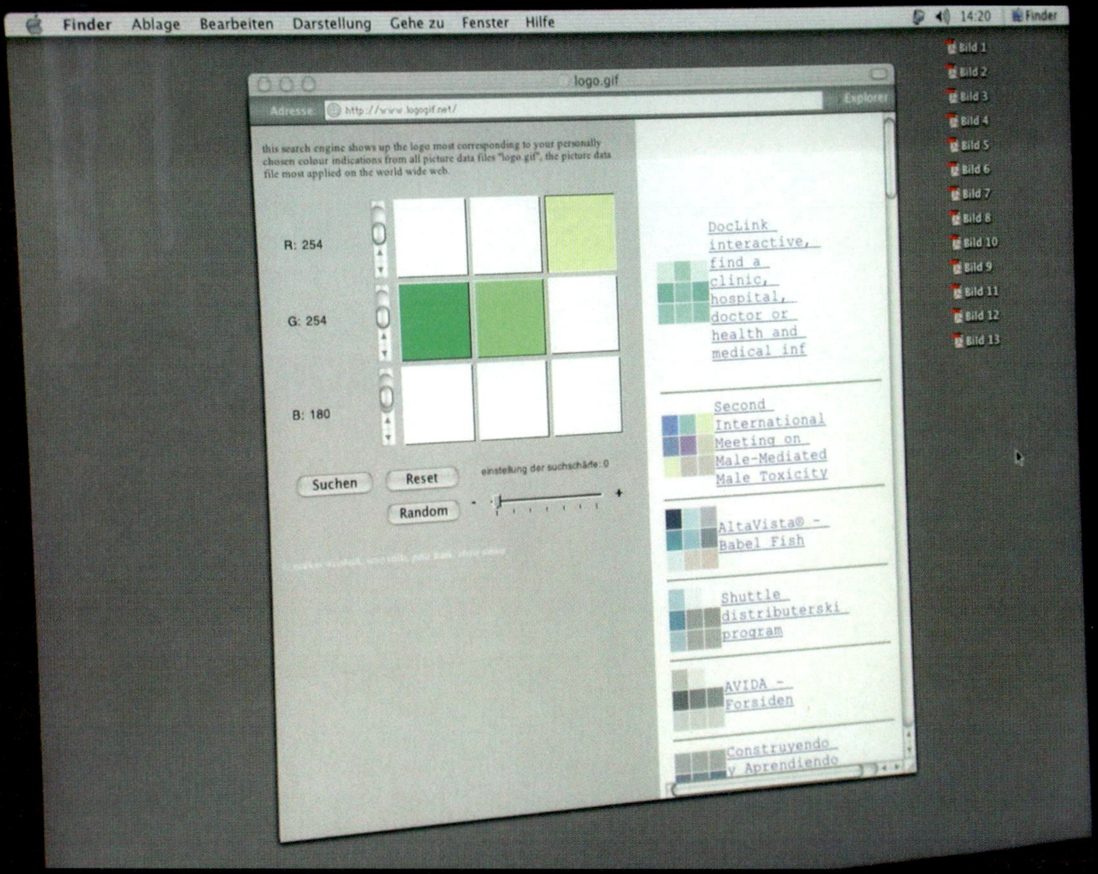

Finder   Ablage   Bearbeiten   Darstellung   Gehe zu   Fenster   Hilfe   14:20   Finder
logo.gif
Adresse: http://www.logogif.net/   Explorer
this search engine shows up the logo most corresponding to your personally
chosen colour indications from all picture data files "logo.gif", the picture data
file most applied on the world wide web.
R: 254
G: 254
B: 180
Suchen   Reset   einstellung der suchschärfe: 0
Random
DocLink
interactive,
find a
clinic,
hospital,
doctor or
health and
medical inf
Second
International
Meeting on
Male-Mediated
Male Toxicity
AltaVista® -
Babel Fish
Shuttle
distributerski
program
AVIDA -
Forsiden
Construyendo
y Aprendiendo
Bild 1
Bild 2
Bild 3
Bild 4
Bild 5
Bild 6
Bild 7
Bild 8
Bild 10
Bild 9
Bild 11
Bild 12
Bild 13

Het publiek weet ook wel dat het bij museumbezoek niet in de eerste plaats om het kijken gaat, maar eerder om het rondhangen, het slenteren, het pijn aan je voeten krijgen. Dat rondlopen kan ook in een winkelcentrum, station of stadspark, maar het museum is veel minder opdringerig, veel stiller, minder uit op je geld. Het is een van de laatste, compleet onfunctionele ruimten in de stad. Eenmaal binnen hoef je niks – zelfs kijken is niet nodig. Iets is kunst als het zichzelf toont als tonend en door dat tonen iets anders zichtbaar maakt dan het getoonde. Iets is kunst als het jou toont dat je naar iets anders kijkt dan naar het afgebeelde, naar het medium van afbeelden namelijk, en dan jezelf ziet kijken.

Totale hermediatie

Hoewel iedereen zo langzamerhand weet dat media geen neutrale, doorzichtige vensters op de buitenwereld zijn, maar kunstmatige, technische apparaten die voor een belangrijk deel bepalen wat er in beeld komt, lukt het nieuwe media toch telkens weer om een gevoel van transparantie op te roepen, een gevoel dat de wereld nu eindelijk zo wordt getoond als ze werkelijk is, zonder vertekeningen of reducties. Hoe lukt dat die nieuwe media? En omgekeerd: hoe lukt het ons om die nieuwe media als transparant te ervaren? Het antwoord van Bolter en Grusin op beide vragen luidt: hermediatie.

Hermediatie is het afbeelden van het ene medium in het andere medium. Dat men rond 1839 begreep wat er op die rare metalen plaatjes van daguerreotypes te zien was, kwam omdat men schilderijen kende: men wist dat lijnen en velden op een plat vlak een afbeelding van een persoon of landschap konden opleveren. Dat de eerste foto's transparanter dan schilderijen leken, kwam doordat ze de normale schilderkunstige wijze van afbeelden – met een centraal perspectief en op een plat vlak – mechanisch reproduceerden. Foto's hermedieerden schilderijen, vaak letterlijk. Na 1839 begonnen schilders te reageren op de komst van de fotografie, onder meer door de werkelijkheid op hun doeken getrouwer weer te geven dan met fotografie mogelijk was, in kleur bijvoorbeeld. De realistische schilderkunst van de negentiende eeuw en de hyperrealistische van de twintigste hermedieerden de fotografie, in een poging zelf opnieuw transparant te worden (negentiende eeuw), of juist heel hypermediaal (twintigste eeuw). Tussen oude en nieuwe media bestaat tweerichtingsverkeer: alle media hermediëren voorafgaande én nakomende media in hun streven naar transparantie of hypermediatie. Het world wide web hermedieert niet alleen televisie door middel van webcams, televisie hermedieert ook weer het web: de windows waarin op nieuwszenders twee verslaggevers over grote afstand met elkaar praten, zwevend in een vaag soort virtuele ruimte.

Nieuw aan een nieuw medium is de wijze waarop het oudere media hermedieert, en daardoor transparant wordt. Nieuw is ook de wijze waarop oudere media het nieuwe medium hermediëren en daardoor zelf zo transparant mogelijk trachten te blijven. Bolter en Grusin zijn zeer uitgesproken in hun centrale stelling: alle mediaties zijn hermediaties van andere media. In de media zijn uitsluitend afbeeldingen van andere media te zien en te horen. Je leven lang leer je met media omgaan. Eenjarige baby's snappen al wat je geacht wordt te zien op een foto of video. Uitgaand van dit soort instinctieve kennis kun je alle media leren gebruiken, ook de

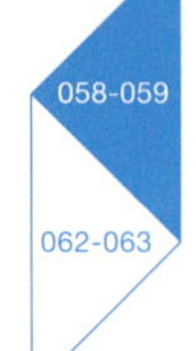

058-059

062-063

Logo's maken een belangrijk onderdeel uit van onze beeldcultuur. Logo's zijn sterk geabstraheerde 'plaatjes', die gemakkelijk en snel leesbaar zijn. Zij verwijzen naar merken en concrete producten, maar minstens zo belangrijk is hun functie als sociale code, die aangeeft tot welke groep de drager/gebruiker behoort. Geheel in de trend van veel hedendaagse reclame- en marketingstrategieën die erop zijn gericht om de privé-sfeer binnen te dringen en de mensen zelf tot reclamemedium te maken – waartegen de no-logo beweging zich tracht te verzetten, staan zij meer en meer voor 'sferen' en verzamelingen van associaties in plaats van voor bedrijven of concrete producten. Logo's zijn met andere woorden 'beelden' die weer vele andere beelden oproepen – al naar gelang de ervaringswereld en de interesses van degene die het logo ziet. **Markus Weisbeck** ontwikkelde met *Logo.gif* een zoekmachine die via het internet bedrijfslogo's opzoekt op basis van overeenkomstige kleurstellingen.

Logos are an important aspect of our visual culture. Logos are highly abstract 'pictures' that are easily and quickly understood. They are associated with brands and actual products, but their function as social code, signalling which group the wearer or user belongs to, is at least as important. Logos increasingly represent 'atmosphere' and collections of associations instead of companies or actual products, mirroring the trend in many modern-day advertising and marketing strategies, which strive to invade the private sphere and turn people themselves into the advertising medium – which the 'no-logo' movement attempts to resist. In other words, logos are 'images' which in turn call to mind a cloud of other images – depending on the experiential world and the interests of the person who sees the logo. With *Logo.gif*, **Markus Weisbeck** developed a search engine that hunts for company logos on the Internet on the basis of corresponding colour schemes.

train station or city park, but the museum is much less intrusive, much quieter, much less out to get your money. It is one of the last completely non-functional spaces in the city. Once inside you need do nothing – even looking is not necessary. Something is art if it displays itself as display and by this display reveals something other than what is displayed. Something is art if it shows you that you are looking at something other than what is represented, namely at the medium of representation, and then see yourself looking.

Total remediation

Even though everyone gradually comes to realize that media are not neutral, transparent windows on the outside world but artificial, technical devices that to a significant extent determine what comes into view, each new medium still manages to elicit a sense of transparency, a sense that the world is finally being shown as it really is, without distortions or reductions. How do these new media pull this off? Conversely, how do we manage to experience these new media as transparent? The answer to both questions, according to Bolter and Grusin, is remediation.

Remediation is the representation of one medium in another medium. People understood what was on those weird metal plates in daguerreotypes because they were familiar with paintings: they knew that lines and shapes on a flat surface could produce a representation of a person or landscape. The first photographs seemed more transparent than paintings because they mechanically reproduced the normal technique of painting – with a central perspective and on a flat surface. Photographs remediated paintings, often literally. After 1839 painters began to respond to the advent of photography, partly by rendering reality on their canvases more faithfully than was possible with photography, in colour for instance. The realistic art of the nineteenth century and the hyperrealism of the twentieth remediated photography, in a bid to become transparent again (nineteenth century) or instead highly hypermedial (twentieth century). Traffic flows in both directions between old and new media: all media remediate preceding and succeeding media in their quest for transparency or hypermediation. The World Wide Web does not just remediate television through the use of webcams, television also remediates the web – the windows in news broadcasts in which two reporters talk with each other, floating in a vague kind of virtual space.

What is new about a new medium is the way in which it remediates the older media and in so doing becomes transparent. Also new is the way in which older media remediate the new medium and in so doing try to remain as transparent as possible. Bolter and Grusin are quite explicit in their central thesis: all mediations are remediations of other media. Media exclusively show representations of other media. You learn to deal with media your entire life. One-year-old babies already understand what you are supposed to see in a photograph or video. From this instinctive knowledge you are able to learn to use all media, including the new ones that come on the market throughout your life, because all media are constantly remediating one another. When a new medium seems familiar yet has overcome the technical limitations of older media, it seems transparent. Should a newer medium come along later, it will seem to have overcome the technical limitations of the

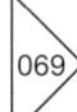

069

Markus Weisbeck, *Logo.gif*, 1998

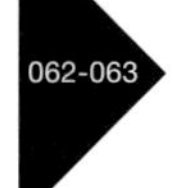

062-063

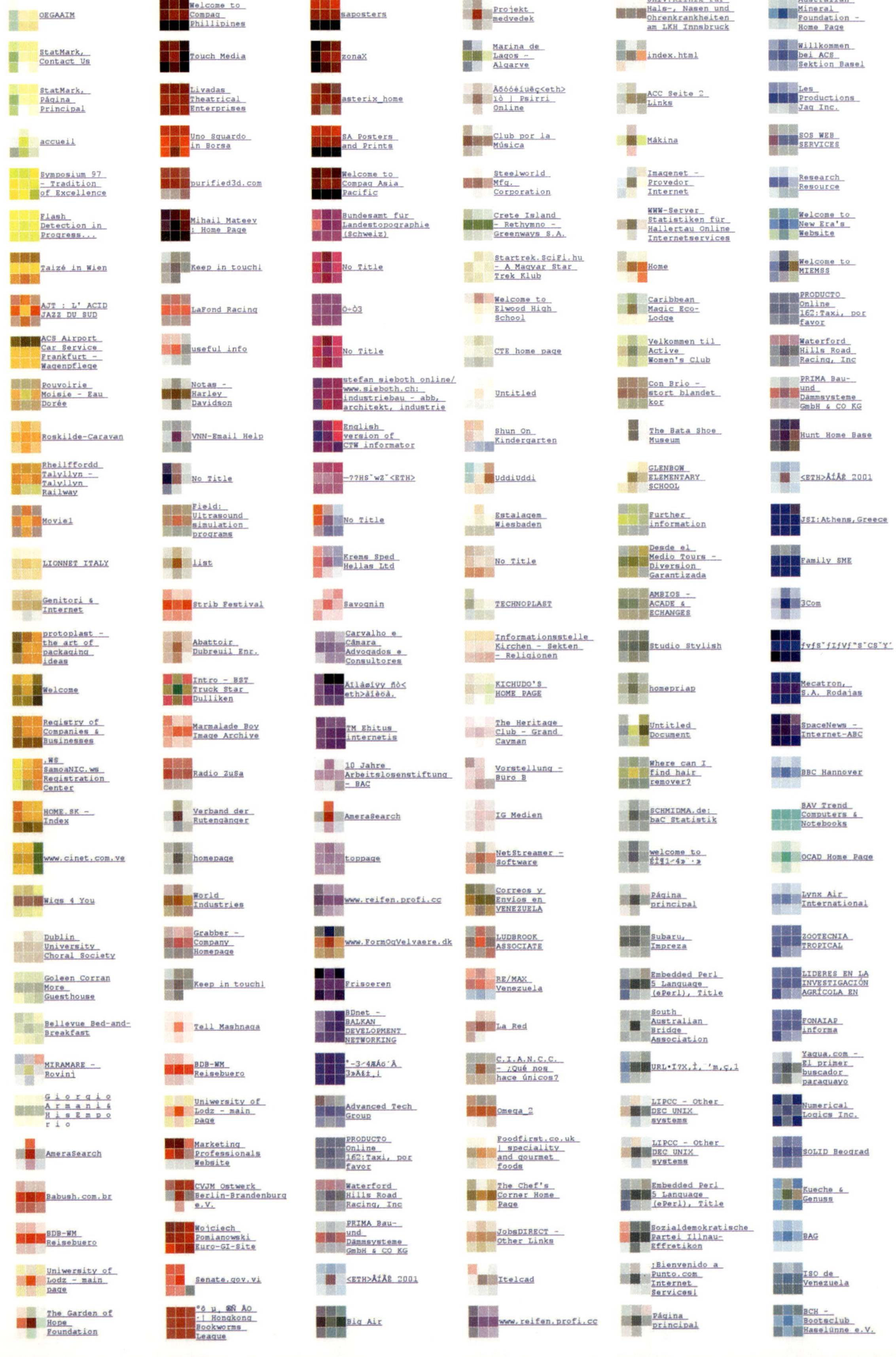

OEGAAIM
StatMark, Contact Us
StatMark, Página Principal
accueil
Symposium 97 - Tradition of Excellence
Flash Detection in Progress...
Taizé in Wien
AJT : L' ACID JAZZ DU SUD
ACS Airport Car Service Frankfurt - Wagenpflege
Pouvoirie Moisie - Eau Dorée
Roskilde-Caravan
Rheilffordd Talyllyn - Talyllyn Railway
Movie1
LIONNET ITALY
Genitori & Internet
protoplast - the art of packaging ideas
Welcome
Registry of Companies & Businesses
.WS SamoaNIC.ws Registration Center
HOME.SK - Index
www.cinet.com.ve
Wigs 4 You
Dublin University Choral Society
Goleen Corran More Guesthouse
Bellevue Bed-and-Breakfast
MIRAMARE - Rovinj
Giorgio Armani & His Emporio
AmeraSearch
Babush.com.br
BDB-WM Reisebuero
Uniwersity of Lodz - main page
The Garden of Hope Foundation
Welcome to Compaq Phillipines
Touch Media
Livadas Theatrical Enterprises
Uno Sguardo in Borsa
purified3d.com
Mihail Mateev : Home Page
Keep in touch!
LaFond Racing
useful info
Notas - Harley Davidson
VNN-Email Help
No Title
Field: Ultrasound simulation programs
list
Strib Festival
Abattoir Dubreuil Enr.
Intro - BST Truck Star Dulliken
Marmalade Boy Image Archive
Radio Zuša
Verband der Rutengänger
homepage
World Industries
Grabber - Company Homepage
Keep in touch!
Tell Mashnaga
BDB-WM Reisebuero
Uniwersity of Lodz - main page
Marketing Professionals Website
CVJM Ostwerk Berlin-Brandenburg e.V.
Wojciech Pomianowski Euro-GI-Site
Senate.gov.vi
Hongkong Bookworms League
saposters
zonaX
asterix_home
SA Posters and Prints
Welcome to Compaq Asia Pacific
Bundesamt für Landestopographie (Schweiz)
No Title
ó÷Ò3
No Title
stefan sieboth online/ www.sieboth.ch: industriebau - abb, architekt, industrie
English version of CTW informator
-??HS˚wZ˚<ETH>
No Title
Krems Sped Hellas Ltd
Savognin
Carvalho e Câmara Advogados e Consultores
KICHUDO'S HOME PAGE
TM Ehitus internetis
10 Jahre Arbeitslosenstiftung - BAC
AmeraSearch
toppage
www.reifen.profi.cc
www.FormOgVelvaere.dk
Frisoeren
BDnet - BALKAN DEVELOPMENT NETWORKING
Advanced Tech Group
PRODUCTO Online 16Z:Taxi, por favor
Waterford Hills Road Racing, Inc
PRIMA Bau- und Dämmsysteme GmbH & CO KG
<ETH>ÄÍÄ£ 2001
Big Air
Projekt medvedek
Marina de Lagos - Algarve
Psirri Online
Club por la Música
Steelworld Mfg. Corporation
Crete Island - Rethymno - Greenways S.A.
Startrek.SciFi.hu - A Magyar Star Trek Klub
Welcome to Elwood High School
CTE home page
Untitled
Shun On Kindergarten
UddiUddi
Estalagem Wiesbaden
No Title
TECHNOPLAST
Informationsstelle Kirchen - Sekten - Religionen
The Heritage Club - Grand Cayman
Vorstellung - Büro B
IG Medien
NetStreamer - Software
Correos y Envios en VENEZUELA
LUDBROOK ASSOCIATE
RE/MAX Venezuela
La Red
C.I.A.N.C.C. - ¿Qué nos hace únicos?
Omega 2
Foodfirst.co.uk | speciality and gourmet foods
The Chef's Corner Home Page
JobsDIRECT - Other Links
Itelcad
www.reifen.profi.cc
Univ.Klinik für Hals-, Nasen und Ohrenkrankheiten am LKH Innsbruck
index.html
ACC Seite 2 Links
Mákina
Imagenet - Provedor Internet
WWW-Server Statistiken für Hallertau Online Internetservices
Home
Caribbean Magic Eco-Lodge
Velkommen til Active Women's Club
Con Brio - stort blandet kor
The Bata Shoe Museum
GLENBOW ELEMENTARY SCHOOL
Further information
Desde el Medio Tours - Diversion Garantizada
AMBIOS - ACADE & ECHANGES
Studio Stylish
homeprian
Untitled Document
Where can I find hair remover?
SCHMIDMA.de: baC Statistik
welcome to ...
Página principal
Subaru, Impreza
Embedded Perl 5 Language (ePerl), Title
South Australian Bridge Association
URL·I?X,Í,˙'m,ç,¡
LIPCC - Other DEC UNIX systems
LIPCC - Other DEC UNIX systems
Embedded Perl 5 Language (ePerl), Title
Sozialdemokratische Partei Illnau-Effretikon
¡Bienvenido a Punto.com Internet Services!
Página principal
Australian Mineral Foundation - Home Page
Willkommen bei ACS Sektion Basel
Les Productions Jaq Inc.
SOS WEB SERVICES
Research Resource
Welcome to New Era's Website
Welcome to MIEMSS
PRODUCTO Online 162:Taxi, por favor
Waterford Hills Road Racing, Inc
PRIMA Bau- und Dämmsysteme GmbH & CO KG
Hunt Home Base
<ETH>ÄÍÄ£ 2001
JSI:Athens,Greece
Family SME
3Com
fvfS˚fIfVf˚S˚CS˚Y˚
Mecatron, S.A. Rodajas
SpaceNews - Internet-ABC
BBC Hannover
BAV Trend Computers & Notebooks
OCAD Home Page
Lynx Air International
ZOOTECNIA TROPICAL
LIDERES EN LA INVESTIGACIÓN AGRÍCOLA EN
FONAIAP informa
Yagua.com - El primer buscador paraguayo
Numerical Logics Inc.
SOLID Beograd
Kueche & Genuss
BAG
ISO de Venezuela
BCH - Bootsclub Haselünne e.V.

Untitled

Bergischer Zahnärzteverein e.V. 1896

Central Vancouver Island Health Region

Bournemouth University - Current Students

Grupo COFAC

WWW.AMATEUR.WS -- Under Construction

À¯ÍÂÚ ÀÒº Íµ¿Èº£¿¡ ¿À1¬2Â^ÍÀ» Â^¡µÇÕ´ï´Ú.

Australian Mineral Foundation - Home Page

Plus Alpha???????

No Title

mortgages with Scottish Blue

Uganda's millennium Persons and Personalities

BBB 2000

GateWay-Kharkov Service

Sailor - Marinero

KALZ - Koelner Arbeitlosen Zentrum e.V.

Cargo Links¦

ICOM VLmp : Musées de Allemagne

Trans*topia

Mathematics Journals

Sistema de Información - SNI

Concordia Biology Home Page

1001 Buch - Magazin für Kinder und Jugendliteratur

Neue Seite 1

INTERCOLLEGIATE MEN'S CHORUSES

Fremdenverkehrsverein Nuthe-Nieplitz-Aue, Teltower Land: Darstellung

PINUS PARQUE - HOTEL FAZENDA

No Title

Comercializadora de calzado Tacuba

Le Forum de la Psychanalyse

S¯êÞ¬-¦INDEX

Delta School District

Links

Newcastle, Australia - Bob's Internet Guide

Steen Varsted Software...Update

Food Aromatic and Medicinal extracts from Madagascar

Ngwenya Glass

Storm Bowling

Ngwenya Glass - Product Information

CALI: Library Code

Jedi BVBA - The solution you need

oiseaux de Haute-Provence

Editora Pensamento-Cultrix

Le Restaurant-Bar Cactus

FreeiMoney- Earn and make free money online

Auto World - About Us

Le.nictwo

127 Repulse Bay Road

Nacionalni park Paklenica

Indonesia - Pro2FM

STIMAR

Institut Français de Budapest

Mada Wikri Tunggal - Homepage

LAS. Konkursai

Copeland Enterprises, Inc.

Windows95 Tips & Tricks

Follow Me - Ohrid

Moselwein, Riesling der Wein vom Weingut

BAS-STIM

Terre Sans Frontières

Novacosa C.A.

Trans-Service: Manufacture

Copeland Enterprises, Inc.

U´wa

Follow Me - Ohrid

Moselwein, Riesling der Wein vom Weingut

Monoseal

Games for Windows

Newcastle Australia

Paikkatietoaineistot, Karttakeskus

ADA-HAS - Karriere

No Title

gruene jugend: splash-screen

bribes d'auteurs : recueil de citations

Laajasalon golfkentta

Restaurant Sorrento

bribes d'auteurs : recueil de citations

Software - Logistik - Beratung

Euler - Numerical Programming

Lviv Agricultural Extension Service

Deltaq i debatten - indhold

Destination Sheffield Ltd.

DR Nyheder Online - Kontakt til DR Nyheder

Marcod

´qç‡S˜w¼€

B.C.C. Cascia

ENFO leaflet

Möbeltransport Heine

Welcome to the NSPCC...

HomeInstituto

Treoir

Sgt Mom's

Restaurant Sorrento

VisualRoute Server: Fairfax, Virginia, USA

NETWORKING PROVIDER

???

Kuyil

Artistas Discapacitados

Educating Young People About Water

Artistas Discapacitados

Camera di Commercio di Grosseto

University of the Witwatersrand - Library

Marcel Dodier inc.

Sociology Department: Unviersity of Waterloo

Wildsluts.Tv Hardcore Teens

GI - Fachgruppe 4.0.2

ADA-Crew an der Deutschen Bahn Strecke

South Australian Bridge Association

ADA-Crew an der Deutschen Bahn Strecke

BBA

Instituto Takemussu Sorocaba

Siviez : au coeur des Alpes

Regionalwissenschaften Lateinamerika

Home

Helsinki Go Club

Nusantara Karbon Indonesia

BBB: Bibliothekskataloge - Sonderkataloge

Principal

BBC Produkte

Editions Orphee

DeCherney Society

das riesen wissens-ding: how☐quote

Tootetutvustused -> Skannerid -> CanoScan FS2710 uldandmed

SeedQuest - Home Page

Optel Semiconductor Corporation HomePage

Aquamatic

Wildsluts.Tv Hardcore Teens

Bitte den Titel der Seite eingeben !

Welcome to AGUA FRIA S.A.

Transum S.A.

Creative Tours & Concepts

LifeInsurancenet.com: Link

The Music Link Page

Click This web design.

LifeInsurancenet.com: Link

Steve's Place

Creative Tours & Concepts

American International School of Bucharest

IT Guide

A. J. Lill Consultants

Spectrum Info ltd. Fine Chemicals

Metallverarbeitung Christoph Kasper (Kunstschmied)

Dicas e Dúvidas Grátis sobre Visual Basic

EmNet - O Seu Lugar na Net -

Index

Namen in cilji

C.V.-ink n toner

- 20 ans en l'an 2000 -

Teva

links

Spectrum Info ltd. Fine Chemicals

Metallverarbeitung Christoph Kasper (Kunstschmied)

Mix FM 102,7

Bienvenidos a ExportPYME

Air Adventure Australia

HiTRON Limited : MMDS TV Channels

Welcome to Nightwatch Software

RedSox Homepage

Hanza Forwarding

WEB DESIGN, EBUSINESS

Vevey - Tarifs locations bannières

Mater Maria

Search Databases - Topic Guide

Optek Eletrônica Ltda

Câmara Municipal do Sabugal - In English

The Chicago Daily Picture Page

RealMæglerne AAGE JAKOBSEN & CO.

WEB DESIGN, EBUSINESS

Alles finden im Web

Bienvenidos a ExportPYME

No Title

Multi Concept Performance Plus

Welcome to Philworld Online Laguna

Toey 's Studio.

Vevey - Tarifs locations bannières

Mater Maria

Search Databases - Topic Guide

Optek Eletrônica Ltda

Câmara Municipal do Sabugal - In English

The Chicago Daily Picture Page

RealMæglerne AAGE JAKOBSEN & CO.

Alles finden im Web

Factor-Energo, Ltd

UFZ - Umweltforschungszentrum Leipzig - Halle GmbH

Home

Optek Eletrônica Ltda

Multi Concept Performance Plus

MBC Members

Hanza Forwarding

Eco-Motion

Welcome to Hong Kong Baptist University

Factor-Energo, Ltd

"The photograph shows reality. It gives a whole other identity to the reality pictured. Minimal changes in the photograph can have a big impact on its emotional charge. That makes you nervous and restless . . ."

"De foto laat de werkelijkheid zien. Het geeft een heel andere identiteit aan de afgebeelde werkelijkheid. Minimale veranderingen in de foto kunnen een grote verandering in de emotionele lading bewerkstelligen. Dat maakt je zenuwachtig en onrustig • • • *"*

EXPERIENCE

Youth playing with XBOX (manufactured by
Microsoft, Zoetermeer, 2002)
Photography: Peter Hilz

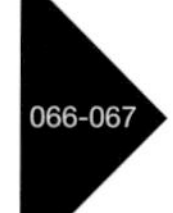
066-067

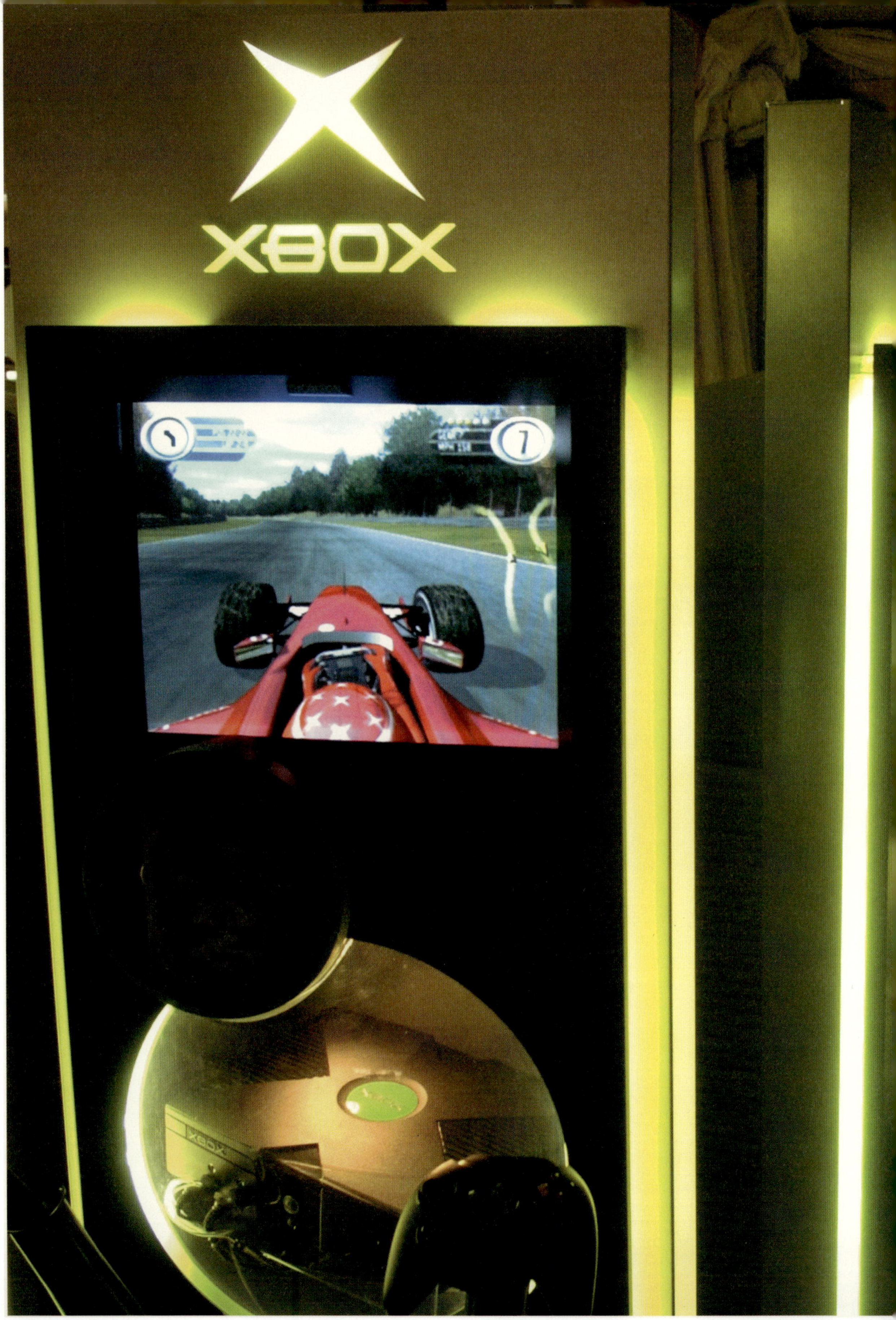

XBOX

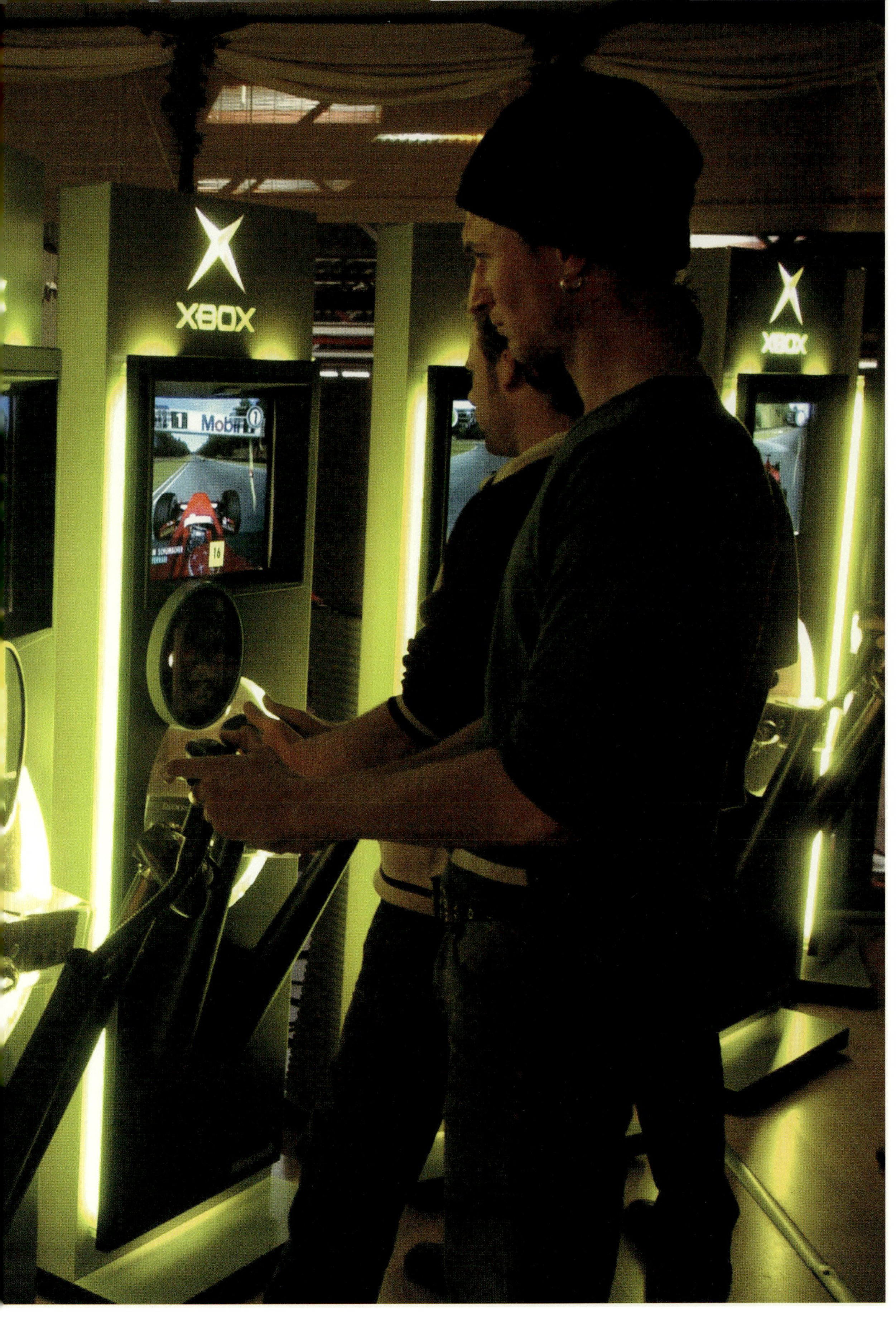

XBOX
XBOX
Mobil 1

nieuwe die tijdens je leven op de markt worden gebracht, want alle media zijn voortdurend bezig elkaar te hermediëren. Als een nieuw medium vertrouwd overkomt, maar de technische beperkingen van oudere media overwonnen heeft, lijkt het transparant. Komt er later een nieuwer medium beschikbaar, dan zal dat de technische beperkingen van het vorige nieuwe medium overwonnen lijken te hebben. We snappen media omdat ze over media gaan die we kennen, en niet omdat ze over een wereld gaan die we zouden begrijpen. We zijn, aldus Bolter en Grusin, altijd al 'in de media' en brengen ons leven door met hermediëren vanuit een verlangen naar een onmogelijk te bereiken onmiddellijkheid van ervaring, vanuit een verlangen de media achter ons te laten en oog in oog te komen staan met de echte, authentieke werkelijkheid. Maar deze transparantie is een utopie. Hypermediatie is de enige stand waarop media staan afgesteld.

De illusie

Tegen deze stelling van de totale hermediatie is wel wat in te brengen. Het enige wat media hermediëren zijn namelijk vormen, geen inhouden. Schilderkunst kan heel fraai foto's nadoen. Maar of een foto nu wel of niet een schilderij nabootst, het blijft iets fundamenteel anders, namelijk een beeld dat met een fototoestel is gemaakt in plaats van streek voor streek op een doek te zijn aangebracht. Bij een schilderij ligt aan elke verfklodder of -streep een beslissing en overdenking van de maker ten grondslag, hoe nietszeggend het schilderij als afbeelding wellicht ook is. Hoe veelzeggend en doordacht daarentegen een foto als afbeelding kan zijn, toch heeft ze geen betekenis, want alle fotografische korrels en pixels zijn door een technisch apparaat aangebracht en niet door een mens. De fotografie neemt geen beslissingen op grond van overdenkingen, het registreert emotie- en associatieloos. Alles wat er aan betekenis in een foto wordt ontdekt, is ofwel technisch kunnen van de fotograaf (kadrering, belichting, scherpstelling enzovoort), ofwel iets wat in het beeld is geprojecteerd door de kijker die de foto beziet als was het een handmatig gemaakt, traditioneel beeld vol bedoeling, bedachtzaamheid, keuze. Betekenisgeving in de fotografie is een effect van het vermogen tot transparantie van de fotografie, dat wil zeggen haar vermogen zich voor te doen als een schilderij of tekening. Maar de kracht van een foto ligt elders, namelijk in haar vermogen tot betekenisloosheid, haar eenmaligheid, haar technisch gerealiseerde onmiddellijkheid – zaken die onmogelijk te realiseren zijn in een schilderij en die het nieuwe vormen aan de fotografie – nieuw ten opzichte van oudere media.

Schilderijen kunnen foto's nadoen en foto's kunnen schilderijen nabootsen, maar altijd blijft een foto technisch gemaakt en betekenisloos, en een schilderij handmatig gemaakt en betekenisvol. De inhoud van de fotografie is de schilderkunst (anders gezegd: de fotografie hermedieert de schilderkunst). De inhoud van een schilderij is echter nooit een foto (als een schilderij een foto hermedieert, maakt het er iets fundamenteel anders van: een beeld geladen met betekenis in plaats van een koele, zuivere afbeelding). Wat is wél de inhoud van de schilderkunst (welk medium wordt er gehermedieerd door een schilderij)? Een schilderij is gemanipuleerde materie. Schilderkunst is een manipulatie van verf op een ondergrond, waardoor de illusie van een afbeelding ontstaat. De kijker ziet verf op een vlak, en tegelijk een landschap of portret, een samenspel van

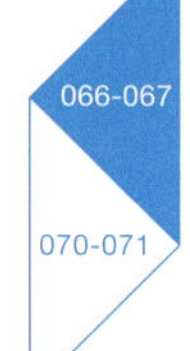

066-067
070-071

Videogames bestaan al enkele tientallen jaren en hebben zich ontwikkeld van eenvoudige grafische spelletjes (Pacman) tot driedimensionale interactieve (meebewegende) machines, waar de speler in kan zitten en kan autoracen of oorlogvoeren tegen zijn medespeler. De videobeelden worden door ontwikkeling van de techniek steeds realistischer, en zitten vol met *visual effects* die we al kennen uit de speelfilm (bijvoorbeeld een subjectieve cameravoering). Snelheid en het competitieve element dwingen de speler tot opperste concentratie, waardoor deze geheel 'opgaat' in de game (verslaving is in deze branche niet ongewoon). Commercieel gezien zijn deze spelen tot nu toe nog steeds de meest succesvolle vorm van *virtual reality*, de door de oorlogsindustrie ontwikkelde visuele simulatietechnologie die in de jaren negentig opgang deed, maar waarvan de veelbesproken toepassingen ('cybersex' bijvoorbeeld) vooralsnog beperkt zijn gebleven tot vaar- en vliegsimulators in opleidingsinstituten.

Video games have already been around for a number of decades, and have evolved from simple graphic games (Pacman) into three-dimensional and interactive machines that move with the player, who can sit and race a car or wage war against an opponent. Thanks to technological developments the video images are becoming ever more realistic and are filled with 'visual effects' that we are familiar with from feature films (a subjective camera angle, for example). Speed and the competitive element force the players to use their utmost concentration, so that they completely 'lose themselves' in the game (addiction is not unusual). In commercial terms these games are still the most successful form of 'virtual reality', the visual simulation technology developed by the arms industry that became popular in the 1990s. However, its controversial applications ('cybersex', for example) have so far remained limited to sailing and flight simulators in training institutions.

earlier new medium. We understand media because they deal with media we know, not because they deal with a world we are supposed to understand. We are, according to Bolter and Grusin, always 'in the media' and spend our lives remediating out of a yearning for an unattainable immediacy of experience, from a yearning to jettison media and come face to face with true, authentic reality. Yet this transparency is a Utopia. Hypermediation is the only setting to which media are calibrated.

The illusion

Yet this premise of total remediation is not immune to debate. For one thing media remediate only forms, not contents. Painting can imitate photography quite well. But for all that a photograph may reproduce a painting, it remains something fundamentally different, namely an image made with a camera rather than applied stroke by stroke on a canvas. In a painting every blotch or streak of paint is based on a decision and consideration on the part of the creator, however meaningless the painting may be as representation. In contrast, however significant and well-considered a photograph may be as representation, still it has no meaning, because all the photographic grains and pixels were produced by a technical device and not by a person. Photography makes no decisions based on consideration; it records without emotion and without association. Any significance derived from a photograph is either technical skill on the part of the photographer (framing, lighting, focus and so forth) or something projected onto the image by the viewer, who sees the photograph as if it were a handmade, traditional picture full of meaning, thoughtfulness, choice. Signification in photography is an effect of its capacity for transparency, in other words its ability to pretend to be a painting or drawing. But the power of a photograph lies elsewhere, namely in its capacity for meaninglessness, its singularity, its technically produced immediacy – features beyond the scope of a painting and at the heart of what makes photography new, in relation to older media.

Paintings can imitate photographs and photographs can reproduce paintings, but a photograph will always be technically produced and meaningless, and a painting always handmade and meaningful. The content of photography is painting (in other words, photography remediates painting). The content of a painting, however, is never a photograph (when a painting remediates a photograph, it turns it into something fundamentally different, an image laden with meaning rather than a cold, pure representation). What, then, is the content of painting (which medium does a painting remediate)? A painting is manipulated matter. Painting is the manipulation of paint on a surface, which creates the illusion of a representation. The viewer sees paint on a surface, and at the same time a landscape or portrait, a harmony of colours, lines and shapes. To look at a painting is to search for illusions.

Painters manipulate the paint matter until animals, people, landscapes appear. Sculptors do something similar with clay, marble and bronze. Traditional media do not pretend to represent the world; they bring forth a world. They create their own world. Painting is a religious act, an act of faith – an active reproduction of what God did when He created the world. Photography does not bring forth the world; it merely represents it. It is

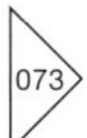
073

Gaming-house, Oostend, Belgium, 1985
Photography: Flip Franssen

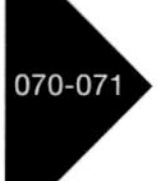
070-071

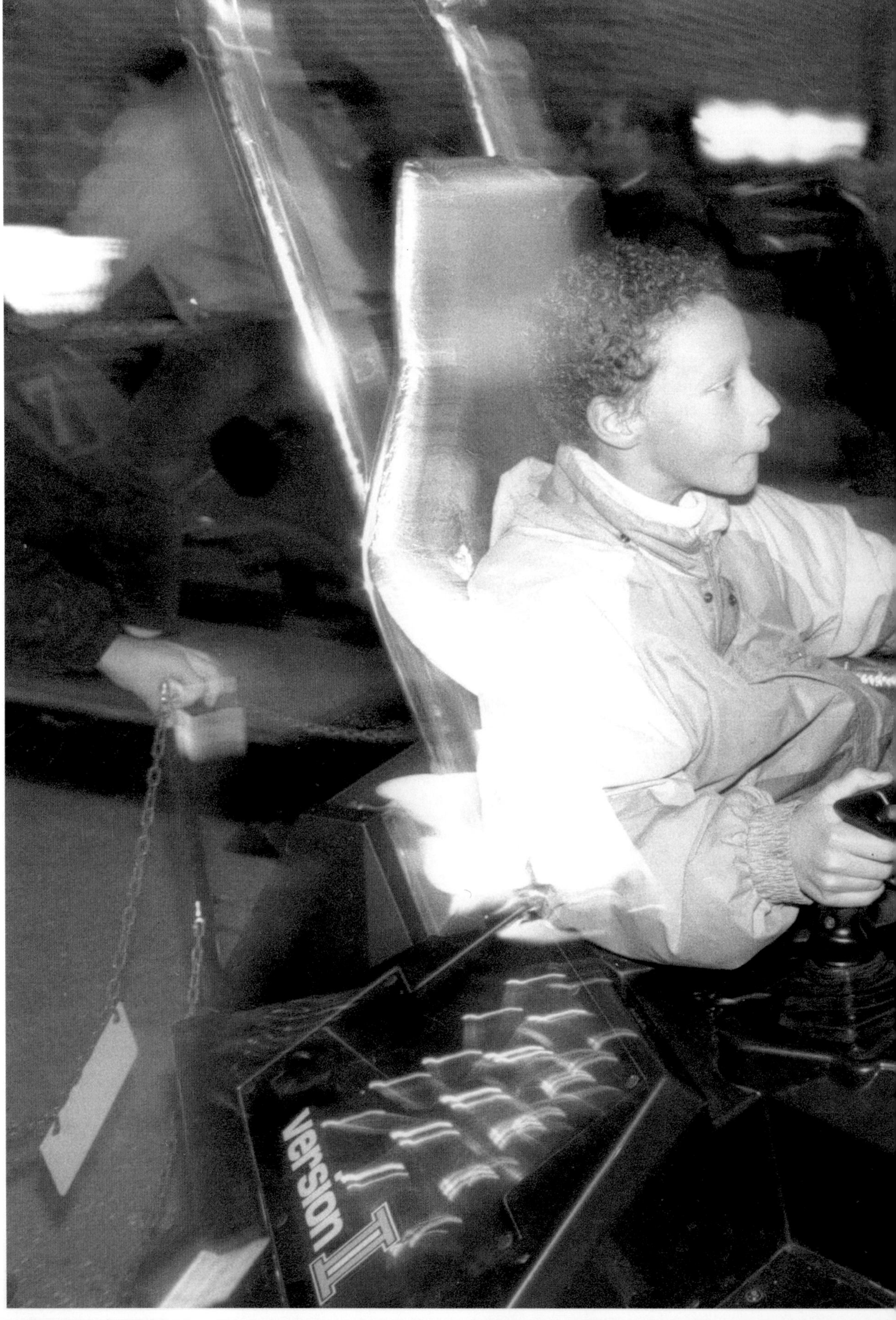
version 1

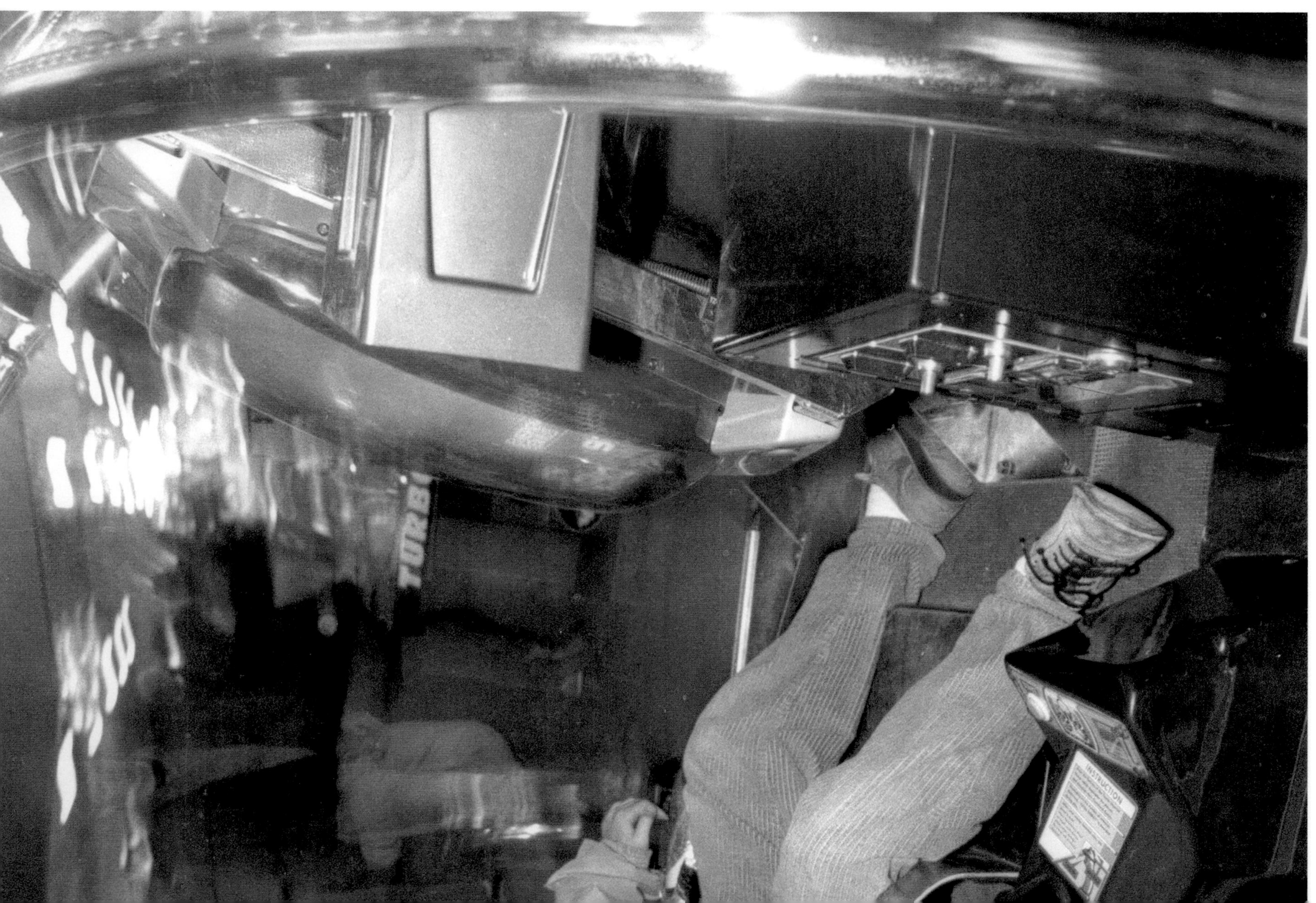
TURBO

kleuren, lijnen en vlakken. Naar een schilderij kijken is op zoek gaan naar illusies. Schilders manipuleren de verfmaterie dusdanig dat er dieren, mensen, landschappen uit te voorschijn komen. Beeldhouwers doen iets dergelijks met klei, marmer en brons. Alle traditionele media doen niet alsof ze de wereld afbeelden, maar brengen een wereld voort. Ze scheppen hun eigen wereld. Schilderen is een religieuze handeling, een geloofsdaad: een actieve nabootsing van een handeling van God, toen Hij de wereld schiep. De fotografie brengt de wereld niet voort, ze beeldt haar alleen af. Ze is passief. Dat is ook haar kracht, volgens klassieke theoretici als Roland Barthes en André Bazin. Fotografische beelden maken direct contact met de werkelijkheid via het licht dat vanaf de gefotografeerde objecten dwars door het medium van lens en negatieffilm en ontwikkelbaden en positieve afdruk heen het oog van de beschouwer binnendringt. Daarom toont de fotografie de buitenmediale werkelijkheid en het objectieve bestaan van de wereld, terwijl de schilderkunst enkel de binnenmediale werkelijkheid toont, de in verf of klei versmolten subjectiviteit van de schilder of beeldhouwer.

Barthes en Bazin hadden het mis: de fotocamera voegt wel degelijk iets toe aan het beeld dat ze door de wereld laat vastleggen in zichzelf. Dat iets is het fotogenieke. Het fotogenieke is datgene in een foto waardoor je bereid bent die foto te bekijken of waardoor die foto je raakt (alle andere, niet-fotogenieke foto's laten je onverschillig en vergeet je vrijwel onmiddellijk weer). Het fotogenieke is een eigenschap van de dingen die alleen op fotografische beelden kan worden opgeroepen. Gezichten worden er betoverend door, lichamen verleidelijk, landschappen toeristisch interessant – ja, zelfs schilderijen krijgen er een uitstraling door die ze niet kunnen waarmaken als je ze in het museum ziet, waar ze hun fotografische aura kwijt zijn. Wat je op schilderijen in musea ziet is modderige verf, slordig gepenseel, doorschijnend schilderslinnen, een klunzig afgebeelde voet. Dat is nog een reden waarom de catalogus met fotografische reproducties van de getoonde werken vaak toegankelijker is dan de bijbehorende tentoonstelling.

De trance

De wereld verrijkt het medium fotografie met haar licht en de fotografie verrijkt de wereld met het fotogenieke: ze zijn elkaars energiebronnen. Waar de fotografie het beeld van de wereld zijn betekenis ontneemt, vult het dat beeld aan met het fotogenieke, dat iets is wat buiten de orde van de betekenis om werkt. Het fotogenieke is het nieuwe aan de fotografie, niet vergeleken met oudere beelden, maar als nieuw ontdekte en verbeelde eigenschap van de wereld. Als nieuwe manier om de wereld te ervaren. Het fotogenieke is buitentalig en daarom niet te duiden, maar wel te constateren. Het is datgene in de fotografie waardoor je lichaam op een foto reageert en in een toestand komt die het zonder het fotogenieke nooit zou hebben ervaren. Urenlang kun je staren naar zo'n foto, niet alleen bepaalde portretten van Greta Garbo of Marilyn Monroe, maar ook oorlogsfoto's van Robert Capa, postmoderne industriefotografie van de Bechers, plaatsloze meisjesbeelden van Rineke Dijkstra – foto's die energie blijven uitstralen, die nooit gaan vervelen. Die je raken in het allertederste wat je in je hebt, in datgene wat de dichter Leopold omschreef als 'het voelen van het eigen ik'. In de fotografie voel je je ik zoals het niet is, maar wel zijn kan. In het fotogenieke beleef je de trance van de fotografie.

passive. Indeed that is its power, according to classical theorists like Roland Barthes and André Bazin. Photographic images make direct contact with reality through the light that penetrates the viewer's eye by means of the lens and negative film and developer fluid and positive print. Therefore photography shows outer medial reality and the objective existence of the world, while painting shows only inner medial reality, the subjectivity of the painter or sculptor melted down into paint or clay.

Barthes and Bazin were wrong: the camera does in fact contribute something to the image it allows the world to record inside itself. That something is the photogenic. The photogenic is what makes you willing to look at a given photograph or why a given photograph touches you (you are indifferent to all other, non-photogenic photographs and forget them almost immediately). The photogenic is a quality in things that can only be evoked on photographic images. It makes faces enchanting, bodies seductive, landscapes interesting for tourism – and yes, it even gives paintings a radiance they cannot achieve when you see them in a museum, stripped of their photographic aura. On paintings in a museum you see muddy paint, sloppy brushwork, see-through canvas, a clumsily depicted foot. This is another reason the catalogue of photographic reproductions of the works on display is often more accessible than the exhibition it features.

The trance

The world enriches the medium of photography with its light, and photography enriches the world with the photogenic: they are each other's sources of energy. While photography strips the image of the world of its meaning, it supplements that image with the photogenic, something operating outside the realm of meaning. The photogenic is what makes photography new, not in comparison with older images, but as a newly discovered and conceptualized quality of the world – as a new way to experience the world. The photogenic is beyond language and therefore indefinable, yet identifiable. It is that attribute of photography that causes your body to respond to a photograph and reach a state it would never have experienced without the photogenic. You can stare for hours at such a photograph, not just certain portraits of Greta Garbo or Marilyn Monroe, but also Robert Capa's war photographs, the Bechers' post-modern industrial photography, Rineke Dijkstra's pictures of girls devoid of setting – photographs that go on radiating energy, that never grow tiresome. They touch you in your most delicate, innermost spot, in what the poet Leopold described as 'the feeling of your own self'. In photography you feel your own self not as it is, but as it could be. In the photogenic you experience the trance of photography.

If you are hypermedially aware that media do not supply information about the outside world but only about their own functioning in relation to an outside world – in other words, if you know that media are only media and nothing more, and yet remain an enthusiastic media user, you do so because you are in search of a trance. We never actually want to be informed when we use media – watch TV, leaf through newspapers, read books, watch films, study photographs. As Marshall McLuhan said about newspapers, you don't read a newspaper, you let yourself sink into it like in a tepid bath. You let yourself sink into all media; sometimes the

077

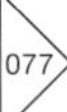

Joachim Schmid, *Statics (Marlboro billboard)*, 2002, 235 x 315 cm (detail)

074-075

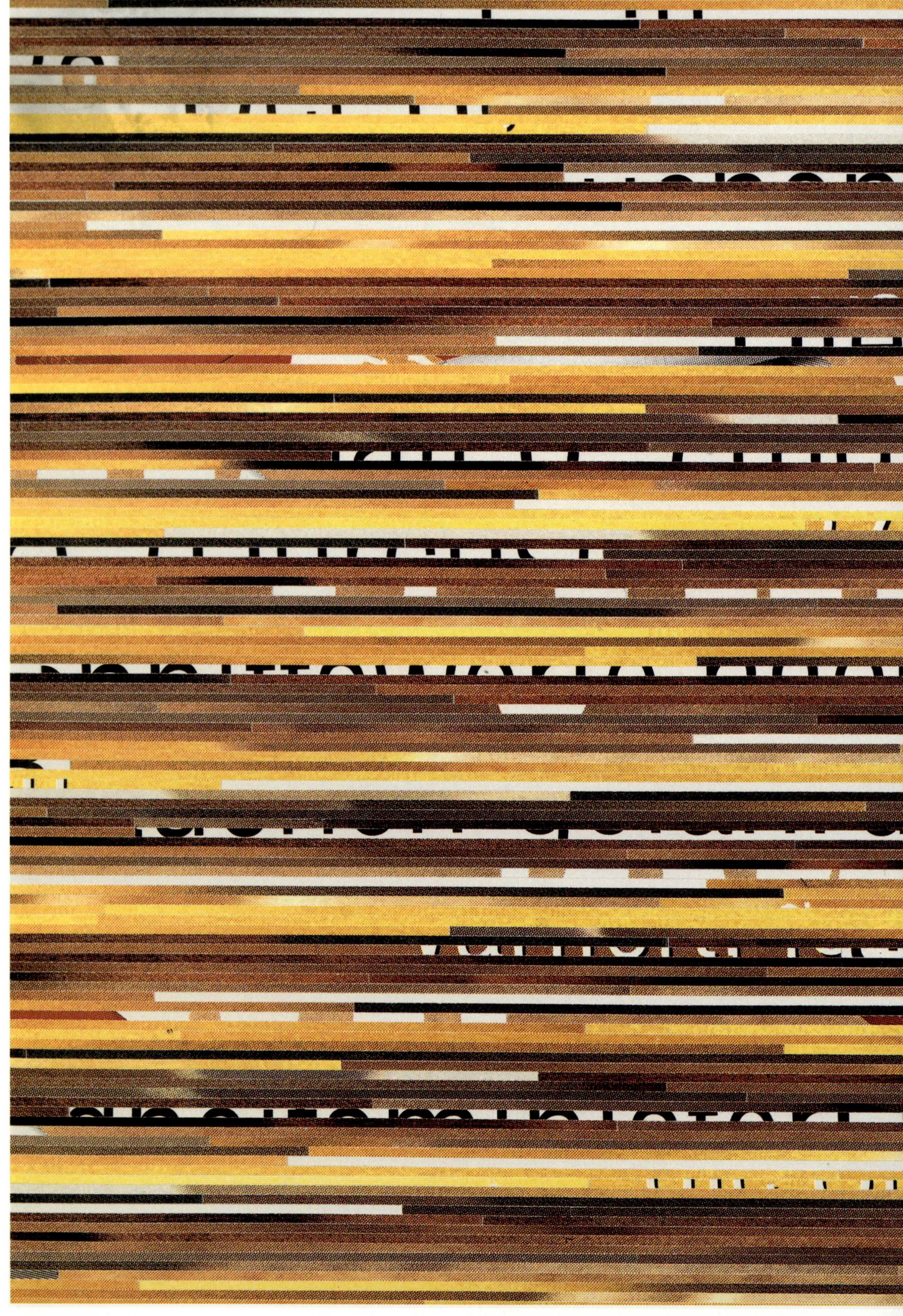

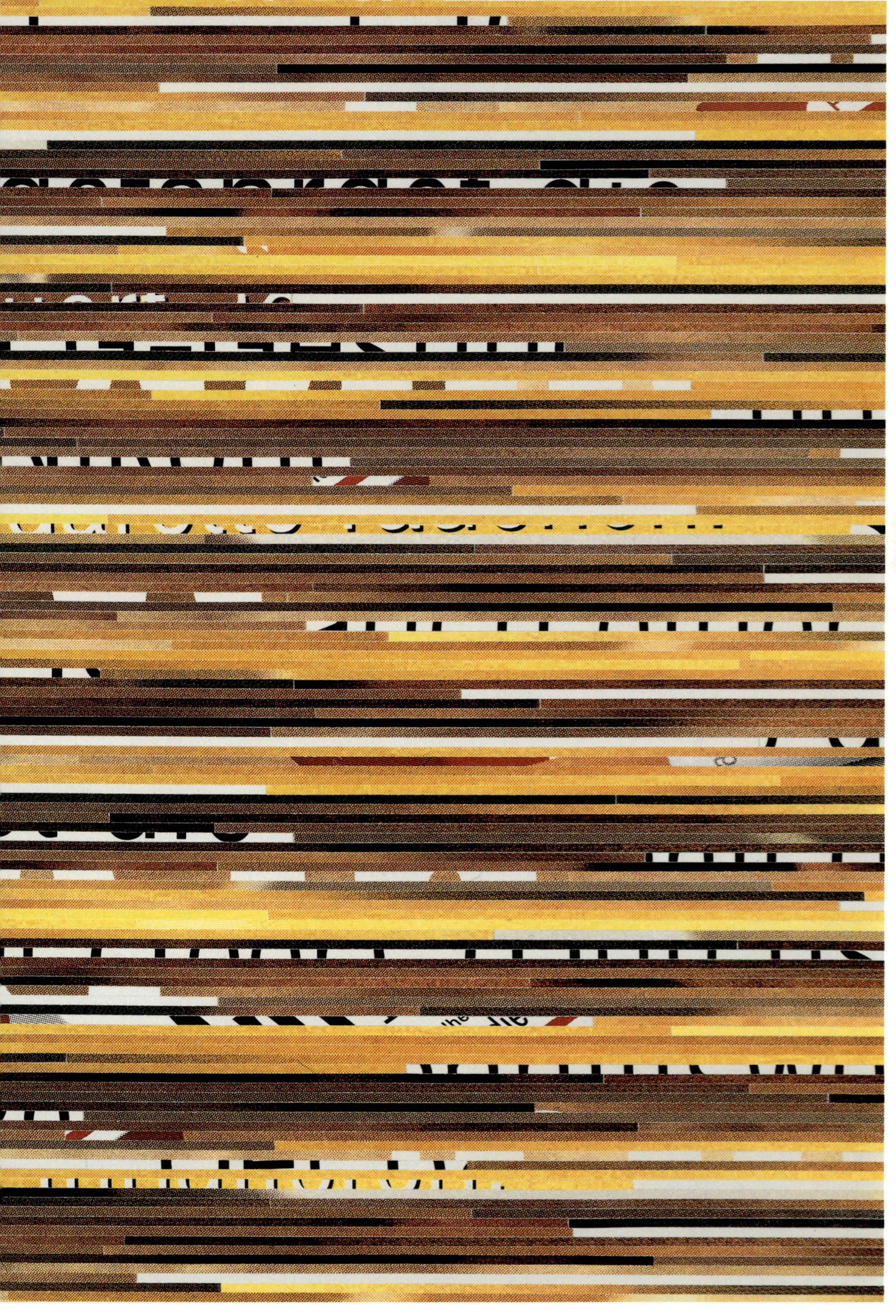

Als je met je hypermediale bewustzijn weet dat media geen informatie verstrekken over de buitenwereld, maar alleen over hun eigen functioneren in relatie tot een buitenwereld – anders gezegd: als je weet dat media maar media zijn en niks meer, en desondanks blijf je enthousiast mediagebruiker – dan doe je dat omdat je op zoek bent naar een trance. Eigenlijk willen we ons nooit laten informeren als we media gebruiken – tv kijken, kranten doorbladeren, boeken lezen, films zien, foto's bestuderen. Zoals Marshall McLuhan over dagbladen schreef: je leest een krant niet, je laat je erin zakken als in een lauw bad. Zo laat je je in alle media zakken, als is het badwater de ene keer heter, de andere keer woeliger, of dieper, of juist minder diep. We gebruiken media niet om ons te laten informeren, maar om in ons gevoelsintensiteiten op te wekken die alleen met behulp van de media kunnen worden opgeroepen, en niet met de echte werkelijkheid. We gebruiken media om in een trance te komen. Dat is de enige echte ervaring die media kunnen oproepen – transparantie en hypermediatie zijn toestanden van de wereld of de media, maar een trance maken we zelf mee, dat is een toestand van ons eigen lichaam.

Een trance is een prikkeling van een lichaam waaraan dat lichaam geen andere consequentie kan verbinden dan op te gaan in zichzelf. De mediagebruiker, de boekenlezer, televisiekijker, gameboy, technodancer, foto-liefhebber, museumbezoeker, radioluisteraar raakt gefixeerd op wat het eigen lichaam doet wanneer dat door een instroom van externe energie in een toestand wordt gebracht die het uit zichzelf nooit zou kunnen bereiken of in stand zou kunnen houden. Het lichaam in trance wordt zelf een medium, een autonoom spel met tekens, beelden, impulsen, trillingen. Tijdelijke evenwichten, verschuivingen, herrangschikkingen, nieuwe tijdelijke evenwichten: trance is een concentratie op wat er vanbinnen langskomt aan gevoelens, intuïties, instincten, voorkeuren, wensen, gedachten, geurtjes, herinneringen... En het blijkt heerlijk te zijn, het blijkt onweerstaanbaar. We gebruiken media niet vanuit een 'verlangen naar onmiddellijkheid', zoals Bolter en Grusin het noemen, maar vanuit een verlangen naar een directe ervaring van iets wat we niet zelf zijn. We willen onszelf ervaren zoals we niet zijn. En dat telkens anders.

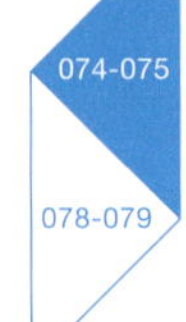

074-075

078-079

De Duitse kunstenaar **Joachim Schmid** gebruikt in zijn werk bestaande beelden, waaronder foto's. Zo legde hij grote verzamelingen aan van gevonden foto's uit allerlei bronnen (van oude familiealbums tot automaatfoto's), waarin hij vervolgens nieuwe, thematische ordeningen in aanbracht. Hij bedacht recentelijk nog een andere manier van 'omgaan' met de overvloed aan beelden en andere informatie die in onze samenleving circuleert, gebaseerd op het standpunt: niet weggooien of verwerpen en geen keuzes maken, maar ombuigen tot iets nieuws. Sinds enige tijd verwerkt hij de reclamefolders die hij in zijn eigen brievenbus vindt door ze met behulp van een papiershredder in reepjes te snijden om ze vervolgens weer netjes op een groot vel te plakken, waardoor kleurige geometrische patronen ontstaan. De zo ontstane werken worden thematisch ingedeeld op basis van de zaak waarvoor de verwerkte folders reclame maakten: van damesondergoed tot bouwmarkt. Voor *Experience* maakte Schmid een nieuw werk met een groot-formaat reclamebillboard als 'grondstof'.

The German artist **Joachim Schmid** employs existing images, including photos, in his work. He made large collections of found photos from all kinds of sources (from old family albums to photos from booths), in which he then introduced new, thematic arrangements. He recently came up with a different way of 'dealing' with the profusion of images and other information that circulates in our society. He did this on the basis of discarding or dismissing nothing and making no choices, instead transforming it all into something new. For a while he has been processing the advertising materials that he finds in his own letterbox by cutting them into strips with a shredder and then pasting them neatly on a large sheet of paper, resulting in colourful geometric patterns. The resulting works are arranged thematically, based on the business that the processed brochures were advertising: from ladies' underwear to DIY stores. For *Experience*, Schmid has made a new work with a large-format advertising billboard as his 'raw material'.

water is hotter, sometimes more turbulent, or deeper, or shallower. We use media not to be informed but to stimulate the intensity of our sensations, which can only be aroused by the media and not by actual reality. We use media to enter a trance. This is the only real experience that media can conjure up – transparency and hypermediation are conditions of the world or of the media, but a trance we experience ourselves; it is a condition of our own bodies.

A trance is the stimulation of a body to which that body can attach no other consequence than to submerge into itself. The media user, the book reader, television viewer, Gameboy player, techno dancer, photography buff, museum visitor, or radio listener becomes fixated on what his or her body does when an influx of external energy makes it enter a state it would never be able to reach or maintain on its own. The body in trance itself becomes a medium, an autonomous game of signs, images, impulses, vibrations. Temporary states of equilibrium, shifts, reclassifications, new temporary states of equilibrium: trance is the concentrating on what feelings, intuitions, instincts, preferences, wishes, thoughts, smells, memories parade by inside... And it turns out to be fantastic; it turns out to be irresistible. We use media not out of a 'yearning for immediacy', as Bolter and Grusin call it, but from a yearning for a direct experience of something we are not. We want to experience ourselves as we are not. And a different way every time.

Joachim Schmid, *Statics (pizza delivery menus)*, 1999, 60 x 70 cm

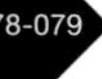

078-079

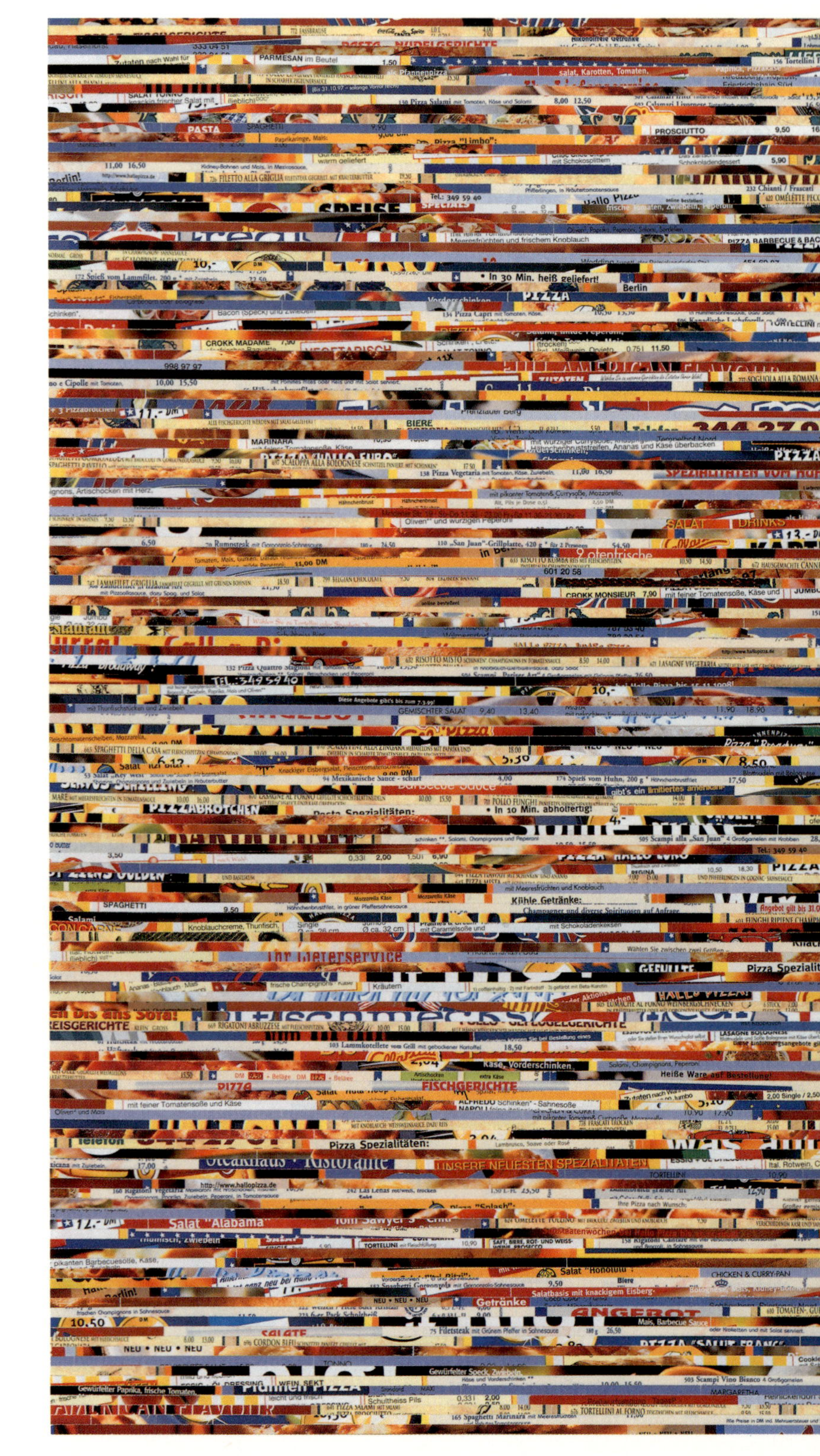

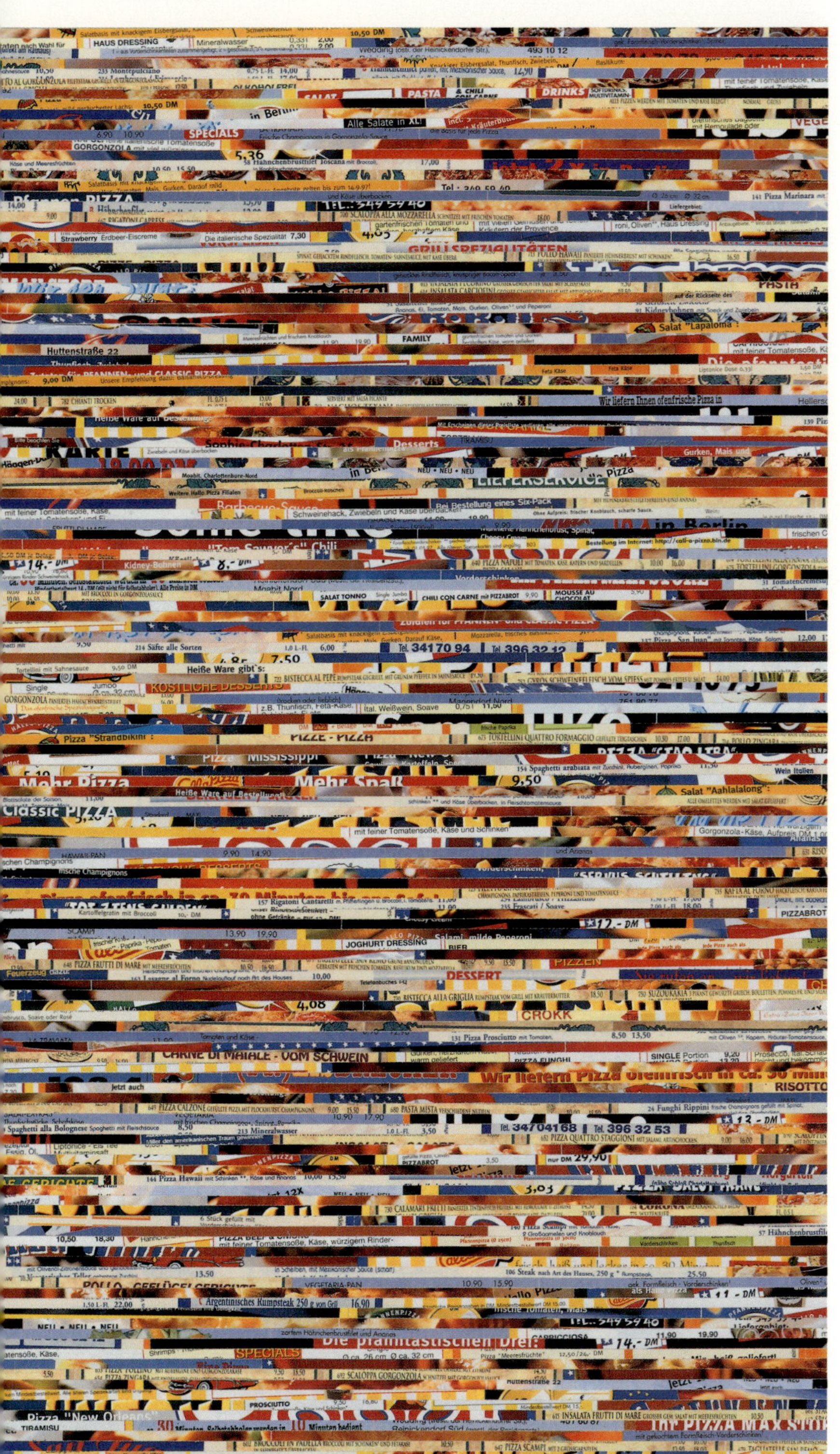

EXPERIENCE

"It reminds me of a magazine cover. Of innocence, of being removed from the world. He does have temporary tattoos. It's a combination of innocence and cool. Blond stands for innocence. . ."

"Het doet me denken aan een cover van een tijdschrift. Aan onschuld, afgesloten zijn van de wereld. Wel heeft hij plaktatoeages. Het is een combinatie van onschuld en stoer. Blond staat voor onschuld . . ."

left page:
Geert Mul, *Expose*, Technische Universiteit Eindhoven, Feb 2002 - Feb 2003

right page:
Geert Mul, **Speedy J.**, concert Maritiem Museum Rotterdam, 2000

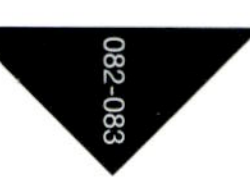

082-083

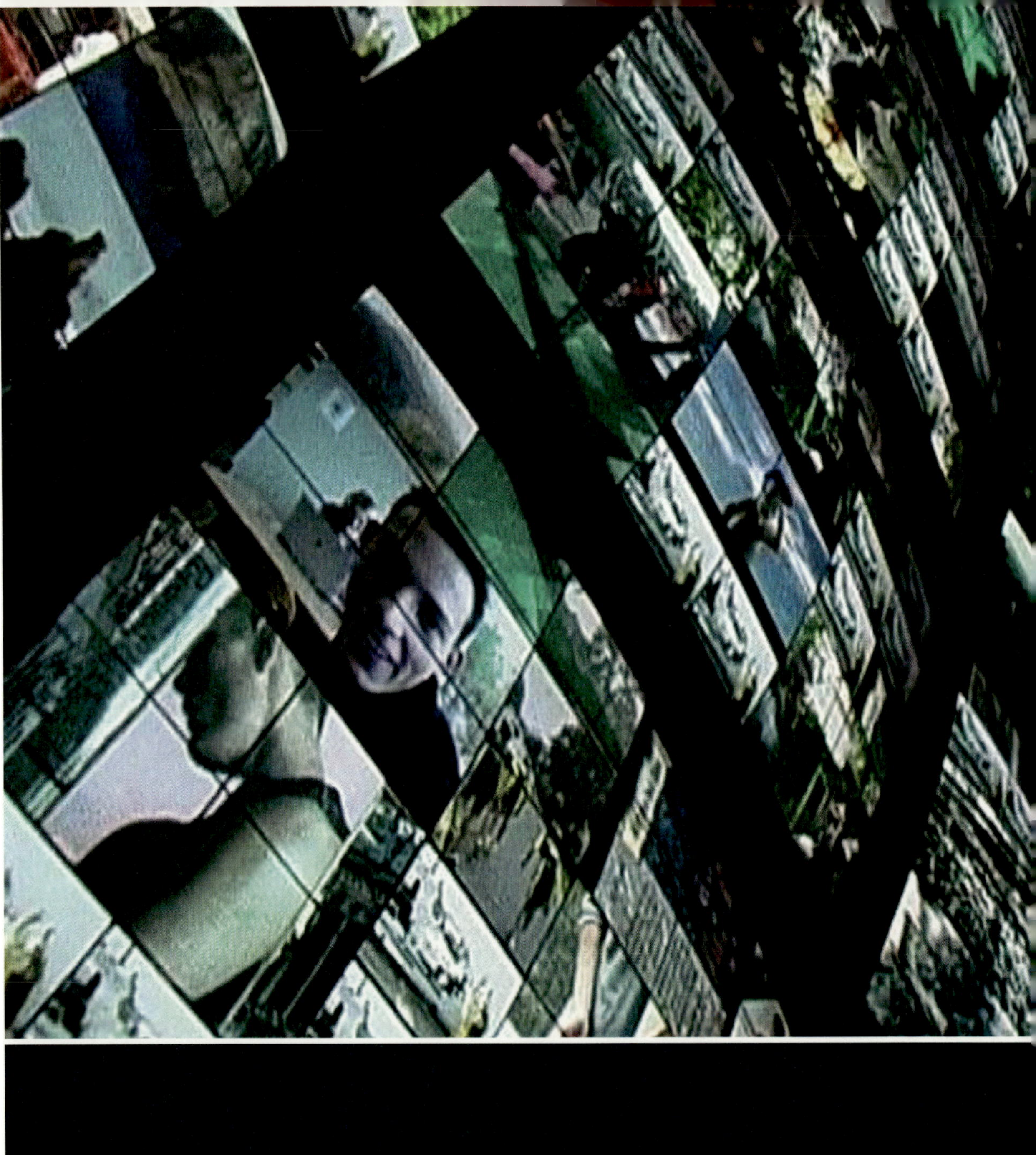

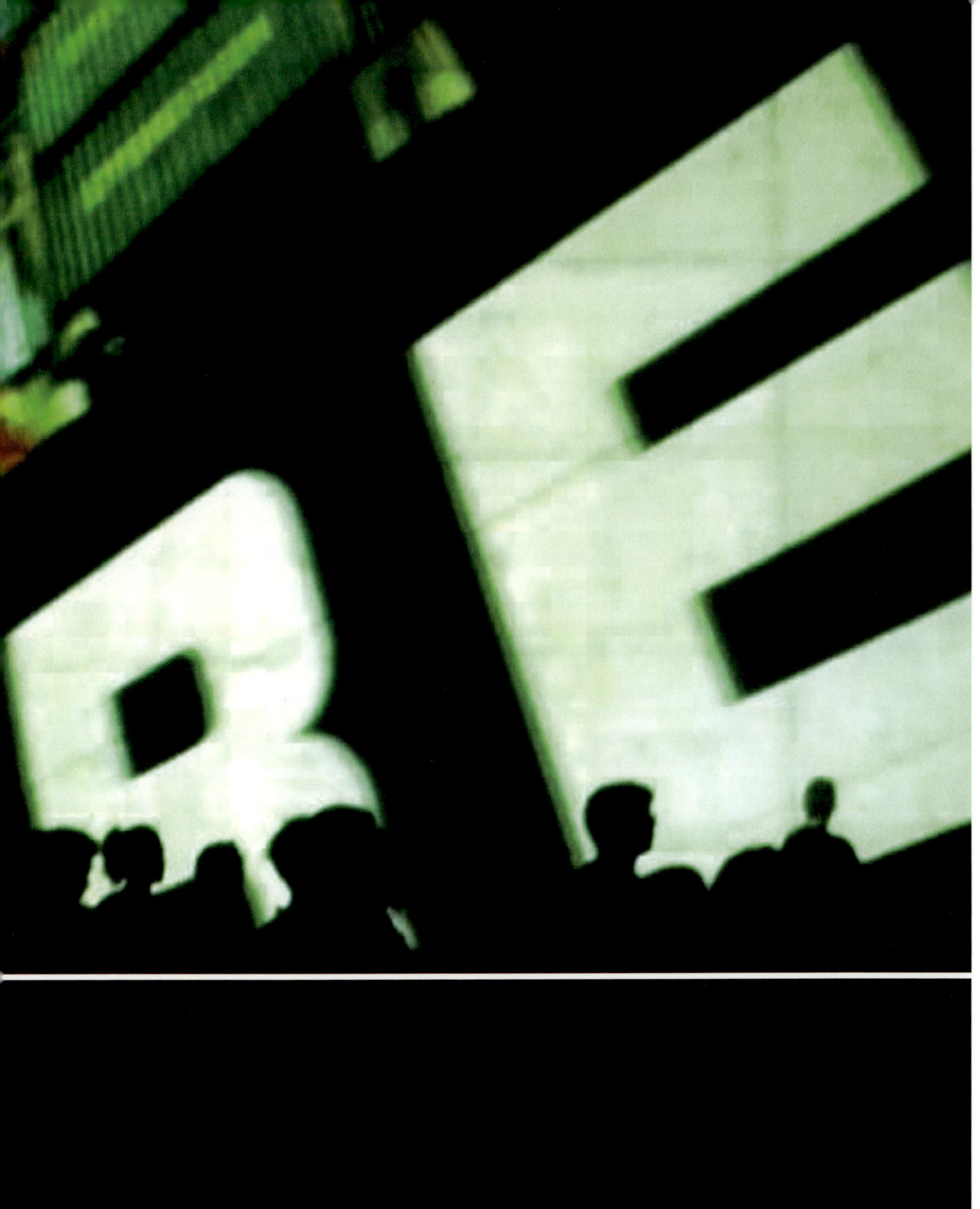

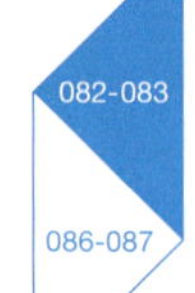
082-083
086-087

Mediakunstenaar en VJ **Geert Mul** staat bekend om onder meer zijn interactieve video-installaties, waarin naast beeld ook geluid een belangrijke rol speelt. De interactiviteit in veel van zijn werk bestaat erin, dat de bewegingen van de toeschouwer in de ruimte een effect heeft op het beeld dat hij ziet. Hij kan, door in de ruimte rond te lopen of door naar het werk toe of ervan af te lopen, het werk activeren, versnellen of vertragen. Op die manier ontstaat er een relatie tussen lichaam en beeld, tussen het fysieke en het visuele (en het akoestische). Deze relatie is echter nooit direct of eenduidig, waardoor de toeschouwer aangespoord wordt om verder te onderzoeken welk effect zijn bewegingen precies hebben. Het gevolg is een actieve betrokkenheid van die toeschouwer, die daarmee in zekere zin het werk mede creëert. *De bibliotheek van Babel* (naar Borges) is een voor *Experience* speciaal gemaakt werk, dat is gebaseerd op de gedachte dat de hedendaagse mens heeft geleerd om zelf betekenis te genereren uit grote dynamische informatiestromen. Mul maakt in dit werk gebruik van de door hem i.s.m. de Technische Universiteit Eindhoven ontwikkelde Notation-software, die het mogelijk maakt om uit grote hoeveelheden beeld, zoals die bijvoorbeeld via het internet wordt aangeboden, met de computer thematische selecties te maken.

The Dutch media artist and VJ, **Geert Mul**, is renowned for his interactive video installations in which sound as well as image play an important role. The interactivity in much of his work is based on the movements of the public in the installation space affecting the image that they see. By walking around in the space or moving towards or away from the work, the public can activate it, speed it up or slow it down. This establishes a relationship between body and image, between the physical and the visual (and the acoustic). However, this relationship is never direct or unambiguous, which spurs the public to find out exactly what effect their movements have. The result is the active involvement of that public, who thus in a certain sense become the co-creators of the work. The *Library of Babel* (after Borges) is a work specially made for *Experience* that is based on the idea that contemporary man has learnt to generate meaning from massive dynamic flows of information. In this work Mul makes use of the 'Notation' software that he developed in association with the Eindhoven University of Technology, making it possible to employ the computer to make thematic selections from large quantities of images, for example those available on the Internet.

" Je pure waarneming kan je op het verkeer-de been zetten. Je hebt maar één korte, eerste blik en daarna dringen de associaties zich weer op. Hierdoor word je gewezen op de valsheid van je eigen waarneming 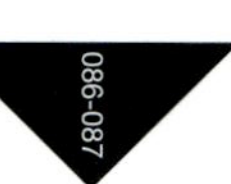 "

Geert Mul, *The library of Babel*, 2003

086-087

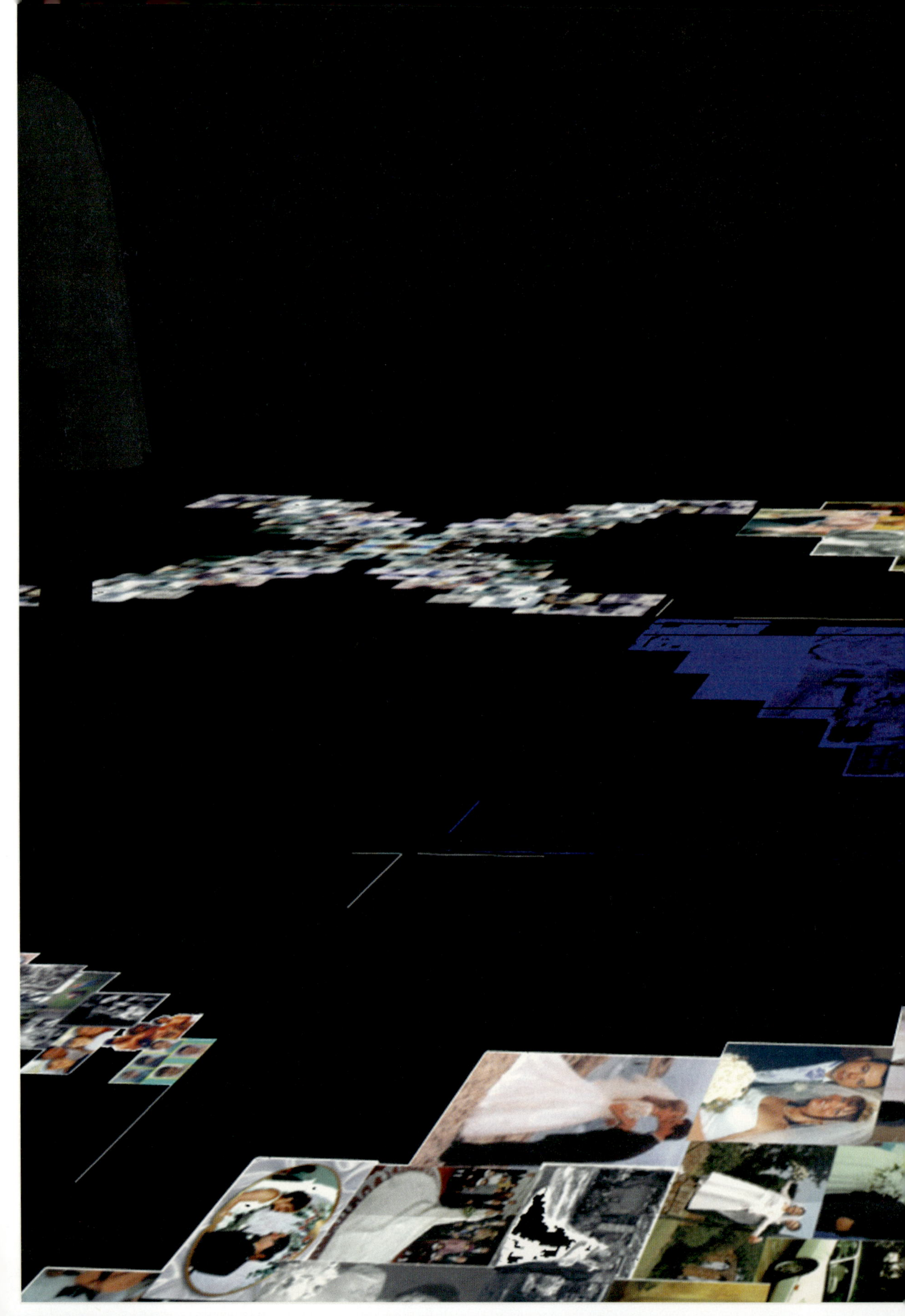

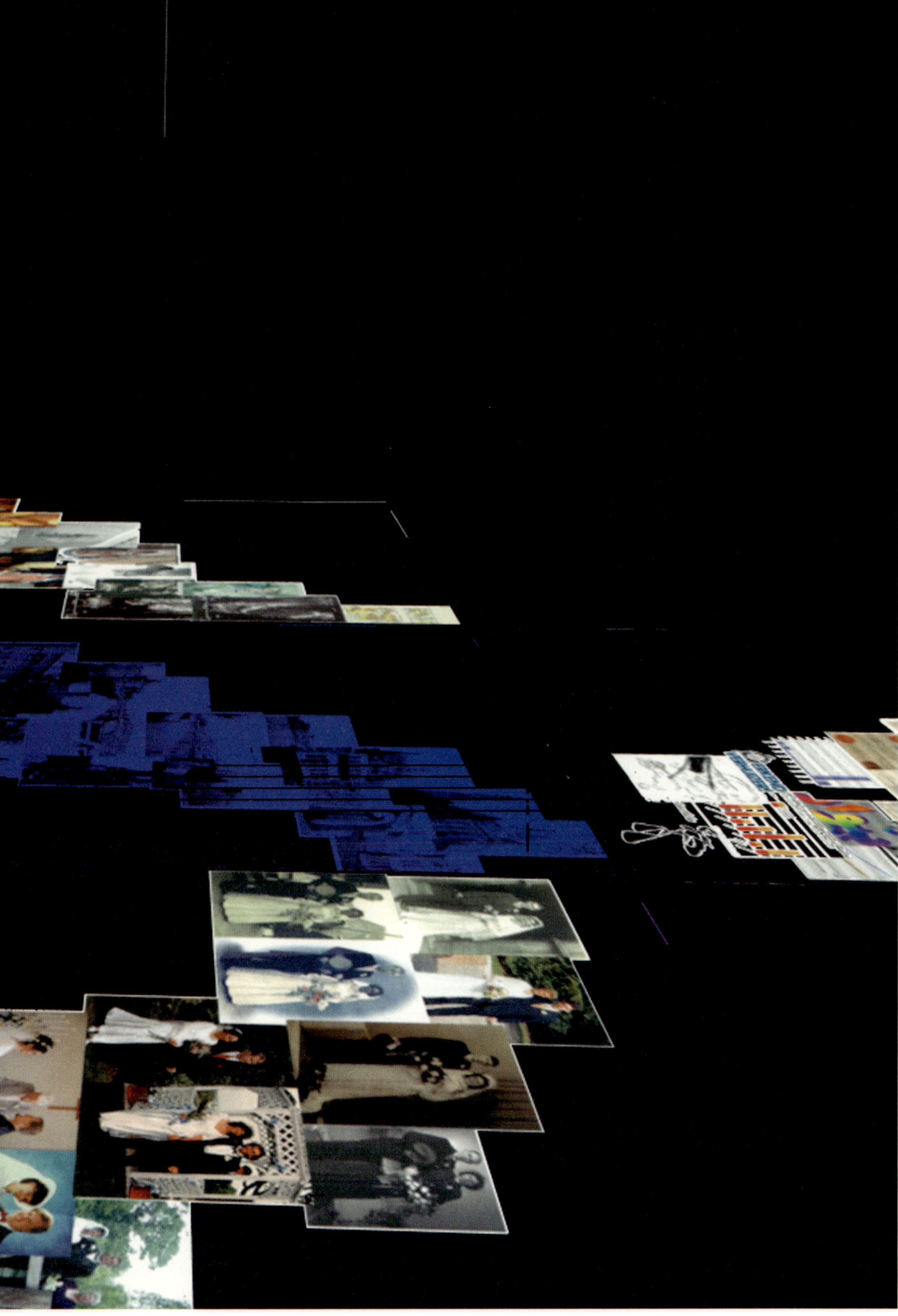

DE SCRIPTLOZE SAMENLEVING
Francisco van Jole

'Er is een generatie kijkers opgegroeid met *The Real World* en videoclips. Zij houden niet van gewoon televisiedrama of een soap.' Jeff Zucker, entertainmentbaas van de Amerikaanse zender NBC, liet er tegenover de *New York Times* geen misverstand over bestaan: reality tv verdwijnt niet meer. Reality shows als *Big Brother*, *Survivor* en *Fear Factor* bedienen een publiek dat niet geboeid wordt door reguliere televisie. Ze kijken liever naar een durfal die voor het oog van de camera wat levende insecten naar binnen werkt dan naar een uitgebalanceerd verhaal.
Het genre kent een onuitputtelijke hoeveelheid variaties. Live afslanken voor de camera in *Big Diet*, een talentenjacht als *Star Academy*, een commune als *Big Brother*. Het gaat daarbij niet alleen om onbekenden die smachten naar faam. Een populaire variant is de camera die in het dagelijks leven van beroemdheden wordt geïmplanteerd. Liefst sterren die over hun top zijn zodat de kijker het degeneratieproces van nabij kan aanschouwen, als een soort *Star Academy* op de terugspoelknop.
De MTV-serie rond de rockster Ozzy – Black Sabbath – Osbourne en zijn familie bleek onverwacht een groot succes. Daarna volgde voormalig steractrice Liza Minelli en dook de camera in het dagelijks leven van Anna Nicole Smith. Dit Playboy-model trouwde op 26-jarige leeftijd met een bejaarde multimiljonair van 89. Het huwelijksgeluk was hen niet lang gegund, de man overleed een jaar later. Een camera volgde haar, onder meer bij de juridische strijd om de erfenis. De omroep ABC rekte vervolgens het genre op met een show die de deelnemers een metamorfose laat ondergaan, compleet met plastische chirurgie. Op kosten van ABC je

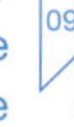
092

THE SCRIPTLESS SOCIETY
Francisco van Jole

'There's a whole generation that's grown up with *The Real World* and music videos. They don't like your average TV drama or soaps.' Jeff Zucker, entertainment boss for the American TV network NBC, left *The New York Times* in no doubt about it: reality TV is here to stay. Reality shows like *Big Brother*, *Survivor* and *Fear Factor* serve an audience that isn't interested in standard television. They would rather watch a daredevil eat some live insects on camera than a balanced story.

The genre has an inexhaustible number of variants. Losing weight live on camera in *Big Diet*, a talent hunt like *Star Academy*, a commune like *Big Brother*. It's not just nobodies hungering for fame – a popular variant is the camera implanted in the daily lives of celebrities. Preferably stars past their prime, so the viewer can witness the process of degeneration close up, like a kind of *Star Academy* on rewind. The MTV series on rock star Ozzy – Black Sabbath – Osbourne and his family proved to be a surprise hit. Has-been star Liza Minelli followed, and the camera also plunged into Anna Nicole Smith's daily routine. This Playboy model married an elderly 89-year-old multi-millionaire when she was 26. Wedded bliss didn't last long; hubby died a year later. A camera followed her, including during the legal battle over the inheritance. The ABC network then expanded the genre with a show whose participants underwent a makeover, complete with plastic surgery. Getting your body revamped at ABC's expense; that's not exactly the *Eigen Huis & Tuin* d-i-y and gardening show. The common denominator in all these so-called 'alternative programmes' is that none of them have a script. They are nothing more than situations observed by a camera. A group of people locked up in a house, youngsters

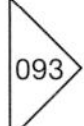

NOS Journaal Archives, *Screen grabs from the radar recording of the last minutes before the fatal crash of the EL AL plane in Bijlmermeer*, October 4 1992

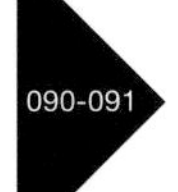

093

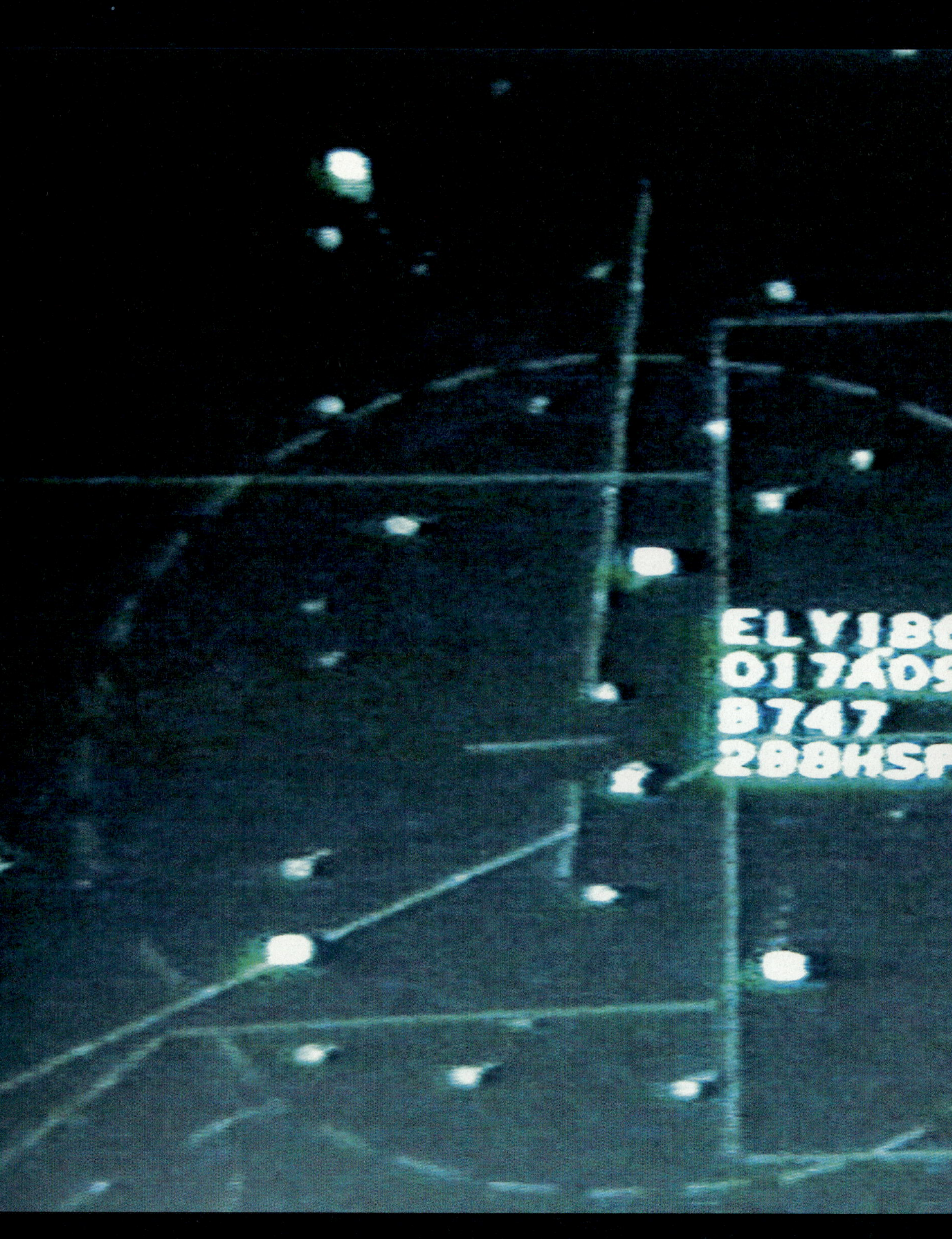
ELVIB
017A0S
B747
288HSP

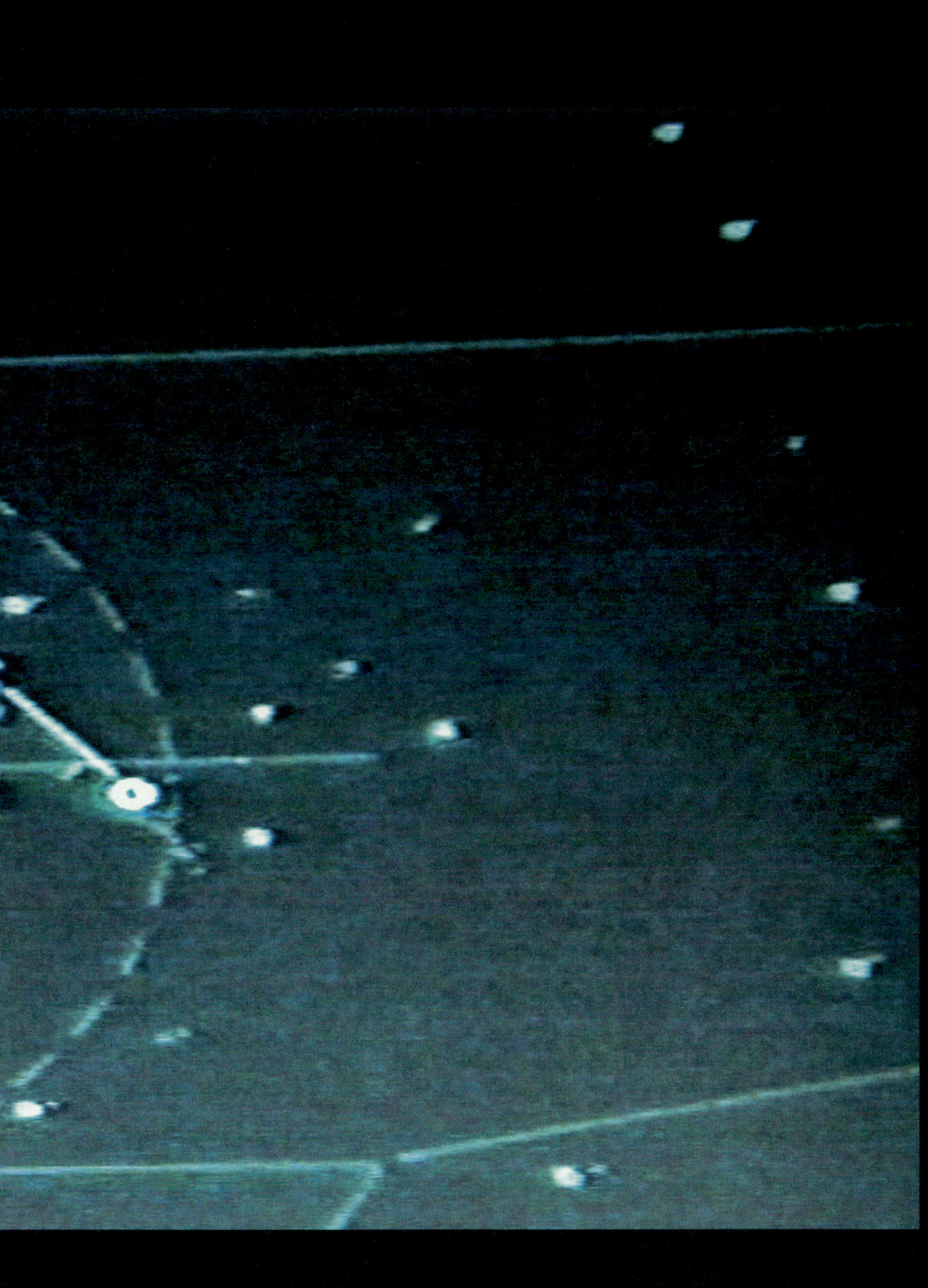

lichaam verbouwen, het is weer eens wat anders dan *Eigen Huis & Tuin*. Het gemeenschappelijk kenmerk van al deze zogeheten 'alternatieve programma's' is dat ze geen script hebben. Het zijn niet meer dan situaties die geobserveerd worden met een camera. Een stel mensen opsluiten in een huis, jongeren zonder geld op vakantie, beroemdheden en hun beslommeringen. Plaats er een camera bij en draai. Er is geen vooropgezette lijn, geen uitgedachte ontwikkeling, kortom geen verhaal.

Deze trend, het afschaffen van het verhaal, beperkt zich niet tot het domein van de televisie. Het streven om de werkelijkheid te ontdoen van iedere samenhangende gedachte, iedere structuur, rukt aan alle kanten op. Toen het web halverwege de jaren negentig opkwam en daarmee de hyperlink onder muisbereik bracht – even klikken en je zit ergens anders – werd de toekomst toegedicht aan interactieve verhalen. Niet de schrijver maar de lezer zou de lijn bepalen. Dat is maar ten dele uitgekomen. Het verhaal is niet interactief geworden, het is domweg verdwenen.

Het wemelt op internet weliswaar van de verhalen, maar ze reiken vaak niet verder dan het anekdotische of een ultrakorte weergave van een plot. Voor een deel wordt dat veroorzaakt door technologische dwang. Het beeldscherm is nu eenmaal minder geschikt voor lange teksten. 'Klik hier voor meer' is het adagium op internet. Tegelijkertijd doet bijna niemand dat. Dus wordt in internetmedia bij de samenvatting die naar 'meer' verwijst alles al weggegeven. In plaats van het opbouwen van een spanning, het scheppen van een lokkertje dat tot verder lezen aanzet, volstaat botweg de clou. Het is een praktijk die afrekent met iedere lust in betoog of ontluikende nieuwsgierigheid en ontdoet lezen online van de spanning en bevrediging. Het is kijken naar een voetbalwedstrijd waarvan de uitslag al bekend is.

Het verhaal verdwijnt ook uit de persoonlijke communicatie. Sms en e-mail zijn weliswaar schriftelijke communicatievormen, maar ze lijken in de verste verte niet op ouderwetse correspondentie. Een brief kent een structuur die ontleend is aan narratieve principes: een aanhef, opbouw en slot. Daarentegen begint niemand een sms-je met 'beste' of 'geachte' en bij e-mail is dat niet veel anders. Veelal is het niet meer dan een willekeurige aaneenrijging van losse opmerkingen zonder afronding. *Instant messages* wordt het equivalent van sms op internet genoemd. Terecht, want ze passen in een communicatiecultuur die het onmiddellijke eist.

In 1998 verscheen onder de titel 'Fokke & Sukke stellen zich even voor' een legendarische cartoon waarop het gelijknamige vogelduo te zien is. 'Hoi!' zegt Fokke tegen de lezer. 'Neuken?' vraagt Sukke enthousiast. De grap, die meteen een hit werd op internet, is vier jaar later door de realiteit ingehaald. Wie kijkt naar een chatbox kijkt of de sms-jes meeleest die op de muziekzenders TMF en The Box uitgewisseld worden, ziet dat het gemiddelde communicatiepatroon inmiddels wel erg op dat van de eend Fokke en kanarie Sukke lijkt. Ook deze directheid wordt deels door de technologie afgedwongen. Digitale communicatie mag dan ideaal zijn – er werden in 2002 volgens schattingen wereldwijd 360 miljard sms-jes verstuurd door 750 miljoen gsm-bezitters – gemakkelijk is het niet. Het intikken van teksten kost tijd en de ruimte is beperkt tot maximaal 160 tekens. Het eerste wat dan sneuvelt is het verhaal over wie je bent. In de plaats volgt een opsomming van favoriete

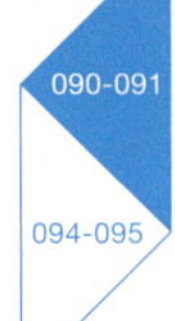

090-091

094-095

Beelden hoeven niet per se geheel doordacht te zijn of tot in de details gecomponeerd om een ervaring op te leveren. Integendeel, ook min of meer toevallige en minimale 'technische' beelden kunnen in een bepaalde context sterke reacties oproepen. Zij werken in zo'n geval als triggers van een emotioneel beladen herinnering of associatie, zoals objecten dat bijvoorbeeld ook kunnen. Een van de meest dramatische 'minimale' beelden van de afgelopen jaren is het *radarbeeld* van de El Al Boeing 747, die op 4 oktober 1992 op Amsterdam neerstortte. 43 mensen lieten het leven en de traumatische nasleep duurt, allerlei onderzoeken en een parlementaire enquête ten spijt, nog altijd voort. Van de brandende flat bestaan indrukwekkende journalistieke foto's. Van de vlucht werd een realistische animatie gemaakt. Beide steken qua emotionele impact bleek af bij een van de indrukwekkendste stukken televisie ooit gemaakt: de door de NOS gemaakte montage van het (anonieme) radarbeeld in combinatie met de gesprekken tussen de captain, de verkeersleiding en de toren. Het is een voorbeeld van de afwezigheid van iedere vormgeving, leidend tot maximale dramatiek, doordat de beschouwer zelf de beelden invult.

Images do not necessarily have to be well thought out or composed down to the smallest detail in order to result in an experience. On the contrary, more or less coincidental and minimal 'technical' images can also prompt strong reactions in a specific context. In these cases they serve as 'triggers' for an emotionally charged memory or association, in the same way as, for example, objects can. One of the most dramatic 'minimal' images of recent years is the *radar image* of the El Al Boeing 747 which crashed into an Amsterdam suburb on 4 October 1992. It cost 43 people their lives, and the traumatic aftermath endures, despite all kinds of studies and a parliamentary inquiry. There are moving journalistic photographs of the blocks of flats in flames and the flight has been reconstructed in a realistic animation. In terms of emotional impact, both these examples pale in comparison with the most affecting television footage ever made: the NOS (Dutch national broadcasting service) made a montage of the (anonymous) radar image in combination with the communication between the captain and the air-traffic controllers in the tower. It is an example of the absence of any design and results in the maximum drama, because the viewers must fill in the bigger picture for themselves.

on holiday with no money, celebrities and their worries. Set up a camera and shoot. There is no preset narrative line, no conceived development – in short, no story.

This trend, the abolition of the story, is not limited to the realm of television. The drive to strip reality of any coherent thinking, any structure, is spreading in all directions.

When the web made its breakthrough in the mid-1990s and brought the hyperlink within mouse reach – one click and you're somewhere else – the future was supposed to belong to interactive stories. The reader, not the writer, would decide the storyline. Only part of this has come true. The story hasn't become interactive; it's simply disappeared.

The Internet might be replete with stories, but few go beyond the anecdotal or the ultra-brief plot summary. This is partly due to technological imperatives. The computer screen is after all not so well suited to long texts. 'Click here for more' is the Internet's motto. And yet hardly anyone ever does. So in Internet media everything rides on the summary that refers to 'more'. Instead of the building up of tension, the creation of a hook to entice further reading, the punchline is enough. It is a practice that does away with any appetite for argument and strips reading online of any excitement or satisfaction. It's like watching a football match when you already know the score.

The story is also disappearing from personal communication. SMS and E-mail may be forms of written communication, but they bear no resemblance to traditional correspondence. A letter has a structure derived from narrative principles: an opening, a build-up and a closing. But no one starts an SMS with 'Dear', and it's much the same with E-mail. Often it is nothing more than a random succession of unrelated remarks without closure. Instant messages are being called the Internet equivalent of SMS. Rightly so, for they fit in a communication culture that demands the immediate.

In 1998 a legendary cartoon came out under the title 'Fokke & Sukke stellen zich even voor' ('Fokke & Sukke introduce themselves'), featuring the eponymous bird duo. "Hi!" says Fokke to the reader. "Fuck?" asks Sukke enthusiastically. The joke, which became an instant Internet hit, has been overtaken by reality, four years later. Anyone looking at a chat box or reading the SMS messages exchanged on the music video stations TMF and The Box can see that the pattern of communication looks a lot like that of Fokke the duck and Sukke the canary. This directness is also imposed by technology. Digital communication may be ideal – there were an estimated 360 billion SMS messages sent by 750 million mobile phone users worldwide in 2002 – but it isn't easy. Typing in text takes time and the space is limited to 160 characters. The first thing to go is a story about who you are. Instead you get a list of favourite brands or music, punctuated by short exclamations. Life in a collection of keywords.

The Internet and reality television may be the exponents of scriptless living, but other media are joining the trend in their own ways. News spreads faster and faster and is getting ever more concise. Concise is a pretty word for 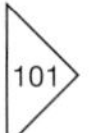 less. In a world addicted to experiencing the now, it has to be shorter and shorter, if possible instantaneous.

101

NOS Journaal Archives, *Transcription of the conversation between the Tower control and the pilot, who reports: 'Going down, going down'*, October 4 1992

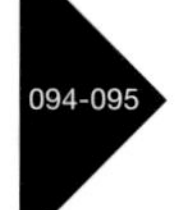
094-095

Pilot to departure control:
Hello, 1862, mayday, mayday, we have an emergency!

Departure controller (man):
1862, what is your request?

Pilot to departure control:
We have fire on engine number three! We have fire on
engine number three!

(time lapse)

Cockpit to departure control:
Schiphol, 1862, we have an emergency, number three
and number four engine inoperative. Request two
seven for landing.

(time lapse)

Tower to departure control:
Heeft ´ie nog meer ellende, Henk?
                    Has he got any other problems Henk?

Departure controller to tower:
Motor drie en vier heeft ´ie niet.
                    He's lost engines three and four.

Tower to departure control:
Die zijn gewoon uit. En verder geen extra ellende?
                    He's simply lost them. And no extra problem

Departure controller to tower:
Niet dat ik weet.   Not that I kn
of.

Tower to departure controller:
Oké, ga je dat nog even informeren?
                        OK. Can you check on tha

Departure controller to pilot:
1862, just to be sure, your engines number three ar
four are out?

Pilot:
Number three and four are out and we have problems
with our flaps.

Departure controller to pilot:
Problems with the flaps, roger.

Departure controller to tower:
And flap problems.

Tower:
AND flap problems?

Tower:
Yes.

(time lapse)

lot:
  have a controlling problem.

wer to pilot:
u have controlling problems as well, roger.

parture controller to tower:
j zit dik, dik, dik in de problemen en nou ook met
jn controls.
  He's in deep, deep, deep trouble and now his controls too.

wer to departure controller:
k problemen met zijn controls? Check.
            Problems with his controls as well? Check.

wer:
.   Yes.

lots:
gitated conversation in cockpit in Hebrew)

lot:
ing down, 1862 going down, going down, going down!

wer to departure control:
t is gebeurd.   It's happened.

parture controller to pilot:
62, you are heading…

wer:
t heeft geen zin. Hij is gecrasht, Henk.
                  There's no point. He's crashed, Henk.

parture controller:
b je hem gezien?   Did you see it?

Tower:
Eén grote rookwolk boven de stad.
                    A big cloud of smoke over the city.

Departure controller:
Jezus.

EXPERIENCE

*"It's disturbing, because everything is so close. It creates a sort of voyeurism.
It's uncomfortable to experience something so close at hand. Moving and uncomfortable at the same time . . ."*

"Het is verontrustend, omdat het allemaal zo dichtbij is. Het creëert een soort voyeurisme. Het is onbehagelijk om zoiets van zo dichtbij mee te maken. Ontroerend en onbehagelijk tegelijkertijd • • •"

MVRDV, *Metacity/Datatown*, 1999

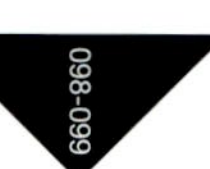

098-099

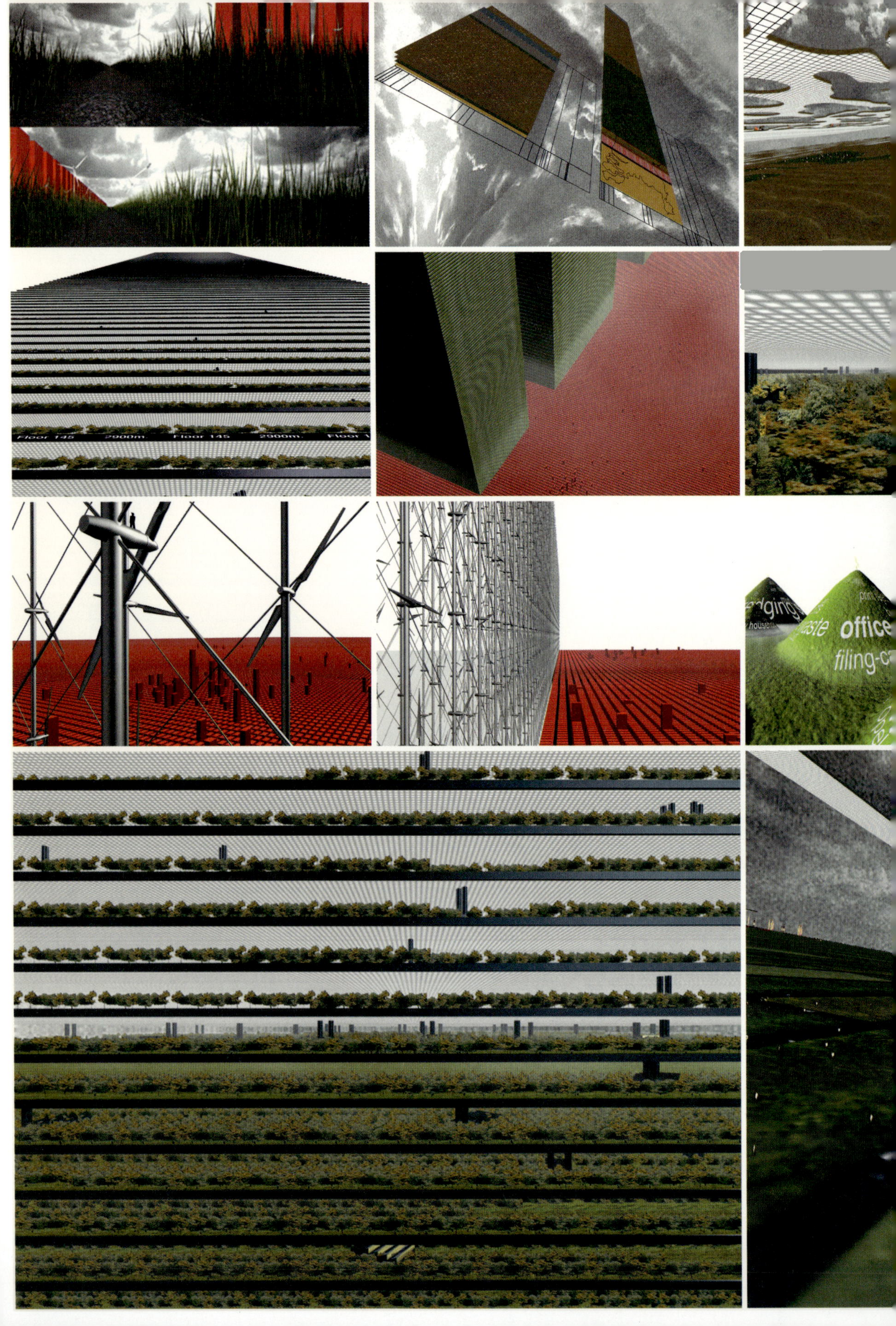
Floor 145   2900m.   Floor 145   2900m.   Floor 1
edging
household
waste
office
filing-c
print

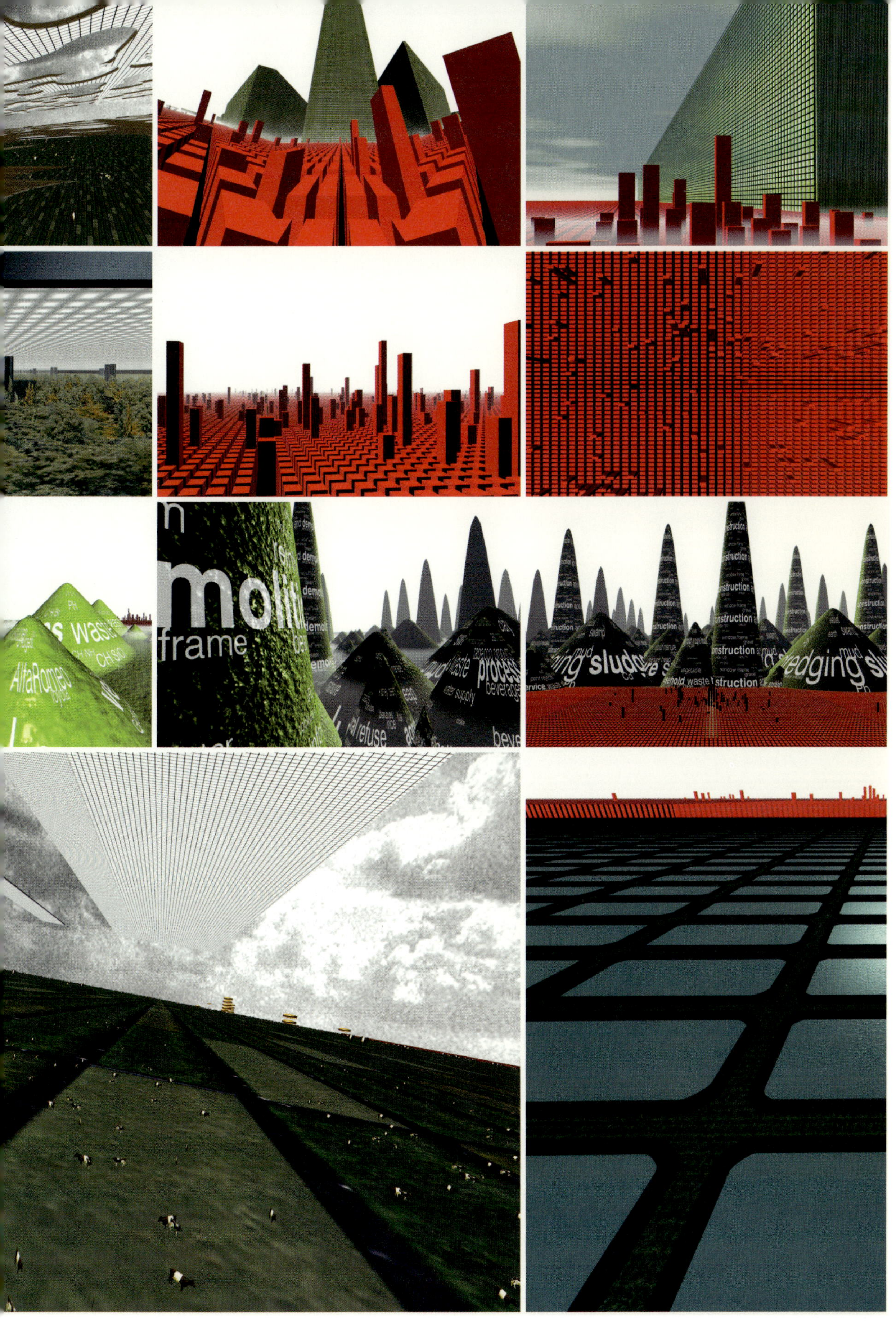

merken of muziek, gelardeerd met korte kreten. Het is leven in een verzameling trefwoorden. Internet en reality tv zijn weliswaar exponenten van het scriptloze leven, maar andere media sluiten op hun eigen wijze aan bij de trend. Nieuws verspreidt zich steeds sneller en wordt almaar beknopter. Beknopt is een mooi woord voor minder. In een wereld die verknocht is aan de beleving van het nu, moet het steeds korter zijn, liefst instant. Op de voorpagina's van kranten bijvoorbeeld verschijnen miniversies van uitgebreidere verhalen binnenin, als een soort papieren teletekst. Voor als de lezer geen tijd heeft en alleen even de feiten wil weten. Het probleem is dat, in tegenstelling tot de populaire opvatting, de feiten vrijwel nooit voor zichzelf spreken. 'Twintig Afghanen doodgeschoten' betekent in deze wereld iets anders dan 'twintig Amerikanen doodgeschoten'. De heiligheid van feiten doet niets af aan hun beperktheid. Het zijn de verhalen rond de feiten die de complexe problemen inzichtelijk maken en zoiets als betrokkenheid genereren. In alle media is daarom plotseling sprake van duiding, een modieuze term voor het aanbrengen van structuur in een anderszins onbegrijpelijke brij gebeurtenissen. Duiding is verhaalreparatie.

Het slopen van het verhaal als middel om kennis over te dragen beperkt zich niet tot massamedia en communicatie. In de *Washington Post* uitte in de zomer van 2002 een hele reeks onderwijskundigen hun vrees over de opdoemende negatieve invloed van internet. Ze zien het netwerk als een waardevol instrument, maar waarschuwen voor het ontstaan van een soort 'scharrelkennis'. In plaats dat studenten zich in materie verdiepen en zich die eigen maken, surfen ze over het net op zoek naar hapklare brokken informatie. Volgens Bernard Cooperman, geschiedenisdocent aan de universiteit van Maryland, leidt het onder andere tot een voorkeur voor breedte boven diepgang. Er wordt gerangschikt in plaats van verteld of betoogd. Dat laatste wordt gevoed door veiligheidsoverwegingen: wie zelf iets beweert kan daarop aangevallen worden, veiliger is het om het huldigen van meningen aan anderen over te laten en die slechts weer te geven.

Maar ook zonder het web zou het verhaal als leidraad en bindend element terzijde geschoven zijn. Het eigen leven lijkt in vergelijking met enkele decennia terug ook steeds minder als een verhaal beschouwd te worden en steeds meer als een aaneenschakeling van gebeurtenissen, liefst gedompeld in gelukzaligheid. Plannen voor trouwen en kinderen worden niet meer in vaste patronen gemaakt. Het ideaal van een loopbaan, wat neerkomt op een min of meer tevoren uitgedachte reeks beslissingen, heeft plaats gemaakt voor jobhoppen waarbij mogelijkheden worden gegrepen al naar gelang ze zich aandienen. Er is ook een praktische overweging, een verhaal bestaat bij de gratie van een slot. Door het verhaal uit de weg te gaan kan men ook de confrontatie met het eindige uitstellen.

Het verhaal verdwijnt en maakt plaats voor beleving, hooguit een reeks anekdotes, ook in de politiek. Met het eroderen van de ideologieën ontstaat een politiek die aan elkaar hangt van de casuïstiek. Columnist Pim Fortuyn was daar een meesterspeler in. In plaats van een concept of idee produceerde hij een eindeloze reeks wetenswaardigheden – een arts had hem verteld, hij hoorde van agenten dat. Pim Fortuyn was een wandelende reality show, je wist van tevoren nooit wat er zou gebeuren, wat hij zou gaan zeggen. Zijn optreden had de plaats ingenomen van zijn verhaal. Media en publiek konden er geen genoeg van krijgen.

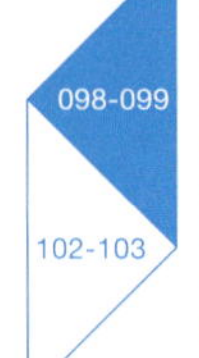
098-099
102-103

Metacity/Datatown is een installatie die werd ontwikkeld door het spraakmakende Rotterdamse architectenbureau **MVRDV**, dat bekend staat om zijn onconventionele voorstellen en projecten op het gebied van stedenbouw en architectuur. Typerende MVRDV-ontwerpen waren bijvoorbeeld die voor het paviljoen voor de Expo 2000 in Hannover, met letterlijk gestapelde Hollandse landschappen, en de torenflats voor varkenskwekerijen onder de titel *Pig City* (zie www.mvrdv.nl). *Metacity/Datatown* is de visualisatie van geëxtrapoleerde statistische gegevens met betrekking tot de Nederlandse samenleving met behulp van o.a. virtual reality technieken. Op buitengewoon verleidelijke wijze (door middel van doorzicht-videoprojecties op de vier wanden om ons heen) worden we meegevoerd en ondergedompeld in een toekomstvisie, die je uiteindelijk met afgrijzen vervult. *Datatown* is qua grootte gebaseerd op de afstand die een forens met de vervoermiddelen van die tijd in een uur kan afleggen: twintig kilometer per fiets was het uitgangspunt voor de tuinsteden van de twintigste eeuw, tachtig kilometer per auto vanaf de jaren tachtig, vierhonderd kilometer wordt het met de hogesnelheidstrein. Het model spiegelt ons een toekomst voor van een stad met 241 miljoen inwoners (huidige populatie VS) op een grondoppervlak van vierhonderd bij vierhonderd kilometer.

Metacity/Datatown is an installation developed by the groundbreaking Rotterdam-based architecture practice **MVRDV**, which is renowned for its unconventional proposals and projects in the fields of urban planning and architecture. Characteristic MVRDV designs include those for the Dutch Pavilion for Expo 2000 in Hanover with Dutch landscapes that were literally stacked on top of each other, and the *Pig City* study, a proposal for high-rise 'flats' to rear pigs (see www.mvrdv.nl). *Metacity/Datatown* is the visualization of an extrapolation of statistical data about the Dutch society that was in part realized using virtual-reality technology. Viewers are carried along and immersed in a vision of the future that is presented in an unusually seductive manner (using see-through video projections on the four walls surrounding us), but in the end it turns to horror. In terms of size, *Datatown* is based on the distance that a commuter can travel in one hour with the means of transport available in a particular epoch: 20 km by bike was the starting-point for the garden cities of the 20th century, since the 1980s the standard has been 80 km by car, and with the high-speed bullet train it is now 400 km. The model confronts us with a vision of a city with 241 million inhabitants (the population of the U.S.A. today) covering an area that measures 400 by 400 km.

Newspaper front pages, for example, run mini-versions of stories expanded upon inside, like a sort of paper teletext. In case the reader has no time and just wants the facts. The problem is that, contrary to popular belief, the facts almost never speak for themselves. '20 Afghans shot dead' means something different from '20 Americans shot dead' in this world. The sanctity of facts does nothing to negate their limitations. It is the stories around the facts that make complex problems comprehensible and generate anything like involvement. So in all media the talk is now about interpretation, a fashionable term for bringing structure to an otherwise incomprehensible mash of incidents. Interpretation is story repair.

The decline of the story as a means of communicating knowledge is not limited to mass media and communication. A whole series of education experts voiced their fears about the negative influence of the Internet in *The Washington Post* in the summer of 2002. They view the network as a valuable instrument but warn against the emergence of a sort of 'casual knowledge'. Instead of immersing themselves in the material and making it their own, students surf the net for bite-size bits of information. According to Bernard Cooperman, history professor at the University of Maryland, this leads among other things to a preference for breadth over depth. Things are ranked rather than told or expounded. This is reinforced by safety considerations: if one asserts something one may be attacked for it; it's safer to leave the avowal of opinions to others and simply report them.

Yet even without the web the story would have been sidelined as a guideline and binding element. One's own life, compared with past decades, seems less and less to be viewed as a story and more and more as a succession of events, preferably wrapped in bliss. Planning for marriage and children is no longer done according to set patterns. The ideal of a career, which comes down to a series of decisions more or less considered in advance, has made way for job-hopping, in which opportunities are grabbed as they present themselves. It is also a practical consideration; a story exists by the grace of an ending. By avoiding the story one can also delay the confrontation with the finite.

The story disappears and makes way for experience, at most a series of anecdotes, even in politics. As ideologies erode a politics of casuistry is emerging. Columnist Pim Fortuyn was a master at this. Instead of a concept or an idea he produced an endless series of things to know – a doctor had told him this, he had heard from policemen that. Pim Fortuyn was a walking reality show; you never knew what was going to happen, what he was going to say. His performance took the place of his story. The media and the public couldn't get enough.

Entirely in the spirit of the scriptless era the LPF charged to electoral triumph, a party whose own members seemed not to know what it stood for. A party without a programme that provided daily surprises. It's a mystery why a TV producer never joined.

The emergence of the experience culture that spurred this evolution can be dated fairly accurately: 1888, the year George Eastman introduced the Kodak box camera. He wanted to make photography accessible to the

105

MVRDV, *Metacity/Datatown*, 1999

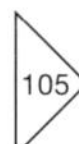

102-103

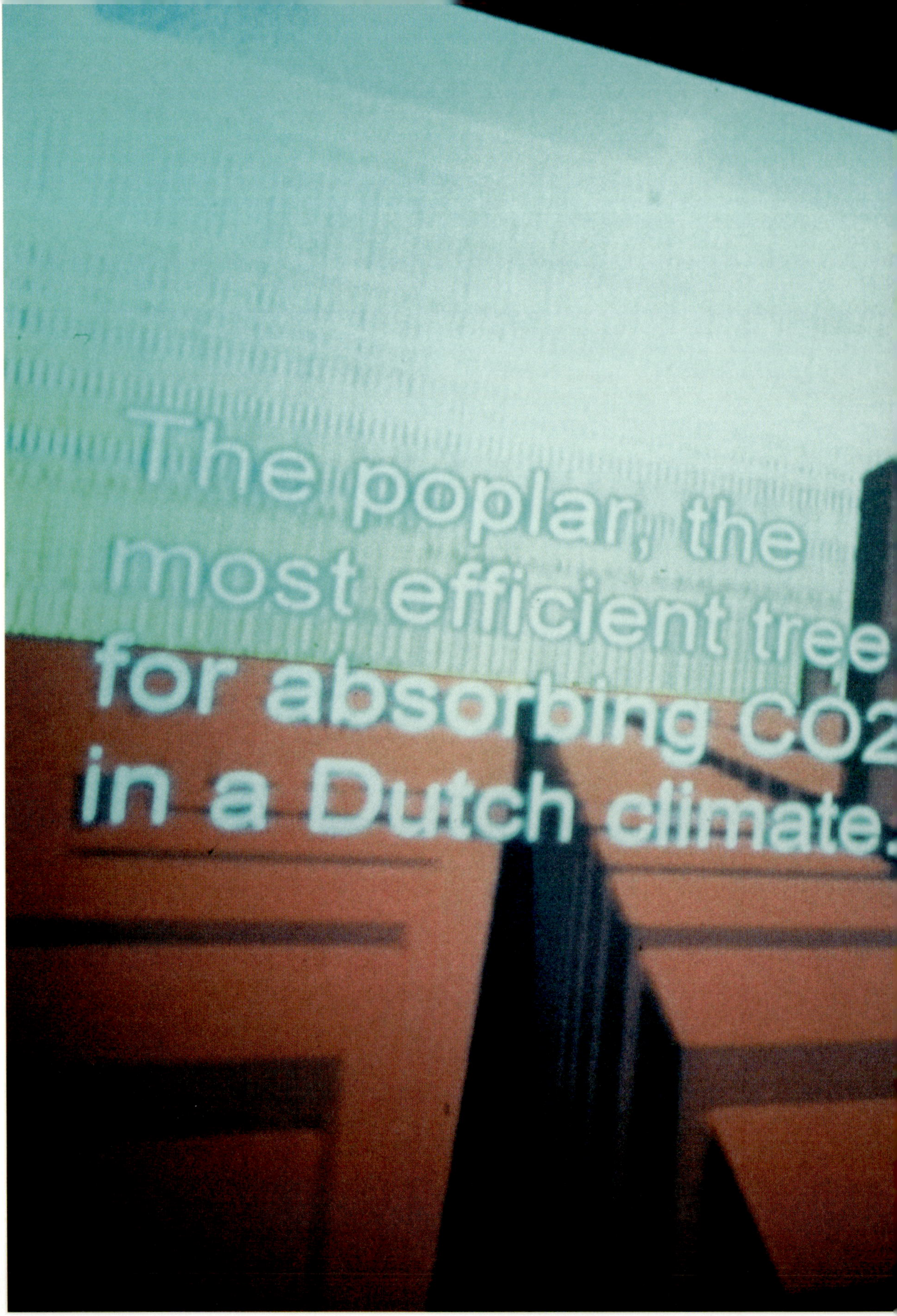

The poplar, the
most efficient tree
for absorbing CO2
in a Dutch climate.

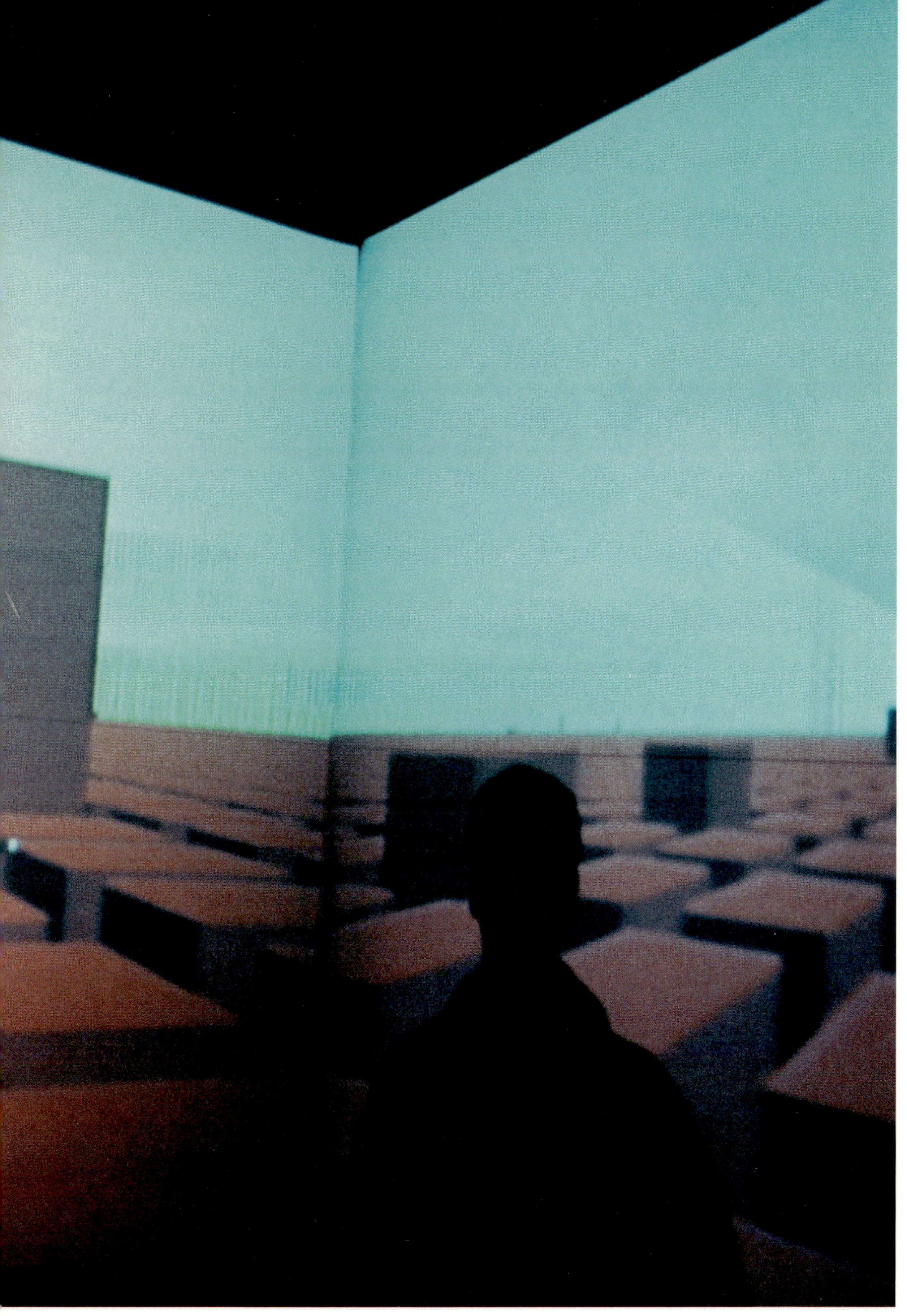

Geheel in de geest van het scriptloze tijdperk werd de verkiezingsoverwinning behaald door de LPF, een partij waarvan zelfs de leden niet leken te weten waar die voor stond. Een partij zonder programma die dagelijks voor verrassingen zorgde. Het is een raadsel waarom er nooit een tv-producent op is gedoken.

Het ontstaan van de belevingscultuur die deze ontwikkeling in gang heeft gezet valt redelijk nauwkeurig vast te stellen: 1888. In dat jaar introduceerde George Eastman de Kodak boxcamera. Hij wilde de fotografie bereikbaar maken voor de gewone consument, maar tot zijn verbazing bleek de interesse echter gering. De camera was weliswaar eenvoudig te bedienen, maar niemand kon een reden bedenken om er een te gebruiken. Wat of wie zou er gefotografeerd moeten worden? Eastman startte daarop een marketingcampagne om het verschijnsel fotoalbum te promoten. Hij bedacht momenten die geschikt waren om voor het nageslacht te bewaren: kerstfeesten, verjaardagen, vakanties. Het resultaat is genoegzaam bekend: het is een sociale plicht geworden dergelijke gebeurtenissen in foto's vast te leggen.
Het fotoalbum als vangnet voor het eigen leven leidt tot de notie dat het leven een aaneenschakeling van belevenissen is. Het is niet toevallig dat vakantiereizen en fotografie zo onlosmakelijk met elkaar verbonden zijn. De kiekjes vormen het bewijs van de ondergane ervaring. Ze bevestigen het eigen bestaan. Kijk, dat ben ik en daar ben ik geweest.
Hoe meer beleving, hoe rijker het leven.
De opkomst van de digitale fotografie versterkt die opvatting. De economische beperkingen van het fotograferen verdwijnen omdat opnames niets meer kosten. Daarnaast is er het instant resultaat. Digitale fotografie is een soort polaroid met steroïden. Het is een techniek die schreeuwt om snapshots. Voeg daarbij de mogelijkheid om fotoalbums online te zetten. Het album wordt daarmee een soort micro massamedium en maakt zich los van de traditionele momenten. Op internet wemelt het van de voorbeelden daarvan.
Navelmaniac.com bijvoorbeeld van een Brusselaar die niet anders doet dan op straat navels van voorbijgangers fotograferen. Het zou conceptuele kunst kunnen zijn, maar dat is het niet. Het is het gevolg van de drang om zelf een beleving te scheppen.
De industrie geeft die ontwikkeling een nieuwe impuls door de digitale camera te combineren met de mobiele telefoon. Op het eerste gezicht is het een tamelijk nutteloze combinatie, louter bedoeld voor gadgetfreaks. Maar het leidt tot een interessante trend als mobloggen, de ultieme poging het eigen leven als beleving te presenteren.
Een moblog is de fotovariant van het al langer populaire internetdagboek, de zogeheten weblogs. De moblogger maakt onderweg foto's en stuurt deze stante pede via de mobiele telefoon naar zijn eigen site op internet. Tekst is volstrekt ondergeschikt.
Of die trends van online fotoalbums en moblogs massaal zullen aanslaan is nog maar de vraag, maar dat maakt ze niet zonder betekenis. Het zijn de knipperende richtingaanwijzers die de koers aangeven naar nog meer beleving in nog minder tijd. Wat opdoemt is het visioen dat we door het leven gaan als Japanse toeristen

average consumer, yet to his surprise interest remained limited. The camera might have been easy to use, but no one could come up with a reason to use one. What or whom was one supposed to photograph? So Eastman started a marketing campaign to promote the phenomenon of the photo album. He came up with moments suitable for posterity: Christmases, birthdays, holidays. We know the result well enough: recording events with photographs has become a social duty.

The photo album as safety net for one's own life leads to the notion that life is a succession of experiences. It is no coincidence that holiday trips and photography are so inextricably linked. The snapshots form the evidence of the experience one has undergone. They confirm one's own existence. Look, that's me and I was there. The more experiences, the richer the life.

The rise of digital photography reinforces this outlook. Economic limitations on photography are gone because pictures now cost nothing. And there is the instant result. Digital photography is a kind of Polaroid on steroids. It is technology that screams for snapshots. Add to that the option of putting photo albums online. This turns the album into a sort of micro mass medium disassociated from traditional moments. The Internet is lousy with examples. Navelmaniac.com, for instance, by a Brussels resident who does nothing but photograph the navels of people walking down the street. It could be conceptual art but it isn't. It's a result of the urge to create an experience.

The industry is giving this evolution new impetus by combining the digital camera with the mobile phone. At first glance this seems a rather useless combination, purely intended for gadget freaks. Yet it leads to an interesting trend like moblogging, the ultimate attempt to present one's life as experience.

A moblog is the photo variant of the already popular Internet diary, the so-called weblog. The moblogger takes pictures as he goes and sends them on the spot via his mobile phone to his website. Text is entirely subordinate.

Whether these trends of online photo albums and moblogs will make it big remains to be seen, but this does not deprive them of significance. They are the flashing arrows pointing the way toward even more experience in even less time. A vision arises of us going through life like Japanese tourists on a sight-seeing holiday, so constantly busy recording the experience that there is hardly any attention left for life itself, for the consideration that gives it meaning.

The digitization of the media allows us to link everything together, to create a great Walhalla of knowledge, to capture the world in the virtual space of the Internet. Yet what emerges is the exact opposite. The vast quantities of information are not fused into a whole but are in fact fractioned into smaller fragments that take on a life of their own out of context, like the samples in contemporary music. In other words: the accessible information universe has become so vast and massive that only the crumbs are fit for consumption.

109

Chantal Akerman, *D'Est, Au bord de la fiction*, 1993, video installation

106-107

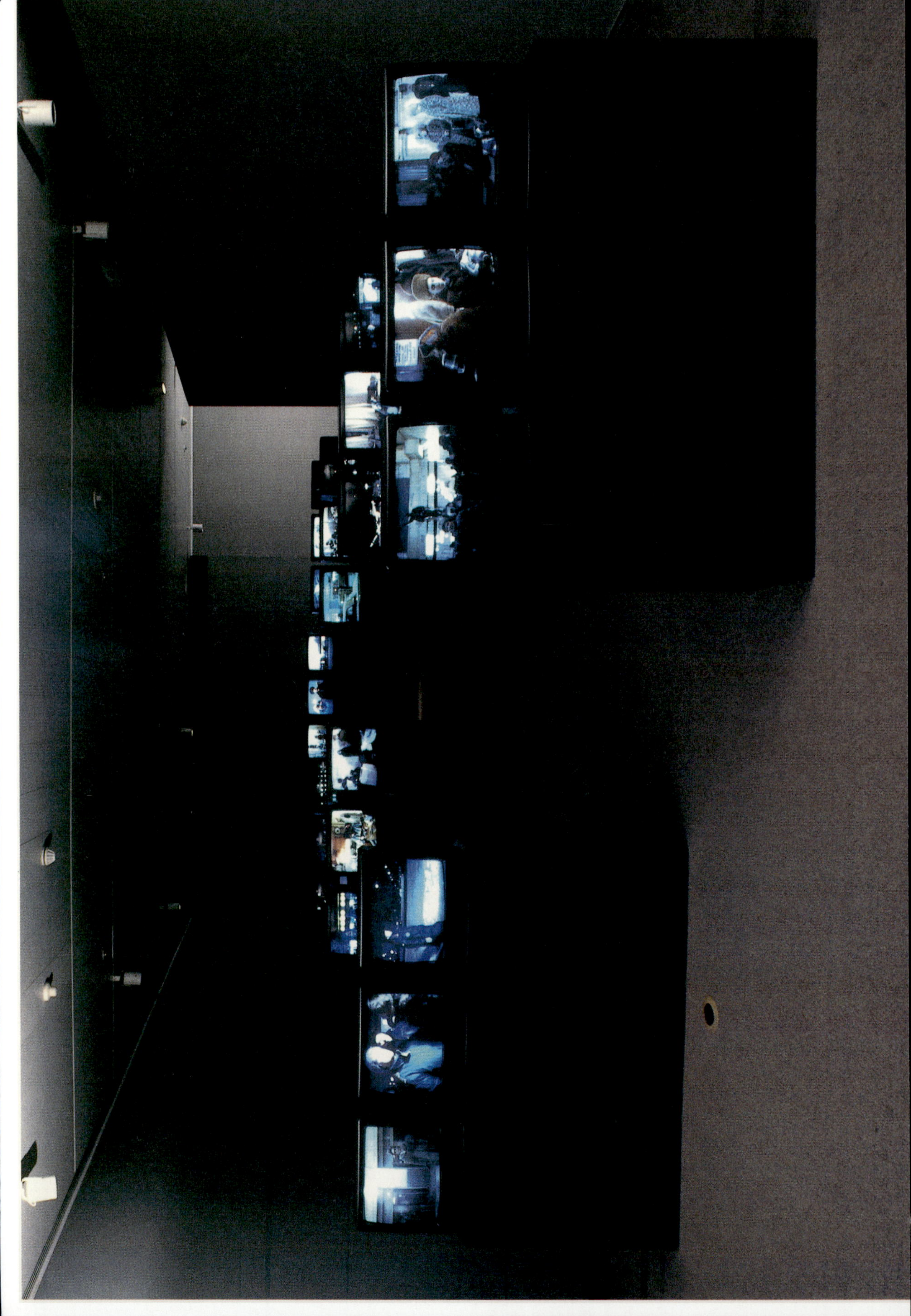

"I'd like to shoot everything. Everything that moves me.
Faces, streets, cars going by and buses, train stations and planes, rivers
and oceans, streams and brooks, trees and forests.
Fields and factories and yet more faces. Food, interiors, doors, windows,
meals being prepared. Women and men, young and old,
people passing by or at rest, seated or standing, even lying down.
Days and nights, wind and rain, snow and springtime."

— Chantal Akerman, 1997

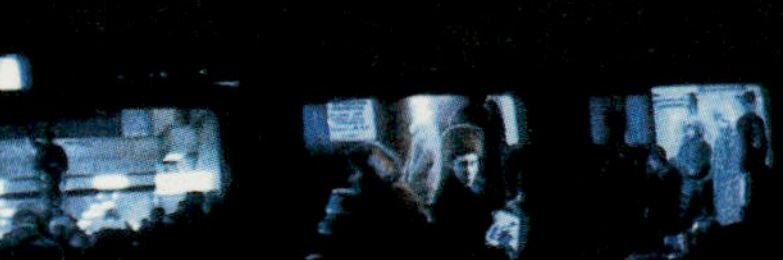

langs attracties, voortdurend zo bezig met het vast leggen van de beleving dat er amper nog aandacht is voor het leven zelf, voor de overpeinzing die daar betekenis aan geeft.

De digitalisering van de media stelt ons in staat alles met elkaar te verbinden, een groot kenniswalhalla te scheppen, de wereld in de virtuele ruimte van internet te vangen. Maar wat er ontstaat is precies het tegenovergestelde. De grote hoeveelheden informatie worden niet samengesmeed tot een geheel, maar raken zelf opgedeeld in kleine fragmenten die een eigen zelfstandig bestaan gaan leven buiten iedere context, zoals samples in de hedendaagse muziek. Anders gezegd: het bereikbare informatie-universum is zo groot en massief geworden dat alleen de kruimels geschikt zijn voor consumptie.

Dit essay is een bewerkte versie van een artikel dat eerder gepubliceerd is in *de Volkskrant* van 31 augustus 2002 onder de titel 'Leven zonder kop of staart'.

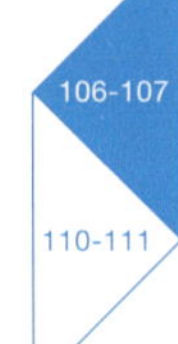
106-107
110-111

D'Est. Au bord de la fiction uit 1995 van **Chantal Akerman** bestaat schijnbaar uit één eindeloze rijder: de camera rolt in langzaam tempo door de straten van plaatsen in Oost-Europa (o.a. Moskou) in de winter. De traagheid van de beelden wordt tot metafoor van de politieke en economische stilstand in de voormalige Oostbloklanden. Het geheel is even simpel als virtuoos en meeslepend in beeld gebracht. Het levert een even ongewoon en moeilijk te classificeren beeld op: sociologie of poëzie? Gezichten van mensen, straten, auto's, bussen, stations, pleinen, bomen, rivieren, interieurs, deuren, ramen, dagen en nachten, vrouwen en mannen: alles komt in een eindeloze stroom voorbij. Akerman vertaalde de film later in een driedelige film/video-installatie, waarin de beelden met verschillende startpunten worden getoond op een groot aantal in rijen opgestelde monitoren. *D'EST* ('From the East') is een cruciaal en invloedrijk werk gebleken in de ontwikkeling van de afgelopen jaren, waarin een nieuwe vorm van cinema een plek heeft gevonden binnen het kunstmuseum.

D'Est. Au bord de la fiction created by **Chantal Akerman** in 1995 is apparently one continuous shot: the camera rolls at a slow tempo through the streets of places in Eastern Europe (including Moscow) in the winter. The inertia of the images is a metaphor for the political and economic stagnation in the former Eastern Block countries. The whole is as simple as its portrayal is virtuosic and convincing. The result is an image that is unusual and difficult to classify. Is it sociology or poetry? People's faces, street scenes, cars, buses, stations, squares, trees, rivers, interiors, doors, windows, day and night, women and men: everything passes by in an endless stream. Akerman later reworked the film into a three-part film/video installation in which the footage, with different starting points, is shown on a mass of monitors arranged in rows. *D'EST* ('From the East') has turned out to be a pivotal and influential work in the developments of recent years, as a new form of cinema has established a foothold in art museums.

This essay is an edited version of an article previously published in the daily newspaper *de Volkskrant* on 31 August 2002, under the title 'Leven zonder kop of staart' ('Life with no head or tail').

Chantal Akerman, *D'Est, Au bord de la fiction*, 1993

110-111

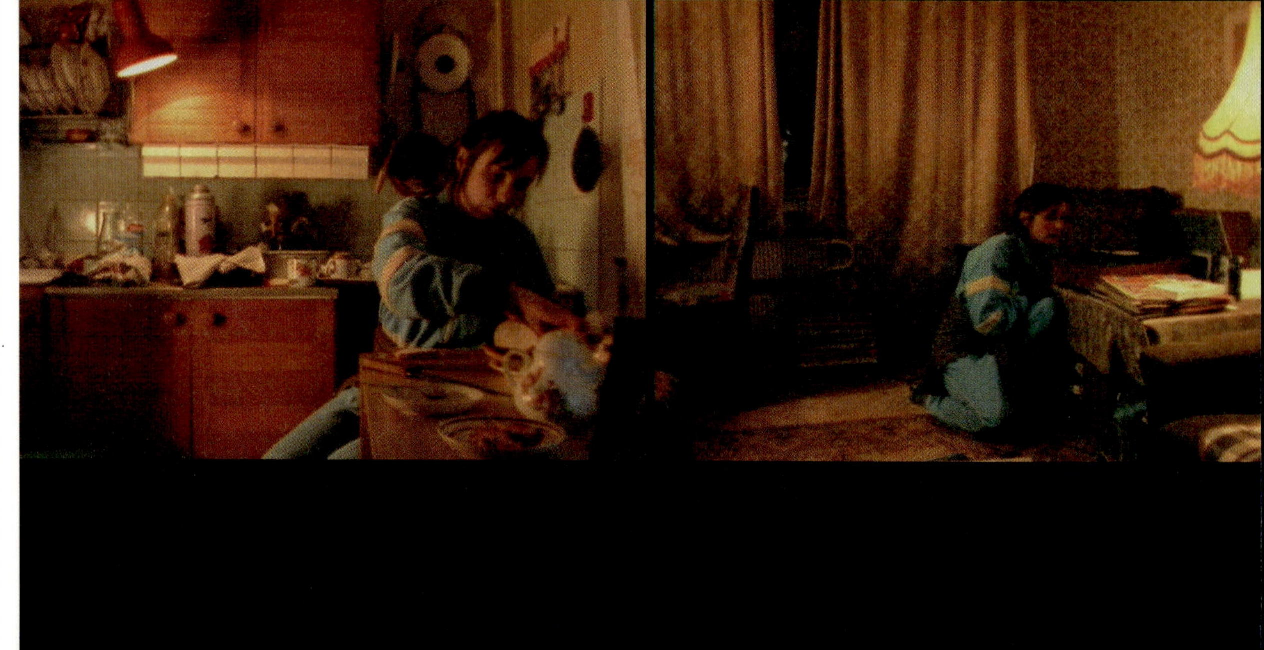

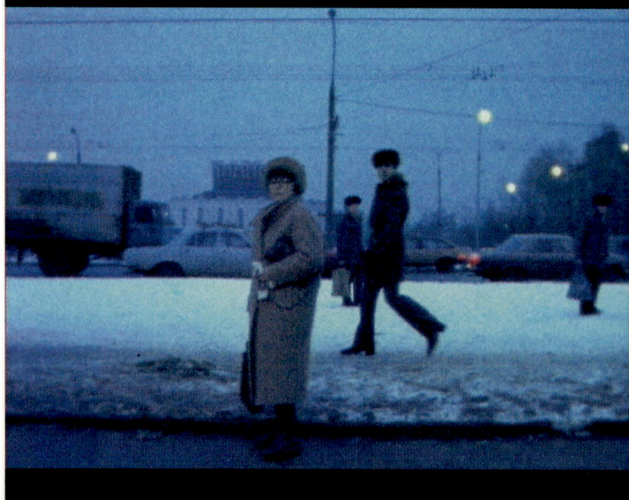

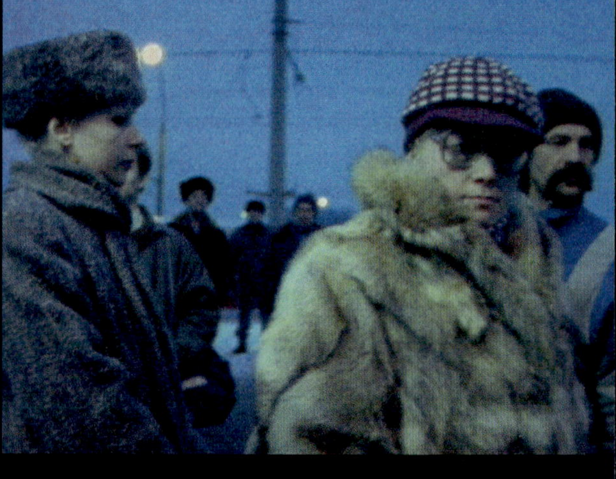

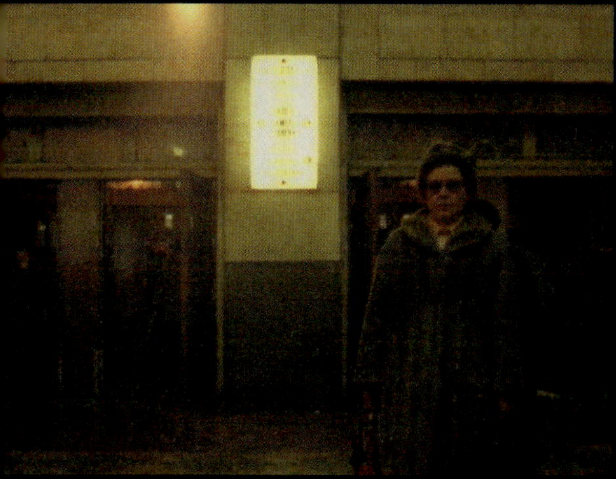

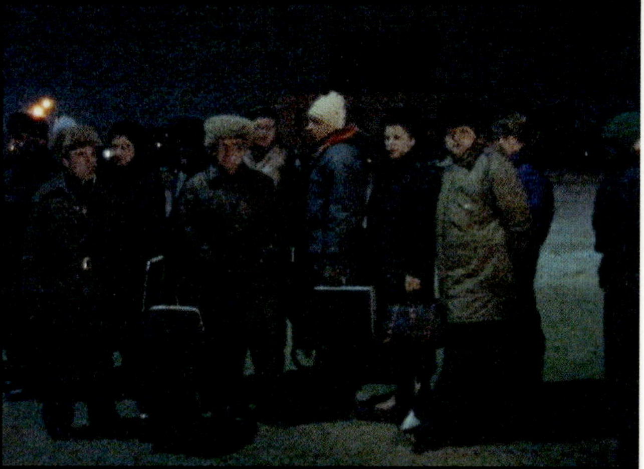

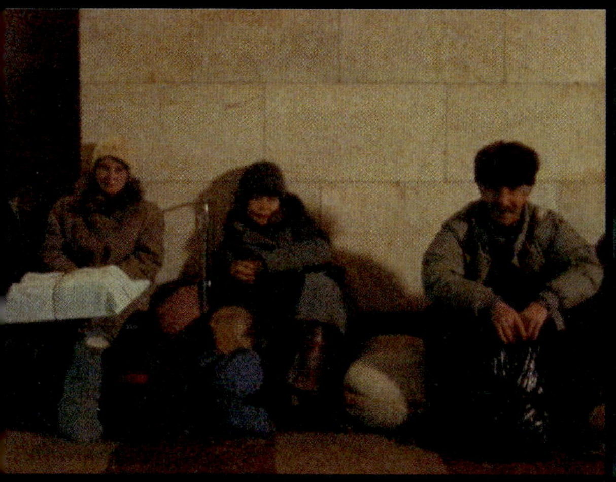
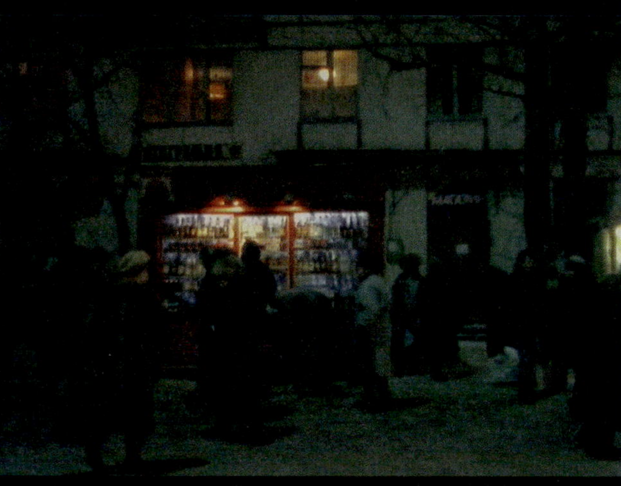

EXPERIENCE

"Seeing without preconceptions. Later on you discover the details that the unprejudiced gaze conceals. You can never again see as purely as in that first glance . . ."

"Onbevangen kijken. Later ontdek je de details die de onbevangen blik doen verdwijnen. Zo puur kijken als op de eerste blik kan nooit meer . . ."

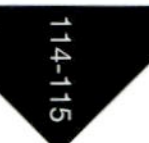

Tara Karpinski, *Alexanderplatz, Berlin*, 2002
Originally presented as live performance/
digital animation

114-115

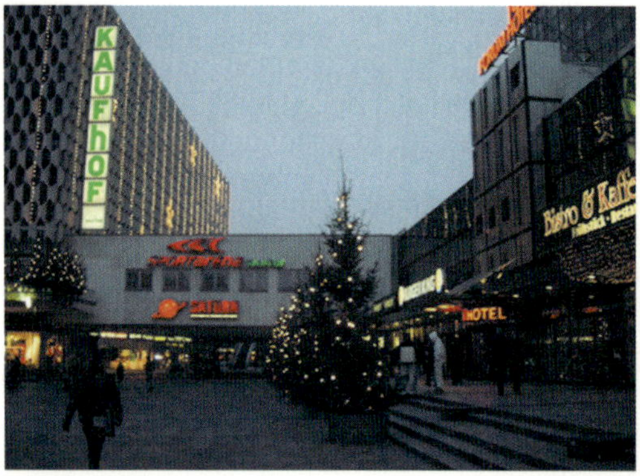

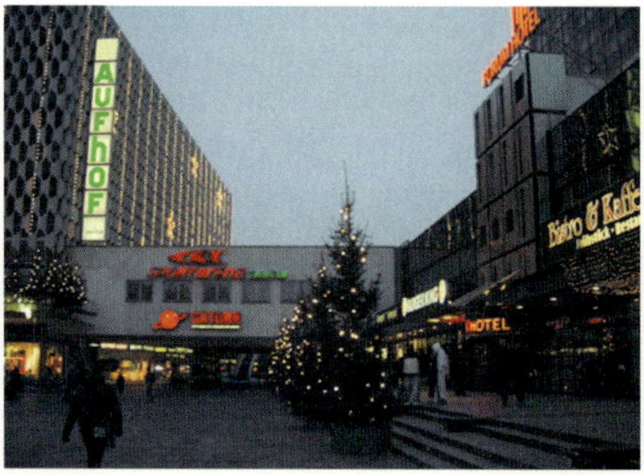

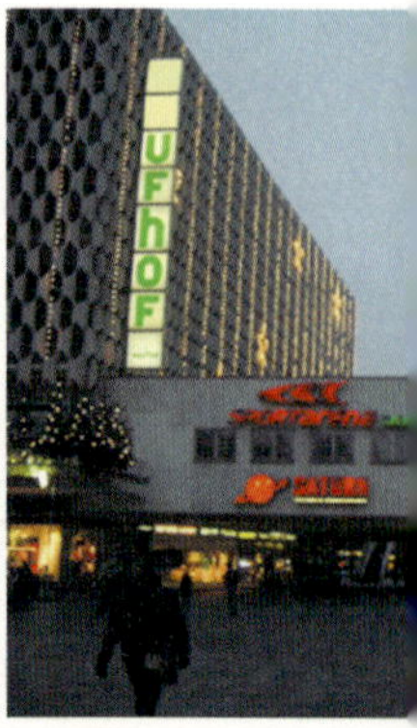

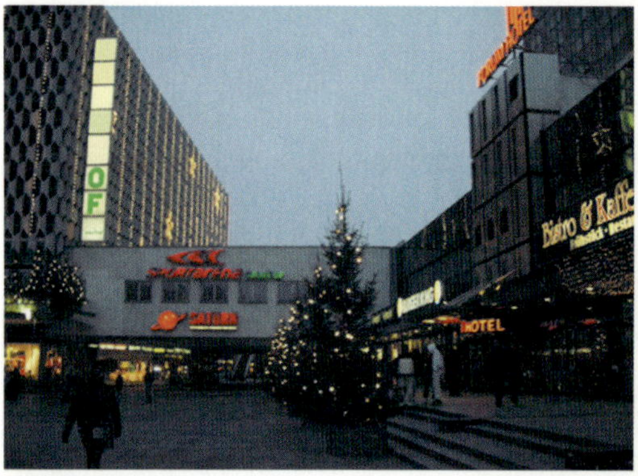

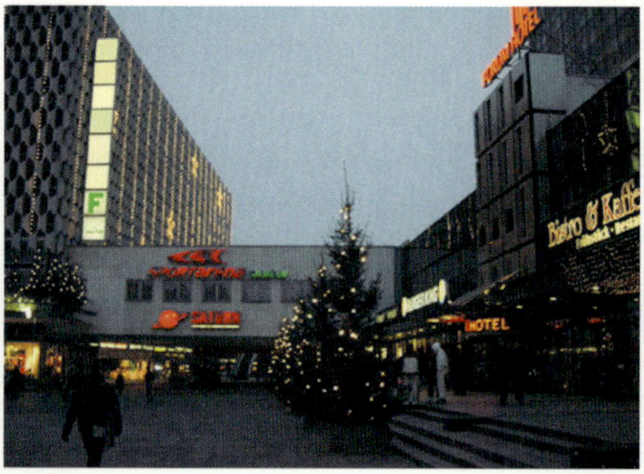

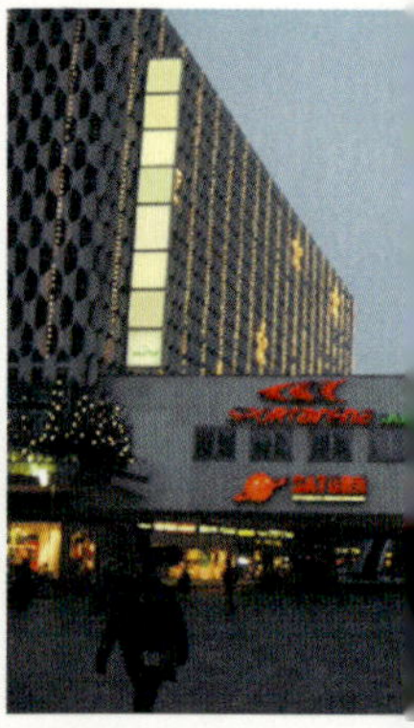

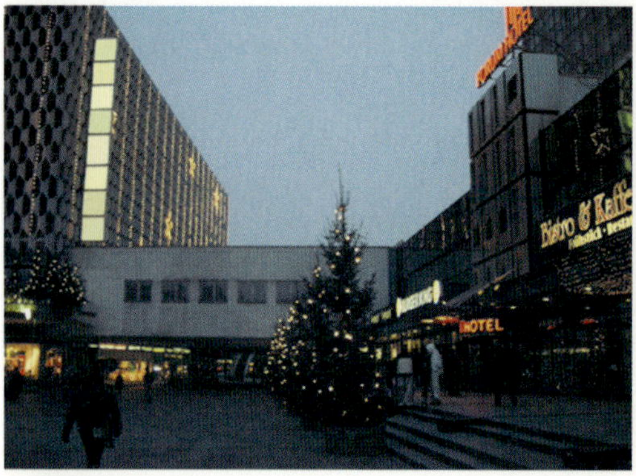

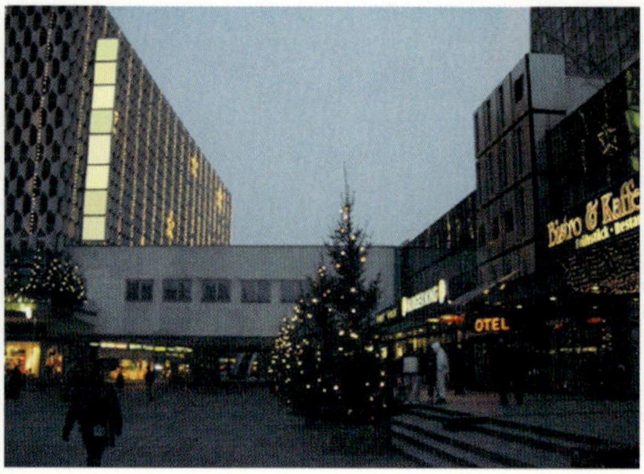

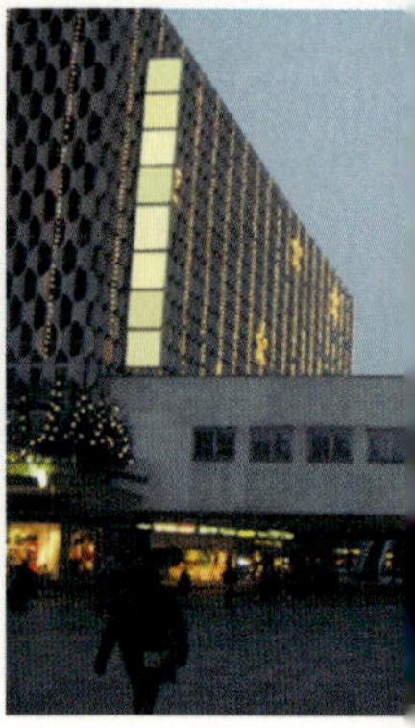

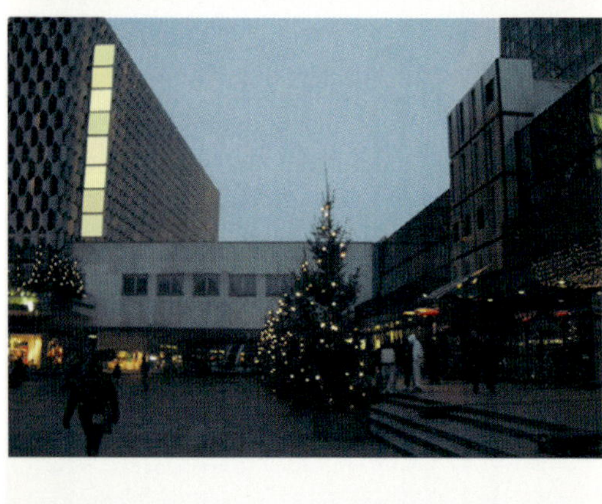

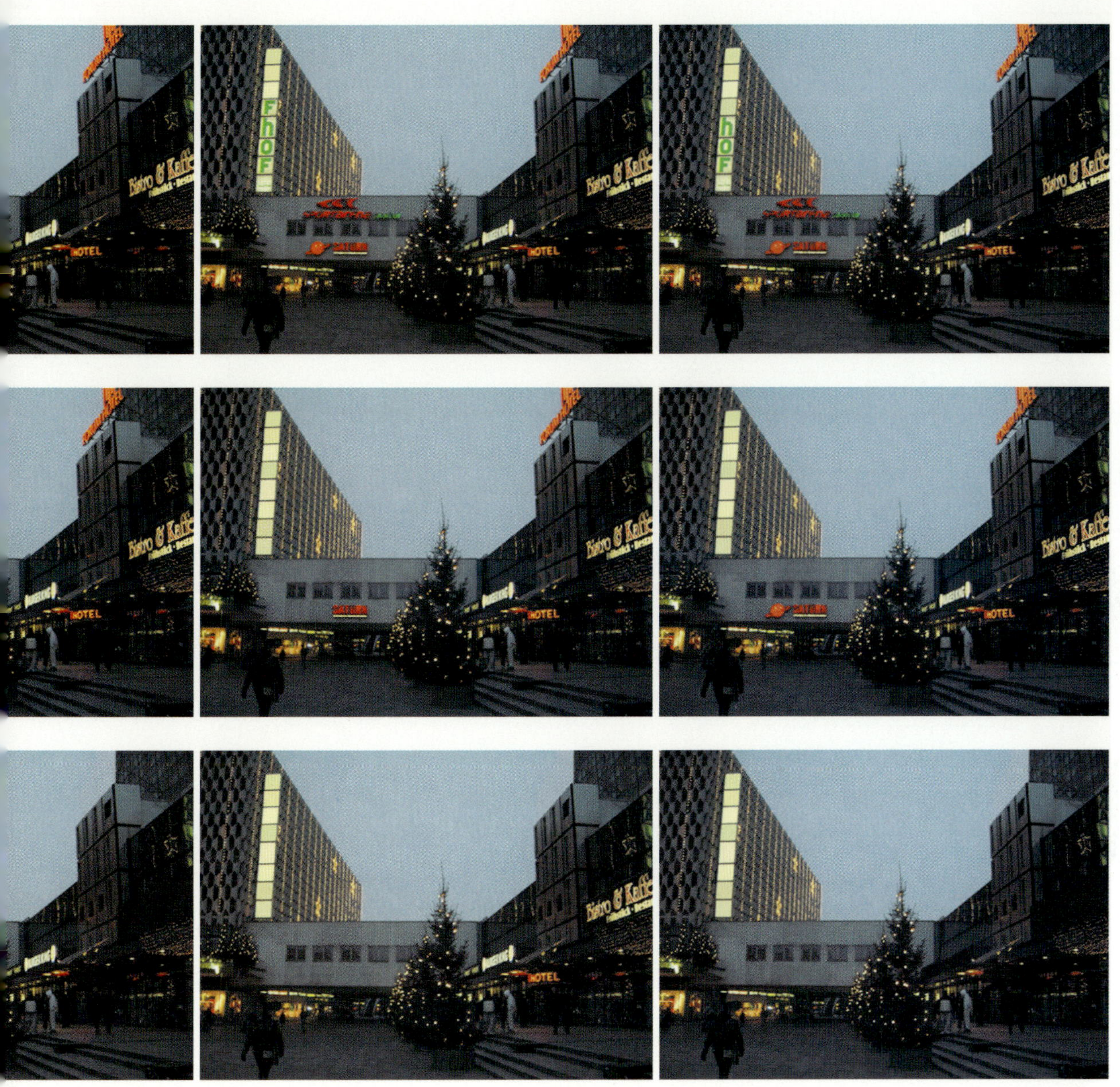

OP REIS IN DE VERBEELDING

Jennifer Cypher, Eric Higgs

Disney's Wilderness Lodge in Orlando (Florida) is een van de dertien vakantiehotels met een thema als uitgangspunt op het gebied van Disney World die beweren dat ze gasten een naadloze thematische ervaring aanbieden; het gekozen thema is verwerkt in het hotel en zijn omgeving, en wordt op elk denkbaar niveau benadrukt. De Wilderness Lodge biedt gasten een ervaring die vergelijkbaar is met die in een National Park Lodge.

Maar er is meer. Disney wil zijn gasten de gelegenheid geven om in een hyperreële National Park Lodge omgeving te verblijven; de werkelijkheid, maar dan beter, wildernis zonder vuil of gevaar. Waar andere Disney-hotels gasten een 'authentieke' Polynesische ervaring aanbieden of een vleugje elegantie uit het Florida van rond de vorige eeuwwisseling, staat de Wilderness Lodge te boek als 'een eerbetoon aan de grote herbergen van de vroege twintigste eeuw' onder het motto 'niet alleen praten, op verkenning!' Als onderdeel van Walt Disney World heeft Disney's Wilderness Lodge zijn eigen plaats als een van de attracties in een themapark, dat zich grotendeels richt op de wereld van de fantasie met behulp van het 'zorgvuldig buiten de deur houden van ongewenste elementen en het organiseren van speciale activiteiten die archetypische idealen uitdrukken.'

Net als de toeristenindustrie in het algemeen houdt Disney zich bezig met het verzinnen, organiseren en verkopen van ervaringen; in dat kader is Disney druk in de weer met de productie van landschappen en het aan de man brengen van verhalen over de natuur. Disney World gebruikt ruimte om ideologieën te creëren en te

114-115
118-119

In de overvloed van (commerciële) mediaboodschappen kan men zich alleen staande houden wanneer men zich mentaal gedeeltelijk afsluit voor dergelijke 'informatie'. Ieder van ons heeft zo zijn eigen 'filter' ontwikkeld, dat ongewenste informatie buitensluit. Inmiddels is de techniek zo ver dat het mogelijk is (bijvoorbeeld visuele) filters als 'prothese' of anderszins te dragen of in te schakelen, zodat het zware werk voor ons gedaan wordt. Maar het kan ook andersom: de techniek kan signalen oppikken waarvoor wij het betreffende apparaat speciaal hebben afgestemd (vgl. het mobieltje dat afgaat als we langs een café lopen waar vrienden zitten). Kunstenaar **Tara Karpinski** heeft het concept van de *Personal Media Manipulation* ontwikkeld, waarin de *Information Filter Chip* een hoofdrol speelt. Deze IF*chip, geplaatst in een mobiele telefoon, is een soort 'hightech blinddoek' die alleen informatie doorlaat waar de gebruiker voor kiest. Naar wens worden billboards, posters, lichtreclames en andere reclame-uitingen op straat uit het gezichtsveld weggefilterd. De relatie tussen keuzes maken en zien staat ook centraal in een recent project, waarin zij met een blinde vrouw gaat winkelen en deze laatste een sofa aanschaft. Hun ervaringen worden geregistreerd. Dit is onderdeel van een installatie waar de betreffende bank staat opgesteld.

The only possible way to hold one's own amidst the abundance of media messages, commercial or otherwise, is by partially shutting one's mind to such 'information'. Each of us has developed a personal 'filter' which blocks unwanted information. Technology has now evolved so far that it is possible to wear or activate these filters (e.g. visual), worn like an 'artificial limb' or some other way, so that the bulk of this taxing work is done for us. But it is also possible the other way round: technology can pick up signals which we have specially programmed into the equipment (cf. the mobile phone that rings if we walk past a café where friends are sitting). Artist **Tara Karpinski** has developed the concept for *Personal Media Manipulation* in which the *Information Filter Chip* plays a lead role. This IF*chip, placed in a mobile telephone, is a kind of 'high-tech blindfold' which only lets through information that the user has chosen to receive. Billboards, posters, neon lights and other forms of advertising on the street are filtered out of the field of vision at will. The relationship between making choices and seeing is also the main focus in a recent project in which the artist went shopping with a blind woman to buy a sofa. Their experiences are recorded, and included as part of an installation where the sofa in question is also present.

JOURNEY INTO THE IMAGINATION

Jennifer Cypher, Eric Higgs

Disney's Wilderness Lodge in Orlando, Florida is one of thirteen themed resort hotels located on the Disney World property which claim to offer guests a seamless themed experience; the chosen theme is constructed into the hotel and its environs and is highlighted at every possible level. The Wilderness Lodge offers guests an experience similar to one they might have in a National Park Lodge.

But, there is more. Disney wants to offer its guests the opportunity to stay in a hyperreal National Park Lodge setting; the real thing only better, wilderness without dirt or danger. While other Disney hotels offer guests an 'authentic' Polynesian experience, or a taste of turn-of-the-century Floridian elegance, the Wilderness Lodge is billed as a 'tribute to the great lodges of the early 20th century' with the motto 'don't just stay, explore'. As a part of Walt Disney World, Disney's Wilderness Lodge takes its place as another attraction in a theme park which deals largely in the world of fantasy achieved through the 'careful screening out of undesirable elements and the staging of special activities expressing archetypal ideals'.

Like the tourist industry in general, Disney is in the business of constructing, organizing and selling experience; in doing this Disney is intimately involved in the production of landscapes and the selling of stories about nature. Disney World uses space to create and reinforce ideologies, particularly ideologies which are supportive of capitalism and consumption. Disney World is 'a kind of spatial analogy of a monopoly capitalism that incessantly produces rhetoric about free enterprise.' While it is significant that we are physically bounded and directed within Walt's World, what is more important is that our thoughts are constrained. They

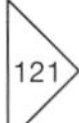

Tara Karpinski, *Investigation*, 2003
multi-media installation,
filmed at IKEA Amsterdam

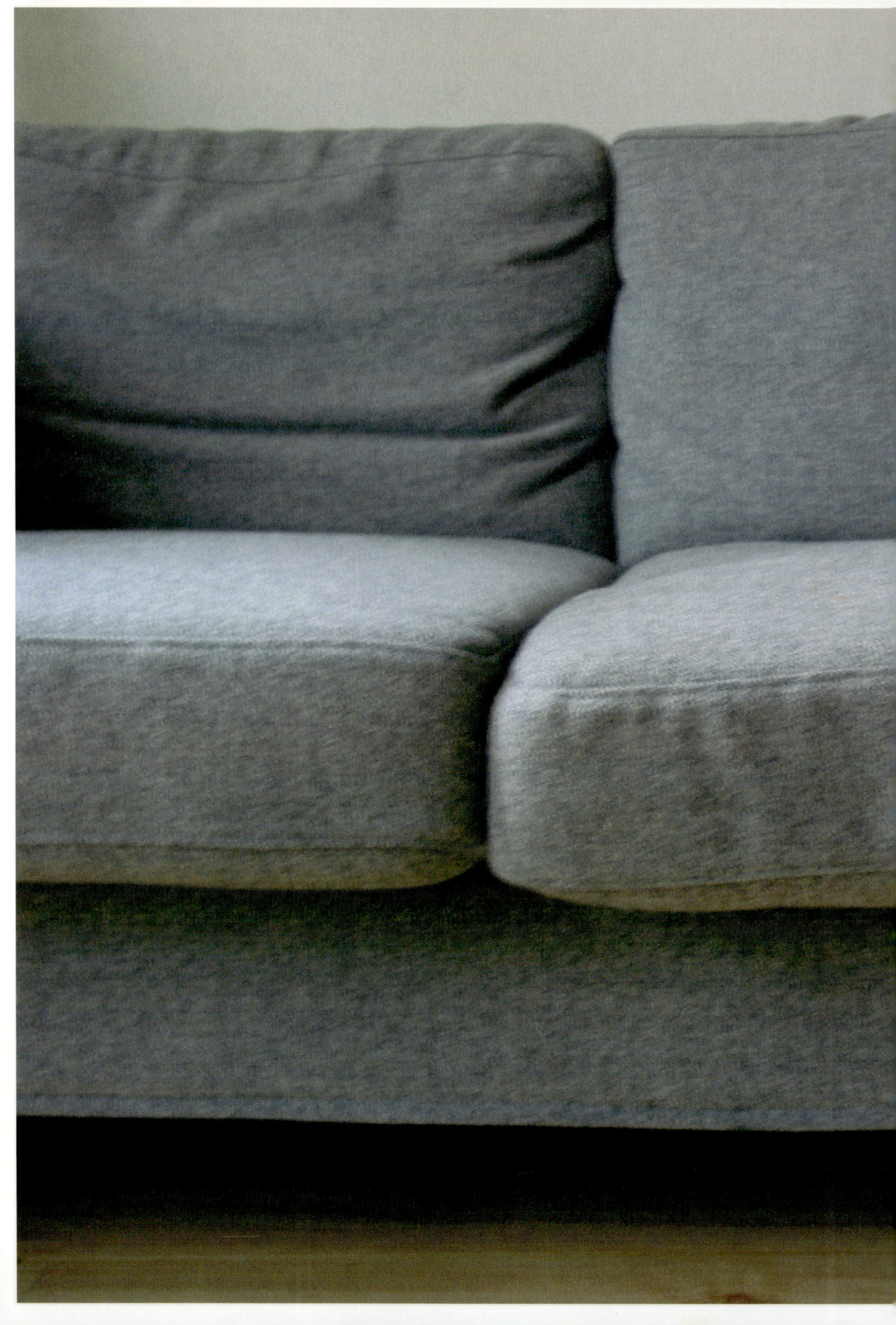

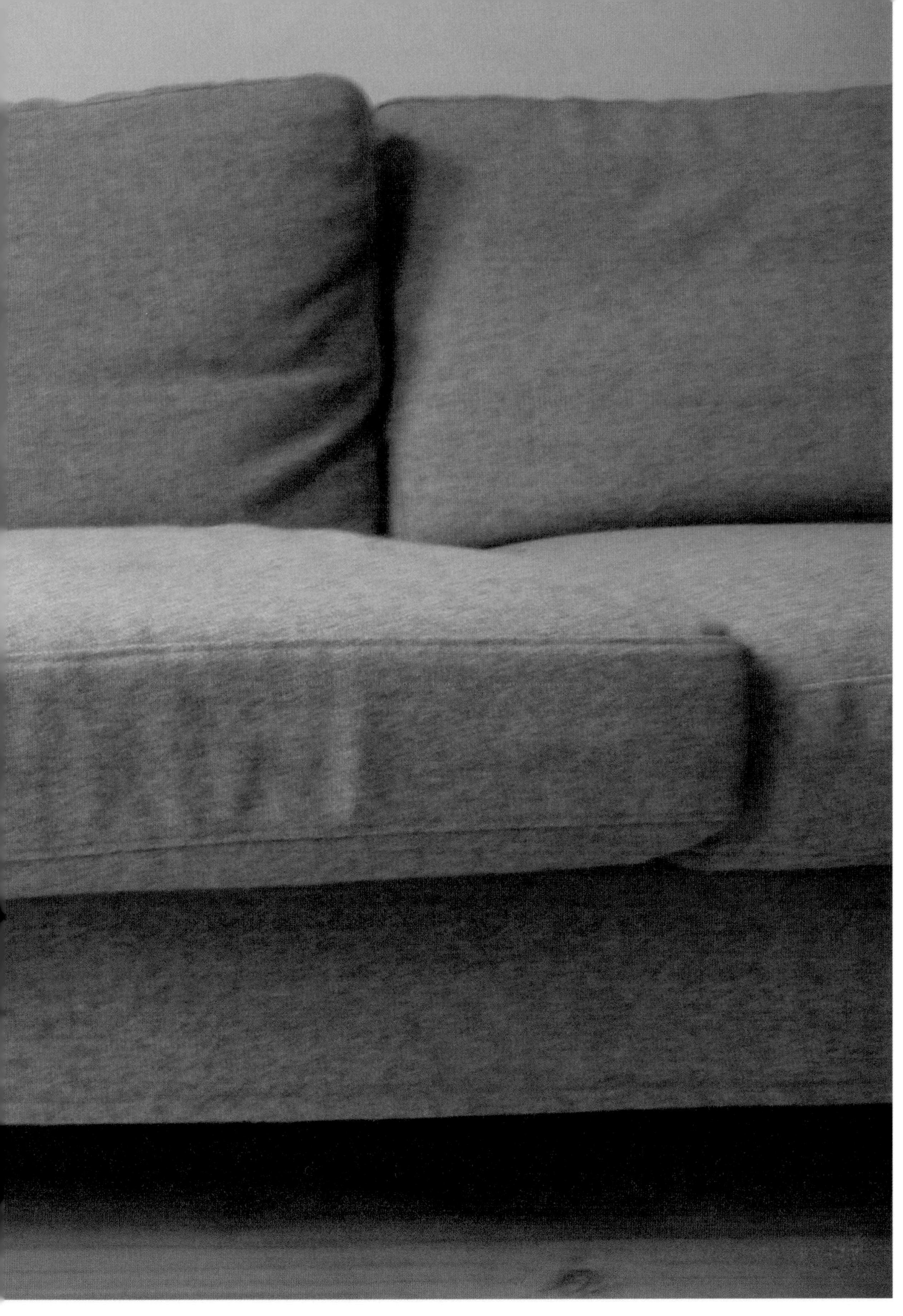

versterken die positief staan tegenover kapitalisme en consumptie. Disney World is 'een soort ruimtelijke analogie van een monopolistisch kapitalisme, dat onophoudelijk retoriek over het vrije ondernemerschap produceert.' Het is van belang dat we fysiek gebonden zijn aan en gedirigeerd worden door Walt's World, maar van nog grotere betekenis is het feit dat onze gedachten aan banden worden gelegd. Ze worden gestuurd in het belang van Disney zelf maar ook in dat van de grote ondernemingen waarmee Disney overeenkomsten is aangegaan, het machtssysteem dat ze helpen handhaven en de wereld van verkoopbare producten die hun levenssap is. Dat Disney de gedachten van zijn gasten in de hand moet blijven houden is deel van hun totale belang bij een zo groot mogelijke verkoop. Is de natuur uiteindelijk niet meer dan een product erbij, een ander aspect van het leven dat onder Disney's geïnstitutionaliseerde zeggenschap moet komen te vallen?

We verwijzen naar het patroon dat alle verschillende pogingen om ervaringen te produceren als 'kolonisatie van de verbeelding' met elkaar verbindt. Door het modelleren van de ervaringen van mensen en van interpretaties van populaire culturele gebeurtenissen en symbolen zijn Disney en anderen die thema's realiseren niet alleen bezig met de indrukken daarvan te reguleren, ze geven ook een nieuwe vorm aan het verbeeldend vermogen van mensen. De Wilderness Lodge verandert letterlijk de manier waarop mensen de wildernis en de natuur zien, en daardoor worden dan weer hun ideeën over het echte artikel gevormd. Om de gedachte dat we hier een of ander sinister komplot met betrekking tot hersenspoeling onthullen te vermijden, is het misschien accurater en minder afleidend om een interpretatie te baseren op wat er daadwerkelijk op materieel niveau in Orlando en elders plaatsvindt. Op de eerste plaats is de Disney-onderneming een gigantisch commercieel imperium dat buitengewoon succesvol is, omdat het niet alleen tegemoet kwam aan verlangens van de consument, maar ook zelf nieuwe prikkels creëerde. Alleen al vanuit het standpunt van Disney's bijdragen aan de kapitaaleconomieën van het einde van het tweede millennium is bestudering ervan de moeite waard. Ten tweede – en direct gerelateerd aan het eerste punt – heeft de alomtegenwoordigheid van Disney's handelsverkeer een welvoorziene markt gecreëerd: Disney-themaparken, Disney-winkels, Disney-films en -video's, Disney-televisie en constante secundaire verwijzingen naar Disney-symbolen in de populaire cultuur. Maar als we de Wilderness Lodge eenvoudigweg als een gigantische commerciële operatie beschouwen zouden we voorbijgaan aan Disney's hoogste ideologische doelstellingen en een verkeerde interpretatie geven van de invloed van deze en andere attracties op ons begrip van de werkelijkheid. Tenslotte is Disney niet de enige die zich bezighoudt met het omvormen van de natuur tot verhandelbaar product.

Belangrijker voor ons betoog in dit artikel is de veranderende aard van de werkelijkheid. Door het koloniseren van de verbeelding realiseren de Lodge en soortgelijke projecten een niet-vijandige overname van de werkelijkheid, die aan de gethematiseerde ervaring ten grondslag ligt. Disney heeft succes met het omvormen van de wildernis tot een conceptueel product - een product dat zowel inpasbaar als begrensbaar is, eindeloos flexibel en beschikbaar – om vervolgens een nieuwe werkelijkheid te creëren, waarin zij ervaren kan worden. Bovendien conditioneert de ervaring van deze consumptie ons begrip van het origineel, dat wil zeggen neutrale plekken die nog niet tot het imperium behoren.

are channeled in the interest of Disney itself but also in the interest of the larger corporations with which Disney has allied itself, the system of power they maintain, and the world of commodities that is their life's blood . This need on Disney's part to continue to constrain their guest's thoughts is part of their overall interest in selling as much as possible. In the end, is nature just one more commodity, another aspect of life to be brought under Disney's corporate control?

We refer to the pattern that connects all of the diverse attempts to manufacture experience as 'colonization of the imagination'. By shaping people's experiences and interpretations of popular cultural events and symbols, Disney and other thematic engineers are not merely regulating impressions of those things, they are reconfiguring people's imaginative capacities. The Wilderness Lodge is literally changing what people understand wilderness or nature to be, and this in turns shapes their views of the real thing. Lest it seem that we are exposing some sinister mind control conspiracy, it is more accurate and less distracting to rest an interpretation of what is happening in Orlando and elsewhere on a material base. First, the Disney corporation is a massive commercial empire that is vastly successful because it has both responded to consumer impulses and created other impulses. It is worthy of study simply from the standpoint of its contributions to the redefinitions of capital economies at the close of the millennium. Second, related directly to the first point, the pervasiveness of Disney commerce has created a well-coated marketplace: Disney theme parks, Disney stores, Disney films and videos, Disney television, and constant secondary references in popular culture to Disney symbols. However, to comprehend the Wilderness Lodge simply as a crass commercial operation is to ignore Disney's highest ideological intentions, and to misinterpret the influence that it and other attractions is having on our understanding of reality. After all, Disney is not alone in commodifying nature.

More important for our argument in this paper is the changing character of reality. In colonizing the imagination what the Lodge and similar projects are accomplishing is a non-hostile takeover of the reality that underlies themed experience. Disney is successful at turning wilderness into a conceptual product - one that is adaptable, delimitable, endlessly pliable and available - and then creating a new reality in which to experience it. Moreover, the experience of this consumption conditions our understanding of the real thing, that is natural places which have not yet fallen under the empire.

Disney's Vacation Kingdom

The development of tourism in the United States over the last forty years and the development of the Disney empire go hand in hand. Walt Elias Disney's original intent in building his first theme park, Disneyland, was to offer families a safe and happy place in which to holiday together. Disney sanitized the forms of the carnival and the amusement park, turning them into the first three dimensional Disney-version: 'Disney's park was a cleaned-up version, aimed at a middle-class family audience'.

While Disneyland may have had more innocent beginnings as strictly an amusement park, Disney World has no such naiveté. Stephen Fjellman reminds us that Disney World, underneath the glamour and the fun, is a

129

Vodafone, Advertising campaign booklet
Photograph of Vodafone's material:
Edo Kuipers

122-123

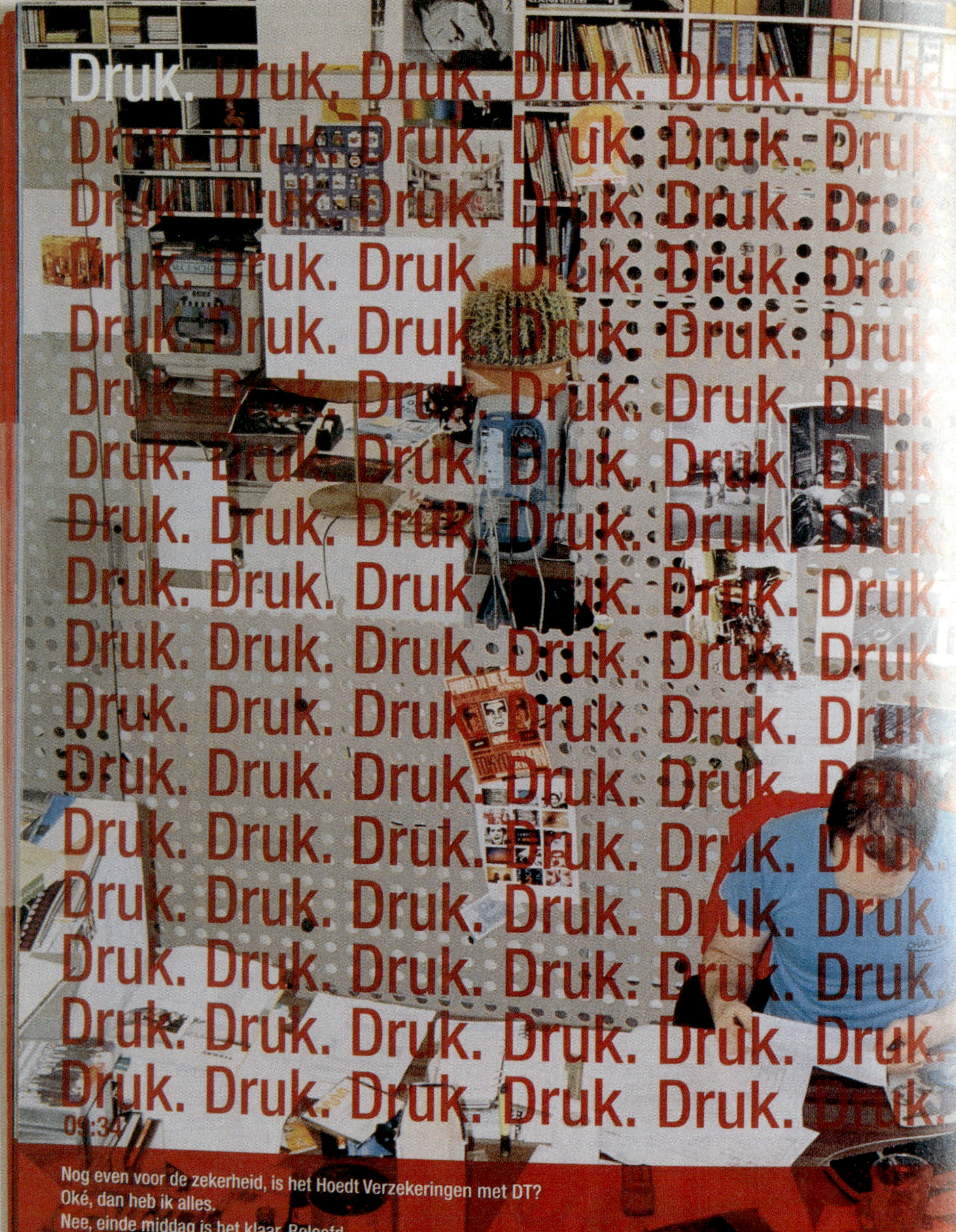

Druk. Druk. Druk. Druk. Druk. Druk.
Druk. Druk. Druk. Druk. Druk. Druk.
Druk. Druk. Druk. Druk. Druk. Druk.
Druk. Druk. Druk. Druk. Druk. Druk.
Druk. Druk. Druk. Druk. Druk. Druk.
Druk. Druk. Druk. Druk. Druk. Druk.
Druk. Druk. Druk. Druk. Druk. Druk.
Druk. Druk. Druk. Druk. Druk. Druk.
Druk. Druk. Druk. Druk. Druk. Druk.
Druk. Druk. Druk. Druk. Druk. Druk.
Druk. Druk. Druk. Druk. Druk. Druk.
Druk. Druk. Druk. Druk. Druk. Druk.
Druk. Druk. Druk. Druk. Druk. Druk.
Druk. Druk. Druk. Druk. Druk.
09:34
Nog even voor de zekerheid, is het Hoedt Verzekeringen met DT?
Oké, dan heb ik alles.
Nee, einde middag is het klaar. Beloofd.
Het is even doorwerken, maar het wordt echt een leuke advertentie.

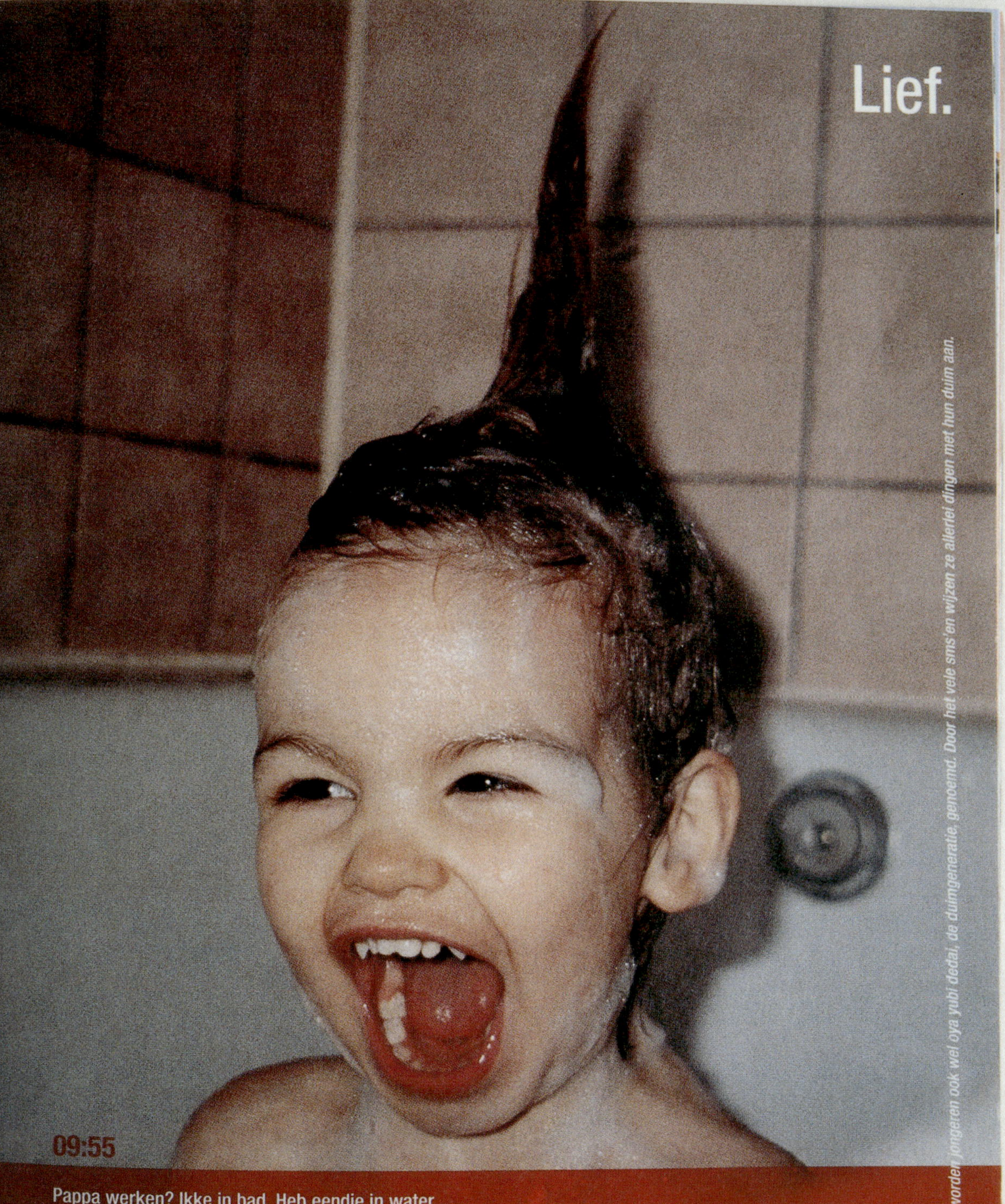

Lief.

09:55

Pappa werken? Ikke in bad. Heb eendje in water.
Kijk pappa! Isse eendje kwak.
Lieve eendje lekker swemme.

: In Japan worden jongeren ook wel oya yubi dedai, de duimgeneratie, genoemd. Door het vele sms'en wijzen ze allerlei dingen met hun duim aan.

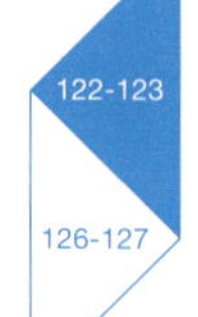

De markt voor *mobiele telefonie* is de afgelopen jaren een echte vechtmarkt geweest, waar door telefoonmaatschappijen gigantische geldbedragen werden gespendeerd om snel marktaandeel te kopen. We hebben er allemaal een of meer mobieltjes aan overgehouden. Het met korting weggeven van apparaatjes (nog nooit zoveel prijs-kaartjes van '€ 0,00' gezien) ging hand in hand met buitengewoon kostbare marketingcampagnes waarin vaak op nieuwe wijze met de consument werd gecommuniceerd. Namen, slogans en logo's ver-schenen net zo snel als ze weer verdwenen (Telfort werd O2 en Libertel werd Vodafone). Vodafone zette haar campagne krachtig in met een fraai fotoboekje in een hippe grafische vormgeving en met zeer hedendaags ogend fotowerk, met folders, affiches, televisie-spotjes en een website met onder meer spelletjes, muziek en de mo-gelijkheid om met een mobieltje gemaakte foto's te bekijken. Opmerkelijk ook was dat de soundtrack het tot toptienhit bracht pas nádat de betreffend song als *stand alone* was geflopt. In deze 'totaal-campagne', waarin niets meer is wat het lijkt, wordt de consument geheel in de Vodafone-boodschap ondergedompeld.

In recent years, the market for *mobile telephony* has become a real battleground where telephone companies expend phenomenal sums of money in order to quickly establish a market share. It means that all of us have been left with one or more mobile phones. The practice of giving away mobile phones with substantial price reductions (there have never been so many price tags for '€ 0.00') went hand in hand with extraordinarily extravagant marketing campaigns that often ad-dressed the consumer in a new way. Names, slogans and logos ap-peared as quickly as they disappeared (Telfort became O2 and Libertel became Vodafone). Vodafone launched its campaign with a splash, offering an attractive photo album with a hip graphic design and very contemporary-looking photographic work as well as brochures, posters, TV commercials, and a website offering games, music, and the opportunity to view photos taken with a mobile phone. Also remarkable was that the soundtrack only became a top-ten hit after the song concerned had flopped as a 'stand-alone'. In this 'total campaign', in which nothing is what it seems, the consumer was completely immersed in the Vodafone message.

"Het is het alledaagse leven, je voelt het op je lijf. Het doet onbehagelijk aan. Je bent niet uitgenodigd en toch ben je getuige, maar eigenlijk wil je het niet . . ."

Vodafone, Advertising campaign booklet
Photograph of Vodafone's material:
Edo Kuipers

126-127

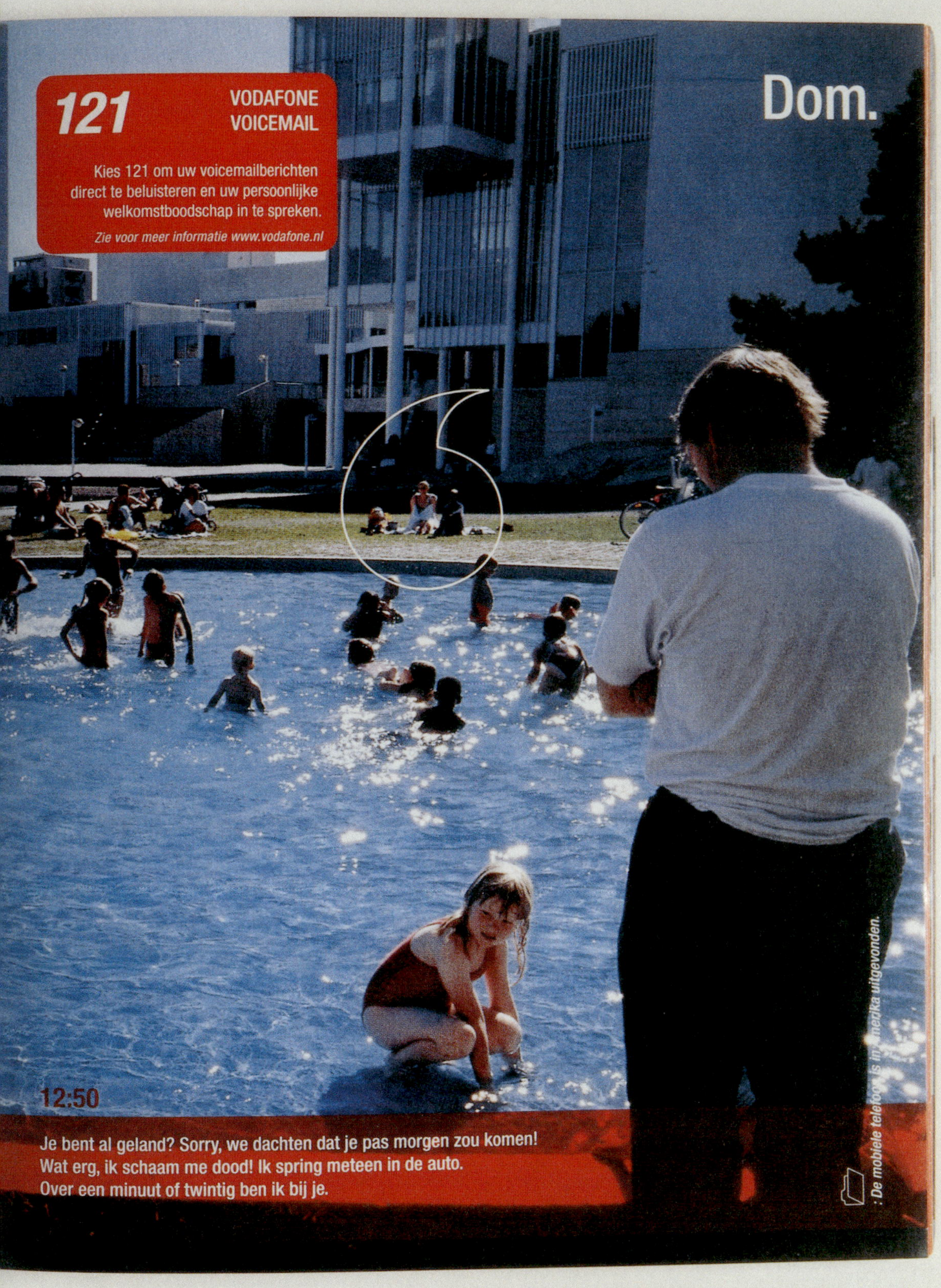

121
VODAFONE
VOICEMAIL
Kies 121 om uw voicemailberichten direct te beluisteren en uw persoonlijke welkomstboodschap in te spreken.
Zie voor meer informatie www.vodafone.nl
Dom.
12:50
Je bent al geland? Sorry, we dachten dat je pas morgen zou komen!
Wat erg, ik schaam me dood! Ik spring meteen in de auto.
Over een minuut of twintig ben ik bij je.
: De mobiele telefoon is in Amerika uitgevonden.

Disney's vakantiekoninkrijk

De ontwikkeling van het toerisme in de Verenigde Staten in de afgelopen veertig jaar en de ontwikkeling van het Disney-imperium gaan hand in hand. Walt Elias Disney's oorspronkelijke bedoeling bij het opzetten van zijn eerste themapark, Disneyland, was het aanbieden van een veilige en gelukkige plek, waar gezinnen met vakantie naartoe konden gaan. Disney schoonde de bestaande vormen van kermis en amusementspark op en transformeerde ze tot de eerste driedimensionale Disney-versie: 'Disney's park was een opgeschoonde versie, gericht op een publiek van gezinnen uit de middenklasse.'

Disneyland had misschien een meer onschuldige start als niet meer dan een amusementspark, Disney World is heel wat minder naïef. Stephen Fjellman herinnert ons eraan dat Disney World, onder alle glamour en lol, een zakelijke onderneming is en een hele grote ook. Deze onderneming is gebaseerd op het verkopen van producten en hoe meer dingen tot producten kunnen worden omgevormd, des te meer er te verkopen valt: 'het zakelijke project wil alles dat geassocieerd wordt met het menselijk leven op de markt brengen en er dus macht over hebben.' Het succes van dit project in Disney World is fenomenaal, wat voor maatstaven je ook aanlegt; de bezoekersaantallen blijven stijgen en het geld blijft binnenrollen. Ieder jaar bezoeken meer dan dertig miljoen mensen Disney World en dit cijfer alleen al geeft aan hoe ver Disney's culturele en economische invloed reikt.

De Wilderness Lodge: het Grote Binnengebeuren

Disney's Wilderness Lodge is Disney's laatste grote poging om de natuur, de wildernis en de ervaring van het grote buitengebeuren aan de man te brengen. Eerdere representaties van natuur en wildernis uit Disney's koker waren voor het merendeel gerealiseerd op het grote scherm; Disney's eigen natuurfilms domineerden dit filmgenre bijna twintig jaar lang.

Disney's Wilderness Lodge is een van Disney's Premium Resorts, het equivalent van een viersterrenhotel. De Lodge heeft 725 kamers, vier restaurants en lounges, een verwarmd zwembad, fietsen en boten zijn er te huur, er zijn faciliteiten om de was te doen en een kleine winkel. De interne beschrijving zegt: 'Disney's Wilderness Lodge Resort is gebaseerd op een romantische visie die de bezoeker terugvoert naar de tijd van het Wilde Westen, het podium voor het Amerikaanse epos waarin de lucht altijd blauw was, Indianen edele krijgers waren, wilde dieren vrijelijk door wonderbaarlijke landschappen zwierven en aan de pioniers en de grens heroïsche proporties werden toegeschreven...'

Het is duidelijk dat Disney welbewust koos voor het representeren van een bepaalde gedachte over en expressie van de natuur, de wildernis en de cultuur van de natuur in de Wilderness Lodge. Disney neemt de informatie waarvoor hij gekozen heeft zeer serieus en construeerde nauwkeurig een verhaal over en ten behoeve van de Lodge, dat bij iedere gelegenheid de Disney-cultuur van de natuur onthult, versterkt, onderstreept, illustreert en demonstreert. Disney's Wilderness Lodge is ook onderdeel van het natuur-als-meta-thema project van de Walt Disney Company en weerspiegelt de waarden van vooruitgang, exploratie, zeggenschap en

business, and a very big business at that. This business is based on selling commodities, and the more things that can be made into commodities, the more things there are to sell: '(t)he corporate project is to bring everything associated with human life into the market and thus under control'. This success of this project at Disney World is phenomenal, no matter how you measure it; visitation keeps increasing and the money keeps rolling in. Over 30 million people visit Disney World every year, this figure alone indicates Disney's far reaching cultural and economic influence.

The Wilderness Lodge: the Great Indoors

Disney's Wilderness Lodge is the latest attempt by Disney to sell nature, wilderness and the experience of the great outdoors. Earlier representations of nature and wilderness brought to you by Disney were largely achieved on the big screen; Disney's own nature films dominated this genre of film for almost twenty years.
Disney's Wilderness Lodge is one of Disney's Premium Resorts, the equivalent to a four-star hotel. The Lodge has 725 rooms, four restaurants and lounges, heated swimming pool, bike and boat rentals, laundry facilities and a small store. The in-house description reads: 'Disney's Wilderness Lodge Resort is based upon a romantic vision that returns the visitor to the era of the Early West; the stage for the American epic where the sky was always blue, Indians were noble warriors, wild game roamed freely over wondrous landscapes, and the pioneer and the frontier were given heroic proportions...'
It is apparent that Disney consciously chooses to represent certain kinds of thought and expression about nature, wilderness and the culture of nature in the Wilderness Lodge. Disney takes the information which it has chosen to represent very seriously, and has carefully constructed a narrative about and for the Lodge which uncovers, enhances, highlights, illuminates and demonstrates the Disney culture of nature at every opportunity. Disney's Wilderness Lodge is also a part of the nature-as-meta-theme project of the Walt Disney Company, and it reflects the values of progress, exploration, control and individualism evident in other Disney representations of nature and wilderness.

The Forest for the Trees: Nature and Reality

Disney's vast material re-organization of landscapes have some impact on our ideas of reality and nature. In the construction and the presentation of the Wilderness Lodge, the Disney Company consciously chooses a story to tell about nature, and the relationship humans have with nature. The story it chooses is tied to Disney's need to conduct its business, and it reflects values and ideologies which serve these purposes first, make us feel warm and good about nature second. While the Wilderness Lodge has a story to tell about Disney as a company and a cultural icon, it also has things to say about North American ideological trends regarding wilderness, nature, culture and consumption.
Through elaborate design and commercial intention, concepts and experiences that are deeply imbedded 
in North American life – national parks, the image of the frontier, indians, wood burning fireplaces – are

Alfredo Jaar, *Epilogue*, 1998,
video installation

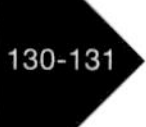

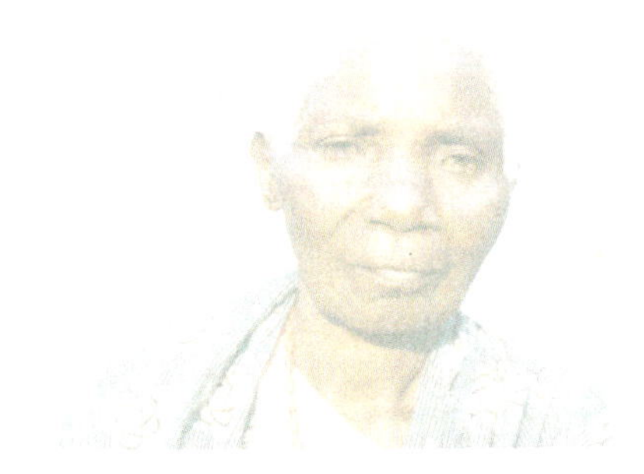

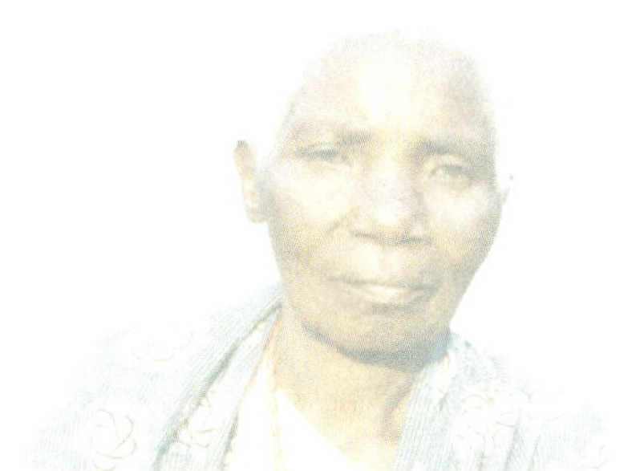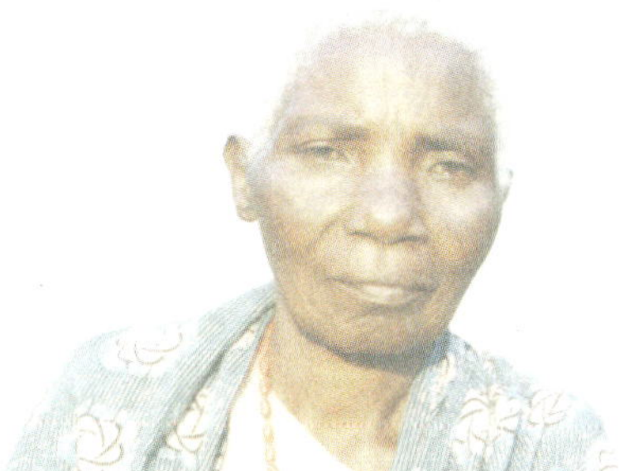

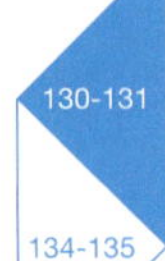

130-131
134-135

Bill Gates begraaft het door hem aangekochte fotoarchief van Corbis onbereikbaar diep in de Amerikaanse bergen om ze voor het nageslacht te bewaren. Van de massaslachtingen in Ruanda in 1994, toen meer dan 800.000 mensen het leven lieten, bestaan geen foto's. Deze paradoxale berichten gebruikte **Alfredo Jaar** onlangs in zijn op Documenta 11 getoonde installatie *The Lament of Images* (I), waarin het onzichtbare, onbereikbare of gecensureerde beeld centraal staat. In drie teksten, waarin dergelijke schokkende of aangrijpende nieuwsfeiten uit de doeken worden gedaan, vertelt hij over de afwezigheid van beelden om de beschouwer daarna, in een volgende zaal, langs een letterlijk oogverblindend fel scherm te laten lopen. De beschouwer wordt op deze wijze gedwongen de kloof tussen zien en niet-zien, tussen aan- en afwezigheid te ervaren. Het werk van Jaar roept vaak sterke reacties op door krachtige statements over politiek-maatschappelijke onderwerpen in een even eenvoudige als doeltreffende vormgeving – meestal in ruimtelijke installaties, waarin beelden verschijnen en verdwijnen, dominant aanwezig zijn of juist met opzet uit het zicht worden gehouden.

At some inaccessible spot deep in the American mountains, Bill Gates is digging through the Corbis photo archive that he acquired in order to preserve it for posterity. However, there are no photos of the genocide in Rwanda in 1994, when more than 800,000 people were massacred. **Alfredo Jaar** used these paradoxical news items in his recent installation, *The Lament of Images* (I), at Documenta 11, placing the invisible, inaccessible or censored image in the spotlight. In three texts that uncover similarly shocking or moving news facts he talks about the absence of images and then leads the public into a room filled with blindingly bright light. This forces the public to experience the chasm between seeing and not seeing, between presence and absence. Jaar's work often stirs up strong reactions by making forceful statements about socio-political subjects in simple but effective set-ups – usually in spatial installations in which images appear and disappear, are domineering or in fact deliberately kept from view.

"Admiration. There's beauty in this. I put myself in what I see. In any case it's an echo of what's inside you. It has a kind of power. There's also pride in it, and it is entirely without shame . . ."

"Bewondering. Het heeft iets van schoon-heid. Ik verplaats mij in wat ik zie. In ieder geval is het een weerklank van wat er in je-zelf zit. Er zit een soort kracht in. Het heeft ook iets van trots en het is totaal zonder schaamte . . ."

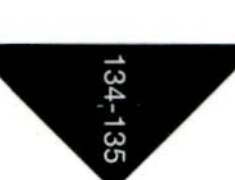

Alfredo Jaar, *Lament of the Images*, 2002, installation view

134-135

Cape Town, South Africa, February 11, 1990.

Nelson Mandela is released from prison, after 28 years of brutal treatment by the apartheid regime. The images of his release, broadcast live around the world, show a man squinting into the light as if blinded.

More than half of Mandela's sentence was spent on Robben Island, a windswept rock surrounded by the treacherous seas of the Cape of Good Hope. Only seven miles off Cape Town, the island had been used as a maximum security prison for "non-white" men since 1959. Mandela's fellow inmates there included Walter Sisulu, Ahmed Kathrada, and Govan Mbeki, the father of current South African President Thabo Mbeki. Mandela later said that Robben Island was "intended to cripple us so that we should never again have the strength and courage to pursue our ideals."

In the summer of 1964, Mandela and his fellow inmates in the isolation block were chained together and taken to a limestone quarry in the center of the island, where they were put to work breaking rocks and digging lime. The lime was used to turn the island's roads white. At the end of each day, the black men had themselves turned white with limedust. As they worked, the lime reflected the glare of the sun, blinding the prisoners. Their repeated requests for sunglasses to protect their eyes were denied.

There are no photographs that show Nelson Mandela weeping on the day he was released from prison. It is said that the blinding light from the lime had taken away his ability to cry.

Pennsylvania, U.S.A., April 15, 2001.

It is reported that one of the largest collections of historical photographs in the world is about to be buried in an old limestone mine forever. The mine, located in a remote area of western Pennsylvania, was turned into a corporate bomb shelter in the 1950s and is now known as the Iron Mountain National Underground Storage site.

The Bettmann and United Press International archive, comprising an estimated 17 million images, was purchased in 1995 by Microsoft chairman Bill Gates. Now Gates' private company Corbis will move the images from New York City to the mine and bury them 220 feet below the surface in a subzero, low-humidity storage vault.

It is thought that the move will preserve the images, but also make them totally inaccessible. In their place, Gates plans to sell digital scans of the images. In the past six years, 225,000 images, or less than 2 percent of them, have been scanned. At that rate, it would take 453 years to digitize the entire archive.

The collection includes images of the Wright Brothers in flight, JFK Jr. saluting his father's coffin, important images from the Vietnam War, and Nelson Mandela in prison.

Gates also owns two other photo agencies and has secured the digital reproduction rights to works in many of the world's art museums. At present, Gates owns the rights to show (or bury) an estimated 65 million images.

Kabul, Afghanistan, October 7, 2001.

As darkness falls over Kabul, the U.S. launches its first airstrikes against Afghanistan, including carpet bombing from B-52s flying at 40,000 feet, and more than 50 cruise missiles. President Bush describes the attacks as "carefully targeted" to avoid civilian casualties.

Just before launching the airstrikes, the U.S. Defense Department purchased exclusive rights to all available satellite images of Afghanistan and neighboring countries. The National Imagery and Mapping Agency, a top-secret Defense Department intelligence unit, entered into an exclusive contract with the private company Space Imaging Inc. to purchase images from their Ikonos satellite.

Although it has its own spy satellites that are ten times as powerful as any commercial ones, the Pentagon defended its purchase of the Ikonos images as a business decision that "provided it with excess capacity."

The agreement also produced an effective white-out of the operation, preventing western media from seeing the effects of the bombing, and eliminating the possibility of independent verification or refutation of government claims. News organizations in the U.S. and Europe were reduced to using archive images to accompany their reports.

The CEO of Space Imaging Inc. said, "They are buying all the imagery that is available." There is nothing left to see.

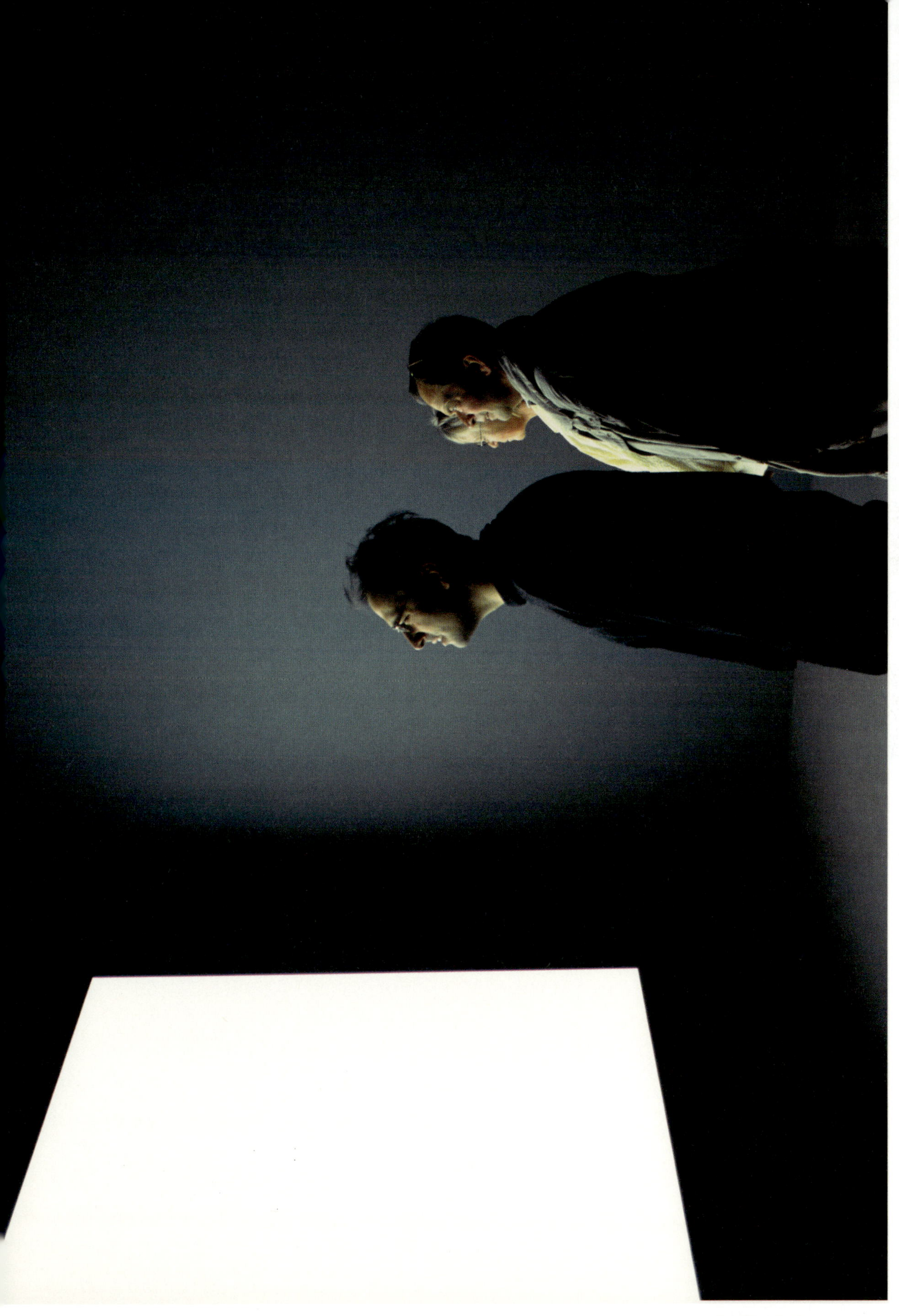

individualisme, die ook in de andere Disney-voorstellingen van natuur en wildernis duidelijk naar voren komen.

Door de bomen het bos

Disney's enorme materiële reorganisatie van landschappen heeft enige invloed op onze ideeën over werkelijkheid en natuur. In de constructie en presentatie van Wilderness Lodge kiest de Disney Company voor het vertellen van een verhaal over de natuur en over de relatie van mens en natuur. Het verhaal dat zij kiest is gelieerd aan de manier waarop Disney zijn zaken moet doen en reflecteert waarden en ideologieën die op de eerste plaats dat doel dienen, en ons bovendien een warm en prettig gevoel over de natuur geven. Wilderness Lodge heeft een verhaal te vertellen over Disney als bedrijf en als cultureel icoon, maar het heeft ook dingen te zeggen over Noord-Amerikaanse ideologische trends met betrekking tot wildernis, natuur, cultuur en consumptie.

Door ver uitgewerkte vormgeving en commerciële doelstelling worden concepten en ervaringen die diep verankerd zitten in het Noord-Amerikaanse leven – nationale parken, het beeld van de kolonisatie van het westen, indianen, brandende haardvuren – getransformeerd tot verhandelbare goederen. We kunnen ze alleen aanschaffen door er geld aan uit te geven. Het vereist bijvoorbeeld een hele reeks vaardigheden, ontberingen, extatische ervaringen en een langdurige betrokkenheid bij een plek om een nationaal park ten volle te ervaren. Om iets speciaals te consumeren is weinig ervaring nodig. Een bezoeker aan de Wilderness Lodge hoeft geen enkele eerdere ervaring te hebben met zulke verschijnselen om een aangenaam verblijf te hebben. De diepte van de ervaring met het leven in een kolonisatiegebied wordt vervangen door een mythisch beeld van dat gebied, dat stukje bij beetje wordt gevormd door souvenirwinkels, bijzonderheden van de architectuur, kranten die ter plekke worden gemaakt en promotiemateriaal.

Hoewel het publiek in het dagelijks leven misschien de vaardigheid om onderscheid te maken tussen werkelijkheid en fantasie wil behouden, komt het naar Disney World met als doel om de fantasie uit te leven en een illusie te ervaren. Het siert de Disney-mensen dat ze nooit ontkennen dat ze zich bezighouden met het verkopen van dromen. De meesten zien de Wilderness Lodge als entertainment, ontsnapping en de vervulling van wensen. Wanneer het op deze manier wordt aangekleed, is het makkelijk om fouten in de presentatie over het hoofd te zien (of erdoor gefascineerd te raken) en zich te verbazen over de technologische kwaliteit. Louis Marin ziet Disney's voorstelling van de werkelijkheid in termen van wat hij noemt een 'gedegenereerd utopia waarvan de ideologie veranderd is in een soort mythe.' Marin ziet ideologie als 'de voorstelling van de imaginaire verhoudingen van individuen met de werkelijke omstandigheden van het bestaan.' Als deze ideologie in een utopische setting wordt geplaatst en in een narratieve vorm gepresenteerd, wordt er een mythische status aan gegeven en dan wordt zij begrepen als iets natuurlijks en gezondverstand-achtigs. Om dit te bereiken vervangt Disney de echte wereld door een imaginaire. Gasten aan Disney's grondgebieden zijn hieraan medeplichtig en proberen maar al te graag om hun ongeloof tijdelijk uit te schakelen. Dit laatste wordt

transformed into marketable goods. We procure these at the cost only of money. To experience a national park fully, for example, would involve a suite of skills, hardships, ecstatic experiences, and long term commitment to a place. To consume something typically requires little experience. A visitor to the Wilderness Lodge need not have any prior experience with such phenomena in order to have a pleasant visit. Depth of experience with frontier living is replaced by a mythic view of the frontier, distilled in the form of gift stores, design features, in-house newspapers, and promotional materials.

While the public may wish to maintain their ability to distinguish between reality and fantasy in every day life (and this is itself debatable), they come to Disney World with the intent of living out fantasy and experiencing illusion. To their credit, the Disney people never deny that they are in the business of selling dreams. Most approach the Wilderness Lodge for entertainment, escape, and wish fulfillment. Cloaked in this fashion, it is easy both to overlook (or become fascinated by) flaws in the presentation and to marvel at the technological capability.

Louis Marin looks at Disney's representation of reality in terms of what he calls a 'degenerate utopia (which) is ideology changed into the form of a myth'. Marin sees ideology as 'the representation of the imaginary relationship individuals maintain with their real conditions of existence': when this ideology is placed in an utopian setting and presented in a narrative format it is given mythical status, and becomes understood as something natural and common-sensical. In order to accomplish this, Disney replaces the real world with an imaginary one. Guests to Disney's properties are complicit in this, and a willing suspension of disbelief is undertaken. This suspension of disbelief is taken very seriously by visitors to Disney World, and it is not uncommon to observe people who would ordinarily be unwilling to participate in make-believe play along with such things as people dressed up as larger than life size Dwarfs, going so far as to ask for Dopey's autograph, delighted when they receive it.

Once ushered into this new reality, visitors are bombarded with information which will make it coherent and acceptable. Disney has actually already started this process in the outside world through their massive distribution of films, other media products and merchandise, which tell the stories that are retold at Disney World, and stimulate the desire to live these stories by experiencing them at Disney World.

Not only is Disney World creating a new reality, it is saying something about the very nature of reality. Through the use of hyperreality, reality is seemingly flexible, easily constructed by those with the right kind of imagination and the right amount of money. Disney's hyperreal island expands beyond the park, backing up their version of hyperreality with a context created through various media and shown almost around the globe; Disney is able to present their version of things and call it reality, blurring the lines between the real and hyperreal.

Does Disney do this deliberately to undermine the value of reality, or are they responding to an existing erosion of reality's value? They would probably argue that they are providing a place for people to live out their fantasies, sidestepping the fact that the fantasies Disney caters to are those that they themselves have created. 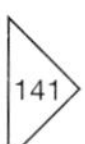 Disney has perceived the richness of the hyperreal when compared to the real and found it very profitable

KesselsKramer, *Do Remember*, 2003
Photography: Auke Vleer

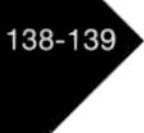

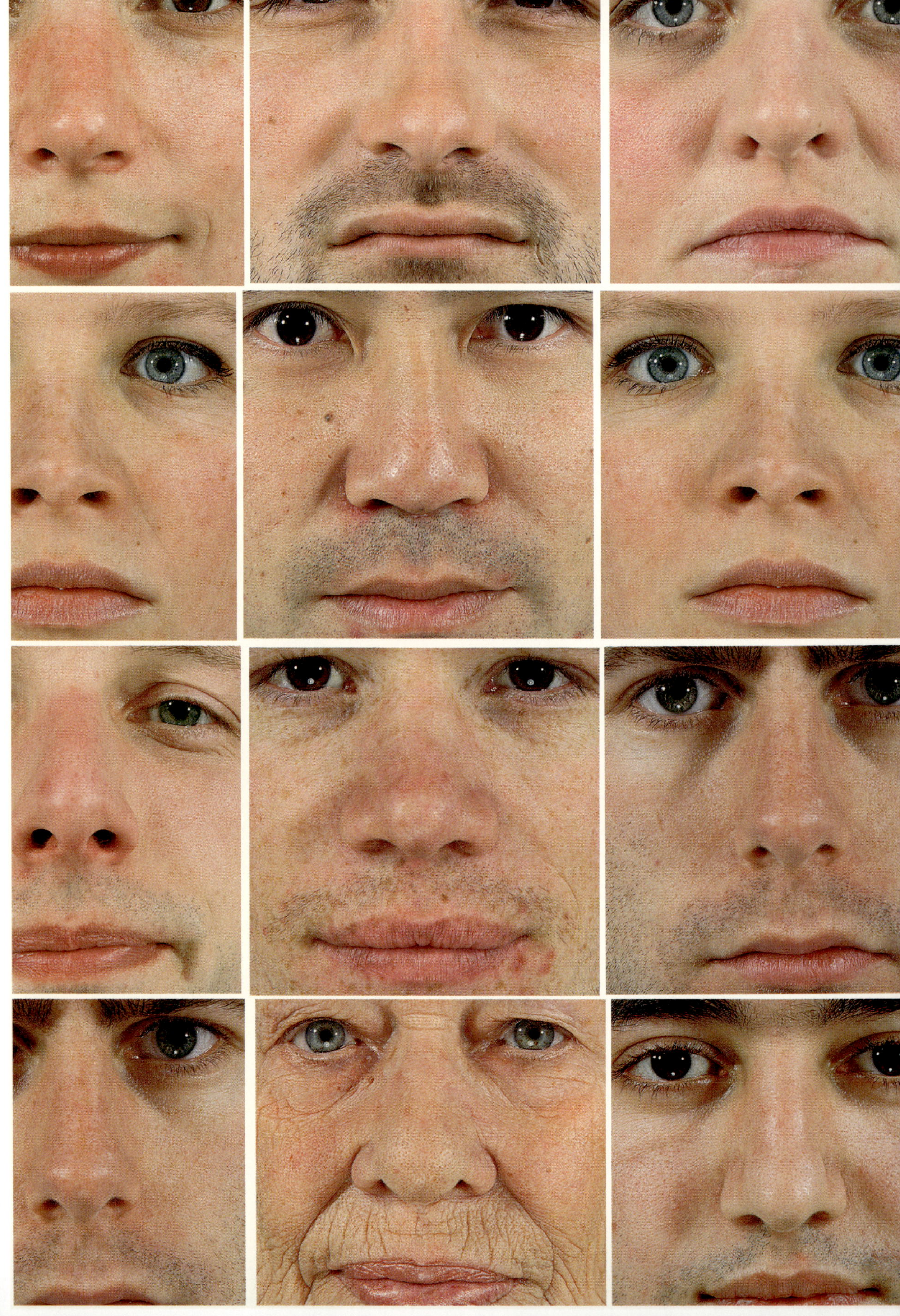

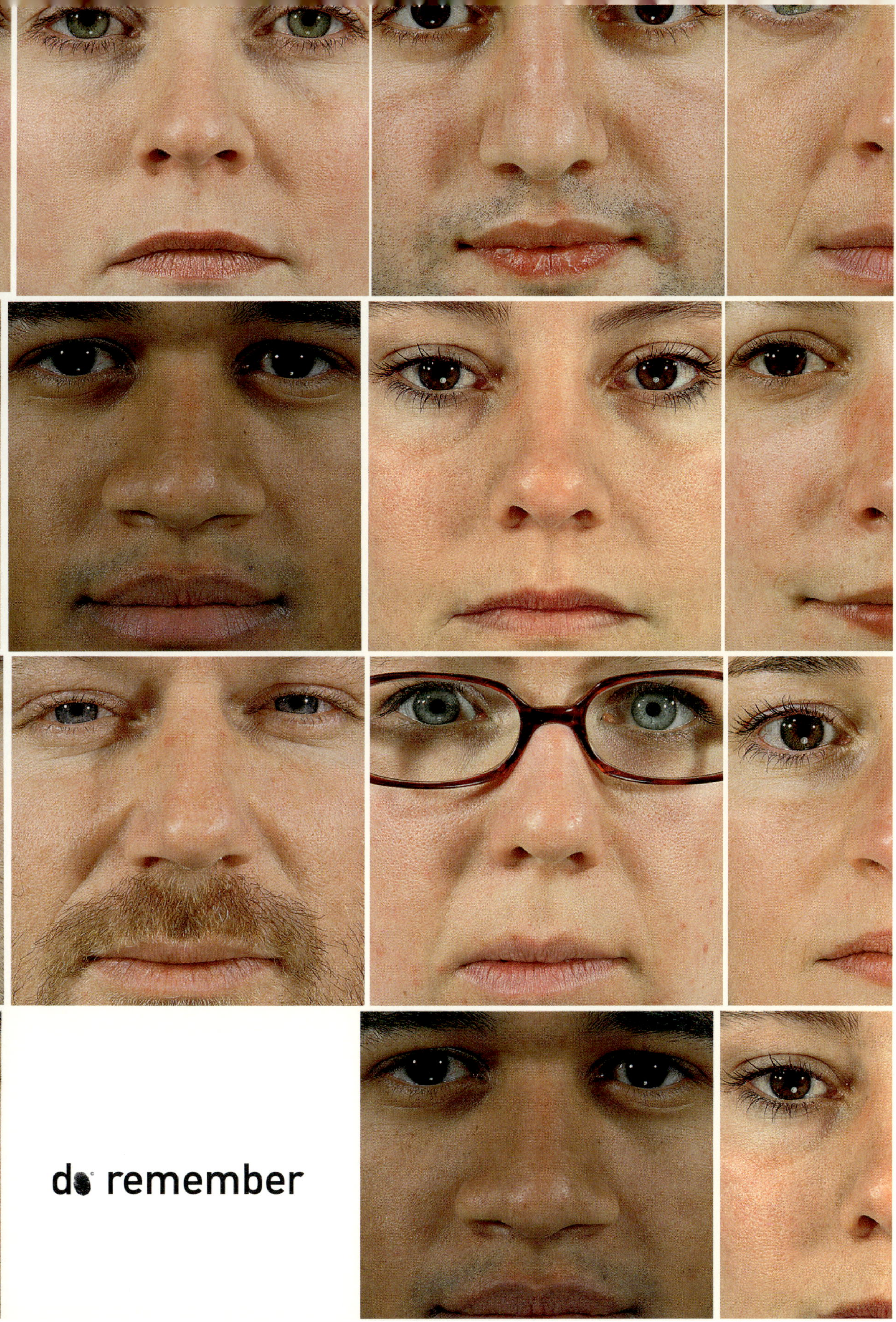

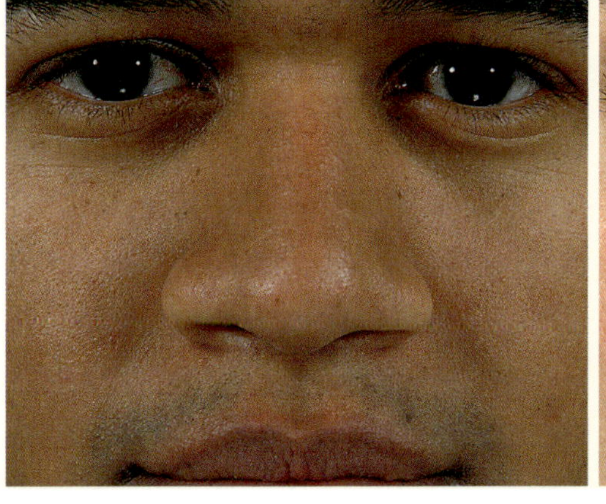

do remember

door bezoekers aan Disney World zeer serieus genomen en het is niet ongebruikelijk om mensen, die normaal gesproken geen zin zouden hebben in spelletjes waarin je net doet alsof, mee te zien spelen met acteurs die verkleed gaan als reuzendwergen, en ze zo ver te zien gaan dat ze Dopey's handtekening vragen, dolblij als ze er een krijgen.

Eenmaal in deze nieuwe werkelijkheid beland worden de bezoekers gebombardeerd met informatie die haar coherent en acceptabel maakt. Disney begon dit proces al in de wereld buiten met de gigantische distributie van films, andere mediaproducten en handelswaar, die de verhalen vertellen die in Disney World opnieuw worden verteld en het verlangen stimuleren om ernaar te leven door ze mee te maken in Disney World.

Niet alleen creëert Disney World een nieuwe werkelijkheid, het zegt ook iets over de aard van de werkelijkheid zelf. Door het gebruik van hyperrealiteit lijkt de werkelijkheid flexibel, met gemak geconstrueerd door mensen met het juiste soort fantasie en de juiste hoeveelheid geld. Disney's hyperreële eiland strekt zich uit voorbij het park en ondersteunt hun versie van hyperrealiteit met een context die door allerlei media wordt gecreëerd en bijna over de hele aardbol te zien is. Disney is in staat om hun versie van de dingen te presenteren en die werkelijkheid te noemen, waarbij de grenzen tussen het reële en het hyperreële komen te vervagen.

Doet Disney dit expres om de waarde van de werkelijkheid te ondermijnen of reageren ze op een al bestaande erosie daarvan? Ze zouden waarschijnlijk aanvoeren dat ze mensen een plek aanbieden om hun fantasieën uit te leven en het feit uit de weg gaan dat de fantasieën waarop Disney inspeelt die zijn welke ze zelf hebben gecreëerd. Disney heeft gezien hoe rijk het hyperreële is in vergelijking met het reële en gemerkt dat dit buitengewoon winstgevend is. Of ze nu Halloween-pakken van Disney-figuren verkopen of de wildernis, de realiteit is dat hyperrealiteit verkoopt. Gegeven de aantrekkingskracht van hyperrealiteit en het overduidelijke succes voor de Disney Company verliest deze vraag zo ongeveer zijn betekenis, want Disney's marketing van het hyperreële voor de massa zal zeker doorgaan met het ondermijnen van de waarde van de werkelijkheid, of andere krachten nu wel of niet mede bijdragen aan haar devaluatie. Opmerkelijk genoeg is er relatief weinig aandacht gegeven aan de vraag waarom de werkelijke natuur (of de werkelijkheid in het algemeen) ons eigenlijk ter harte moet gaan. Borgmann is deze uitdaging in een recent essay aangegaan, maar in laatste instantie blijf je je afvragen of zo'n argument er uiteindelijk wel toe doet in een opkomende vloed van kunstmatigheid.

Hoewel mensen stellig parken en wildernisgebieden zullen blijven bezoeken, zal Disney's Wilderness Lodge overeind blijven als een hommage aan het verbeeldend vermogen van het hyperreële om doorlopende werkelijkheid te transformeren tot gethematiseerde ervaring. De gethematiseerde ervaring van de natuur zal stellig invloed hebben op de manier waarop de werkelijkheid van natuur en wildernis worden bekeken, met name als dingen die Amerika en Amerikanen uniek maken. Op materieel niveau moeten we ons zorgen maken over de implicaties die dit heeft voor de tendens om overal handelswaar van te maken. De traditionele opvatting over handelswaar als materiële voorwerpen wordt op een veelbetekenende manier vervangen door hyperreële ervaringen. Er valt daadwerkelijk nog veel meer geld te verdienen aan hyperrealiteit en er is veel meer werk nodig om de culturele en ecologische gevolgen daarvan te begrijpen.

14

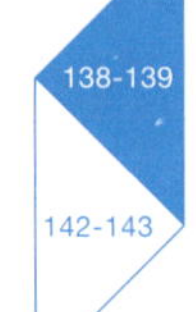
138-139

142-143

Het Amsterdamse reclamebureau **KesselsKramer** is gedurende een aantal jaren bezig geweest met de ontwikkeling van het merk *DO*. Een product was daarbij niet voorhanden, eerst diende een geloofwaardig en aantrekkelijk merk te worden 'neergezet', om later alsnog te bekijken welke koopwaar daaraan te koppelen valt. 'DO is an everchanging brand that depends on what you do' luidt een veelzeggende slagzin. Deze 'methode' vormt de ultieme consequentie van de plaats die marketing in onze maatschappij heeft ingenomen. Inmiddels kent DO een handvol zeer uiteenlopende producten, die in de meeste gevallen zijn ontstaan uit tijdelijke samenwerkingsprojecten. Het meest recente 'product' van DO is een voor *Experience* ontwikkeld spel getiteld 'DO Remember' dat is gebaseerd op het bekende 'memory-spel', maar in dit geval met portretfoto's. Het spelen ervan leidt tot een sterker visueel geheugen als het gaat om het onthouden van gezichten en gelaatstrekken. Zie ook www.kesselskramer.com.

The Amsterdam-based advertising agency **KesselsKramer** developed the *DO* brand over a number of years. The brand was not linked with a product, as the first task was to 'establish' a credible and attractive brand before going on to consider what merchandise might be linked to it. 'DO is an ever-changing brand that depends on what you do' is the telling slogan. This 'method' represents the ultimate consequence of the place that marketing now occupies in our society. DO now covers a handful of extremely varied products, usually the outcome of temporary collaborative projects. The latest 'product' from DO is a game developed for *Experience* called *DO Remember*, which is based on the familiar 'memory game' but in this case uses photographic portraits. Playing the game leads to a stronger visual memory as regards the retention of faces and facial expressions. See also www.kesselskramer.com.

indeed. Whether they are marketing Disney character halloween costumes or wilderness, the reality is, hyper-reality sells. Given the attraction of hyperreality, and its apparent success for the Disney Company, this question becomes virtually meaningless, for Disney's mass marketing of the hyperreal will surely continue to undermine the value of reality, whether or not other forces also contribute to its devaluation. Remarkably, relatively little attention has been given to the question of why it is that we should care about real nature (or more generally, reality). Borgmann has risen to the challenge in a recent essay, but one is left wondering whether such an argument matters ultimately in a rising sea of artificiality.

While people will certainly continue to attend real parks and wilderness areas, Disney's Wilderness Lodge will stand as a testament to the imagineering potential of the hyperreal to transform continuous reality into themed experience. The themed experience of nature will certainly have an influence on perceptions of the reality of nature and wilderness, particularly as things which make America, and Americans, unique. At a material level, we ought to be concerned about the implications this has for commodification. The traditional notion of commodities as material objects is being supplanted significantly by hyperreal experiences. There is, indeed, much more money to be made from hyperreality, and much more work required to comprehend its cultural and ecological effects.

Journey's End: Conclusions

What Disney attempts with the Wilderness Lodge is nothing short of a re-colonization of nature as a conceptual product. Disney commodifies and markets the concepts of nature and wilderness, and creates natural spaces in which to experience these concepts. Not only does Disney create this physical and conceptual simulacrum, it has generated its own referents for its creation by continually representing nature and wilderness in the popular media, especially television, over a forty-year period. The viewers of Disney's nature specials on television are also those people who will visit the Wilderness Lodge and the messages of the Lodge make sense, they seem real, in light of the context which the visitor has received of Disney's version of nature. With this context intact, and the representations of nature and wilderness at the Wilderness Lodge, Disney is able to impart its ideological message to the viewer as seemingly part of the natural order of things.

We have suggested that the creation of such places and the selling of the experiences designed for them is problematic, for it replaces actual experience with virtual experience and creates a form of hyperreality. Also, this hyperreal experience of nature is what the Wilderness Lodge provides that a trip to a real wilderness area does not. Hyperreality and other artificial forms of experience are fast overtaking reality, replacing more immediate experience and perhaps, the immediate experience of reality itself. From an environmental standpoint, this replacement places people at a greater distance from a nature which requires their intimate involvement for its survival; Disney's Wilderness Lodge is another high-tech component of that distancing. By making nature a theme (Nature, The Great Outdoors) which can be experienced outside of a setting which most people would call natural, Disney's Wilderness Lodge becomes an example of the widespread character

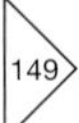

149

KesselsKramer in association with
Droog Design, *Do Create*, 2000
Photography: Bianca Pilet

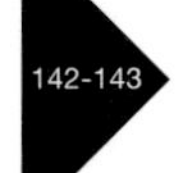

142-143

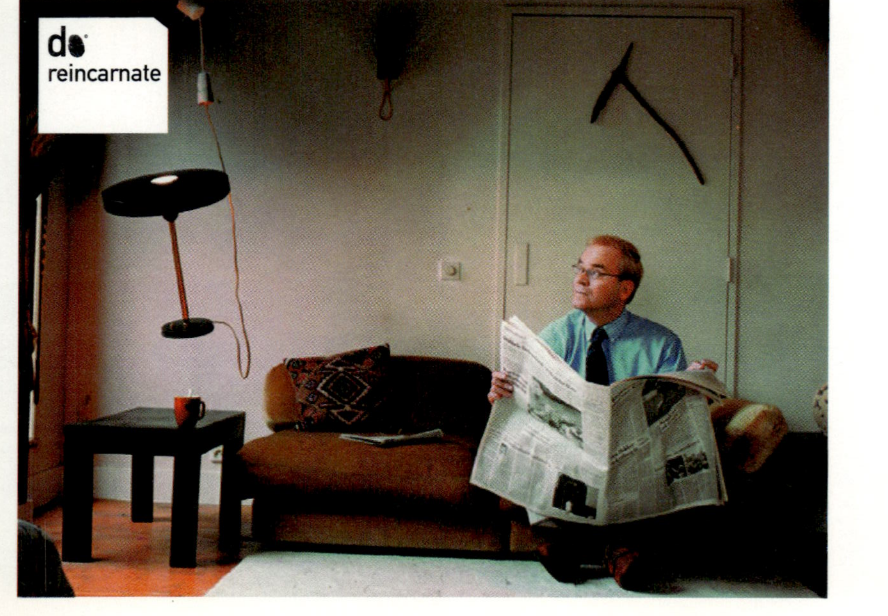

instructions: fig.1   fig.2   fig.3

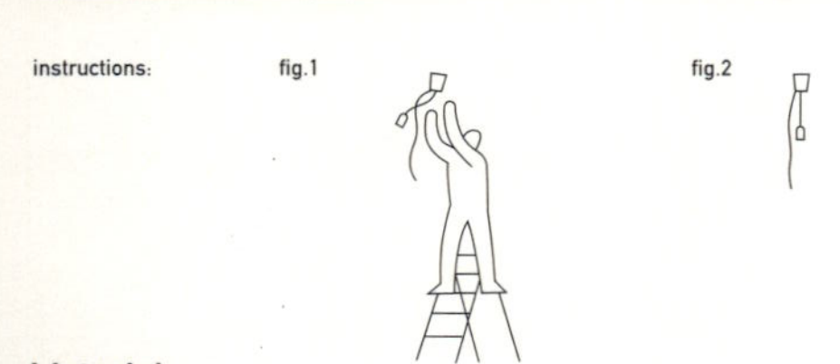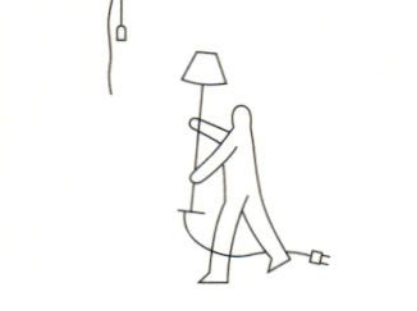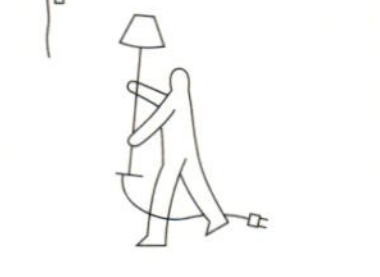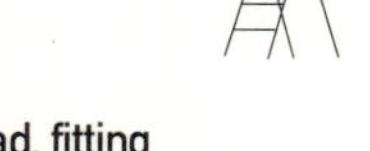

Material:
Nylon thread, fitting

do creator: Martí Guixé

do: Death doesn't exist with this 'do create' product. The task of do reincarnate is to inject fresh life into otherwise tired or over- familiar products. Simply slip the almost invisible thread around your chosen lamp, attach via a light cable and let it dangle from your ceiling. An old object is suddenly and magically new again as it hangs in mid- air. do reincarnate can be used for more objects: it could be a painting or a photograph. You decide.

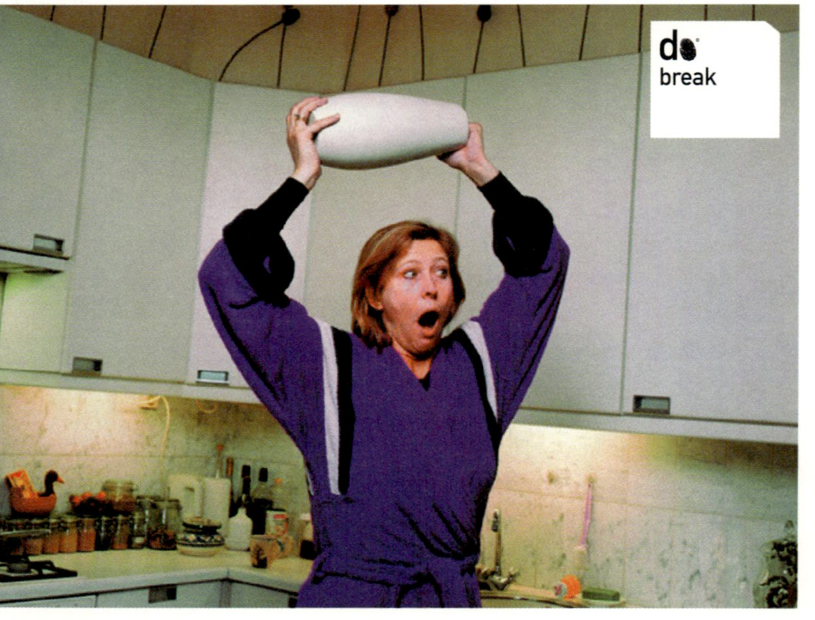

instructions: fig.1   fig.2   fig.3

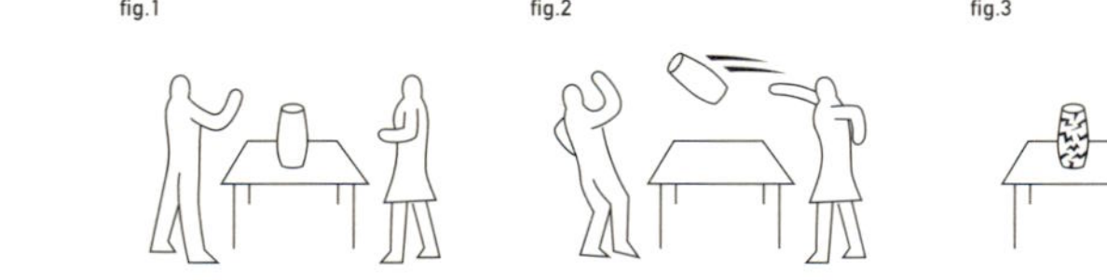

Material:
Porcelain, rubber, silicone
Dimensions: 15 ø x 34 cm

do creators: Frank Tjepkema & Peter v.d. Jagt

do: Hit, throw or break this vase any which way you choose. The porcelain exterior will crack and chip, but stick in place thanks to the rubber interior. Depending on the aggressiveness of your throw or hitting action, you will create your own custom- made design. The 'do break' vase will become even more your own, if you throw it after a particularly heated argument, or after you've had an especially bad day. Destruction has never been so satisfying.

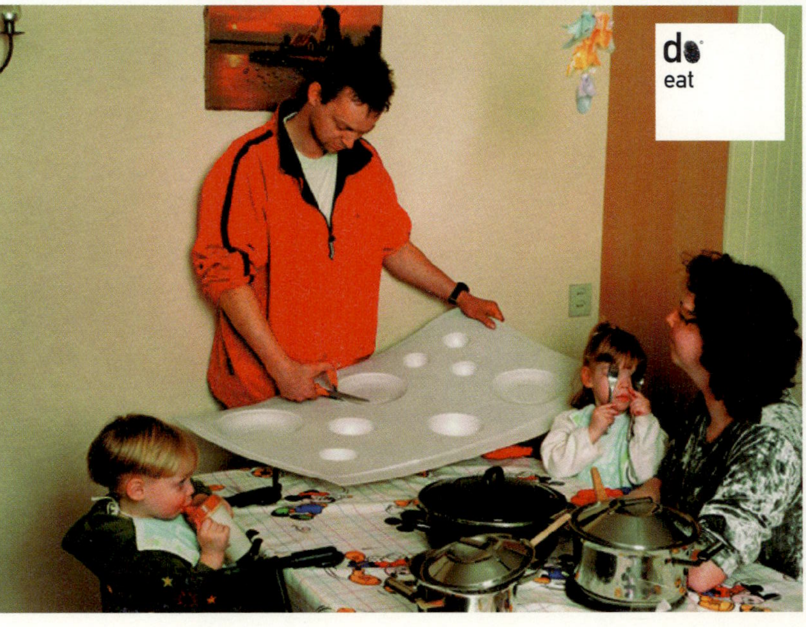

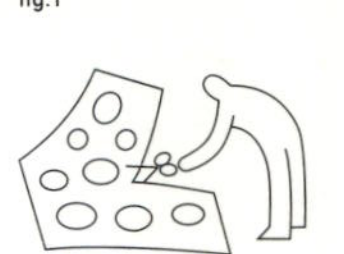

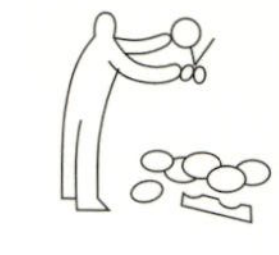

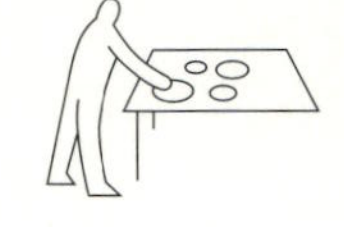

Material:
Stainless steel, lamp shades

do creator: Thomas Bernstrand

do: Attach this lamp, which is fitted with two lightbulbs and shades, to your ceiling. You are then able to create a different lighting mood to your room, by gently letting the lamp swing, or, if you're feeling more energetic, can make use of the lamp's dual purpose by grabbing onto the handles and letting yourself go. The bigger your room, the more you can swing and the more fun you can have.

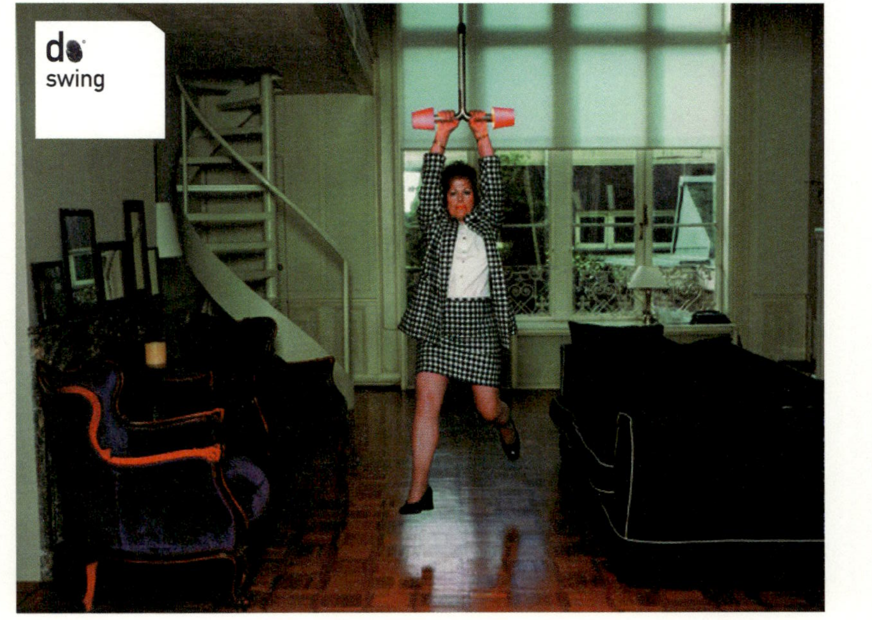

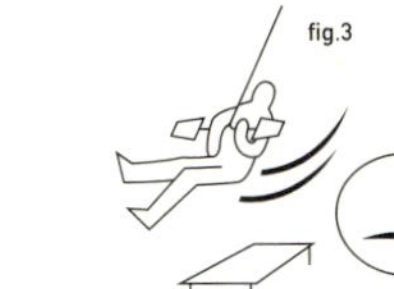

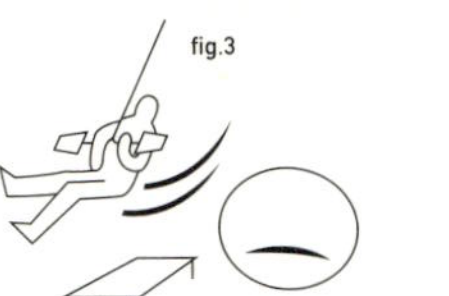

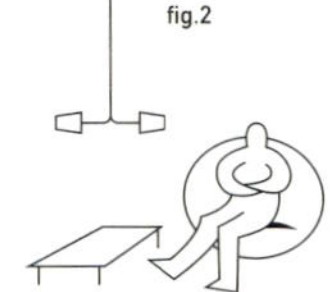

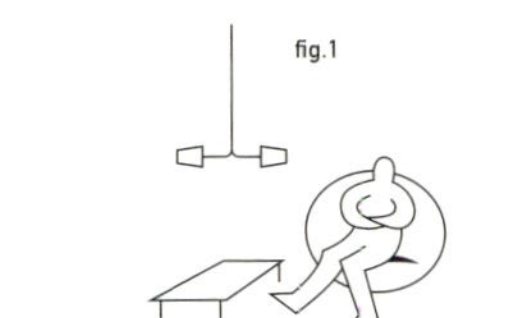

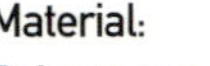

Material:
Polystyrene
Dimensions (w x l): 62.5 x 100 cm

do creator: Martí Guixé

do: This large sheet of plastic with its assorted series of sunken shapes is waiting for you to cut it up into a full set of dinner plates, saucers, cups and trays. All you need are a pair of scissors, some food and drink, and some friends or family to eat with. do eat means you don't necessarily have to do the washing- up unless you want to 'do recycle'.

*"De stad is een netwerk, een web met een wirwar van mededelingen, overhaaste instructies en berichten.
Een roestig doolhof in een metrokooi . . ."*

"The city is a mesh, a web, criss-crossed
with messages, hasty commands, notices.
A rusty maze in a metro-cage . . ."

"Een ervaring van, je staat wel alleen, eenzaamheid. Het is niet echt vrolijk. Het is concentratiekampachtig. Je vraagt je af: is het wel helemaal pluis? Dat vertelt het werk. Het merkwaardige is dat het werk de vragen stelt, maar ook de antwoorden geeft . . . "

Andreas Gursky, *Madonna I*, 2001, mixed media, 281 x 206 cm

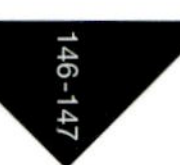

146-147

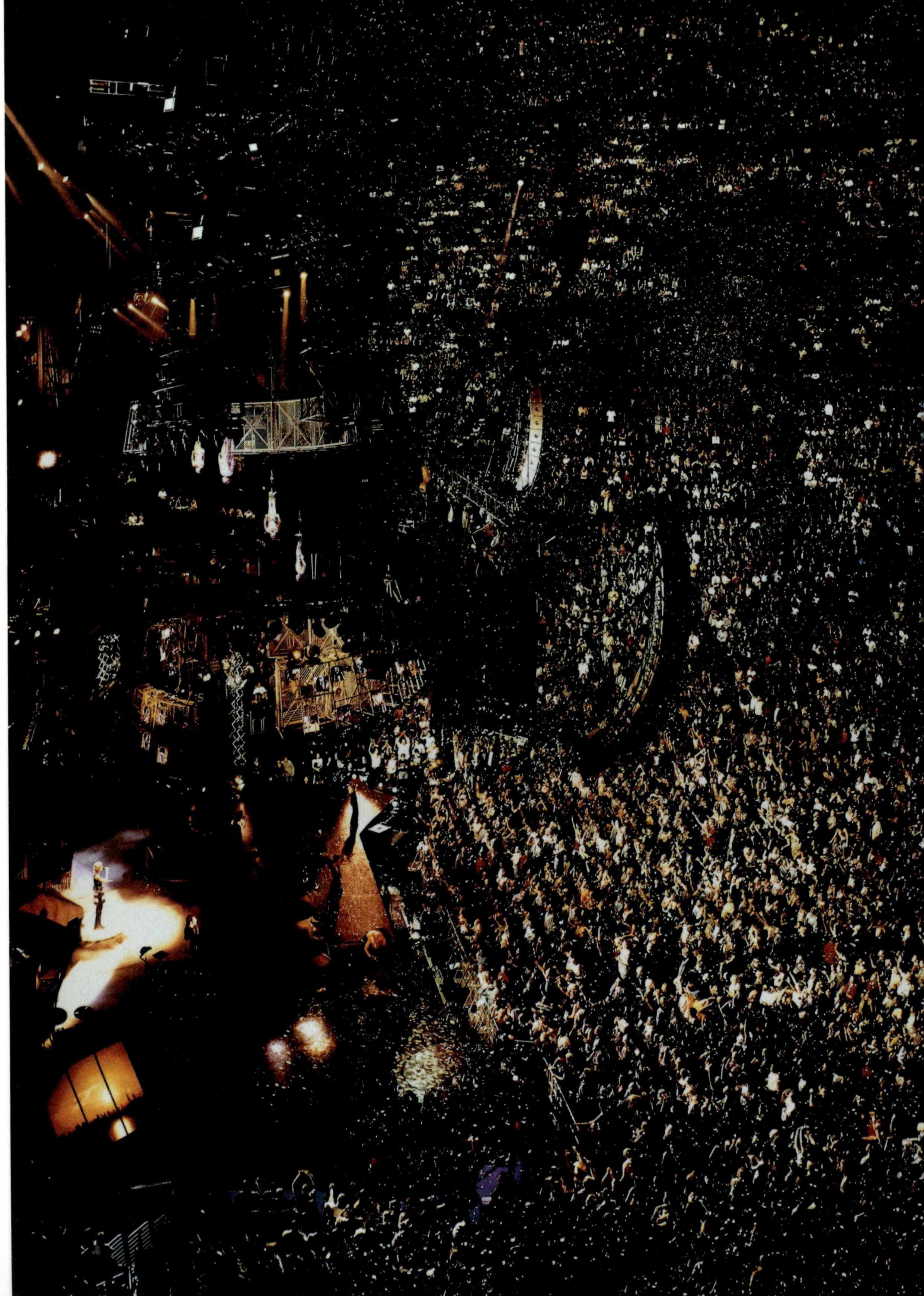

Het einde van de reis: conclusies

Wat Disney met de Wilderness Lodge probeert is niets minder dan het rekoloniseren van de natuur als een conceptueel product. Disney maakt van de concepten natuur en wildernis handelswaar, brengt ze op de markt en creëert natuurlijke ruimten om die concepten te ervaren. Niet alleen creëert Disney dit tegelijkertijd concrete en conceptuele simulacrum, het heeft zelf de referenten gegenereerd voor zijn creatie door over een periode van veertig jaar natuur en wildernis voordturend te laten zien in de populaire media, met name op de televisie. De kijkers naar Disney's natuurfilms op de televisie zijn dezelfde die de Wilderness Lodge bezoeken en de boodschappen van de Lodge snijden hout, ze lijken echt, in het licht van de context van Disney's versie van de natuur, die de bezoeker al heeft meegekregen. Wanneer deze context intact blijft, stellen de representaties van natuur en wildernis in de Wilderness Lodge Disney in staat om als ideologische boodschap aan de kijker over te brengen dat het lijkt of dit alles deel uitmaakt van de natuurlijke orde der dingen.

We hebben gesuggereerd dat het creëren van zulke plekken en het verkopen van de ervaringen die ervoor gemaakt zijn problematisch is, want werkelijke ervaring wordt vervangen door virtuele ervaring en een vorm van hyperrealiteit wordt gecreëerd. Ook geeft de Wilderness Lodge gelegenheid tot een hyperreële ervaring van de natuur die een reis door een echt wildernisgebied niet te bieden heeft. Hyperrealiteit en andere kunstmatige vormen van ervaring zijn bezig in hoog tempo de werkelijkheid in te halen, ze vervangen de meer directe ervaring en misschien ook de directe ervaring van de werkelijkheid zelf. Vanuit een ecologisch standpunt plaatst deze vervanging mensen op een grotere afstand van een natuur die hun bijzondere betrokkenheid nodig heeft om te kunnen overleven. Disney's Wilderness Lodge is een van de hightech componenten van deze groeiende afstand. Door de natuur te thematiseren (de Natuur, het Grote Buitengebeuren) en ervaarbaar te maken buiten een setting die de meeste mensen natuurlijk zouden noemen, wordt Disney's Wilderness Lodge een voorbeeld van het wijd verbreide artificiële karakter van de Noord-Amerikaanse cultuur, en benadrukt hij de mate waarin de wereld door mensen wordt geconstrueerd ten behoeve van menselijke belangen.

Als, zoals we hebben gesuggereerd, de gethematiseerde ervaring een instrument is, maakt zij deel uit van een technologisch paradigma dat de voorkeur geeft aan de middelen boven het doel. Als de gethematiseerde ervaring de natuur op zo'n directe manier in zich opneemt als het geval is bij Disney's Wilderness Lodge, wordt de natuur ook onderdeel van een artificiële werkelijkheid en het instrumentele paradigma.

Dit argument gaat ervan uit dat natuur en wildernis echte, concrete plekken zijn die voor ons van belang zijn, dat we erom geven op zowel concrete als abstracte manieren en dat we in staat zijn en zullen blijven om ze te onderscheiden van een artificiële natuur. Artificiële werkelijkheden veroorzaken geen problemen tot ze de werkelijkheid en de fantasie gaan koloniseren en de traditionele verhouding tussen doel en middelen in de war gooien. Maar naarmate het artificiële, en met name de artificiële natuur, toeneemt wordt het moeilijker om het echte en het artificiële van elkaar te onderscheiden. Als gevolg daarvan kan het moeilijker worden om dingen te waarderen als authentiek en daardoor uniek. 'Wie maakt zich druk over authenticiteit met betrekking tot een imaginaire oorsprong?' Wanneer authenticiteit niet meer nodig is om een voorstelling betekenis te

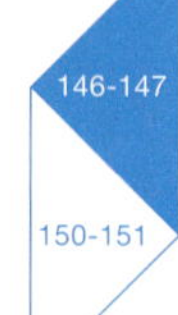

Andreas Gursky's enorm grote documentaire beelden zijn een soort verstilde spektakels. Gursky was een van de eersten die het hyperrealistische effect van de ultieme scherpte toepaste door het gebruik van een camera met een groot formaat negatief; een effect dat het oog aantrekt maar dat ook vervreemdt, doordat een dergelijke scherpte binnen het natuurlijke gezichtsveld niet mogelijk is. Recentelijk is hij gestart met digitale beeldbewerking van zijn foto's, waardoor de spanning tussen het spektakel (letterlijk: er is heel veel te zien in één foto) dat het beeld ons oog biedt en het realisme van de foto nog verder oploopt. Bij de foto *Madonna I* bijvoorbeeld is dat effect heel sterk: het gaat om een concert van popster Madonna (het begrip 'spektakel' wordt hier verdubbeld) in een enorm grote ruimte met tribunes. We horen vanzelfsprekend geen geluid en doordat de foto haar digitale montagegeheimen niet prijsgeeft, krijgen we geen duidelijkheid omtrent de (illusie van) echtheid van deze ruimte. Desalniettemin worden we als kijker geheel in het beeld 'opgezogen'.

The enormous documentary pictures by **Andreas Gursky** are like frozen spectacles. Gursky was one of the first people to apply the hyperrealistic effect of the utmost sharpness using a camera with a large-format negative. It is an effect that draws the eye but it is also alienating because such a sharp focus is not conceivable within the natural field of vision. He recently started to digitally manipulate his photos, thus cranking up the tension between the spectacle (literally, as there is an awful lot to see in a single photo) that the image presents to our eye and the realism of the photo. In the photo *Madonna I*, for example, this effect is very forceful: it is about a concert by the pop star Madonna (redoubling the pertinence of the 'spectacle') in an enormous space with terraced stands. We obviously do not hear any sound, and because the photo does not reveal the secrets of its digital montage, the (illusion of) authenticity of this space remains a mystery. Nevertheless, we as viewers are completely 'sucked in' by the image.

of artificiality in North American culture, and highlights the extent to which the world is constructed by humans for human interests.

If themed experience is, as we have suggested, a device, it is a part of a technological paradigm which privileges means over ends. When themed experience encompasses nature in such an immediate way as it does at Disney's Wilderness Lodge, nature, too, becomes part of an artificial reality and a device paradigm.

This argument assumes that nature and wilderness are real, tangible places that do matter to us, that we care about them in ways that are both concrete and abstract, and that we can and will continue to distinguish them from artificial nature. Artificial realities do not cause difficulties until they colonize reality and imagination, and confuse the traditional relation between mean and ends. With the increase in the artificial, particularly artificial nature however, it becomes more difficult to distinguish between the real and the artificial. One of these consequences may be an increasing difficulty to value things as authentic and therefore unique. 'Who cares about authenticity with respect to an imaginary origin?' Once authenticity is no longer needed to make a representation meaningful, simulacra are all that may be left, nature remains only 'of interest as spectacle'. At a deeper level, artificial nature implies that the value of real nature is negligible. 'Plastic trees? They are more than a practical simulation. They are the message that the trees which they represent are themselves but surfaces.' The depth and value of things and places loses meaning in a world of infinite artificial possibilities.

Nature has been a subject of intense commodification throughout the industrial revolution as every conceivable thing was transformed into a product. Trees have multidimensional meaning, but in the books of economic rationalists and capitalists, they are forest products. Disney has moved this conversion one step further through the construction and marketing of themes. Experience has its own commercial value, and is evident with the Wilderness Lodge, it is remarkable how consistent and coherent such themes can be. However, the value we place on these conceptual products is changing in response to new hyperrealities. What we are willing to pay, and what we expect in return, are increasingly structured the by themes themselves (i.e. the hyperrealities) instead of grounded in real trees, experiences, and so on. From a political perspective, this lends enormous authority to those in control of the themes.

This essay is a condensed version (condensed from the original by Scott Silver) of an article previously published under the titel 'Colonizing the Imagination: Disney's Wilderness Lodge' in the journal *Capitalism Nature Socialism: A Journal of Socialist Ecology*, Volume 8(4), Issue 32, Santa Cruz, California, December 1997, © The Guilford Press

Andreas Gursky, *Prada III*, 1998, C-print, 183 x 205 cm

150-151

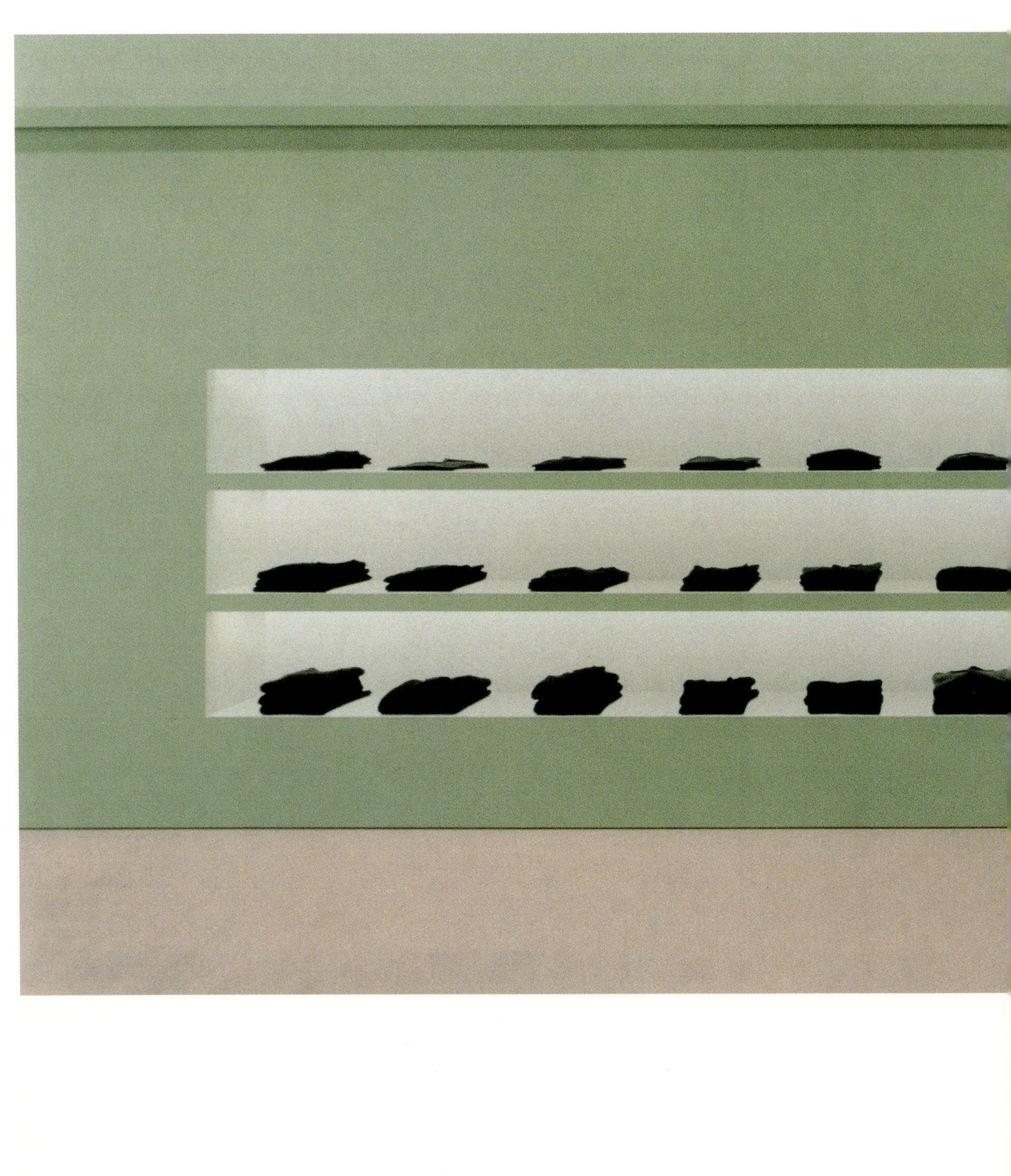

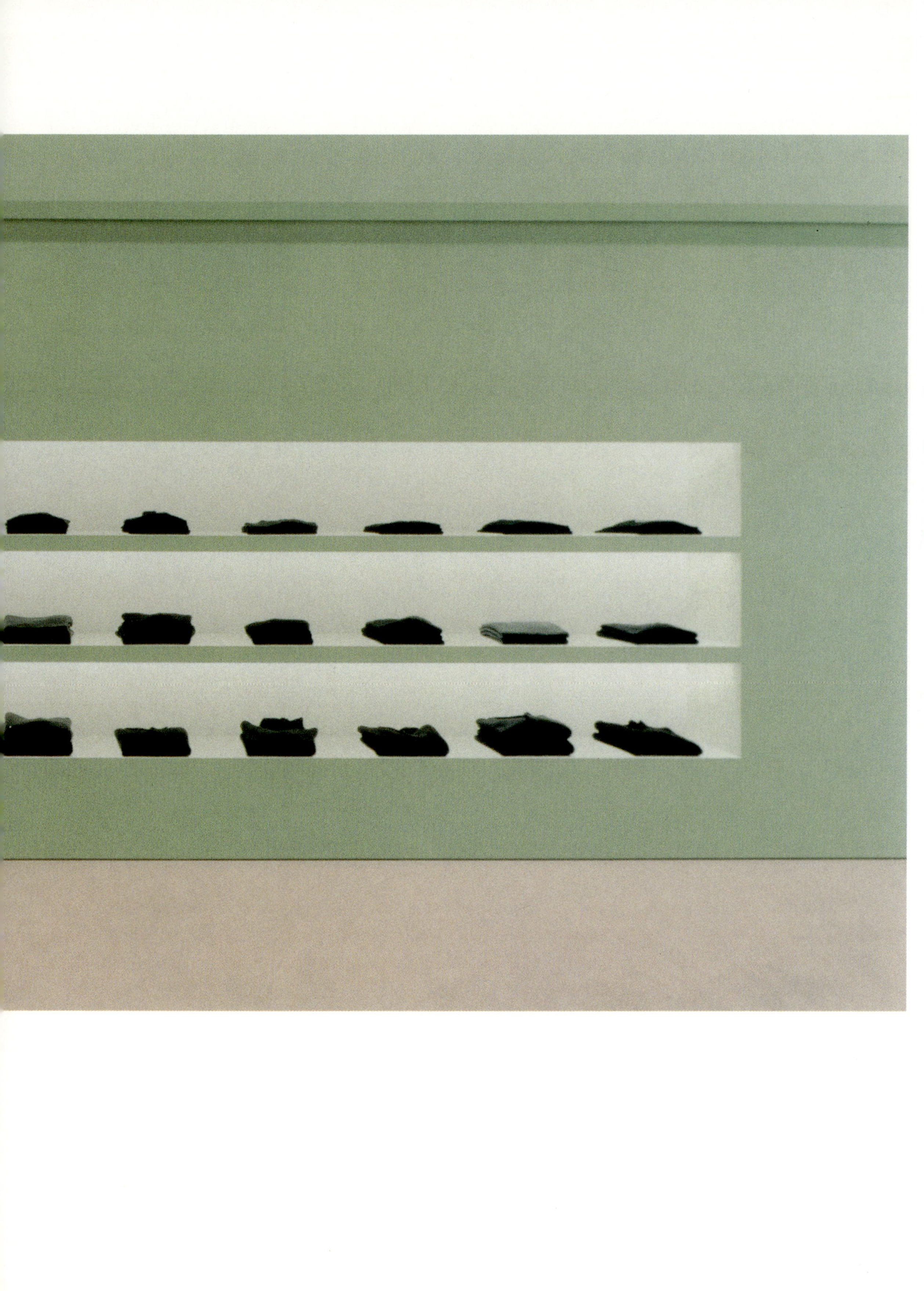

geven kunnen slechts simulacra overblijven, de natuur blijft alleen ïnteressant als schouwspel. Op een dieper niveau impliceert artificiële natuur dat de waarde van de echte natuur te verwaarlozen is. 'Plastic bomen? Die zijn meer dan een praktische simulatie. Ze zijn de boodschap dat de bomen die ze representeren zelf niet meer zijn dan oppervlakken.' De diepte en de waarde van dingen en plekken verliest iedere betekenis in een wereld van oneindige artificiële mogelijkheden.

De natuur is door de hele industriële revolutie heen onderwerp geweest van intense transformatie tot verkoopbare producten, omdat ieder denkbaar ding tot product werd omgevormd. Bomen hebben een multidimensionale betekenis, maar in de boeken van de economische rationalisten en kapitalisten zijn ze producten van het bos. Disney heeft deze overgang een stap verder gevoerd door de constructie en de marketing van thema's. Ervaring heeft zijn eigen commerciële waarde en het is opmerkelijk, zoals de Wilderness Lodge duidelijk maakt, hoe consistent en coherent zulke thema's kunnen zijn. Maar de waarde die we geven aan deze conceptuele producten verandert als reactie op nieuwe hyperrealiteiten. Hoeveel we willen betalen en wat we daarvoor terugverwachten, wordt in stijgende mate gestructureerd door de thema's zelf (dat wil zeggen door de hyperrealiteit), in plaats van geworteld te zijn in echte bomen, ervaringen enzovoorts. Vanuit een politiek perspectief verleent dit een enorme autoriteit aan hen die zeggenschap hebben over de thema's.

Dit essay is een ingekorte versie van een artikel dat eerder gepubliceerd is onder de titel 'Colonizing the Imagination: Disney's Wilderness Lodge' in het tijdschrift *Capitalism Nature Socialism: A Journal of Socialist Ecology* (door Scott Silver verkorte versie van het origineel), jaargang 8(4), nr. 32, Santa Cruz, California, december 1997, © The Guilford Press

Sponsored beach pavilions in Scheveningen,
The Hague, 2003
Photography: Roel Rozenburg

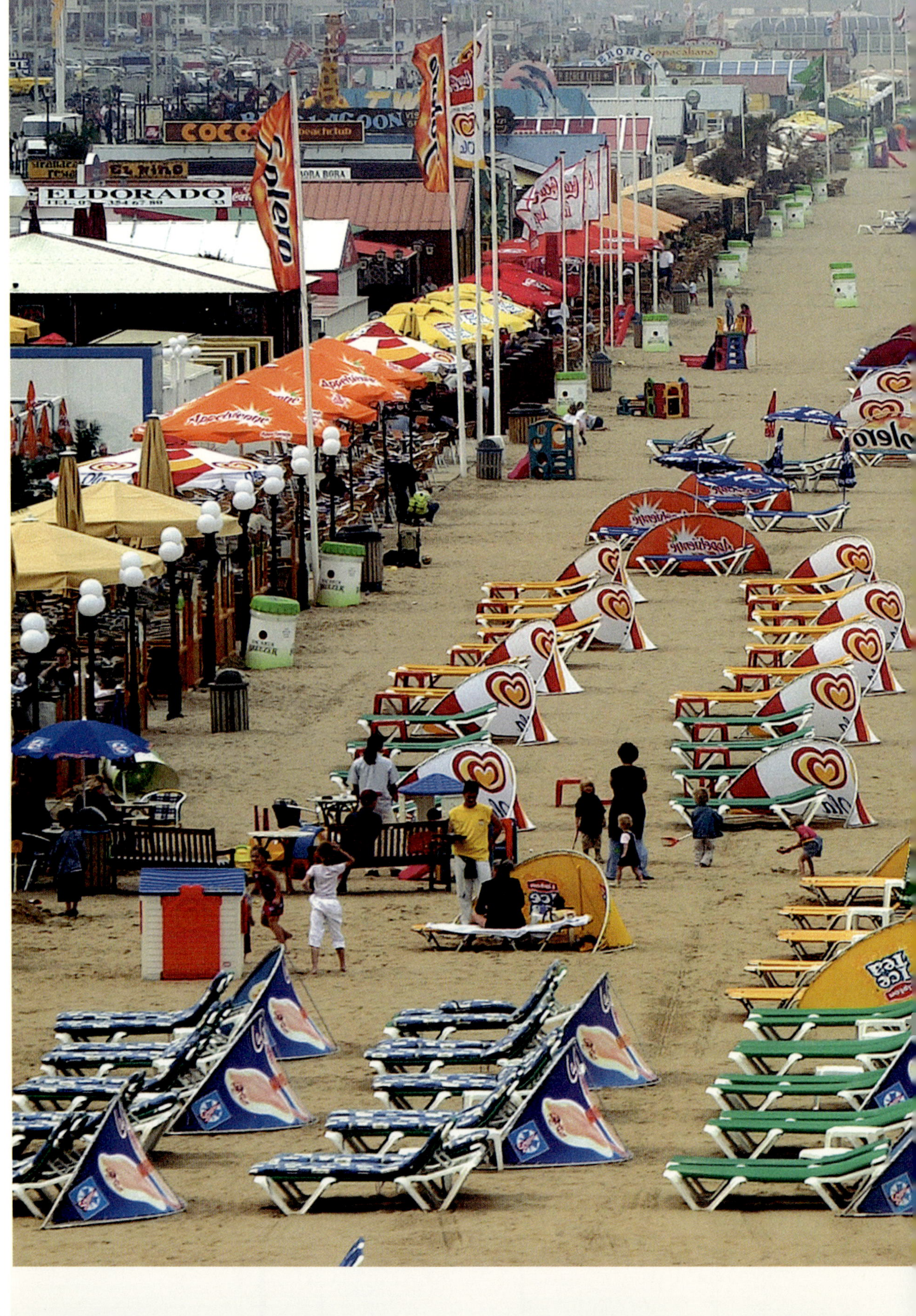

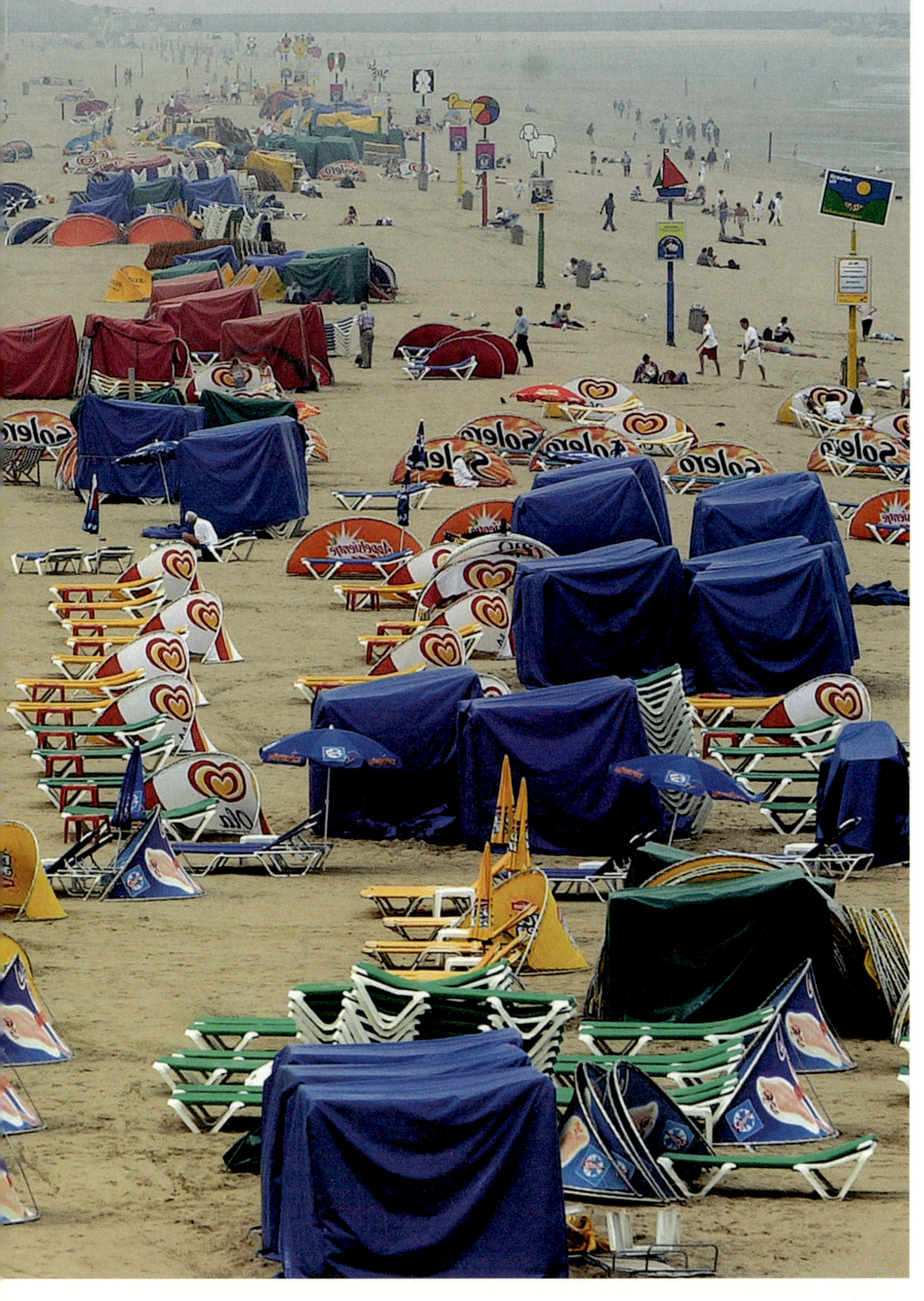

"It's an impulse, feeling, intuition! Something grabs you or it doesn't. It's like an impulse button – you're in a shop and you say, I want that! Wrap it up! . . ."

"Het is een impuls, het gevoel, de intuïtie! Iets spreekt aan of niet. Het is net als een impulsaankoop – dat je in een winkel staat en zegt: dat wil ik hebben! Meenemen! . . ."

154-155

158-159

'Dit is gewoon een erg positieve manier om mensen een tijd lang met je merk te confronteren' oppert de marketingmanager van Breezer over de het vorige zomerseizoen in een strandtent gelanceerde Breezer-campagne. Gedreven door een relatief klein budget transformeerde Bacardi vorig jaar een Scheveningse strandtent tot een 'Breezer-totaalomgeving'. Het werd een succes, dit jaar werden meer strandtenteigenaren uitgekocht – ook door de concurrentie. Alles aan zo'n horecagelegenheid ademt het product, het merk uit, de tijd van de bierviltjes en de parasols ver achter ons latend.
Naast Bacardi/Breezer (zij waren de eersten) is het biermerk Grolsch een voorloper in deze ontwikkeling. In het Grolsch experience center kan niet alleen van een drankje worden genoten, maar tevens een onlinespelletje worden gespeeld. Het vormt een onderdeel van de door PPGH/JWT ontwikkelde campagne die de consument de wereld van Grolsch moet binnenvoeren. De website speelt daarbij een belangrijke rol. Voor de site bedachten de reclamemannen onder andere een aantal spelletjes die ervoor moeten zorgen dat de consument 'langer met het merk bezig is'. Inmiddels hebben ook andere merken en bedrijven deze strategie toegepast, bijvoorbeeld door speciale experience centers te openen (Peugeot).

'This is simply a really positive way to expose people to your brand for an extended period of time,' proposes the marketing manager for Breezer about the Breezer campaign launched in a beach bar last summer. Faced with a relatively limited budget, last year Bacardi transformed a beach café in Scheveningen into a 'Breezer total environment'. It proved successful, and more beach-bar owners were bought out this year – by the competition as well. Everything about this kind of restaurant, bar or entertainment venue exudes the product, the brand. The age of beer mats and parasols belongs to the distant past.
Alongside Bacardi/Breezer (they were the first) another pioneer in this development is the Grolsch beer label. At the Grolsch experience centre, visitors are not just welcome to enjoy a drink, but can also play an online game. It is part of the campaign conceived by PPGH/JWT that was intended to introduce the consumer to the world of Grolsch. The website plays an important supporting role. One of the ideas that the advertising executives came up with for the website was a selection of games intended to ensure that the consumer 'is absorbed with the brand for longer'. Other brands and companies have adopted this strategy since, for example by opening special 'Experience Centres' (Peugeot).

Grolsch' website, February 2003

158-159

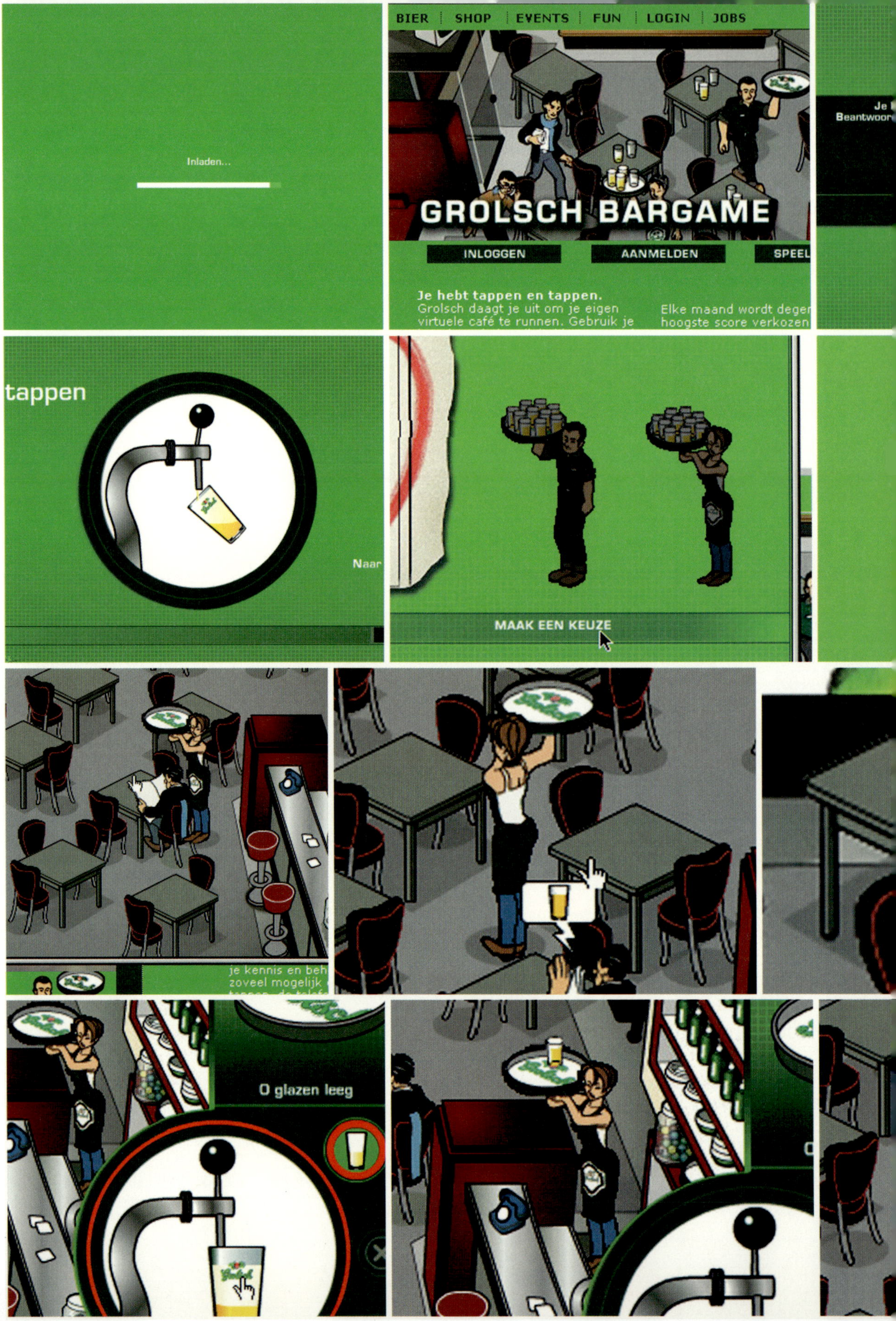

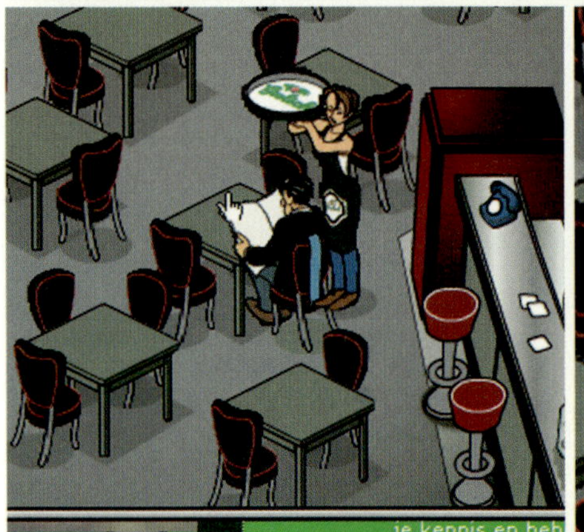
tappen
Naar
Inladen…
BIER | SHOP | EVENTS | FUN | LOGIN | JOBS
GROLSCH BARGAME
INLOGGEN
AANMELDEN
SPEEL
Je hebt tappen en tappen.
Grolsch daagt je uit om je eigen
virtuele café te runnen. Gebruik je
Elke maand wordt dege
hoogste score verkozen
Je
Beantwoor
MAAK EEN KEUZE

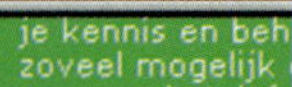

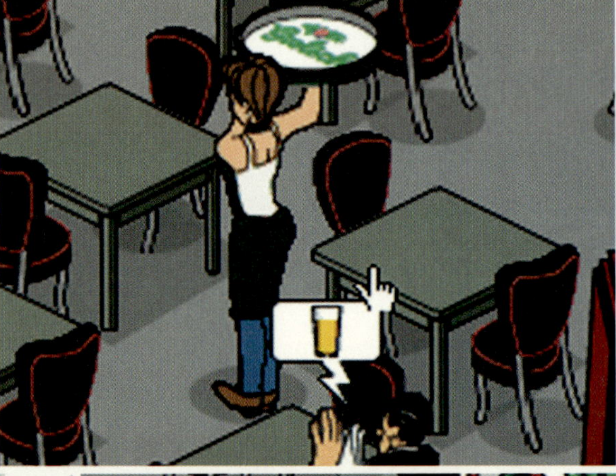

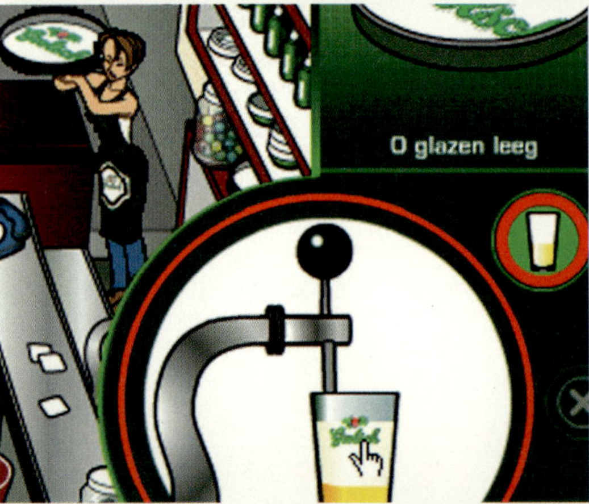
je kennis en beh
zoveel mogelijk
O glazen leeg

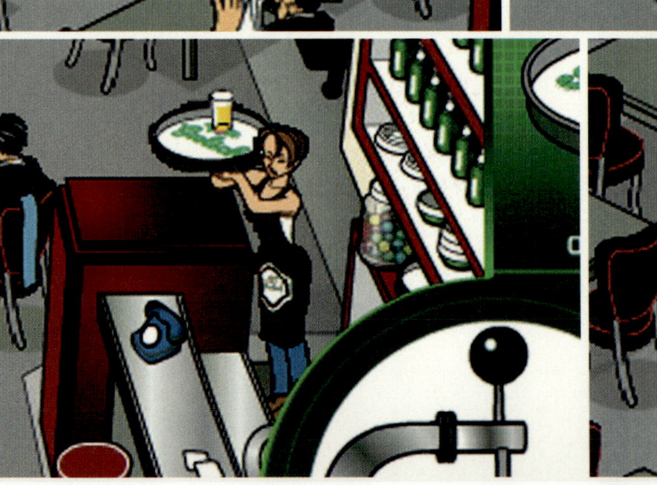

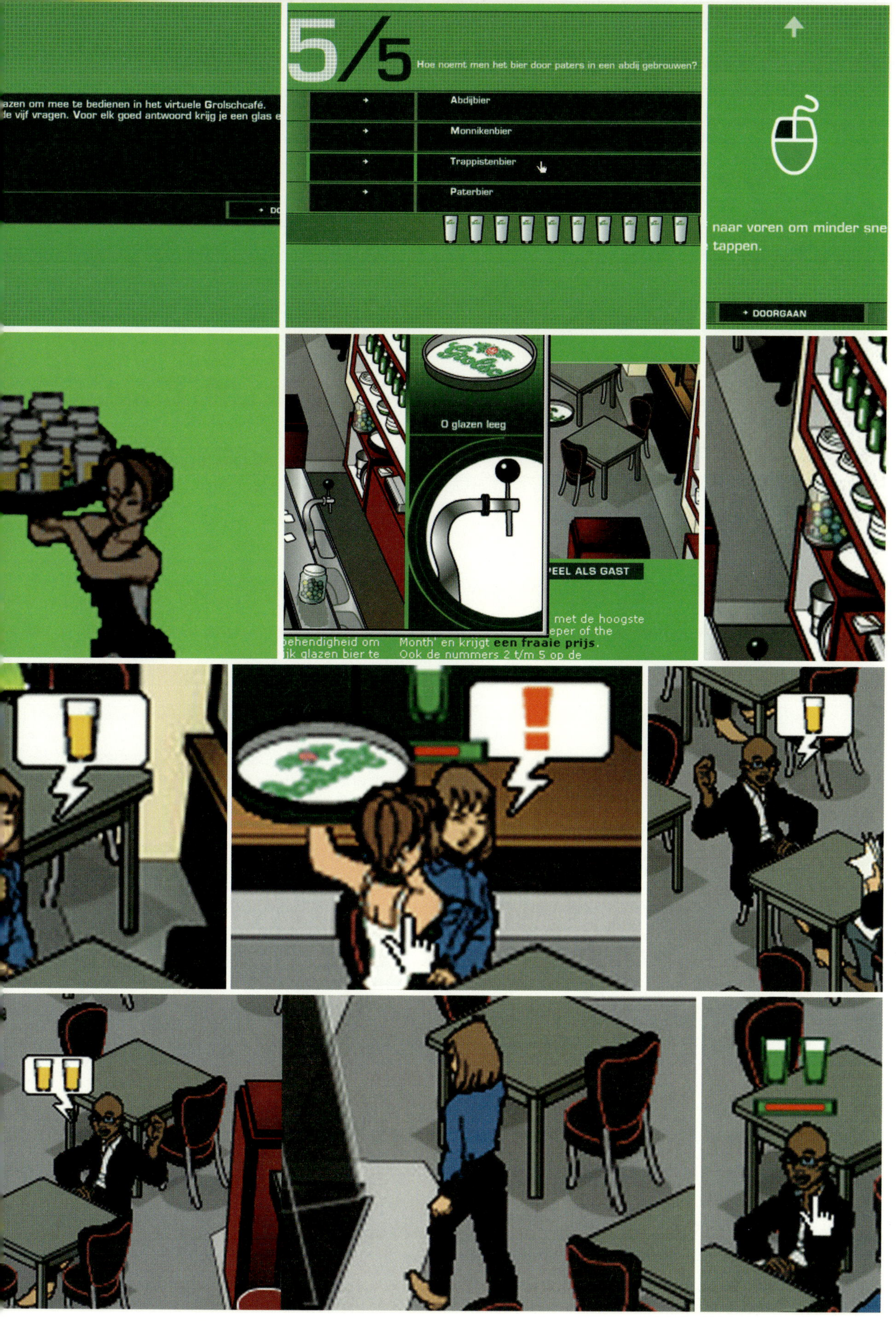

azen om mee te bedienen in het virtuele Grolschcafé.
de vijf vragen. Voor elk goed antwoord krijg je een glas e
+ DO
5/5 Hoe noemt men het bier door paters in een abdij gebrouwen?
Abdijbier
Monnikenbier
Trappistenbier
Paterbier
naar voren om minder sne
tappen.
+ DOORGAAN
O glazen leeg
EEL ALS GAST
behendigheid om   Month' en krijgt een fraaie prijs.   met de hoogste
jk glazen bier te   Ook de nummers 2 t/m 5 op de   eper of the

GESLOTEN CIRCUITS

Timothy Druckrey

'Het gevaar van "destructieve tolerantie" (Baudelaire), van "welwillende neutraliteit" ten opzichte van de kunst is onderkend: de markt, die kunst, anti-kunst en niet-kunst, alle mogelijke stijlen, scholen en vormen, even gemakkelijk accepteert (zij het met vaak heel plotselinge schommelingen), levert een "zelfgenoegzame vergaarplaats, een vriendelijke bodemloze put" (Edgar Wind), waarin de radicale invloed van de kunst, het protest tegen de gevestigde werkelijkheid, wordt opgezogen. Maar censuur op kunst en literatuur is onder alle omstandigheden regressief. Het authentieke oeuvre is geen pijler voor onderdrukking en wil dat ook niet zijn en pseudo-kunst (die wel zo'n pijler kan zijn) is geen kunst. De kunst staat tegenover de geschiedenis en weerstaat de geschiedenis, die steeds de geschiedenis van de onderdrukking is geweest, want de kunst onderwerpt de werkelijkheid aan andere dan de vastgestelde wetten...'(Marcuse, p. 89)

I

Herbert Marcuse schreef bovenstaande tekst in 1965 in wat terecht wordt beschouwd als een van de sleutelessays voor een begrip van de bewust geplande effecten van autoriteit. Het essay, *Repressieve tolerantie*, onderzocht het gladde pad van het tactisch gedogen als een soort stoomketel, waarin zorgvuldig gecontroleerde sociale actie kan worden verspreid in begrensde situaties, teneinde grootschalige campagnes af te wenden. Deze tactiek probeerde het publieke domein – en meer in het bijzonder dat van de media – te isoleren van de groeiende oppositie en haar aanwezigheid als een politieke kracht te beperken tot losse micro-

CLOSED CIRCUITS
Timothy Druckrey

'The danger of "destructive tolerance" (Baudelaire), of "benevolent neutrality" toward art has been recognized: the market, which absorbs equally well (although with often quite sudden fluctuations) art, anti-art, and non-art, all possible conflicting styles, schools, forms, provides a 'complacent receptacle, a friendly abyss' (Edgar Wind) in which the radical impact of art, the protest of art against the established reality is swallowed up. However, censorship of art and literature is regressive under all circumstances. The authentic oeuvre is not and cannot be a prop of oppression, and pseudo-art (which can be such a prop) is not art. Art stands against history, withstands history, which has been the history of oppression, for art subjects reality to laws other than the established ones...' (Marcuse, p. 89)

I

Herbert Marcuse wrote the text above in 1965 in what is rightly understood as one of the key essays in an understanding of the calculated implementations of authority. The essay, *Repressive Tolerance*, explored the slippery use of tactical toleration as a kind of steam valve in which carefully controlled social actions could be diffused in localized situations as a way to avert large scale campaigns. These tactics attempted to insulate the public sphere - and particularly its media sphere - from the growing opposition and to limit its presence as a political force to micro-protests isolated from one another and ultimately prevented ... from garnering access to mass media or, more importantly from impacting a social agenda. Its failure (then) as a policy met its

165

David Claerbout, *Ruurlo, Borculosche weg - 1910*, 1997, big screen video projection, silent, black and white, 10 minutes

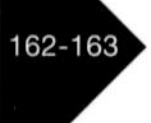
162-163

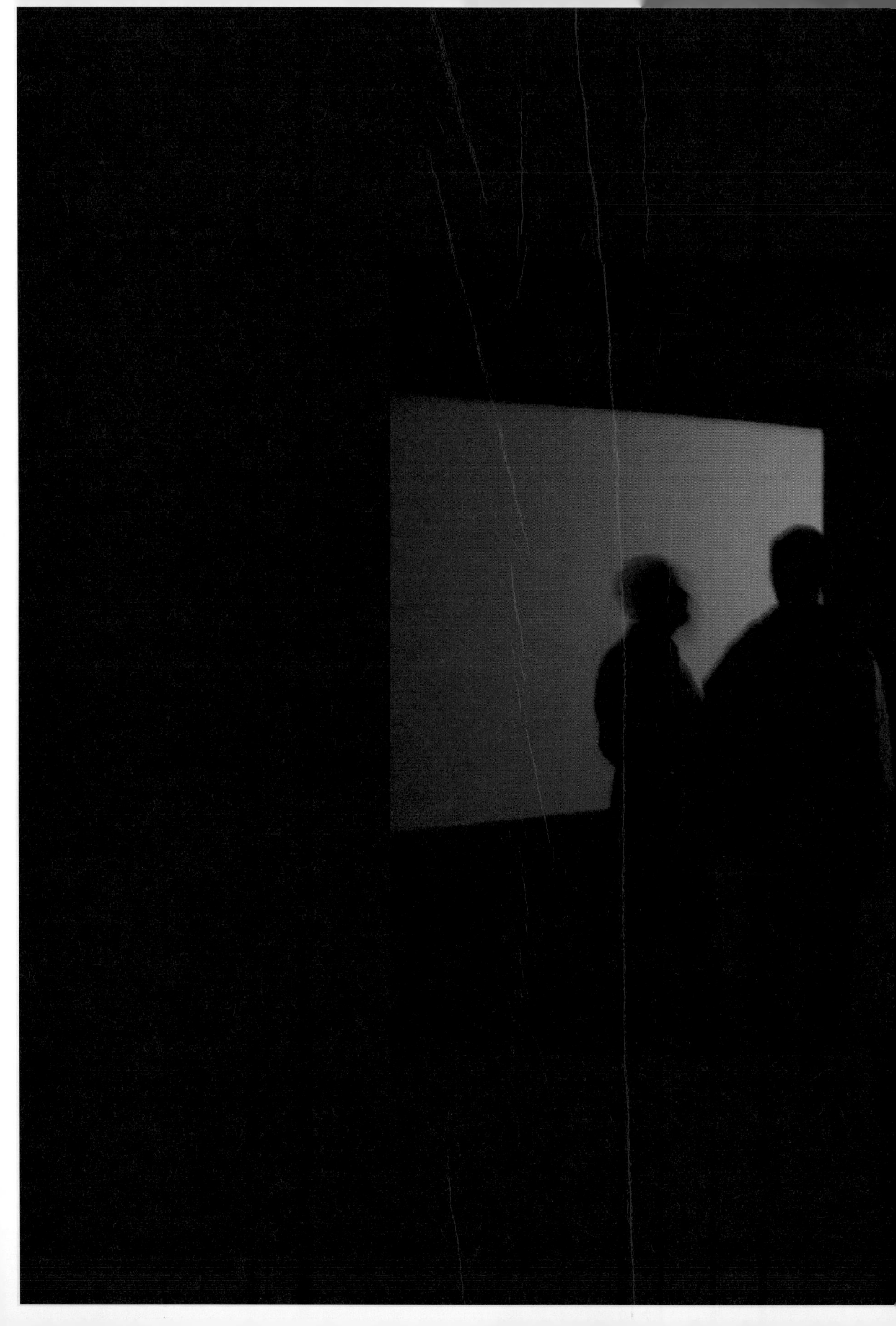

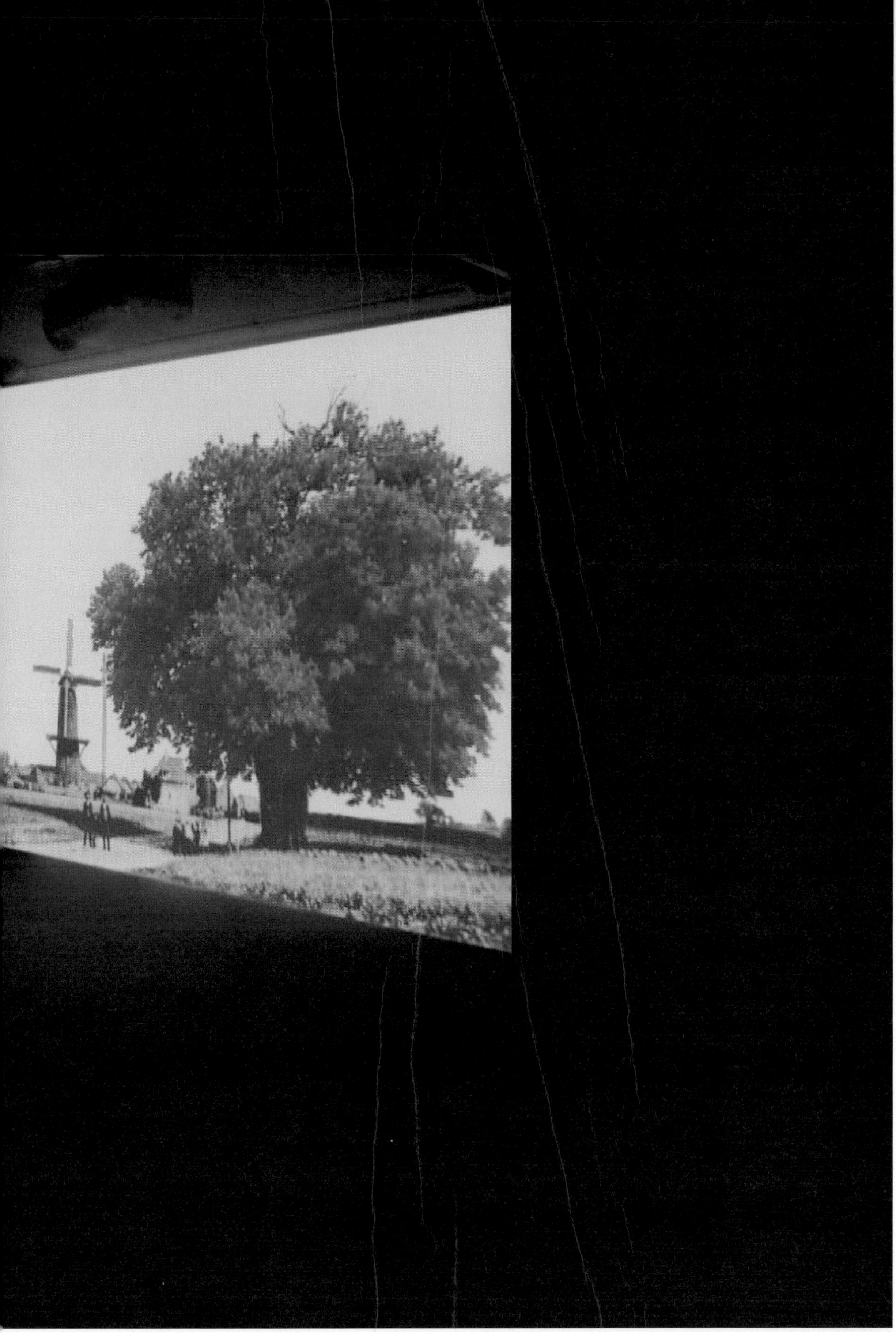

protesten die geen verband hielden met elkaar en uiteindelijk geweerd zouden worden uit de massamedia of, wat nog belangrijker was, geen effect zouden hebben op de maatschappelijke agenda. Het falen van dit beleid toentertijd beleefde zijn tegenstrijdige apotheose in 1968 in Chicago, waar de Nationale Televisie niet heen kon om het autoritaire spektakel van flagrant machtsmisbruik door de politie – en ook niet om de luid doorklinkende McLuhan-achtige mantra 'de hele wereld kijkt mee'.

Zichtbaarheid en *empowerment* kwamen recht tegenover de geïnstitutionaliseerde collectieve media te staan. Maar, zoals Todd Gitlin benadrukte in zijn boek over 'het creëren en vernietigen van nieuw links', *The Whole World is Watching*: 'het spotlight bleek een vergrootglas te zijn.' (p. 246) En hij vervolgt: 'het grootschalige conflict kwam terecht bij het instituut dat over het nieuws gaat en werd daar getoond, maar dan in termen die waren afgeleid van de heersende ideologie'. (p. 270) De lessen – zowel voor links als voor rechts – van deze pogingen om de media te mobiliseren ter wille van politieke verandering ontwikkelden zich binnen de spelstrategieën van de heersende en controlerende initiatieven van de koude oorlog. Dat Marcuse de kunst in de context van de maatschappelijke woelingen van de jaren zestig plaatste, suggereerde een imperatief die vaak over het hoofd werd gezien in wat uitmondde in de marketing van het protest, wat de samenhang van de beweging uiteindelijk deed uiteenvallen tot een narcistische generatie, waarvan de zinnen begoocheld waren door het dwaze spel van een dromerig oprecht utopisme. Maar Marcuse zag – en wist – dat er voor de esthetica meer op het spel stond en schreef uiteindelijk (in de jaren zeventig) *The Aesthetic Dimension*, waarin hij zegt: 'In een wereld waarin de ellendige werkelijkheid alleen door een radicale politieke praktijk veranderd kan worden vereist het engagement met esthetica legitimatie...'

Sinds de jaren zestig werden de 'radicale' kunsten wild heen en weer geslingerd in conflicten die zich voordeden op het kruispunt van protesten tegen de oorlog, de *civil rights*-beweging en het feminisme. Deze leidden tot het opsplitsen in facties, elkaar beconcurrerend op het gebied van mediastrategieën die naadloos op iedere agenda passen. De media, lange tijd verkeerd begrepen als objectief evenwicht tussen regeringsbeleid, wangedrag van de macht en maatschappelijke mobilisatie, werden zelf een massieve machtsfactor, betrokken bij megafusies en in stijgende mate gedomineerd door rechtse agenda's op het gebied van globalisering. Dit aspect van globalisering is cruciaal als betekenisgever van de extraterritorialisering van de 'informatie-economie', die de verantwoordelijkheid voor sociale communicatie verspreidt door middel van filters waarvan de hiërarchieën goed verborgen worden gehouden, maar die steeds verder afbrokkelen in de voortdurend veranderende informatiesfeer, waar kant en klare media-ideologieën irrelevant zijn geworden en waar de autoriteit gedecentraliseerd is en van legitimiteit voorzien, met als gevolg het ontstaan van een Kafka-achtig labyrint (web is misschien een beter woord) van ongrijpbare regels waar iedere argeloosheid kan worden opgevat als 'voorgewend'.

Omdat 'cyberspace' de oude legale troop had veranderd dat 'iedere wet *prima facie* territoriaal' is, ging een onoverzichtelijke set aangepaste regels het net beheersen. De regelgeving moest vertrouwd zijn met de 'plaatsloosheid' en de radicaal verschillende legale systemen ervan. Dat het net zich voordeed in metaforen

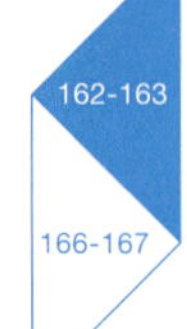

162-163

166-167

De digitalisering van de verschillende media heeft een samensmelting tot gevolg, waaruit de media afzonderlijk niet meer kunnen worden (terug-)gedestilleerd. Vandaar ook dat er wordt gesproken over het 'post-media' tijdperk. Eén van de hiervoor karakteristieke ontwikkelingen is het verdwijnen van de grens tussen bewegend en stilstaand beeld. In de videowerken van de Belgische kunstenaar **David Claerbout** komt deze totale grensvervaging het meest radicaal tot uiting, doordat hij binnen één 'stilstaand' beeld door middel van digitale bewerking onderdelen (langzaam) laat bewegen, waardoor een geheel nieuwe ervaring van het beeld ontstaat. Begrippen als duur (de beleefde tijd) en chronologische tijd (belangrijk voor de verhalende karakteristieken van een werk) komen op een nieuwe en soms ook verwarrende manier tegenover en naast elkaar te staan. Naast dergelijke videoprojecties maakt Claerbout lichtboxen met daarin nachtelijke opnames die, ook in een donkere ruimte, pas na lange gewenning van de ogen zichtbaar worden. De beschouwer ervaart de werken alsof hij/zij zich werkelijk in het stille, nachtelijke duister bevindt.

The digitization of the various media has resulted in an amalgamation from which the individual medium can no longer be (re-)distilled. This is also why people refer to the 'post-media' age, in which one of the defining developments is the disappearance of the distinction between moving and static images. The video works by the Belgian artist **David Claerbout** are an extremely radical expression of this complete eradication of boundaries. He uses digital tools to create slowly moving sections within a single 'static' image, resulting in a completely new experience of the image. Notions such as duration (the perceived time) and chronological time (important for the narrative characteristics of a work) are juxtaposed and aligned in a new and sometimes confusing way. In addition to video projections like this, Claerbout also makes light boxes containing nocturnal footage. Even when presented in a darkened space the images are only visible after the eyes have undergone a protracted habituation. Viewers experience the work as if they were actually standing in the peaceful nocturnal darkness.

contradictory apotheosis in Chicago in 1968 where National Television could not avoid the authoritarian spectacle of wild police abuse - or the resoundingly McLuhanesque protest mantra of 'the whole world is watching'. Visibility and empowerment came face-to-face with corporate media. Yet, as Todd Gitlin emphasized in his book about the 'making and unmaking of the new left,' *The Whole World is Watching*, 'the spotlight turned out to be a magnifying glass' (p. 246) and continues 'large scale social conflict is imported into the news institution and reproduced there: reproduced, however, in terms derived from the dominant ideology'.(p. 270). The lessons - for both left and right - of these attempts to mobilize media in the cause of political change evolved within the game strategies of the command and control initiatives of the cold war. That Marcuse would reference art in the context of the social upheavals of the 60s suggested an imperative often overlooked in what became the marketing of protest that ultimately shattered the coherence of the movement into a narcissistic generation hallucinated by the silly game of a dreamily sincere utopianism. Marcuse though saw – and knew – there were deeper stakes for aesthetics, ultimately writing *The Aesthetic Dimension* (in the 70s) where he writes: 'In a world where the miserable reality can be changed only through radical political praxis, the concern with aesthetics demands justification…'

Since the 60s the 'radical' arts have oscillated wildly in conflicts that emerged in the convergence of war protest, civil rights, and gender issues, and that have splintered into factions competing for media strategies form-fit to any number of agendas. The media, long misunderstood as an objective counterbalance between government policy, corporate misconduct and social mobilization, has itself become a zone of incorporated power enveloped in mega-mergers and, more and more, dominated by right agendas in the global sphere. This aspect of globalization is crucial as a signifier of the extra-territorialization of the 'information economy,' one that disperses accountability for social communication through filters whose hierarchies are well veiled but that are increasingly crumbling in the shifting info sphere where ready-made broadcast ideologies are irrelevant and where authority is decentralized and well legalized to create a Kafkaesque labyrinth (perhaps web is better) of elusive regulations and where all innocence could be understood as 'ostensible'.

As 'cyberspace' altered the old legal trope that 'all law is prima facie territorial,' a diffuse set of adaptations came to rule the net. Its regulation needed to be cognizant of non-locality and radically differing legal systems. That the net emerged in metaphors of lawless 'frontiers' is not surprising in this regard considering that the conquering of these territories seemed a foregone conclusion, one that positioned the cyber-libertarians against their corporate counterparts in claiming sovereignty over a borderless empire of protocols, firewalls, cookies, spam - no less content itself. But the jurisdiction of the net has broken many assumptions about the links between its precarious legal status and by the stark fact that it runs predominantly on so-called open source systems and on presumptions that there still remains the constitutional notion of individual liberties like the very first in the Bill of Rights that guaranteed free speech (among a few other small issues like freedom of the press, freedom to gather peaceably, freedom to have the government address grievances), in the 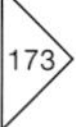173 Fourth Amendment that guaranteed that 'probable cause' was the way to protect against unreasonable

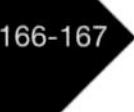

David Claerbout, *Venice*, 2000, lightbox, cibachrome transparent, 110 x 150 x 20 cm

166-167

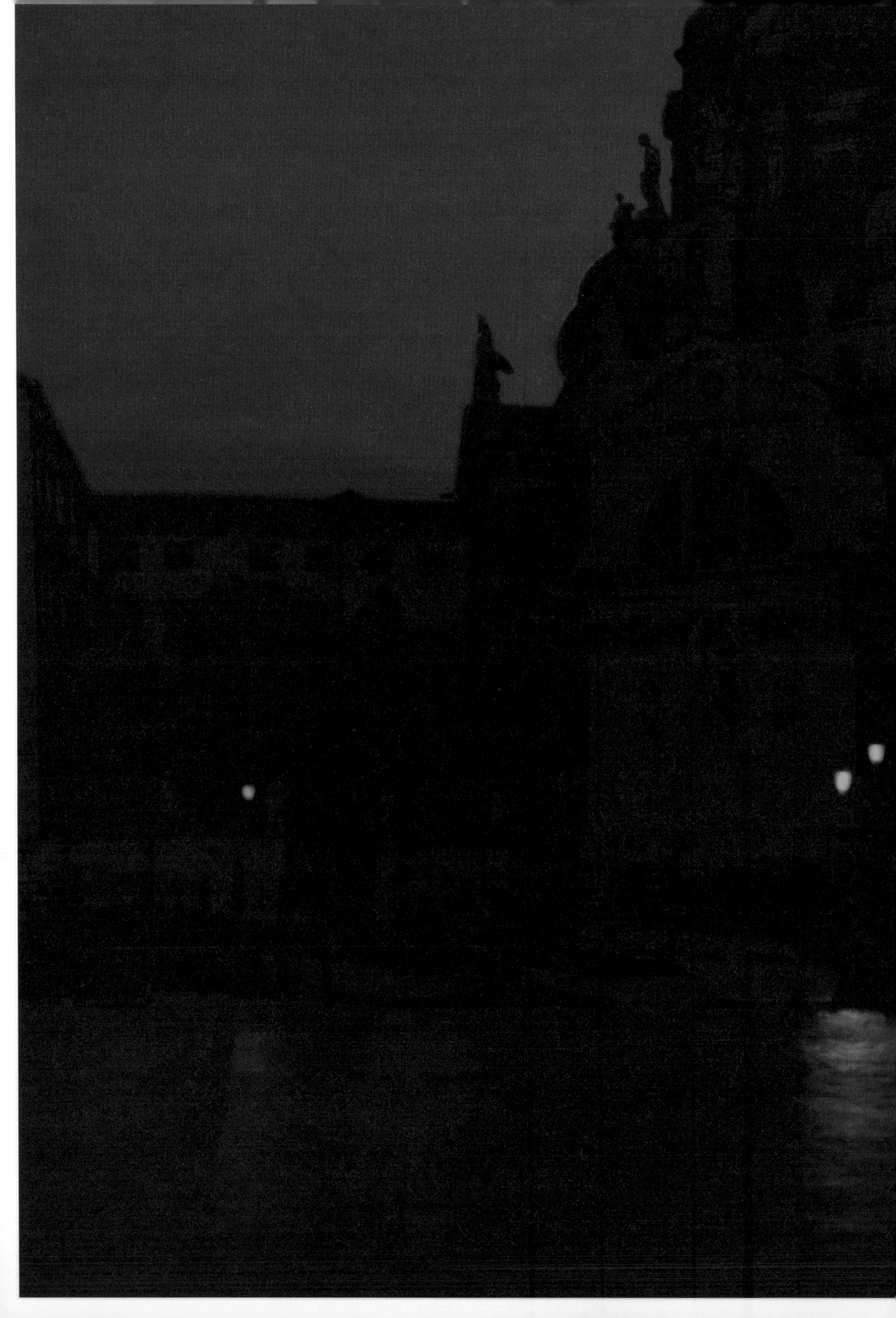

"Het heeft te maken met het ouderwetse, dat spreekt mij aan. Het is iets wat in Nederland volledig verwenen is. Het is een kille, analytische registratie van hoe het was en tegelijkertijd spreekt er ook een soort verlangen uit . . . "

Gerald Van Der Kaap, *Total hoverty, 8 Chill Terminals at Artlab 2*, New Pier Hall, Tokyo, installation view, 1992
Total Hoverty is based on the 'Brain 5.1' information system that controls the installation environment. There is an almost unlimited variety of exhibitions possible through the selection and output of 'Brain 5.1'. A specially developed interface, the 'Chill Terminal 3.2' provides instant mystical peak experience.

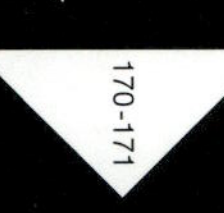 170-171

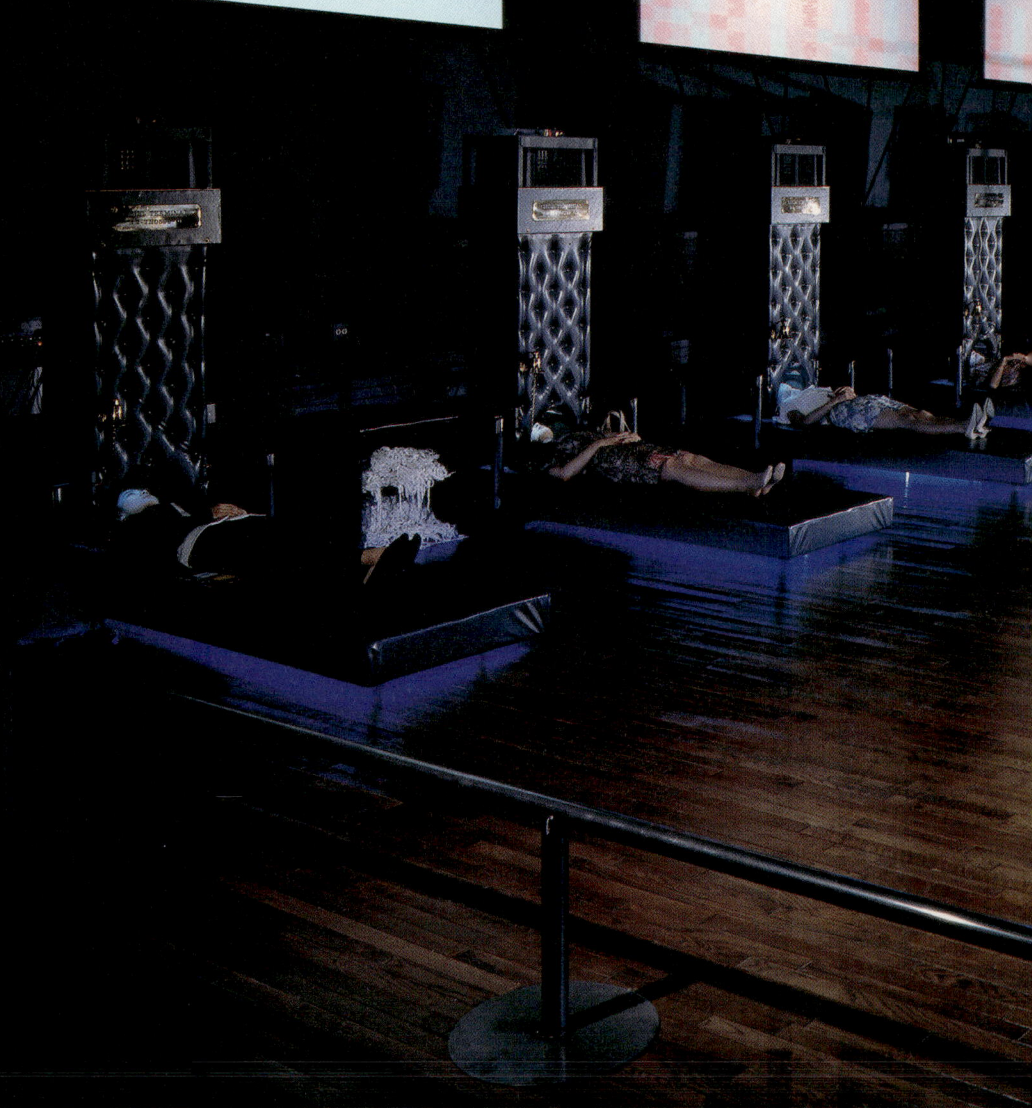
FRESH

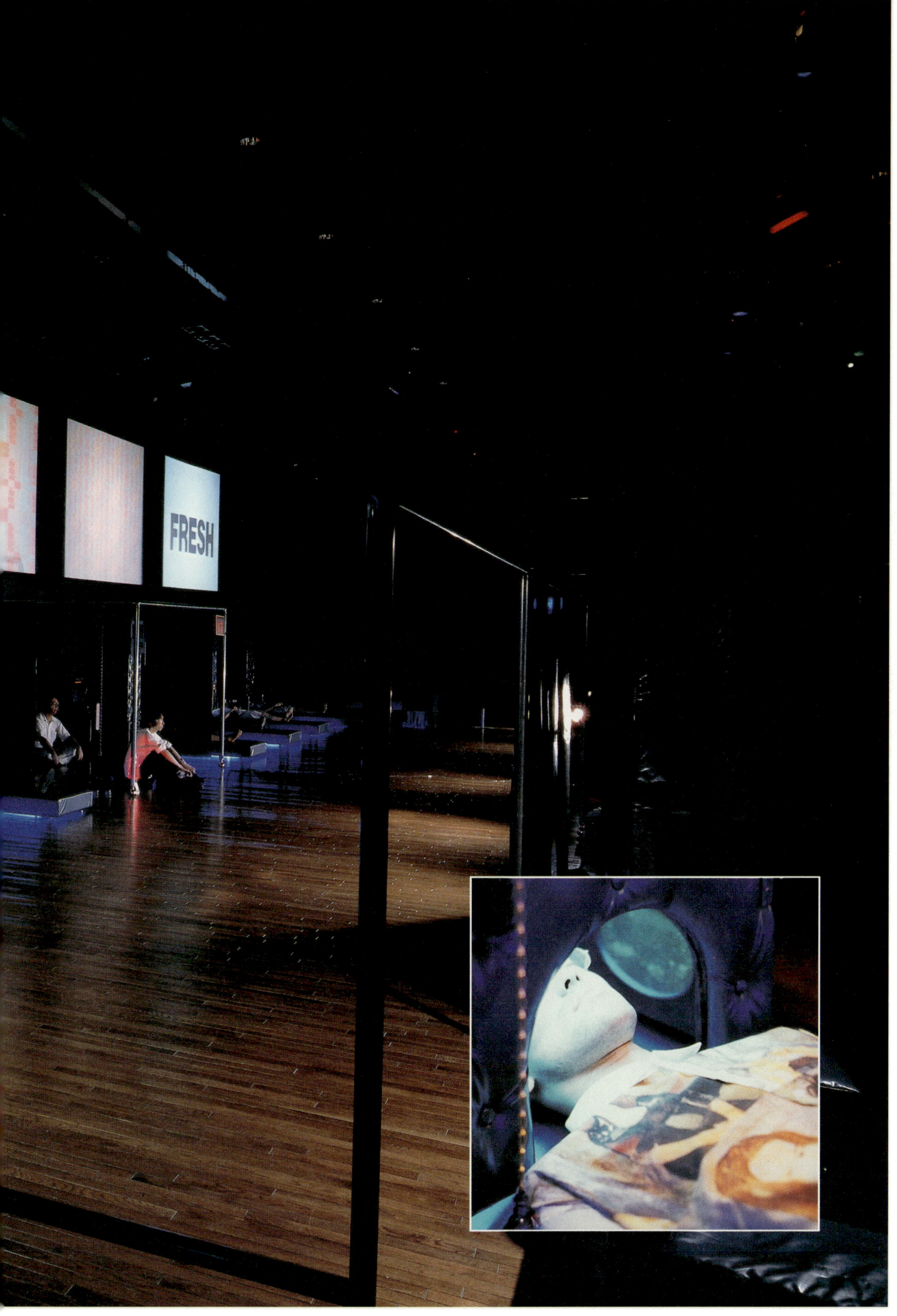
FRESH

van wetteloze 'grenzen' is in dit verband niet verwonderlijk, als we in aanmerking nemen dat het veroveren van deze territoria een uitgemaakte zaak was, die de cyberlibertijnen tegenover hun institutionele tegenhangers positioneerde in het opeisen van soevereiniteit over een grenzeloos rijk van protocollen, firewalls, cookies, spam – en niet in de laatste plaats de inhoud zelf. Maar de jurisdictie met betrekking tot het net heeft afgerekend met heel wat aannames over de verbanden binnen zijn onzekere legale status, ook al louter vanwege het feit dat het voornamelijk werkt met zogenaamde *open source* systemen en op grond van de pretentie dat er nog steeds zoiets geldt als het in de grondwet geformuleerde idee van individuele vrijheden, zoals de allereerste in de *Bill of Rights*, die vrijheid van meningsuiting garandeerde (naast een paar andere kleinigheden zoals persvrijheid, vrijheid van vergadering en de vrijheid om de regering klachten in behandeling te laten nemen). En in het Vierde Amendement dat garandeerde dat de manier om beschermd te worden tegen onredelijke huiszoeking en arrestatie een 'aannemelijke zaak' was en duidelijk stelde dat het ging om: 'met name het beschrijven van de plek die doorzocht moet worden of de personen of voorwerpen die moeten worden geconfisqueerd'.

Zoals verwacht vereiste het beschermen van deze systemen voortdurende controle om de betrouwbaarheid van de transnationale informatiestroom te beschermen. Het leed geen twijfel dat zich in de geschiedenis van de infosfeer een lange reeks mythologieën ontwikkelde, die het net verbonden met de progressieve agenda van de *global village*. Maar, zoals Armand Mattelart schrijft in *Networking the World*: 'wat door dit eschatologische geloof in de "informatiemaatschappij" verborgen bleef is het feit dat, naarmate het ideaal van universele waarden, zoals gepropageerd door de grote maatschappelijke utopieën, afgleed naar het institutionele techno-utopia van de globalisering, de emancipatorische droom van een project tot integratie van de wereld, gekenmerkt door het verlangen om uit naam van de imperatief van maatschappelijke solidariteit en onrechtvaardigheid ongelijkheid af te schaffen, weggevaagd werd door de cultus van een projectloze moderniteit die zich heeft onderworpen aan een technologisch determinisme, onder het mom van het herstellen van de maatschappelijke verbondenheid. Zo neemt de ideologie van grenzeloze "communicatie"- maar zonder maatschappelijke participanten – het roer over van de oudere ideologie van grenzeloze vooruitgang.'(p. 120)

Deze triomf van protocollen richt zich stellig op wat wel 'het elimineren van die irritante menselijke factor' werd genoemd (zoals Jean Shepard eens zei). Geolied lopende systemen tarten de maatschappelijke logica van het publieke domein door machines te vrijwaren van iedere interventie ontstaan uit onbedoelde handelingen – of, beter gezegd, door deze en degenen die ze uitvoerden tot illegaal te bestempelen. Zoals Paul Virilio schreef in *The Media Coup d'Etat*: 'de ontwikkeling van de toekomstige middelen voor massacommunicatie (audiovisueel, computers...) zal, samen met de kunst van het instrueren op afstand, snel een kunst helpen propageren van een soort *sociopolitieke cybernetica*, waartegen geen enkel blijvend verzet zal kunnen worden georganiseerd. Dit is omdat de aard van de teletechnologieën van het scherm juist gekant is tegen het opslaan van geheugen en dus tegen iedere vorm van het delen van gedachtegangen... omdat *de kunst van de afstandsbediening* van dezelfde orde is als de geconditioneerde reflex, maar nooit van die van een gedeelde

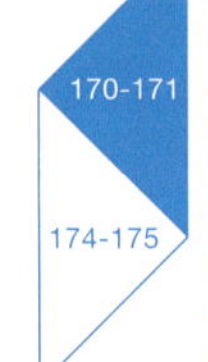

Opgaan in een roes van geprojecteerde videobeelden (en natuurlijk muziek) die de VJ tevoorschijn tovert op de wanden rondom: een favoriete activiteit van de huidige 'beeldcultuurgeneratie'. Kunstenaar en fotograaf **Gerald Van Der Kaap** ontwikkelde in samenwerking met Peter Giele tien jaar geleden al de zogeheten *Chill Terminal*: een comfortabel bed waarop je kan liggen met je hoofd in een verticale koker, waardoor je een puur individuele ervaring hebt. Recht boven je hoofd bevindt zich een videoscherm waarop de meest uiteenlopende beelden te zien zijn. Hij bedacht toen ook een term voor dit geestelijke ronddrijven in een zee van beelden: 'Hoveren'. Anno 2003 lijkt het 'Hoveren' de *condition humaine* van de westerse mediamens geworden. Deze geeft zich probleemloos over aan de hier geboden ontsnappingsmogelijkheid, weg uit de hectiek van het dagelijkse leven, weg van de visuele stress - en hij geniet ervan. Overigens schakelt Kaap als voortdurend pionierend beeldmaker schijnbaar moeiteloos over van fotografie naar video, muziek en het internet, combinaties daarvan, en/of weer terug.

Losing oneself in a whirl of projected video images (and music, of course) that the VJ conjures up on the walls around you is a favourite pastime for today's 'visual culture generation'. Artist, VJ and photographer **Gerald Van Der Kaap** developed the *Chill Terminal* in association with Peter Giele more than a decade ago: it is a comfortable bed that you can lie on with your head in a vertical tube, offering a purely personal experience. Very diverse images are projected onto a video screen directly above you. The artist came up with a term for this mental drifting in a sea of images: 'hovering'. In the year 2003 it seems like 'hovering' has become the *condition humaine* of the Western 'media generation', who have no problem indulging in this opportunity for escape, away from the hectic pace of everyday life, away from the visual intensity – and they enjoy it. As a perpetually pioneering image-maker, Van Der Kaap continually switches from photography to video, music and the Internet, or their various combinations and/or back again – seemingly without the slightest effort.

170-171
174-175

search and seizure and stated quite clearly 'particularly describing the place to be searched, and the persons or things to be seized'.

Protecting these systems has, as expected, demanded continuous monitoring to insure the reliability of the transnational information flow. There was little doubt that in the history of the infosphere a long string of mythologies evolved that linked the net with the progressive agenda of the global village. But as Armand Mattelart writes in *Networking the World*: 'what this eschatological belief in the 'informational society' hides is the fact that, as the ideal of the universalism of values promoted by the great social utopias drifted into the corporate techno-utopia of globalization the emancipatory dream of a project of world integration, characterized by the desire to abolish inequalities and injustices in the name of the imperative of social solidarity, was swept away by the cult of a project-less modernity that has submitted to a technological determinism in the guise of refounding the social bond. The ideology of limitless "communication" – but without social actors – thus takes over from the older ideology of limitless progress.' (p. 120)

This triumph of protocols surely aims at what used to be called 'the elimination of that pesky human factor' (as Jean Shepard once said). Smooth running systems defy the social logic of the public sphere by purging machines of any intervention by unintended actions - or better by illegalizing them and their agents. As Paul Virilio wrote in *The Media Coup d'Etat*: 'the development of the future tools of mass communication (audiovisual, computers...) will soon help to promote, with the art of commanding at a distance, an art of a sort of socio-political cybernetics against which no lasting resistance will be able to be organized since the very nature of the teletechnologies of the screen opposes storage as memory and so any sharing of thought ... The art of remote control being of the order of the conditioned reflex but never of any shared democratic "wisdom".' In this system, the legitimation of power comes at the expense of a public – including a considerable art public – whose responsiveness and creativity have created a dynamic presence continually under siege. As Regis Debray writes, 'Being counted as part of the network as an imaginary cure for the ills of exclusion casts the chill of a technologic asepsis onto what is hotter matter: the political question, proper and improper. The American line of approach to transmission does tend to dominate more fully when it dissociates communication from domination by secluding normalization behind machines and equipment, in all their deceptive fascination.'(*Media Manifestos*, p. 25)

In the US, particularly after the dizzying Patriot Act, the legitimation of the FBI's Carnivore, Magic Lantern, Echelon and no doubt other covert forays into the transnational information networks, the foreclosure of communication as a potentially illicit act is astonishing as much for its recognition of the sheer power of its potential, as for the fear that open systems are merely the haven for aggression, illicit cartels, pornography, conspiracies, or terror. Hence come the extra-territorial or extra-constitutional, efforts to root national security as extra-judicial using the same anti-democratic strategies that liberate the WTO, the IMF, the World Bank and a  series of initiatives whose extra-legal status have virtually no democratic accountability. In this watershed of

Gerald Van Der Kaap, *Fang (Beach), Xiamen*, 2002, cibachrome plexiglass, dibond, wood, 152 x 124 cm

Gerald Van Der Kaap, *I will to hung the flag ...God*, sms messages, 06:10:43, March 3 2002

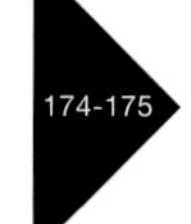

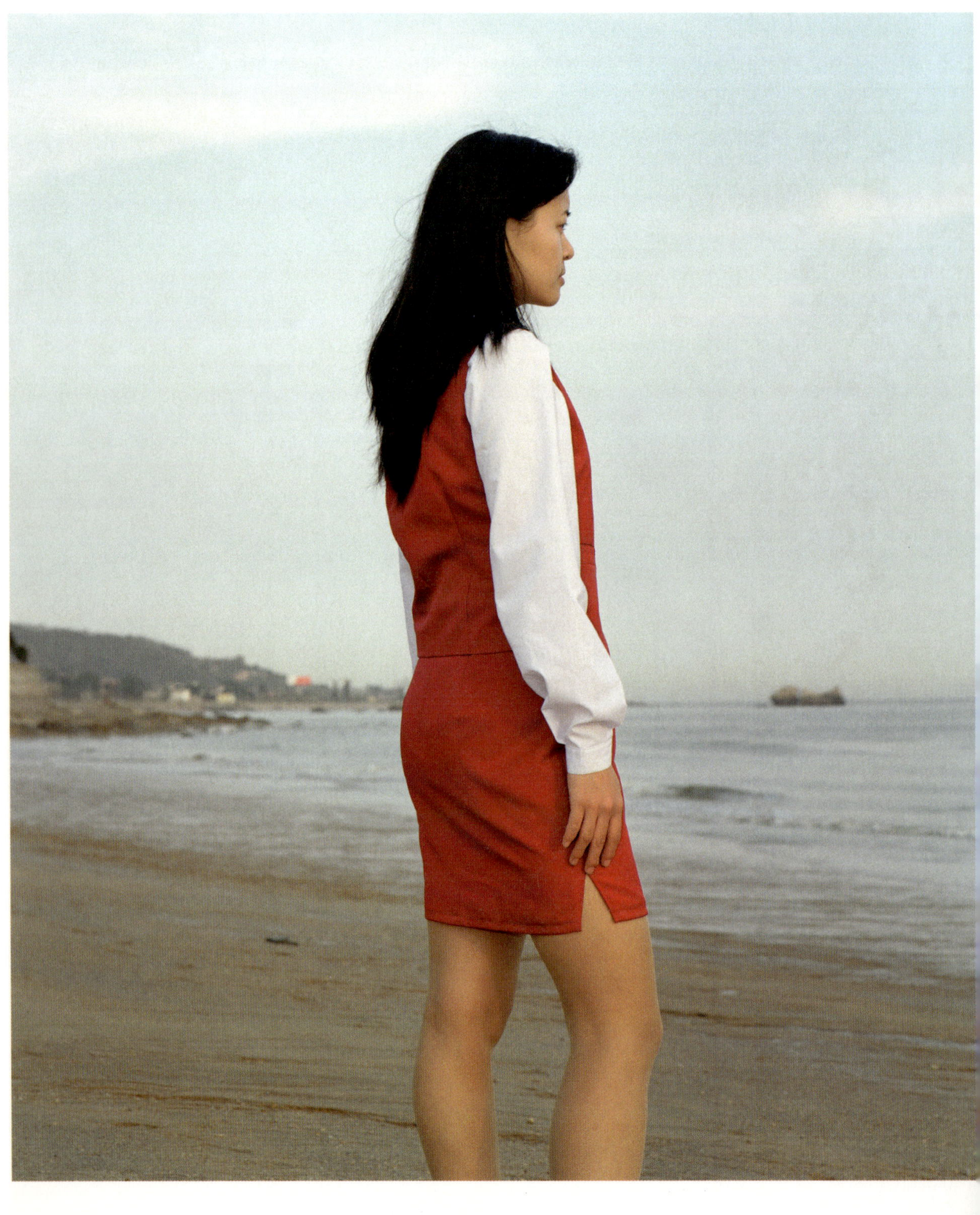

AAP? ARE U
LEEP? I
OKE UP ...
WILL TO
UNG THE
LAG...
OD!
6:10:43
9-03-2002

ES I HANG
HE
ATIONAL
LAG NOW
'M BACK I
EEL SLEEPY
D
7:10:20
9-03-2002

LEEPY?! -
ES. O/XX
7:28:07
9-03-2002

HAT IS
UNNY - I
1 IN
ODAY""& U
RE IN
YESTERDAY""

. BAD BOY
SK GOOD
RL SUCH A
?
7:47:13
9-03-2002

N MY
PPARTMENT
UST ME 1
. WEIWEI
NCK HER
ORMITORY.
ZHOUJIE
ENT TO
EIJING TO
E HER B/F
7:51:23
9-03-2002

UT... MY
G BED IS
D STRONG
NOUGH...
7:56:00
9-03-2002

IT THE BED
VERY OLD
FRAGILE

:04:11
9-03-2002

E SMALL 1
:05:34
9-03-2002

I CAN FIND
THE WORD
FROM
DICTIONARY
... I THINK
YES
08:25:13
19-03-2002

......
08:15:13
19-03-2002

XX...
08:21:25
19-03-2002

OH!
KAAP!!BAD!
NO / ...:)
08:56:11
19-03-2002

NO! I DON'T
LIKE
FIGERS...
UNCOMOFORTA
BLE
08:10:38
19-03-2002

JUST STRONG
... XX HOW
ON KNEES?
09:38:20
19-03-2002

BUT ... I
DON'T LIKE
... XX I
LIKE
SEAT...
09:46:34
19-03-2002

I WITH
LITTLE
SKIRT WITH
LITTLE
FLOWERS
08:43:58
19-03-2002

OH! I AM
SLEEPY... I
KNOWN ...I
HUNG FLAG
SO EALY...
00:51:14
20-03-2002

HOW R U?
GOOD? I
HEAR ABOUT
U FROM
WEIWEI LAST
NIGHT ...
ANOTHER
PLAN?

16:28:13
20-03-2002

IT'S
POSSIBLE,
TALK ABOUT
THAT TO
GIRL BEFORE
HOLIDAY.
17:10:06
20-03-2002

THAT IS
NICE...
23:40:29
20-03-2002

... DOWN...
THEN..
DOWN...&
DOWN..
23:53:17
20-03-2002

KISS
NECK...
THEN?
23:55:08
20-03-2002

YEP...
SLOWLY...
23:56:51
20-03-2002

...N...
LIKE ... :)
FEEL ...
BREATH
HARVY?
00:03:24
21-03-2002

? ... I
WILL ...
CRY LOW
SOUNDS... &
THEN? ...
00:10:53
21-03-2002

:P
00:28:56
21-03-2002

... N ...
XX ... I
SHAKE
SLOWLY...
CAN'T HELP
TO ... CRY
...
00:19:23
21-03-2002

LIGHTS ARE
OUT GIRLS
ARE
TALKING...
23:35:20
21-03-2002

ABOUT STORY
HONGLOUMENG
MEANS DREAM
IN RED
BUILDING,
OR CALLED
STORY OF
STONE, DO U
KNOW
23:41:23
21-03-2002

WHEN I TIED
... I WANT
TO LAY
DOWN...
00:38:01
21-03-2002

GOOD KAAP
WANT BAD
FANG? :)
23:33:56
21-03-2002

A VERY OLD
STORY ABOUT
LOVDRS
23:47:47
21-03-2002

XX YEP
WANT...
23:49:38
21-03-2002

..M... I
LIKE ...
BUT OTHER
GIRL CAN
SEE&
HEARD...
23:58:30
21-03-2002

BUT I WILL
SHY ...
BAD!
00:01:32
22-03-2002

MAYBE WE
CAN WRITE
DOWN...
WHEN I AM A
OLD
WOMAN...
HAHAHAHA!!!
SWEETY
00:41:51
24-03-2002

I MUST
SLEEP NOW.

SLEEPY!! :O
ZZZ... WISH
ME A GOOD
DREAM :)
00:46:20
24-03-2002

NO! WHEN
ONE'S BF
COMES,
OTHER GIRLS
LIVE IN APP
OR HOME

YES, GIRLS
BACK TO
DORM FOR
THESE DAYS
00:26:18
25-03-2002

SLEEPY...
ZZZZ:)
23:39:42
25-03-2002

GIRLS ARE
TALKING
ABOUT GIRLS
AND THEIR
BOSSES...
XX
23:43:35
25-03-2002

THANX! ;)
23:44:37
25-03-2002

NO! WHEN
ONE'S BF
COMES,
OTHER GIRLS
LIVE IN APP
OR HOME
YES, GIRLS
BACK TO
DORM FOR
THESE DAYS
÷
00:26:18
25-03-2002

A VERY OLD
STORY ABOUT
LOVDRS
23:47:47
21-03-2002

XX YEP
WANT...
23:49:38
21-03-2002

..M... I
LIKE ...
BUT OTHER
GIRL CAN
SEE&
HEARD...
23:58:30
21-03-2002

democratische "wijsheid".' In dit systeem gaat de legitimatie van de macht ten koste van het publiek – met inbegrip van een tamelijk groot kunstpubliek – waarvan de ontvankelijkheid en creativiteit een dynamische aanwezigheid hebben gecreëerd, die voortdurend onder vuur ligt. Zoals Regis Debray schrijft: 'Gerekend worden tot deel van het netwerk als een imaginaire remedie voor de gevaren van uitsluiting, werpt het kille licht van de technologische ontsmetting op iets dat nog gevoeliger is: de *politieke* kwestie, correct of niet. De Amerikaanse benaderingswijze van overdracht neigt tot vollediger overheersing, wanneer zij communicatie en dominantie scheidt door achter machines en apparatuur met al hun bedrieglijke fascinatie normalisatie te isoleren.'(*Media Manifestos*, p. 35)

In de VS is met name na de verbijsterende Patriot Act – de legitimatie van Carnivore, Magic Lantern, Echelon en zonder twijfel nog andere geheime FBI-invallen in de transnationale informatienetwerken – het verhinderen van communicatie als een potentieel illegale daad net zo verbijsterend, vanwege de erkenning van de pure kracht van de mogelijkheden ervan, als vanwege de angst dat open systemen alleen maar toevluchtsoorden zijn voor agressie, illegale kartels, pornografie, samenzweringen en terreur. Vandaar de extraterritoriale of extraconstitutionele pogingen om de nationale veiligheid buiten het rechtsbestel om te verzekeren met behulp van dezelfde antidemocratische strategieën die vrij spel geven aan de WHO, het IMF en de Wereldbank en aan een hele reeks initiatieven, waarvan de buitenlegale status zo goed als geen democratische aansprakelijkheid met zich meebrengt.

In deze waterscheiding van contrademocratische activiteiten vanuit de weer opkomende militocratie verschijnt het verbijsterende Total Information Awareness (TIA) programma als een initiatief van het Defense Advanced Research Projects Agency (beter bekend onder het acroniem DARPA, waarvan de grensverleggende research tijdens de koude oorlog tot de ontwikkeling van het internet leidde), als een aspect van de Homeland Security Bill in het kader van een nieuw initiatief onder de naam Security Advanced Projects Research Agency (SARPA), onder auspiciën van het Information Awareness Office (IAO). Hoewel nog niet volledig operationeel is het TIA één project van vele die een uitdaging zouden kunnen vormen voor de buitengewone ontwikkeling van verfijnde technologieën op het gebied van gegevensbeheer die al bestaan in de 'gebruikersvriendelijke' vormen van de opslag van persoonsgegevens. Daarbij zou vrijwel iedere communiceerbare transactie worden opgenomen in gigantische databases, waarin maatschappelijke aanwezigheid zou worden gecomprimeerd tot universele informatiesystemen. De IAO-agenda (hun term is 'visie') is goed gedocumenteerd op www.darpa.mil/iao/index.htm en een korte passage beschrijft enkele van haar doelstellingen:

'In technisch opzicht richt het TIA programma zich op het ontwikkelen van: 1) constructies voor een grootschalige database ten behoeve van het contraterrorisme, voor systeemelementen die geassocieerd worden met de populatie van de database en voor het integreren van algoritmes en analytische hulpmiddelen van allerlei aard; 2) nieuwe methoden om de database van persoonsgegevens te voorzien vanuit bestaande bronnen,

counter-democratic initiatives pouring from the re-emerging militocracy comes the astonishing Total Information Awareness (TIA) program as an initiative of the Defense Advanced Research Projects Agency (better know by the acronym DARPA, whose ground breaking cold war research developed the internet) as an aspect of the Homeland Security Bill and within a new initiative called the Security Advanced Projects Research Agency (SARPA) under the aegis of the Information Awareness Office (IAO). Though not fully operational, the TIA is one project among many that could provoke the extraordinary development of enhanced data-mining technologies already in place in the 'user-friendly' forms of profiling in which virtually every communicable transaction would be assimilated into immense databases in which social presence would be condensed into universal information systems. The agenda (their term is 'vision') of the IAO is well documented at www.darpa.mil/iao/index.htm and a short excerpt describes some of the goals of the TIA:

'Technically, the TIA program is focusing on the development of: 1) architectures for a large-scale counterterrorism database, for system elements associated with database population, and for integrating algorithms and mixed-initiative analytical tools; 2) novel methods for populating the database from existing sources, create innovative new sources, and invent new algorithms for mining, combining, and refining information for subsequent inclusion into the database; and, 3) revolutionary new models, algorithms, methods, tools, and techniques for analyzing and correlating information in the database to derive actionable intelligence.'

A full-service agency, the IAO (and its initiatives) would evolve strategic scenarios in which integrated systems would 'detect, classify, identify, track, understand, preempt'. Developing under a political agenda of nearly paranoid secrecy, these initiatives would be shrouded under the rubric of National Security and thus immune from public scrutiny. The extremely broad systems to be engineered by the IAO (just as seen from the public initiatives announced on their web site) encompass surveillance technologies far beyond those 'envisioned' as mere social pacifiers for visible crime prevention-like the now ubiquitous video surveillance systems. Yet even with the panoply of plans for surveillance and data collection, the agencies have not been immune from strong criticism and cancelled funding (at least publicly) for plans like 'eDNA' which, according to John Markoff (NY Times, November 22, 2002) described as 'called for developing a new version of the Internet that would include enclaves where it would be impossible to be anonymous while using the network. The technology would have divided the Internet into secure "public network highways," where a computer user would have needed to be identified, and "private network alleyways," which would not have required identification.' This identification was described to participants in a conference: 'We envisage that all network and client resources will maintain traces of user eDNA so that the user can be uniquely identified as having visited a Web site, having started a process or having sent a packet. This way, the resources and those who use them form a virtual "crime scene" that contains evidence about the identity of the users, much the same way as a real crime scene contains DNA traces of people.'

185

Verify, Test Viagra campaign, 1997

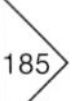

178-179

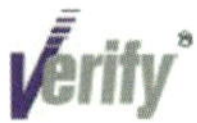

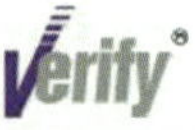

Sample size : n = 63

Total number of fixations on:

Advertisement : 537

Context : 1613

Number of fixations on:

Brand : 95

Text : 205

Pictorial : 415

Average number of fixations on:

Brand : 1.51

Text : 3.25

Pictorial : 6.59

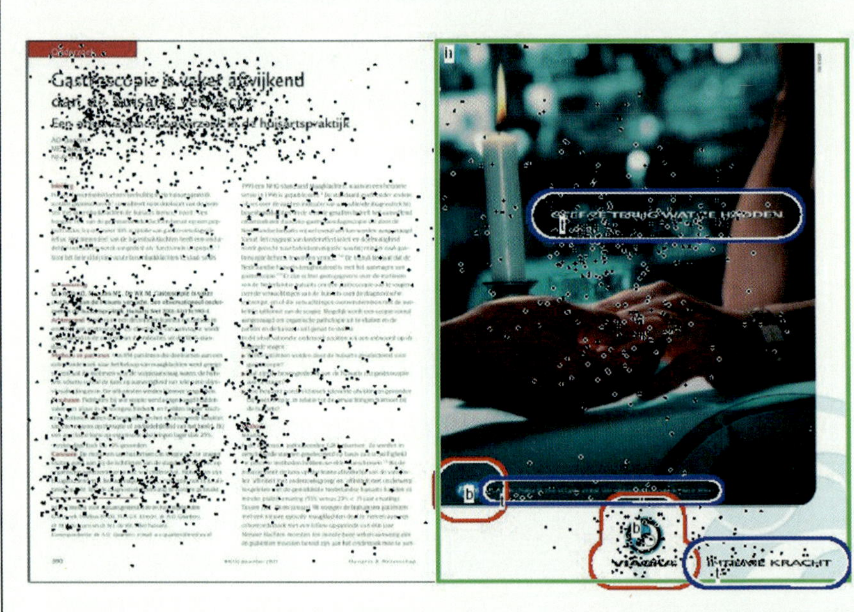

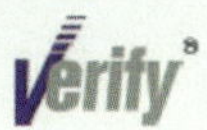

Arbeidsongeschiktheid

Chelatietherapie onwerkzaam

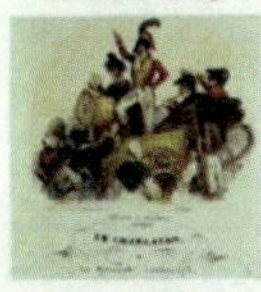

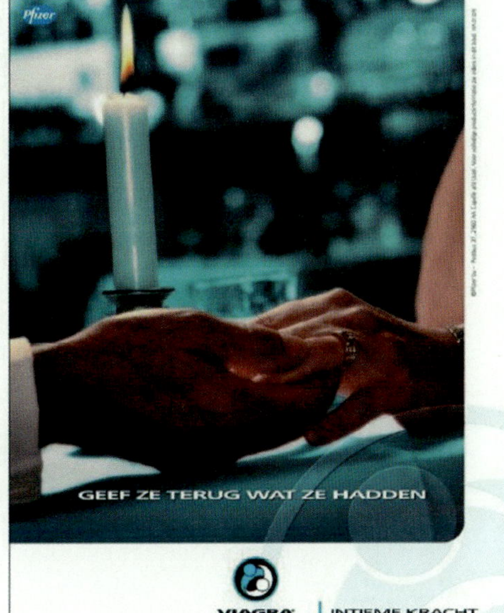

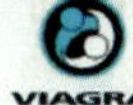

Viagra

Pretest in Huisarts en Wetenschap, issue nr.004, 2002-04-
page 5, right page

Sample size : n = 77

Total number of fixations on:

Advertisement : 880

Context : 1377

Number of fixations on:

Brand : 120

Text : 361

Pictorial : 603

Average number of
fixations on:

Brand : 1.56

Text : 4.69

Pictorial : 7.83

"Iemand is gebonden en je weet dat over vijf minuten het eind van zijn leven is. In het echt was het ook zo. Ineens is het afgelopen. Je ziet die gebonden handen, voelt het einde naderen. Afschuwelijk en afschuwelijk echt • • • •

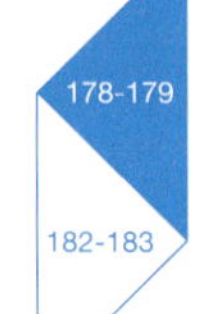
178-179
182-183

Verify Marketing Information Services is een jong Nederlands bedrijf, dat een testmethode ontwikkelde voor het meten van de effectiviteit van mediacampagnes. Dit gebeurt met behulp van zogenaamde 'eye-tracking' technologie. Proefpersonen krijgen tijdschriften en dagbladen ter lezing aangeboden. Tijdens het lezen wordt vijftig keer per seconde gemeten waar de ogen zich op richten. Deze bewegingen worden door een computer geanalyseerd: waar valt het oog het eerst op, hoe lang blijft het daar hangen? Vervolgens wordt daaraan een score gekoppeld als aanduiding van de mate waarin datgene wat beoogd is te worden gecommuniceerd ook daadwerkelijk de consument bereikt. Deze methode, die is gebaseerd op de ideeën van oud-marketingman Dominique Claessens, wordt in toenemende mate door bureaus – niet zelden daartoe gedwongen door hun opdrachtgevers – toegepast in diverse stadia van de campagneontwikkeling. Ook de aan de Universiteit van Nijmegen verbonden communicatiewetenschappers Paul Ketelaar en Marnix van Gisbergen maken in het kader van hun onderzoek naar zogenaamde open advertenties gebruik van de diensten van het bedrijf. Verify bezit een testcentrum in Rotterdam en is gevestigd in Hilversum.

Verify Marketing Information Services is a young Dutch company that has developed a method for measuring the effectiveness of advertising campaigns, achieved by using 'eye-tracking' technology. The human test subjects are given magazines and newspapers to read, and the focus of their eyes is tracked 50 times per second while they are browsing. A computer then analyzes their eye movements: where does the eye go first and how long does it remain there? This is then converted to a score to give an indication of the degree to which the intended message is in fact communicated to the consumer. This methodology, which is based on the ideas of retired marketing executive Dominique Claessens, is increasingly used by agencies – often obliged to quantify their performance for clients – at various stages in the campaign development process. Paul Ketelaar and Marnix van Gisbergen, communications experts at the University of Nijmegen, also take advantage of the company's services for their research into 'open advertisements'. Verify runs a test centre in Rotterdam and is based in Hilversum.

Verify, Test Robijn campaign, 2000

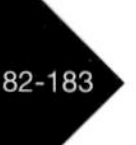
182-183

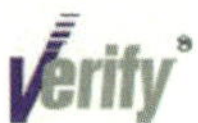

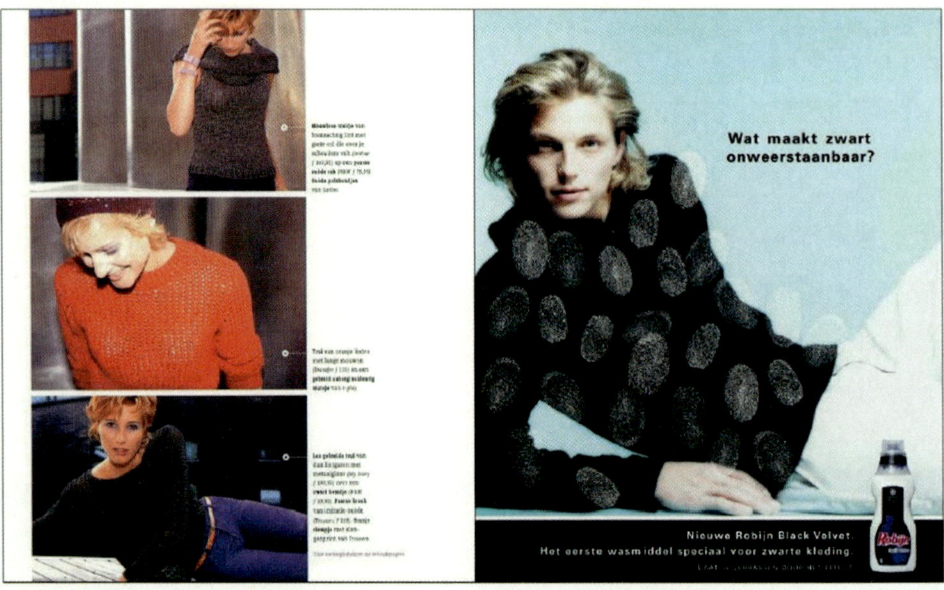

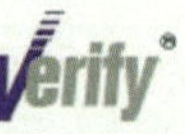

Robijn

Pretest in Viva, issue nr.034, 2000-08-21

page 13, right page

Sample size : n = 115

Total number of fixations on:

Advertisement : 1224

Context : 890

Number of fixations on:

Brand : 163

Text : 575

Pictorial : 734

Average number of
fixations on:

Brand : 1.42

Text : 5.00

Pictorial : 6.38

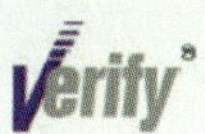

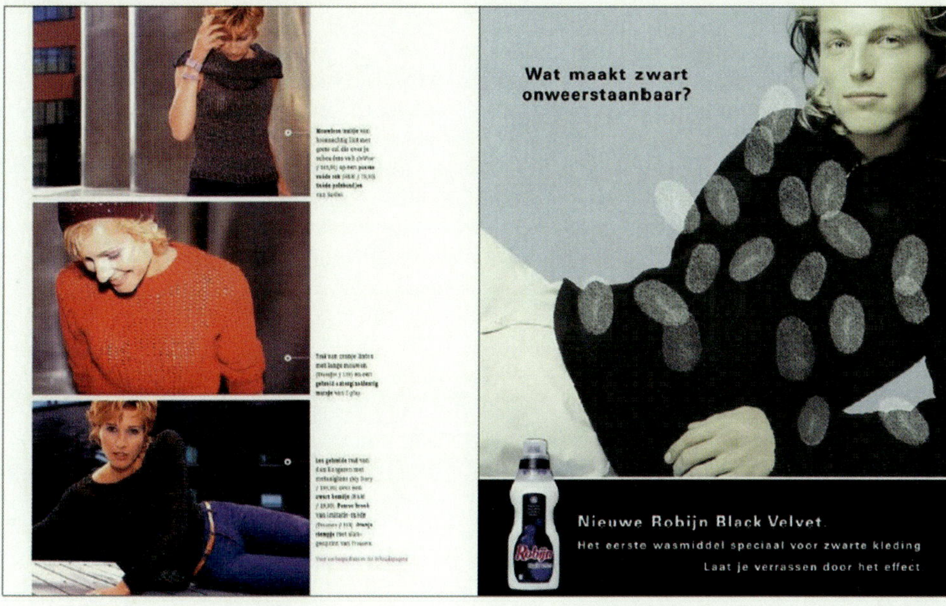

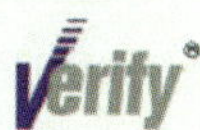

Robijn
Pretest in Viva, issue nr.035, 2000-08-28
page 13, right page

Sample size : n = 109

Total number of fixations on:

Advertisement : 1441

Context : 705

Number of fixations on:

Brand : 262

Text : 720

Pictorial : 784

Average number of
fixations on:

Brand : 2.40

Text : 6.61

Pictorial : 7.19

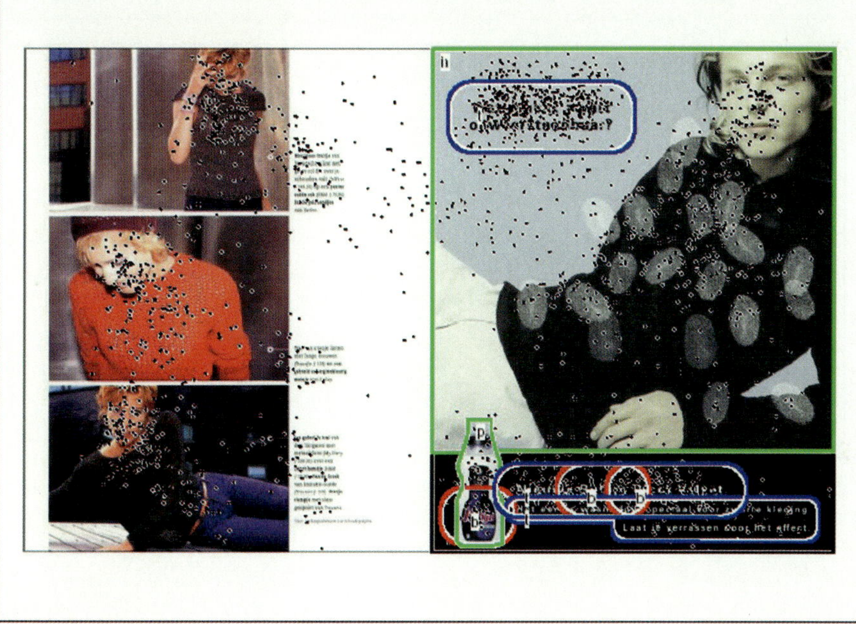

het creëren van nieuwe bronnen en nieuwe algoritmes voor het opdoen, combineren en verfijnen van informatie om die vervolgens in de database op te nemen; en 3) revolutionaire nieuwe modellen, algoritmes, hulpmiddelen en technieken voor het analyseren van en het zoeken naar verbanden in informatie in de database om van daaruit tot operationeel inlichtingenwerk te komen.'

Als complete dienst zou het IAO (en de daaronder ressorterende initiatieven) strategische scenario's ontwikkelen, waarin geïntegreerde systemen zouden 'ontdekken, classificeren, identificeren, opsporen, begrijpen, ontkrachten'. Deze initiatieven zouden zich vanuit een politieke agenda van bijna paranoïde geheimhouding ontwikkelen en verborgen worden in de categorie Nationale Veiligheid en zich zo onttrekken aan openbare kritiek. De extreem brede systemen die het IAO wil opzetten, omvatten (zoals te zien is aan de openbare initiatieven die op de website worden aangekondigd) bewakingstechnologieën die veel verder gaan dan die welke werden 'voorzien' als gewone maatschappelijke elementen van toezicht ten behoeve van zichtbare misdaadpreventie – zoals de nu alomtegenwoordige videosystemen. Toch zijn de diensten zelfs met dit arsenaal aan plannen voor bewaking en het verzamelen van gegevens niet immuun gebleken (in het openbaar althans) voor heftige kritiek en het terugtrekken van financiering voor plannen zoals 'eDNA', dat volgens John Markoff (*New York Times*, 22 november, 2002) beschreven werd als 'in het leven geroepen om een nieuwe versie van het Internet te ontwikkelen waarin zich enclaves zouden bevinden waar anonimiteit onmogelijk zou zijn bij gebruik van het netwerk. De technologie zou het Internet hebben verdeeld in veilige "openbare netwerksnelwegen" waar een computergebruiker geïdentificeerd zou moeten worden en "particuliere netwerkstegen" die geen identificatie zouden vereisen.' Deze identificatie werd aan deelnemers aan een congres beschreven: 'Wij stellen ons voor dat alle hulpmiddelen voor netwerk en cliënt sporen zullen overhouden van gebruikers-eDNA zodat de gebruiker precies geïdentificeerd kan worden als iemand die een website heeft bezocht, een proces in werking heeft gesteld of een bericht heeft verzonden. Op deze manier vormen de hulpmiddelen en zij die er gebruik van maken een virtuele *crime scene* waar bewijs te vinden is omtrent de identiteit van de gebruikers, vrijwel net zoals een echte *crime scene* sporen bevat van het DNA van mensen die er geweest zijn.
De suggestie dat het publieke domein een 'virtuele crime scene' is, is een verbluffende omkering, waarin onschuld niet langer als uitgangspunt wordt gehanteerd omdat de instrumenten om toezicht te houden niet op een bepaalde plek te lokaliseren zijn, maar gesystematiseerd zijn tot 'revolutionaire' algoritmes, waarvan het enige doel juist is om persoonsgegevens te verzamelen met betrekking tot misdaad door uit te gaan van de gedachte dat die misdaad er al is in plaats van door bewijsmateriaal te verschaffen. Daardoor ontstaat de verontrustende notie van 'preventie' als de perverse *meme* (oermoeder) van een veiligheidsapparaat dat iedereen tot 'strijder' kan bestempelen (en hem burgerrechten kan onthouden), dat het 'slagveld' virtueel kan maken zodat het overal is (en zo virtuele soevereiniteit kan claimen) en juridische uitdagingen weg kan werken achter de deuren van de nationale veiligheid (en zo een 'schaduwregering' kan creëren die geen verantwoording schuldig is aan enigerlei openbaarheid).

Suggesting the public sphere as a 'virtual crime scene' is an stunning reversal in which the presumption of innocence is no longer assumed since the agents of surveillance are no longer localized but are systematized into 'revolutionary' algorithms whose sole purpose is precisely to profile for crime by assuming that it already exists, rather than to provide corroborating material. Hence the thorny notion of 'preemption' emerges as the perverse 'meme' of a security apparatus that can rationalize anyone as a 'combatant' (and deny civil rights), that can virtualize the 'battlefield' to be anywhere (and thus claim virtual sovereignty), and can sweep legal challenges behind the doors of national security (and thus create a 'shadow government' unaccountable to public disclosure).

One of the principles of governance is 'the consent of the governed,' a principle that, as David Johnson & David Post write in *Laws and Borders*, 'implies that those subject to a set of laws must have a role in their formulation'. (p. 146) Governance, particularly after 9.11 has become more brazenly linked to what Negri and Hardt refer to in *Empire* as 'governance without government,' a triumph of imperial sovereignty over locality in which Empire is 'a unitary power that maintains the social peace and produces ethical truths'. (p. 10) Indeed, in this system, the maintenance of order takes precedence over the establishment of a just order in which governance is localized and differentiated. In the siege ideology of the post 9.11 era, the entire public sphere (with its human agents) has become a zone of contradictions in continuous crisis, threatened, on the one hand by highly visible (indeed color coded) but persistently vague alerts of potential terror, and, on the other, with the development of a tracking system that sunders representative democracy with a ministry of secrets worthy of association with the GDR's Stasi (whose tactics included much the same paranoid detail and understood all information as potentially coercive).

Since a great deal of Hardt and Negri's work is grounded in the writing of Deleuze and Guattari and since this work has had considerable impact on the net community), it seems pertinent to cite from Deleuze's essay *Postscript on Societies of Control* since it evokes the atmosphere in specific terms related to machinic culture:

'In the societies of control (…) what is important is no longer either a signature or a number, but a code: the code is a password, while on the other hand disciplinary societies are regulated by watchwords (as much from the point of view of integration as from that of resistance). The numerical language of control is made of codes that mark access to information, or reject it. We no longer find ourselves dealing with the mass/individual pair. Individuals have become "dividuals," and masses, samples, data, markets, or "banks".'
(…)
'The old societies of sovereignty made use of simple machines-levers, pulleys, clocks; but the recent disciplinary societies equipped themselves with machines involving energy, with the passive danger of entropy and the active danger of sabotage; the societies of control operate with machines of a third type, computers, whose passive danger is jamming and whose active one is piracy or the introduction of viruses.'

189

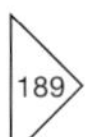

Bill Viola, *The Quintet of the Silent*, 2000, video installation

186-187

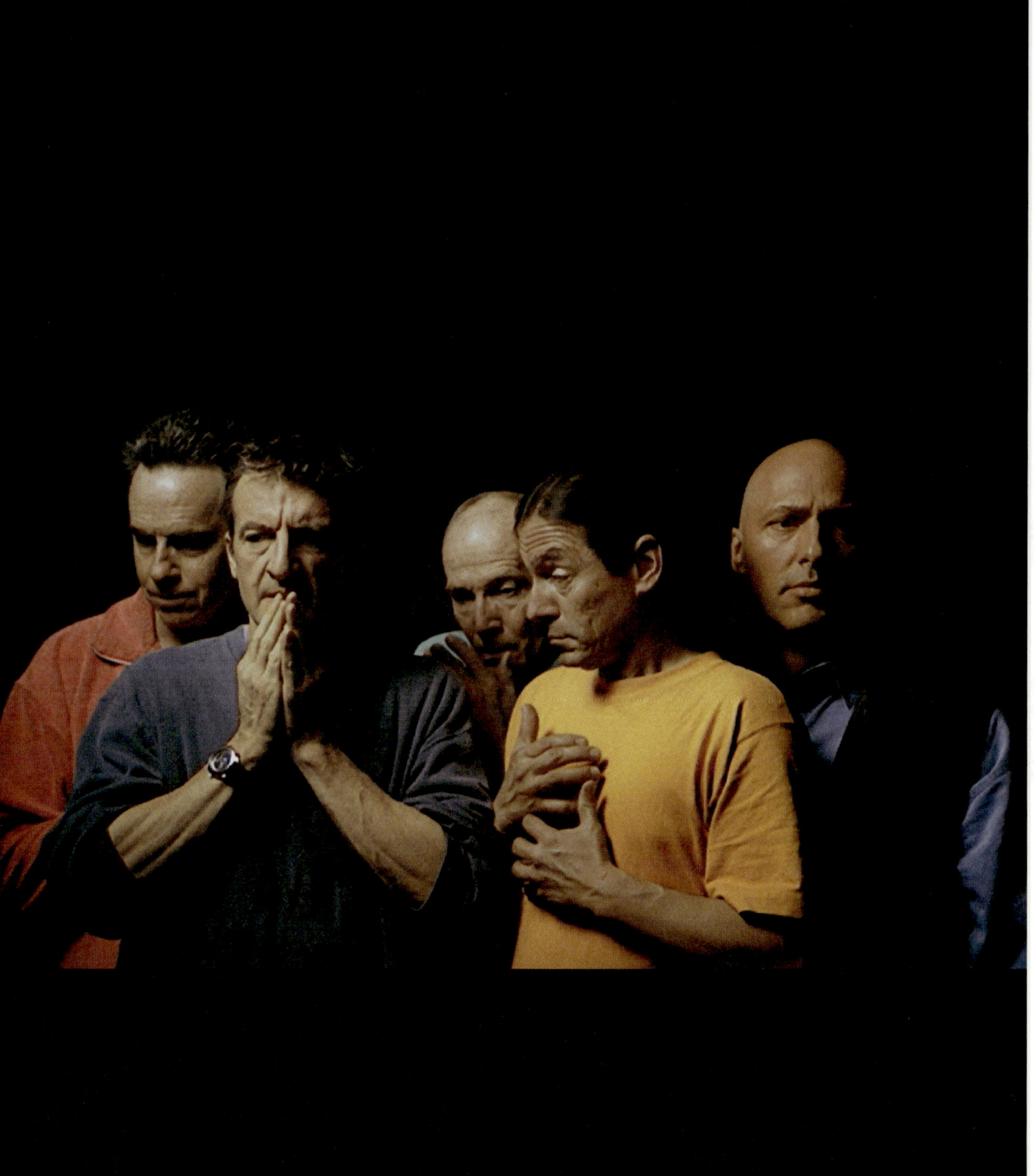

Een van de uitgangspunten van regeren is 'de toestemming van diegenen die geregeerd worden', een uitgangspunt, dat, zoals David Johnson en David Post schrijven in *Laws and Borders*, impliceert dat zij die onderworpen zijn aan een aantal wetten een rol moeten spelen in de formulering daarvan. (p. 146) Zeker na 9/11 is regeren steeds schaamtelozer geassocieerd geraakt met waar Negri en Hardt in *Empire* naar verwijzen als 'regeren zonder regering', een triomf van de imperialistische over de plaatsgebonden soevereiniteit, waarbij het Imperium 'een gecentraliseerde macht' is 'die de maatschappelijke vrede bewaart en ethische waarheden formuleert.'(p. 10) Inderdaad heeft in dit systeem het handhaven van de bestaande orde voorrang boven het vestigen van een rechtvaardige orde waarin het bestuur plaatsgebonden en gedifferentieerd van aard is. In de belegeringsideologie van het tijdperk na 9/11 is het hele publieke domein (met zijn menselijke gebruikers) een zone van tegenstellingen geworden in een staat van voortdurende crisis: aan de ene kant bedreigd door zeer zichtbare (zelfs van kleurencodes voorziene), maar hardnekkig vage waarschuwingen voor potentiële terreur en aan de andere kant door de ontwikkeling van een opsporingssysteem dat de vertegenwoordigende democratie splijt met behulp van een Ministerie van Geheimen, dat waardig is om vergeleken te worden met de Stasi in de DDR (waarvan de tactieken eenzelfde paranoïde nadruk op details vertoonden en waarin ook alle informatie als potentieel dwangmiddel werd beschouwd).

Omdat veel van het werk van Hardt en Negri zijn wortels heeft in de geschriften van Deleuze en Guattari en omdat dit werk een aanzienlijke invloed heeft op de internetgemeenschap, lijkt het ter zake om te citeren uit Deleuzes essay *Postscript on the Societies of Control*, ook omdat dit in specifieke termen de atmosfeer oproept die gerelateerd is aan de machinale cultuur:

'In de controlerende maatschappijen... is een handtekening of een nummer niet meer van belang, maar een code: de code is een wachtwoord, terwijl disciplinaire samenlevingen gereguleerd worden door slogans (zowel vanuit de optiek van integratie als uit die van verzet). De numerieke taal van de controle is opgebouwd uit codes die toegang tot informatie mogelijk maken of juist afwijzen. We hebben niet meer te maken met het de dualiteit massa/individu. Individuen zijn "dividuen" geworden en massa's zijn nu samples, gegevens, markten of "banken". ' (...)
'De oude soevereine samenlevingen maakten gebruik van eenvoudige machines – hefbomen, katrollen, klokken; maar de nieuwe disciplinaire maatschappijen voorzagen zichzelf van machines waarbij het om energie gaat, met het passieve gevaar van entropie en het actieve gevaar van sabotage; de controlerende maatschappijen opereren met machines van een derde type: computers waarvan het passieve gevaar is dat ze kunnen vastlopen en het actieve gevaar bestaat uit piraterij of de introductie van virussen.'

Ten slotte is het duidelijk dat het net een bedreiging is voor plannen ter regulering, die uitgedacht worden achter de steeds ondoorzichtiger sluier van open systemen, die functioneren vanuit de gedachte dat *open source* op de een of andere manier de technische realisering is van het vrijbuiterachtige soort positie van Eric

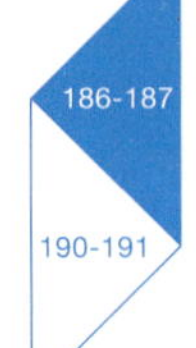

186-187

190-191

The Quintet of the Silent is een videowerk uit 2000 van **Bill Viola** uit een opmerkelijke reeks, waartoe ook *The Quintet of the Unseen* en *The Quintet of Remembrance* behoren. Deze, in circa vijftien minuten 'loopende' werken zijn het resultaat van zijn fascinatie met de iconografie van vroegrenaissancistische schilderijen en tonen groepjes van vijf mensen (in het geval van *The Quintet of the Silent* alleen mannen), die ergens naar staan te kijken. Wat ze precies zien wordt nooit duidelijk. Hun expressie is a-synchroon met elkaar: de stemming van de één valt zelden of nooit samen met die van een ander en verandert gradueel van woede naar afgrijzen, verbijstering, vreugde en pijn. Maar ook dat valt moeilijk precies vast te stellen door de extreme, vijftienvoudige vertraging van het uiterst gedetailleerde beeld. De combinatie van naar de visuele historie verwijzende minimale beeldmiddelen en de maximale, zij het moeilijk te duiden expressie, werkt als een visuele magneet op de beschouwer.

The Quintet of the Silent is a video installation by **Bill Viola** dating from 2000, part of a remarkable series that also includes *The Quintet of the Unseen* and *The Quintet of Remembrance*. These works, video loops lasting about 15 minutes, are the result of Viola's fascination with the iconography of early Renaissance paintings and show groups of five people (just men in the case of *The Quintet of the Silent*) who are standing there looking at something. It is not obvious what exactly they are seeing. The subjects' expressions are not synchronized: the emotional response of one character rarely or never coincides with that of another, and gradually changes from anger to horror, bewilderment, joy and pain. But even the emotions are difficult to ascertain, because of the ultraslow-motion shot (slowed down by a factor of 15) of the highly detailed image. The combination of the minimal visual material that alludes to visual history and the full-impact portrayal of the emotions, although they are difficult to pin down, works like a visual magnet on the viewer.

After all is said and done, it is clear that the net is a threat to regulatory schemes calibrated behind the increasingly opaque veil of open systems running on the assumption that open-source is somehow the technical implementation of the kind of libertarian position of Eric Raymond's *The Cathedral and the Bazaar*: 'the success of open source does call into some question the utility of command-and-control systems, of secrecy, of centralization, and of certain kinds of intellectual property. It would be almost disingenuous not to admit that it suggests (or at least harmonizes with) a broadly libertarian view of the proper relationship between individuals and institutions." (p. 226) This mythology, comes on the fringes an 'empire' of the protocol where transmission and exchange are monitored and constrained by controls whose sheer scale (as evidenced most cogently in the Microsoft anti-trust case) interferes with the 'free' flow of information at every point. Not strictly reciprocal, the mystification of the net (and particularly the web) as a universal electronic public sphere persists in the face of constantly controlled access, intensive profiling, and monitoring at every level. These control mechanisms are imposed not in bombastic denials of service, but as denials of rights replaced by forms of repressive surveillance and, more significantly into unreasonable forms of prior restraint in the hands of a technical class acting on behalf of some alleged social security that prevents access to systems whose vulnerability is presumed.

II

For all the anxiety that a wholly transparent public sphere might generate, some vexing contradictions emerge. Though sheer visibility and unavoidable detectability would seem to hinder an interest in participating in unrelenting panoptic and transoptic investigation, a number of events, interventions, and initiatives would suggest that the experience of the visible world has hardly exhausted itself in either excess or paranoia. Indeed perhaps the current penchant for visibility represents an aporia in which voyeurism, narcissism, vanitas, hubris, fascination, etc., vie for spectacular status, or one in which the veneer of reality (like that of *The Matrix*) is itself understood as a paradox. Not a simple problem for a culture in which the compulsive access to images demands that everything become visible (real or virtual) and in which the differentiation between visibility and intelligibility is an increasingly complex predicament. Why is it, for example, that a slew of publications on coverage of 9.11 include or exist as DVDs that include extensive coverage of the attacks or that the exchange of images now comes as a feature of telephony? Nothing it seems comes without its image, no experience real without visible representation. Thus, of course, 'reality television' with its omnipresent narrative of willingly confined participants deprived of privacy and its equally captivated viewers. But more than in the obvious circumstances come other visibilities.

A Houston Judge has granted public television's *Frontline* permission to record the jury deliberations in a death-penalty case of a 17 year old on trial for murder. A 'sanctuary' from public view the Judge argued that the jury room was 'shrouded in mystery'. Opening it to a single robotic camera (and not to live broadcast) would perhaps demystify the delicate negotiations without interfering with the discursive atmosphere, without

197

Bill Viola, *Quintet of Remembrance*, 2000, video installation

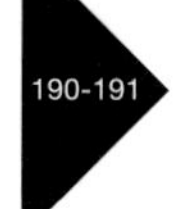
190-191

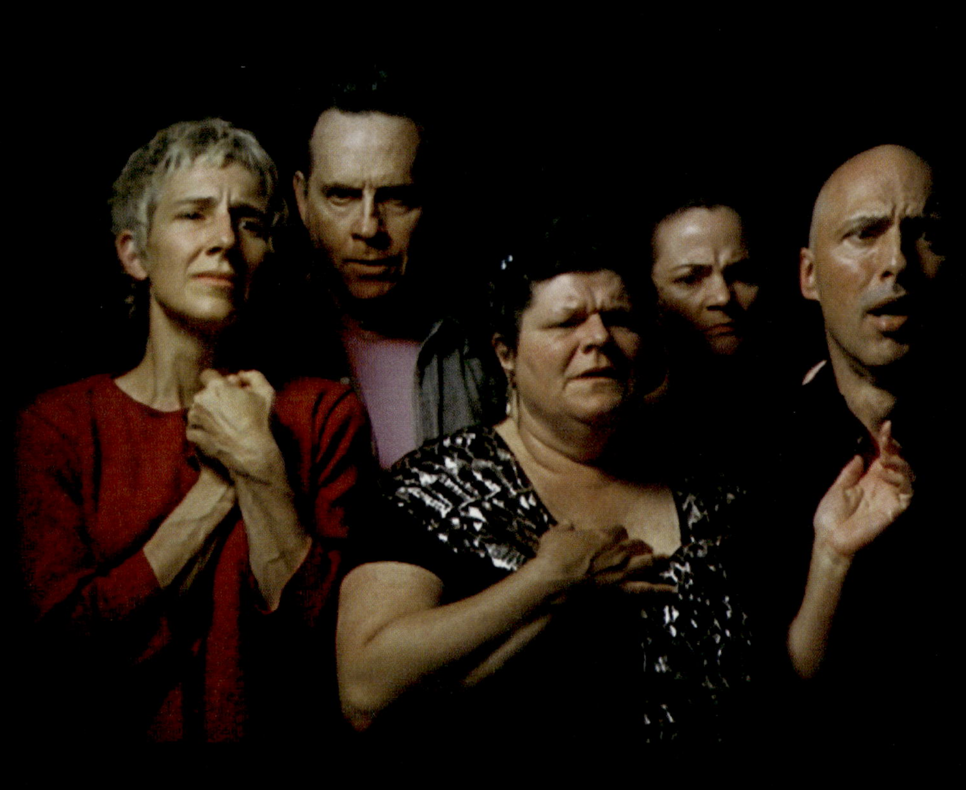

"Infinity. It repeats, creates and obliterates. Its own creation is destroyed again and again. Just like life itself. An example: all mountains are liquid. It's just a question of what time span you look at . . ."

"Oneindigheid. Het repeteert, creëert en wist weer uit. De eigen creatie wordt keer op keer vernietigd. Net als het leven zelf. Bijvoorbeeld: alle bergen zijn vloeibaar. Het is maar in welke tijdsspanne je het bekijkt • • • "

*"It's reminiscent of something that reminds you of a holiday in a hotel in Egypt.
It has the same sort of distance, a vista I can remember . . ."*

"Het heeft reminiscentie aan iets wat doet denken aan een vakantie in een hotel in Egypte. Het heeft eenzelfde soort afstand, een vergezicht dat ik mij kan herinneren . . ."

FAT, *Blue House*, East London
Photography: Oscar Paisley

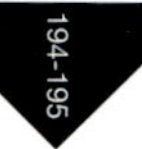
194-195

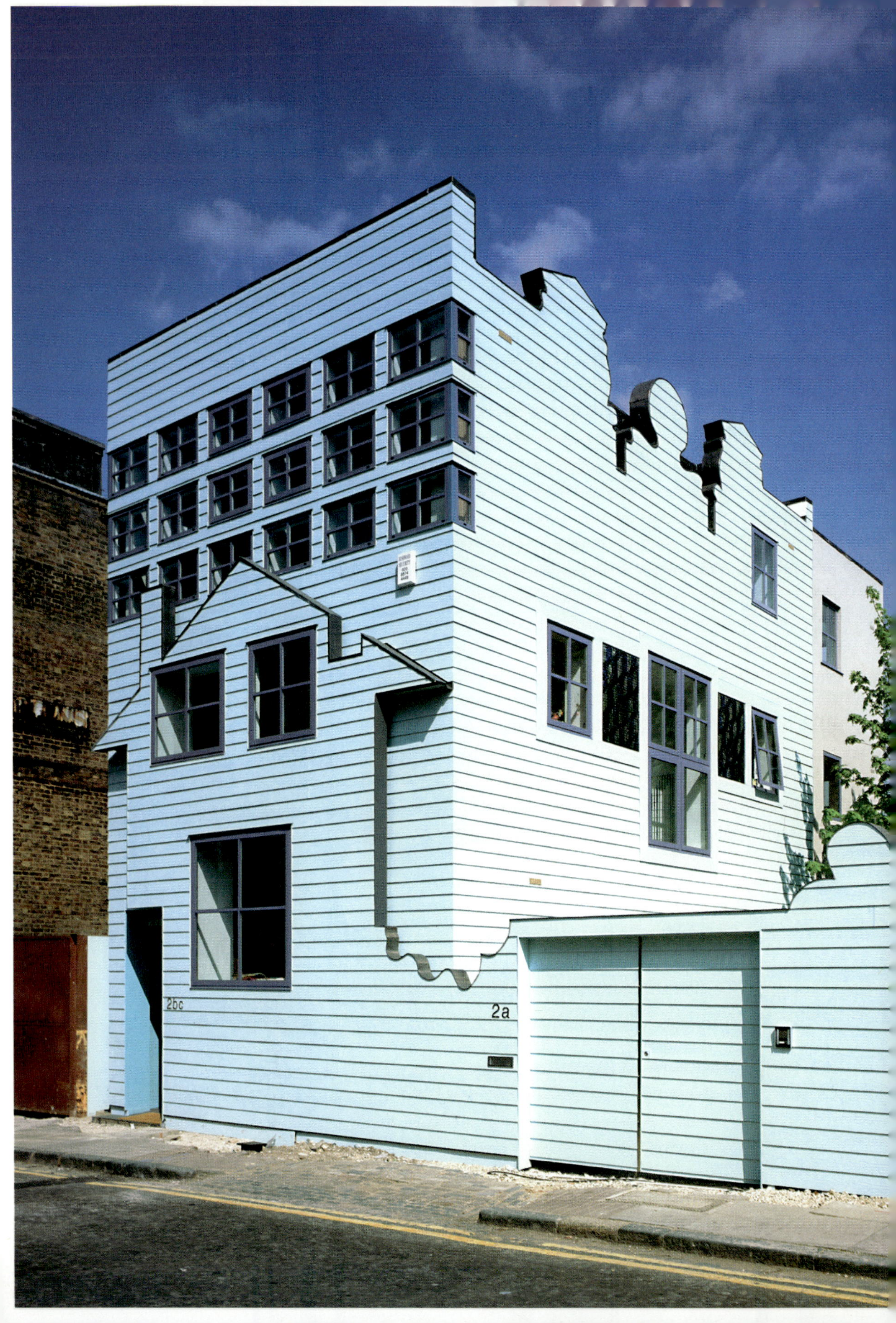

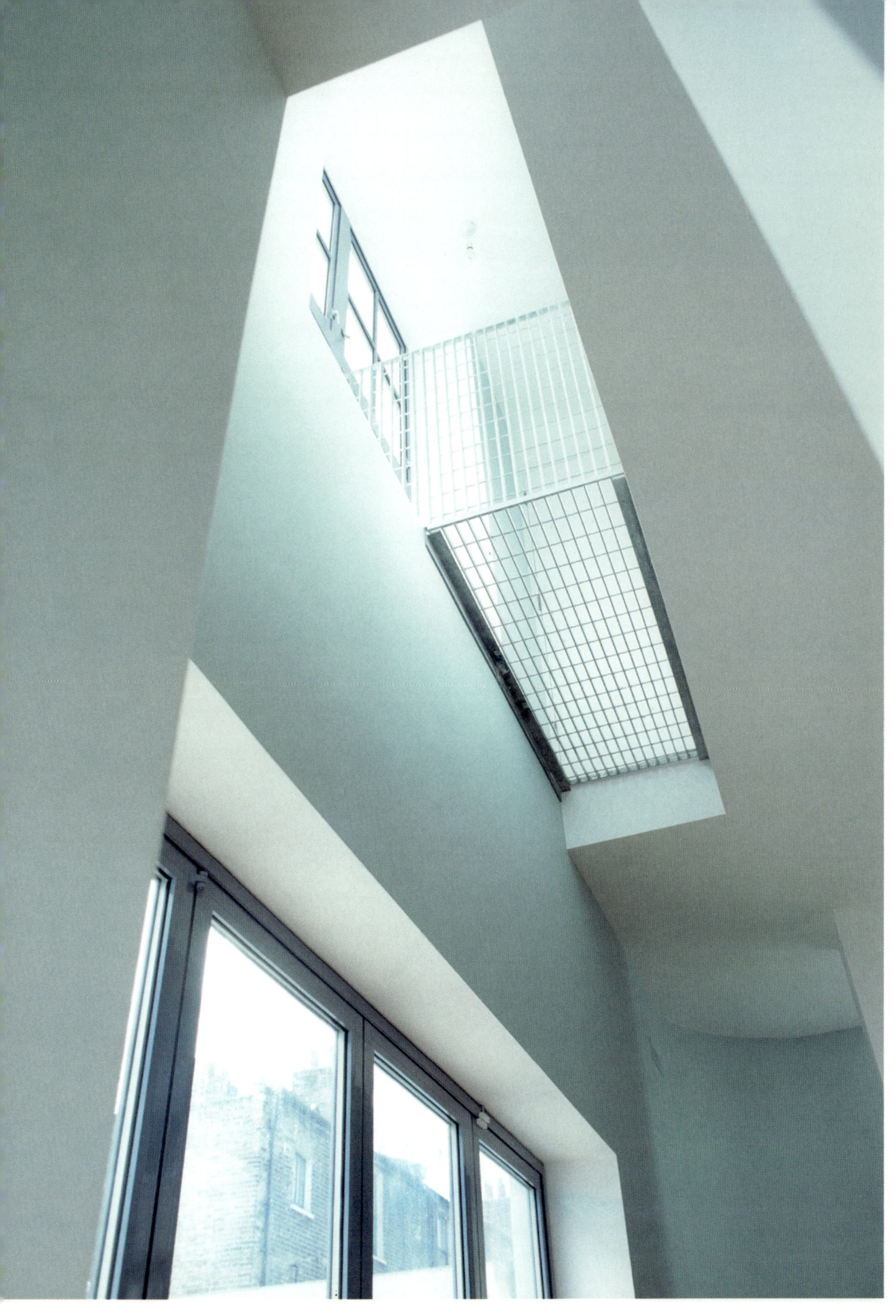

Raymonds *The Cathedral and the Bazaar*: 'het succes van de *open source* stelt het nut van systemen van be-vel-en-controle, van geheimhouding, van centralisatie en van bepaalde soorten van intellectueel bezit ter dis-cussie. Het zou bijna onoprecht zijn om niet toe te geven dat dit een brede vrijheidsgezinde kijk suggereert op de juiste relatie tussen individuen en instituties of daarmee in ieder geval in harmonie is.' (p. 226) Deze mytho-logie bevindt zich in de marge van een 'imperium' van het protocol, waar overdracht en uitwisseling in de ga-ten worden gehouden en aan banden gelegd door controlemechanismen, waarvan alleen al de schaal (zoals zeer overtuigend duidelijk wordt gemaakt in de Microsoft antitrust-zaak) op ieder moment ingrijpt in de 'vrije' informatiestroom. Hoewel het niet werkelijk wederkerig is leeft de mystificatie van het net (en met name van het World Wide Web) als een universele, elektronische openbare plek hardnekkig voort ondanks het feit dat er sprake is van een doorlopende controle op de toegang tot het net, van een intensieve verzameling van per-soonsgegevens en dat alles op ieder niveau voortdurend in de gaten wordt gehouden. Deze controlemecha-nismen worden niet van bovenaf opgelegd als een pathetische ontzegging van toegang tot deze dienst, maar als een ontzegging van rechten die ingewisseld worden voor vormen van repressieve bewaking en, nog veel-betekenender, als onredelijke manieren om de zaak a priori onder controle te houden, in de handen van een klasse van techneuten die optreden namens een of ander soort zogenaamde maatschappelijke veiligheid dat de toegang tot systemen die kwetsbaar worden geacht blokkeert.

II

Bij alle angst die een geheel transparant publiek domein zou kunnen oproepen duiken er ook irritante tegen-strijdigheden op. Hoewel je zou verwachten dat alleen al zichtbare aanwezigheid en onvermijdelijke opspoor-baarheid de interesse om deel te nemen aan niet aflatend, allesomvattend en dwars door alles heen kijkend onderzoek in de weg zou staan, suggereert een aantal gebeurtenissen, ingrepen en initiatieven dat de erva-ring van de zichtbare wereld zichzelf niet heeft opgebruikt, niet in excessen en ook niet in paranoia. Zelfs re-presenteert de huidige neiging tot zichtbaarheid misschien een aporia waarin voyeurisme, narcisme, vanitas, hubris, fascinatie enz, wedijveren om een opvallende positie, of in ieder geval een waar het vernis van de wer-kelijkheid (zoals die van *The Matrix*) zelf als paradox wordt verstaan. Geen eenvoudig probleem voor een cul-tuur waarin de dwangmatige toegankelijkheid van beelden vereist dat alles (in het echt of virtueel) zichtbaar wordt en waarin de differentiatie tussen zichtbaarheid en begrijpelijkheid in stijgende mate een complexe aangelegenheid aan het worden is. Waarom bevatten of zijn een heleboel publicaties over 9/11 DVD's met uit-gebreide reportages over de aanvallen en waarom vindt het uitwisselen van beelden nu plaats als een functie van telefonie? Het heeft er de schijn van dat niets meer zonder beeld bestaat, dat geen ervaring werkelijk is zonder zichtbare representatie. Neem bijvoorbeeld 'reality tv' met haar alomtegenwoordige verhaal over vrij-willig opgesloten deelnemers die hun privacy hebben opgegeven en met haar net zo gefascineerde kijkers. Maar meer nog dan onder deze voor de hand liggende omstandigheden is er ook sprake van andere vormen van zichtbaarheid.

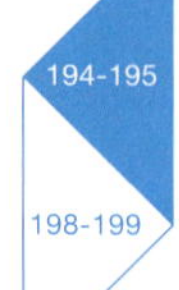

194-195
198-199

FAT (Fashion, Architecture, Taste) is een architectencollectief uit Londen, dat in zijn projecten de grenzen tussen architectuur, kunst en entertainment voordurend opzoekt en overschrijdt, teneinde ervarin-gen aan te reiken die passen bij de wereld van vandaag. De tentoon-stellingen, interieurs en projecten in de openbare ruimte die zij ont-werpen zijn zowel functioneel als prikkelend voor de geest, en soms in letterlijke zin 'fantastisch'. FAT laat zich inspireren door onder meer Disney en de populaire beeldcultuur. Gedreven door de discussies en groeiende behoefte binnen het eigen vakgebied aan ontwerpstrate-gieën die de betrokkenheid van het publiek vergroten, komen zij tot volkomen onconventionele oplossingen, zoals een gevelvorm die wordt gedicteerd door de afbeelding op een billboard (een woonhuis in Londen), een eilandje in de vorm van Nederland als huisdierenbe-graafplaats (het WIMBY-project in Hoogvliet) of een picknickplaats in een kantoor (KesselsKramer in Amsterdam). Zie www.fat.co.uk.

FAT (Fashion, Architecture, Taste) is a London-based architecture collective which focuses on projects that consistently seek out the boundaries between architecture, art and entertainment, and cross them, with the object of offering experiences that fit with the modern-day world. The exhibitions, interiors and projects in public space that they design are functional as well as mentally stimulating, and some-times 'fantastic' in the literal sense. FAT draws inspiration from Disney and popular visual culture, among other things. Motivated by the discussions and the growing demand from within their own pro-fessional areas for design strategies that encourage public participa-tion has led them to wholly unconventional solutions, such as the design of the facade of a house in London that was determined by a billboard image, a little island in the form of the Netherlands as a pet cemetery (the WIMBY project in Hoogvliet, Rotterdam) or a picnic spot in an office (KesselsKramer in Amsterdam). See www.fat.co.uk

effect on jurors (who would have to agree to be witnessed - indeed a *NY Times* editorial opposed to the presence of the camera was title 'the 13th Witness'), without an assumption that the 'presence' of a recording device would alter the 'performance' of more or less dynamic jurors or that the right for a public trial (think of OJ Simpson's televised spectacle or the War Crimes Tribunal of Slobodan Milosevic) extends into the deliberative process in which, as the Time's editorial writes, the decision is made 'on a public stage,' rather than being equated, like voting, as 'a civic duty that occurs in private'. In a sphere of presumptive surveillance the very lack of visibility might itself become suspicious. Public television, in fact, pioneered the highly successful reality genre with the 12 part, 1973 documentary, *An American Family*, that tracked the Loud Family in an attempt to document the intricate emotional lives of complex family interactions. On the one hand an invasion of privacy, and, on the other, an agreed to documentary of family dynamics, there was little doubt that the public effect of the reality genre had and will continue to affect both the notion that 'all the world's a stage' and that visibility is itself a potential value, one in which easily turns into its nemesis (as in Princess Diana's approach to maximize media attention for social causes and to, paradoxically, become the victim of rabid media attention to personal activities).

This substitution of visibility for experience comes in any number of forms. Recently VARA, a Dutch public television network, aired the film Necrocam in which the final wish of a dying character requests a web-cam to be placed in their coffin (www.omroep.nl/vara/necrocam). Controlled by users in a temperature controlled coffin (that modulated temperature for accelerated decomposition), the final scene of a decomposing face is a haunting prospect for a form of visibility in which processes supplant experiences. 'The movie's accomplishment' writes *NY Times* Arts on-Line Matthew Mirapaul, 'is to capture the way technology, including the Internet, has permeated contemporary culture. This is our youth's daily existence. The film's young people communicate through online messages, play computer games and record their pledge with a video camera instead of a quill dipped in blood. For them technology is an extension of life. So it is only logical that cyberspace would play a role in death.' (November 25, 2002) Mirapaul's text also reports that there was a very real - and ultimately abandoned - debate to include a camera in the coffin of a real dying artist colleague.

Small wonder then that the image of a corpse in a coffin might instill a realization of the body that would be repulsive. Yet ironically the experience of the dead body itself has indeed become a spectacular event. During the *Body Worlds* exhibition in London's Atlantic Gallery, Gunther von Hagen, whose staging of 'plastinated' corpses has made for a hugely successful series of exhibitions throughout Europe, performed (on November 20, 2002) a public autopsy in a public hall witnessed by some 500 ticket buyers (and media). 'In an ongoing survey,' as it says on the *Body Worlds* web site www.bodyworlds.com, 'a vast majority of *Body Worlds* visitors voted in favour of a public autopsy.' For an art world often desperate to find authentic experience, Hagen's work is a provocation - part medical science, part performance art, part sculpture, part specimens, the perverse corpses expose the fault lines in morbid fascination. From the overwhelming crowds attending the exhibitions, it is clear that the world of images can be extended into the material realm where experiences

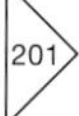

201

FAT
1. *You Make Me Feel (Mighty Real)*, Pavilion, Belsay Hall, Northumberland, UK, 2000

2. KesselsKramer, Conversion of a Church into the Offices of an Advertising Agency, Amsterdam, 1998

3. *Camo House*, part of Utopia Revisited, London, 1998

4. *WIMBY project*, Hoogvliet, Rotterdam, 2003

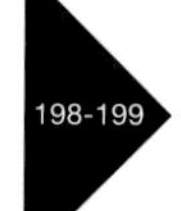

198-199

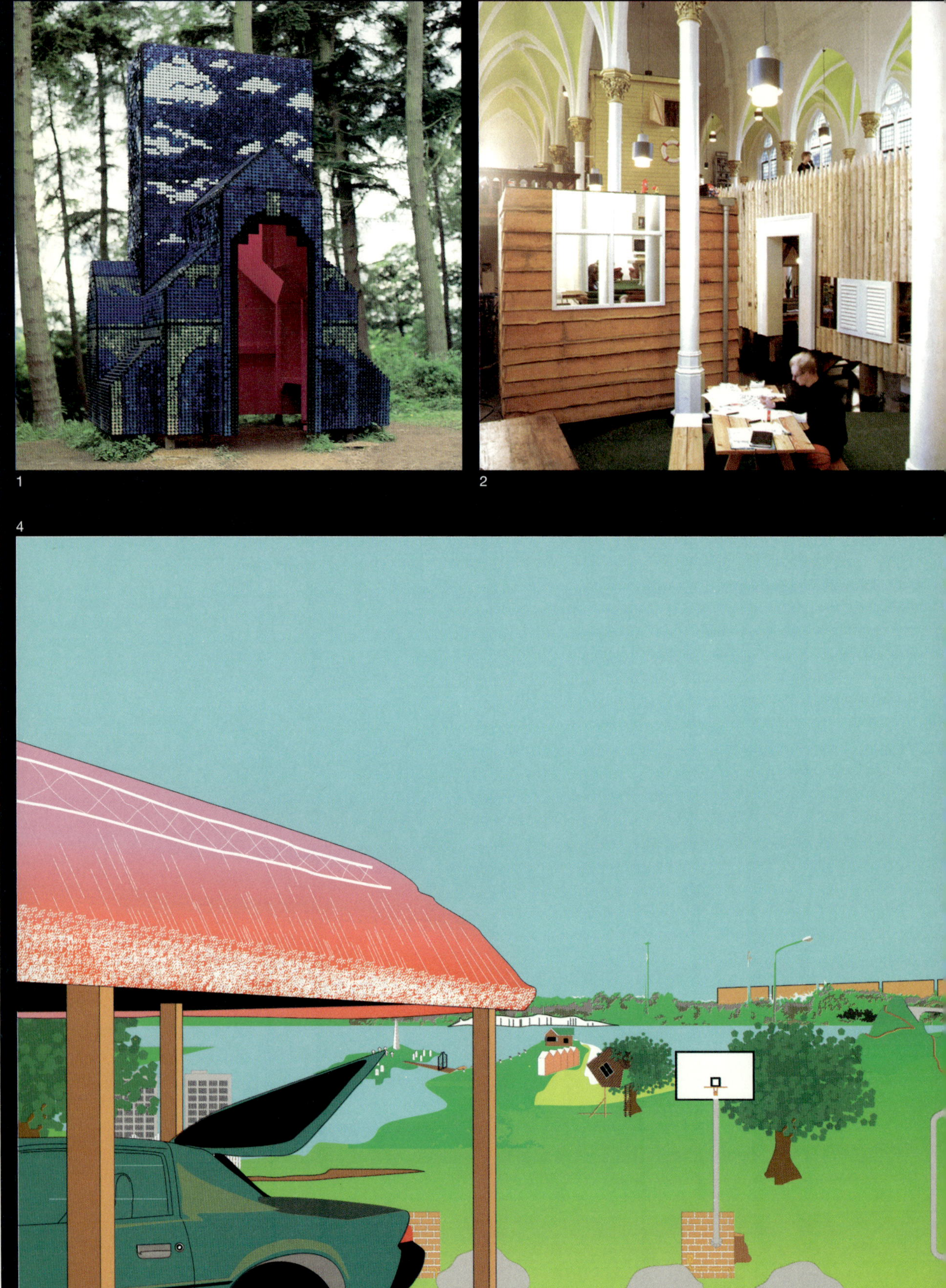

1

2

4

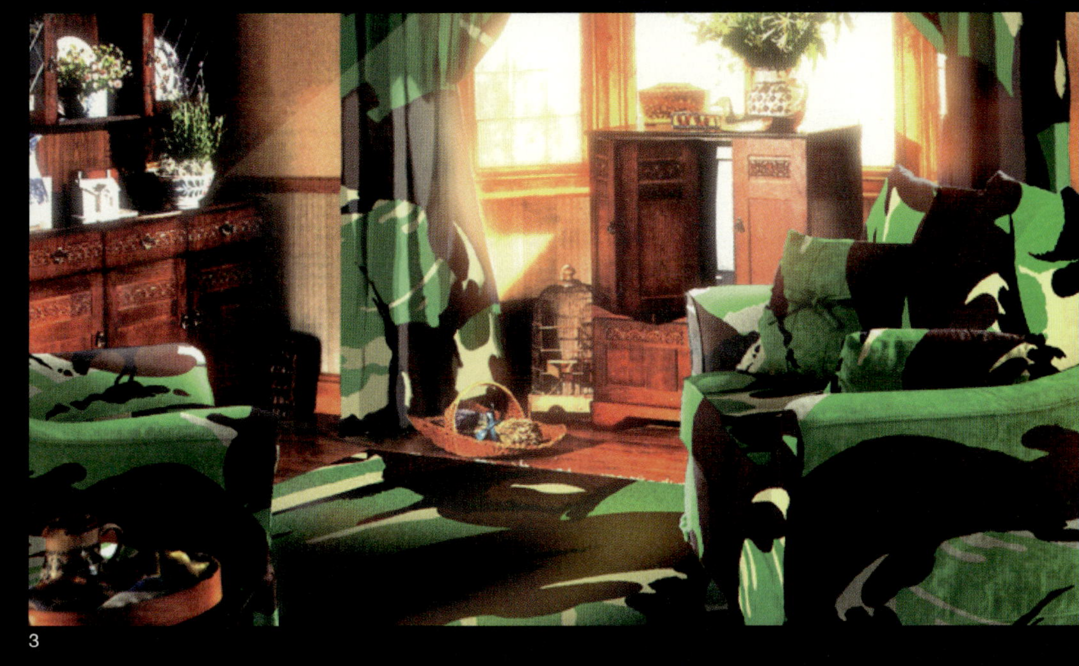

3

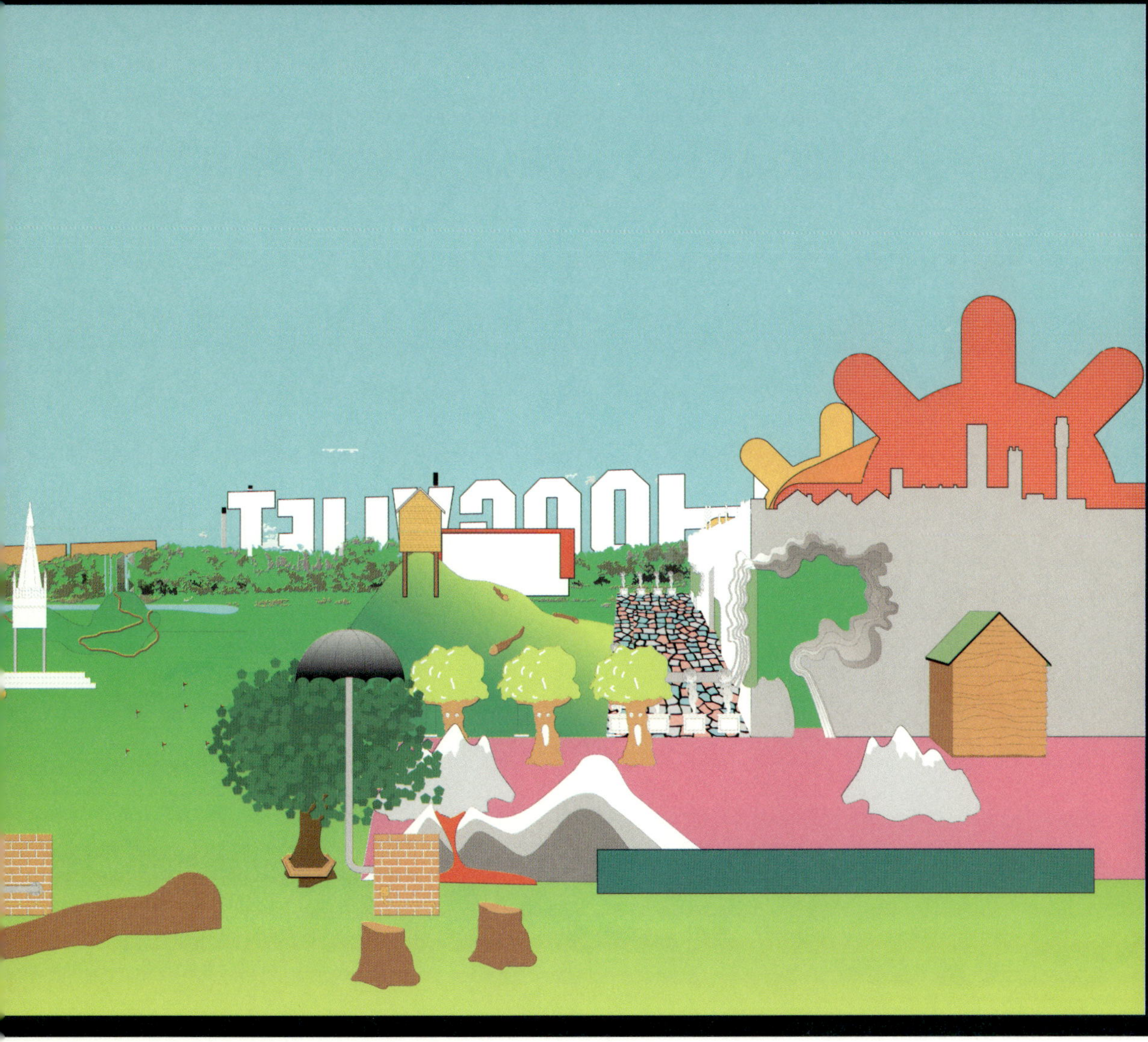

Een rechter in Houston gaf het programma *Frontline* van de publieke omroep toestemming tot het opnemen van de beraadslagingen van de jury in een zaak van een zeventienjarige die terechtstond voor moord en tot de doodstraf veroordeeld kon worden. De rechter gebruikte het argument dat de jurykamer als een 'heiligdom' 'in mysterie was gehuld'. Het openstellen van de beraadslagingen voor één robotachtige camera (en niet voor een live uitzending) zou misschien de delicate onderhandelingen demystificeren, zonder in te grijpen in het proces van argumenteren, zonder effect op de juryleden (die ermee zouden moeten instemmen om gefilmd te worden – een hoofdartikel in de *New York Times* keerde zich dan ook tegen de aanwezigheid van de camera onder de titel 'de dertiende getuige'). Men ging er niet vanuit dat de 'aanwezigheid' van opnameapparatuur het 'optreden' van meer of minder dynamische juryleden zou veranderen of dat het recht op de openbaarheid van een proces (denk aan de uitzendingen van het O.J. Simpson-spektakel of het proces tegen Slobodan Milosevic bij het Tribunaal voor Oorlogsmisdaden) zich zou uitstrekken tot de overwegingen in het proces zelf, waarin de beslissing, zoals *The Times* in een hoofdartikel schreef, 'wordt genomen "op een openbaar podium" in plaats van, zoals het geval is met betrekking tot het uitbrengen van een stem, te worden gelijkgesteld aan "een burgerplicht die privé wordt uitgeoefend".' In een atmosfeer van toezicht vooraf zou juist het gebrek aan zichtbaarheid verdacht kunnen worden. De publieke televisie vervulde in feite een pioniersrol met betrekking tot het zeer succesvolle genre met de twaalfdelige documentaire *An American Family* uit 1973 die de familie Loud volgde in een poging om het ingewikkelde emotionele leven in complexe gezinsinteracties vast te leggen. Aan de ene kant was het een invasie van de privacy en aan de andere kant een met toestemming gemaakte documentaire over gezinsdynamiek en er bestond weinig twijfel dat het effect van het 'reality' genre op het publiek invloed had op de notie dat 'de hele wereld een podium' is en dat zichtbaarheid op zichzelf een potentiële waarde is die maar al te gemakkelijk tot zijn eigen ondergang kan leiden (zoals in Prinses Diana's aanpak om zoveel mogelijk aandacht van de media te genereren voor maatschappelijke misstanden, die paradoxaal genoeg uiteindelijk tot gevolg had dat ze het slachtoffer werd van de fanatieke aandacht van de media voor haar persoonlijke activiteiten).

Deze verschuiving van ervaring naar zichtbaarheid komt voor in allerlei vormen. Kort geleden zond de VARA, een publieke Nederlandse zendgemachtigde, de film *Necrocam* uit waarin een stervend personage als laatste wens een webcam in zijn kist wil hebben. (www.omroep.nl/vara/necrocam). De laatste scène van een in ontbinding gerakend gezicht, gefilmd door mensen in een doodskist waarin de temperatuur gereguleerd werd ter versnelling van het ontbindingsproces, is een obsederend vooruitzicht naar een vorm van zichtbaarheid waarin processen ervaringen verdringen. 'Wat deze film voor elkaar heeft gekregen', schrijft Matthew Mirapaul van Arts on-Line in de *New York Times*, 'is dat hij laat zien hoe de hedendaagse cultuur van technologie doordrongen is, met inbegrip van het Internet. Dit is het dagelijks leven van onze jeugd. De jonge mensen in de film communiceren door middel van boodschappen online, spelen computerspelletjes en leggen hun geloftes vast met een videocamera in plaats van met een in bloed gedoopte ganzenveer. Voor hen is de technologie een verlengstuk van het leven. Het is dus niet meer dan logisch dat cyberspace ook een rol zou gaan spelen

are mediated, narrativized, or in which the borders between science and entertainment, reality and virtualization, increasingly blur while audiences find authentication in brute experiences of actuality.

The life and death discourse has led the media to shield experience from horror and simultaneously to be relentless witness to it. The live 9.11 coverage is an exemplary case study in this. Unpredictable events simply showered the airwaves with events while an ad hoc approach to the events was cobbled together. Much of the editorializing emerged in the differentiation between collective and individual events. While images of the planes looped endlessly (with new footage arriving constantly), the 'siege' of the buildings led to scores of jumpers. With cameras trained into the burning floors, the debris extended to people leaping from the inescapable floors above the crash sites. Though several were shown, the networks quickly pulled coverage of the spectacle of individual agents faced with what seemed no alternative but to leap. In this sense, the avoidance of private horror could be minimized while public terror could provide the politically galvanizing difference between the individual experience of grief and the social experience of solidarity.

Under the nearly crushing gravity of omnivorous surveillance systems social communication (in any number of forms) threatens to become a trace in an invisible profiling system whose algorithms mine for patterns. In this sort of Orwellian environment human agency and activity is suspect and whose consequence could logically drive us into deeper secrecy, away from confronting the new sphere in which information is less empowering than dangerous. Yet the oscillating discourses of secrecy and transparency seem to have found an audience in a sheer interest in encountering experiences in more and more direct forms. In the media field experience comes in the faux forms of feedback, interactivity, instantaneity. In the entertainment field it experience comes in the form of 'reality' shows whose entry into experience comes in ever intimate forms. These mediated experiential forms, like those hinted at above are easily multiplied through nearly every facet of contemporary experience in which 'real time' has come as a surrogate for lived time. In this sense one can understand the fascination with peering into the jury room, the coffin, the autopsy, the horrific event – themselves emerging in creative practices that, as Marcuse suggested 'subjects reality to laws other than the established ones ...' – and that offer ways of reasserting experiences deeply integrated in the human condition.

- Herbert Marcuse, 'Repressive Tolerance,' in: Robert Paul Wolf, Barrington Moore, Jr., Herbert Marcuse, *A Critique of Pure Tolerance*, Boston 1969, p. 89
- Todd Gitlin, *The Whole World is Watching*, Berkeley 1980, p. 246
- Herbert Marcuse, *The Aesthetic Dimension*, Boston 1978, p. 7
- Armand Mattelart, *Networking the World 1794-2000*, Minneapolis 2000, p. 120
- Paul Virilio, 'The Media Coup d'Etat', *Le Monde Diplomatique*, 1 May 1994, unpaginated
- Regis Debray, *Media Manifestos*, New York 1996, p. 35
- David Johnson, David Post, 'Laws and Borders,' in: Peter Ludlow (ed.), *Crypto Anarchy, Cyberstates and Pirate Utopias*, Cambridge 2001, p. 146
- Anthony Negri and Michael Hardt, *Empire*, Cambridge 2001, p. 10
- Gilles Deleuze, 'Postscript on the Societies of Control,' from *October* 59, Winter 1992, Cambridge, p. 7
- Eric Raymond, *The Cathedral and the Bazaar*, Sebastopol ca. 1999, p. 226

Ralph Kämena, fragment from *Sliding*, 2003

202-203

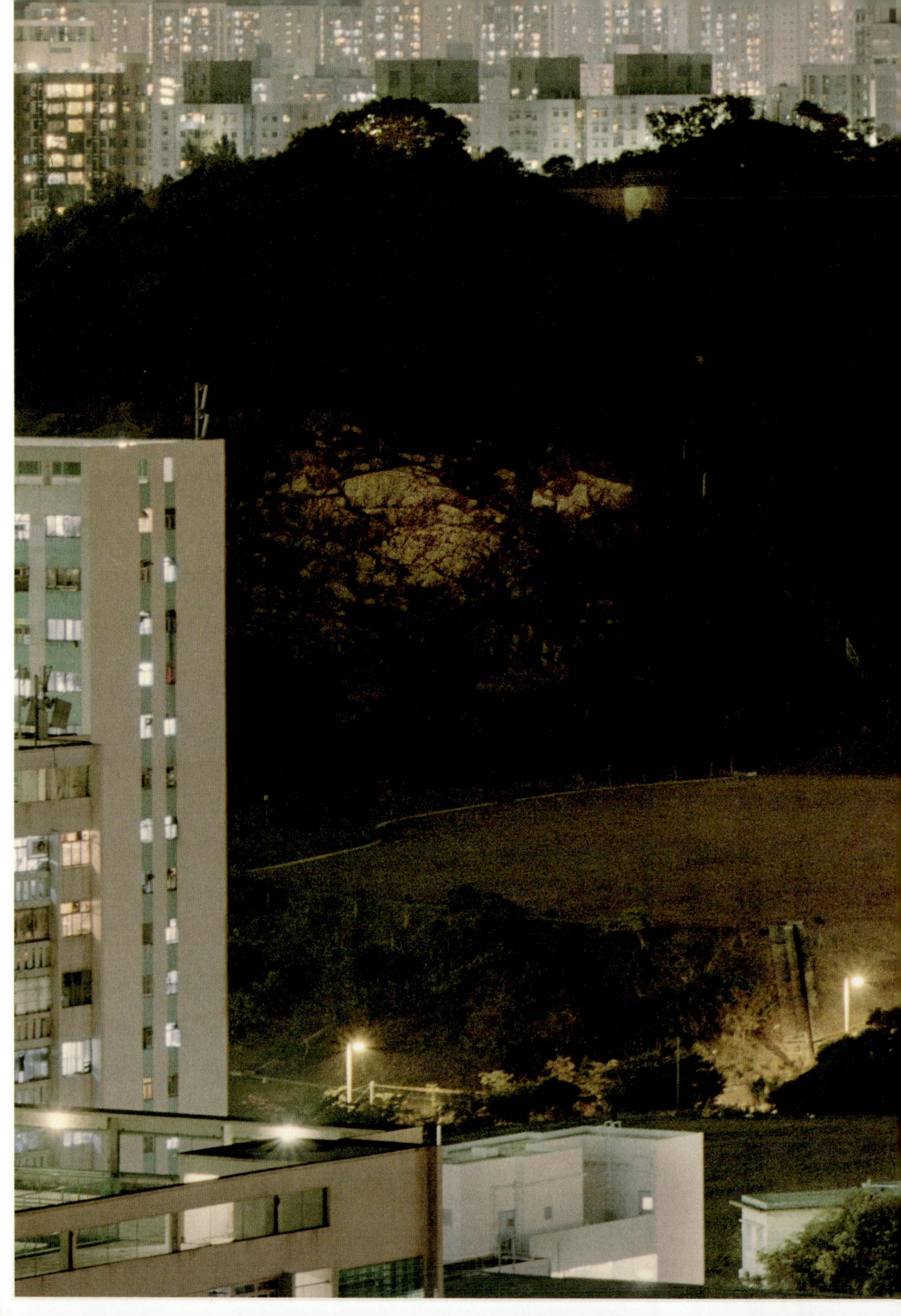

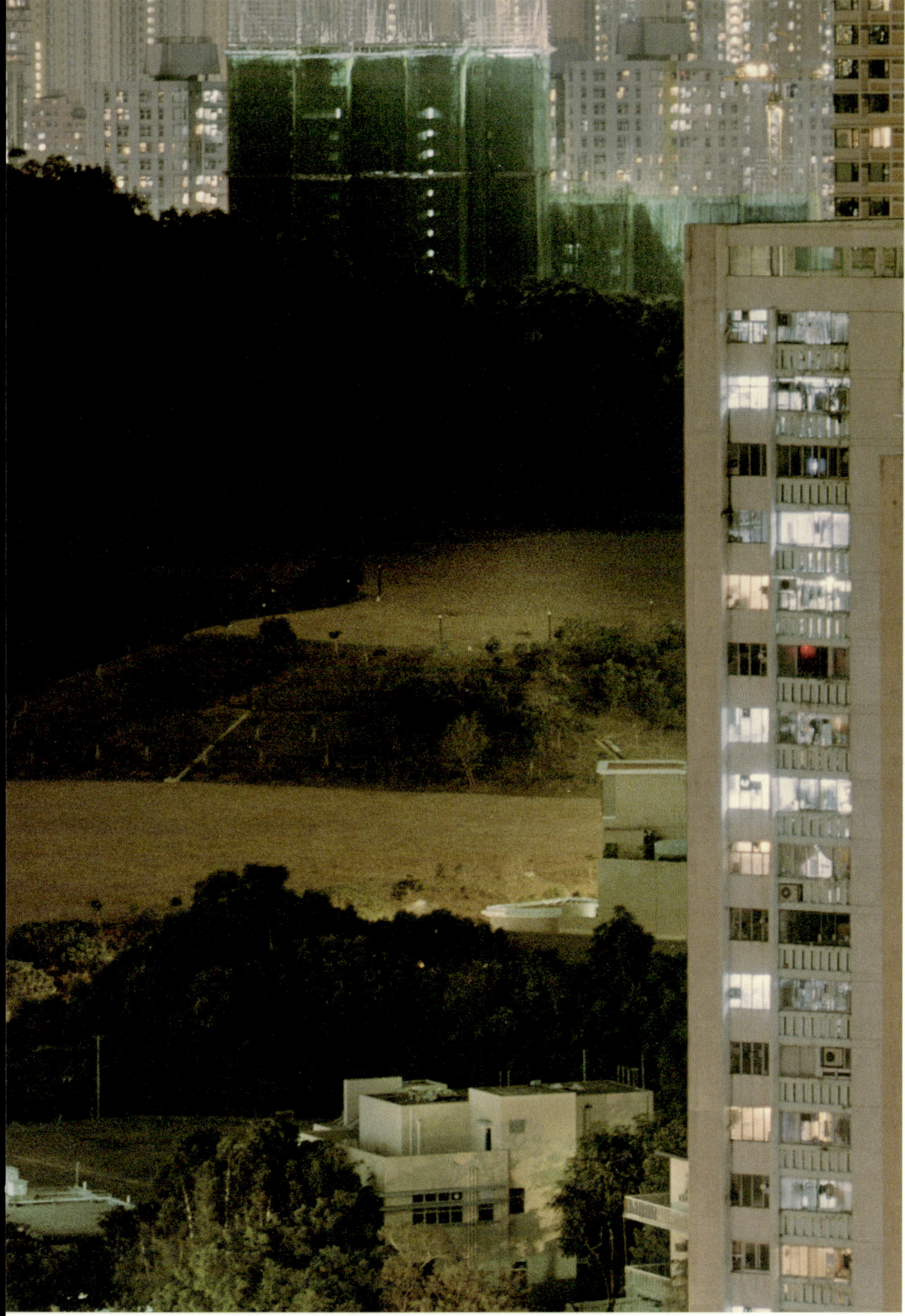

"Kinderen en foto's kunnen niets verbergen. Je ziet de vragen in haar ogen en dat zet je aan het denken. Je kunt er lang naar kijken. Waarom? Ze is een symbool van alle vragen die we over de wereld hebben. We vragen ons ook af waarom de dingen gaan zoals ze gaan . . ."

"Children and pictures cannot hide any-thing. You see the questions in her eyes which make you think. You can watch it for a long time. 'Why?' She is a symbol for all the questions we have about this world. We also ask ourselves why the things hap-pen as they do • • •

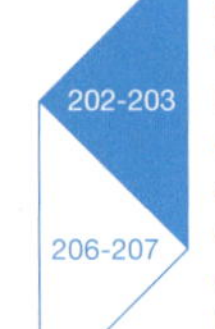

Ralph Kämena bouwde samen met het Rotterdamse ontwerpbureau **Schie 2.0** twee video-installaties, waarin de bezoeker een geïntensiveerde grootstedelijke ervaring wordt geboden. Het gaat om twee kijkdoosachtige ruimten, waar de bezoeker zich in begeeft. Het bescheiden formaat van de 'dozen' zorgt ervoor dat deze niet al te veel afstand tot het beeld kan nemen, dat van buitenaf, dus in 'doorzicht', op de afzonderlijke dozen wordt geprojecteerd. In de ene doos wordt een video getoond van uit de heup geschoten opnames van het verkeer in Caïro, zodanig dat men het gevoel krijgt midden op de weg te staan en bijna te worden overreden. De andere projectie bestaat uit een gedurende zes uur gemaakte beeldenreeks van een muur in een steeg tussen twee wolkenkrabbers in Hongkong. De camera strijkt langs de muur, waardoor een sterk vertekend, subjectief beeld ontstaat. De afzonderlijke opnamen zijn later tot een bewegend videobeeld gemonteerd. Beide foto/video-installaties stellen de vraag naar de verschillen tussen 'echte' en gemedialiseerde ervaringen op scherp.

Ralph Kämena constructed two video installations together with the Rotterdam-based design and urban planning office **Schie 2.0** in which the visitor is confronted with an intensified big-city experience. The visitor enters two peepshow-like spaces. The modest dimensions of the 'boxes' mean that the visitor cannot stand back too far from the image, which is projected into the respective boxes from outside, like a 'transparency'. In one box there is a video showing footage of traffic in Cairo, 'shot from the hip' so that viewers feel they are standing in the middle of the road and will almost get knocked down. The other projection consists of a series of images of a wall in an alley between two skyscrapers in Hong Kong shot over a period of six hours. The camera skims along the wall, resulting in a highly distorted, subjective image. The individual shots were then mounted as a moving video. These two photo/video installations focus attention on the question of the differences between 'real' and mediatized experiences.

202-203
206-207

Ralph Kämena, fragment from *Sliding*, 2003

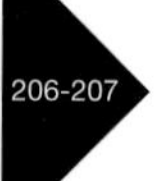
206-207

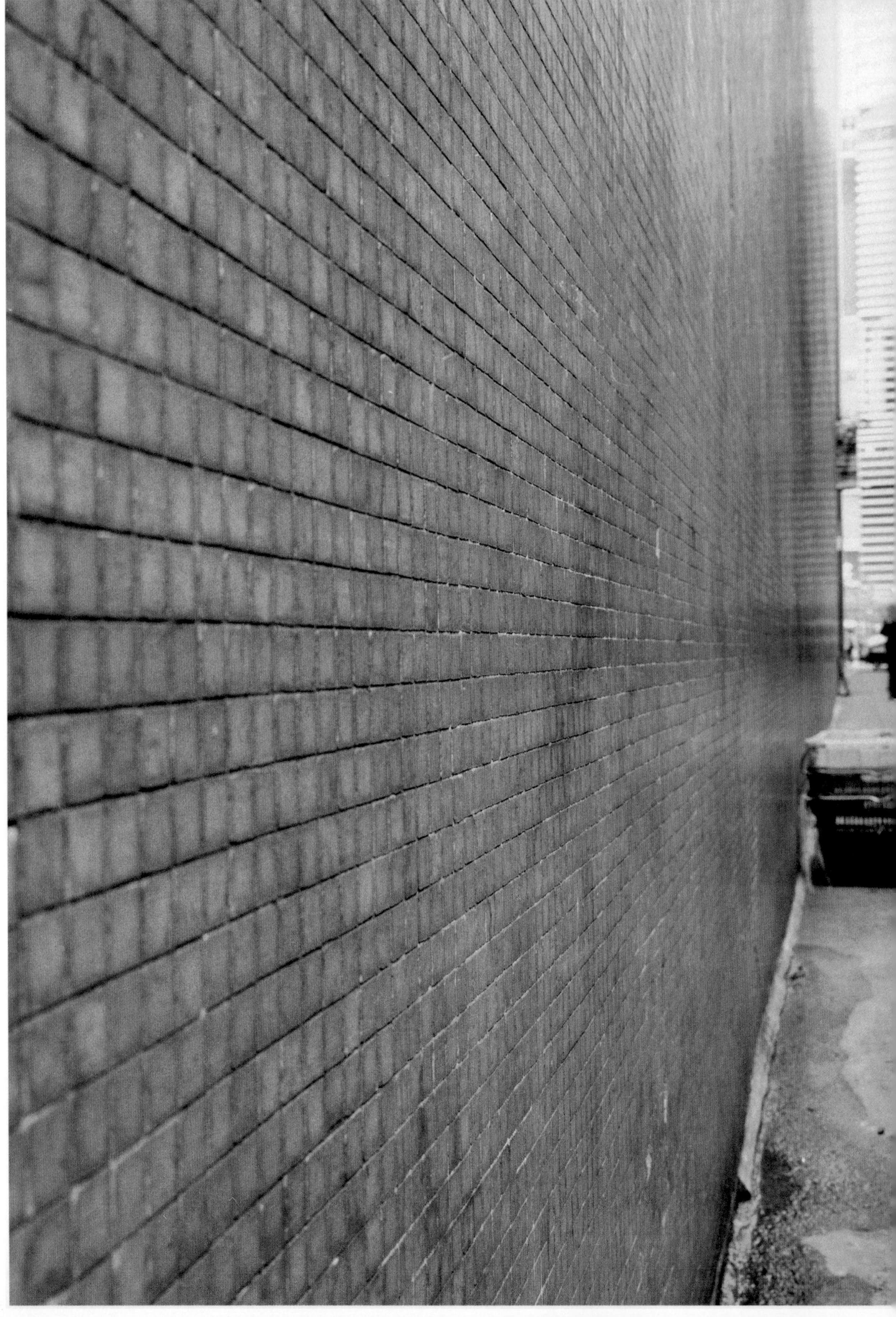

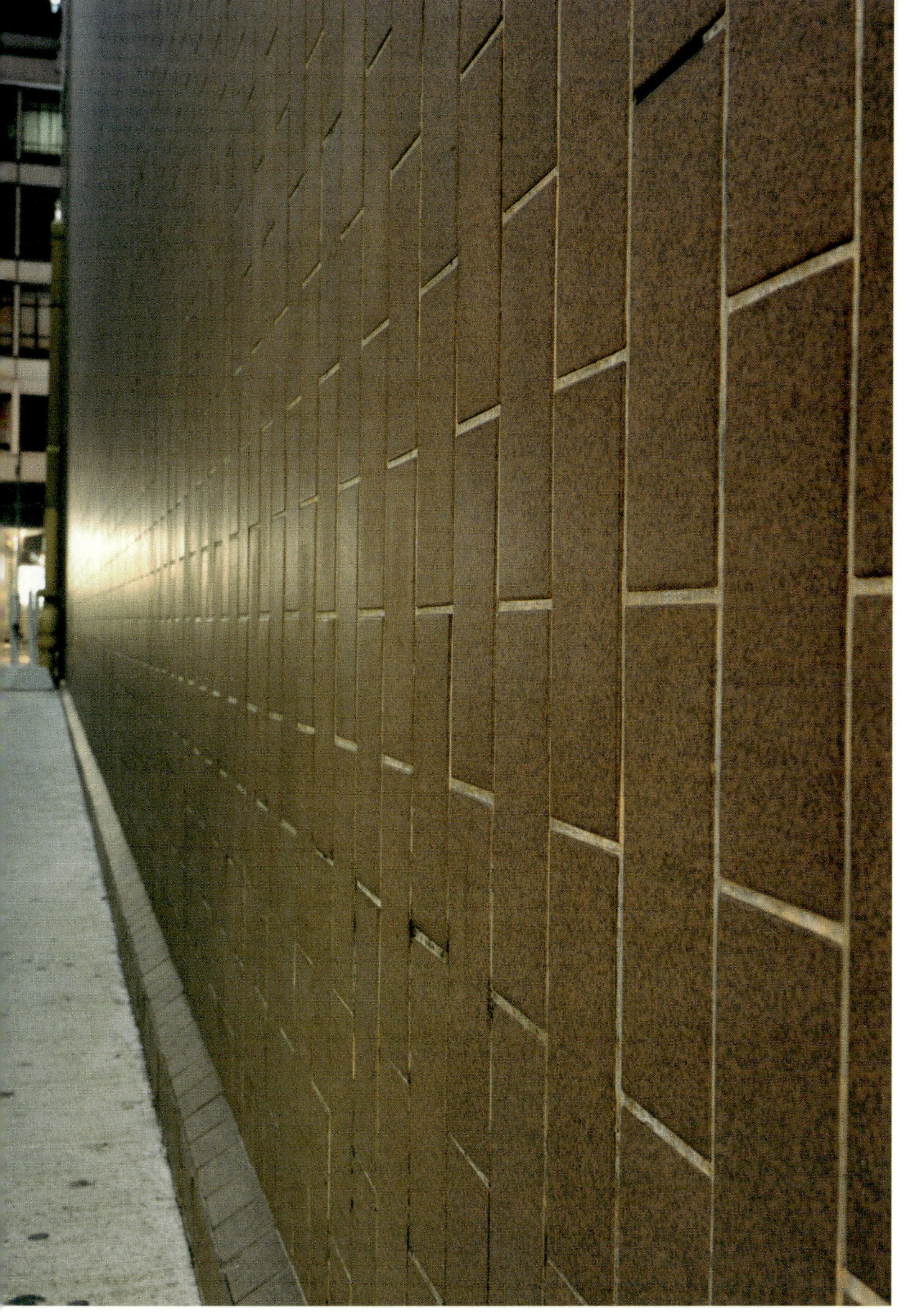

in de dood.' (25 november 2002) Mirapauls tekst vertelt ook dat er zeer serieus overwogen is om een camera te plaatsen in de doodskist van een collegakunstenaar die daadwerkelijk doodging – een plan dat uiteindelijk niet werd uitgevoerd.

Het is dus niet verwonderlijk dat het beeld van een lijk in een kist een afstotelijk beeld van het lichaam zou kunnen opleveren. Maar ironisch genoeg is de ervaring van het dode lichaam zelf daadwerkelijk een spectaculaire gebeurtenis geworden. Tijdens de tentoonstelling *Body Worlds* in de Atlantic Gallery in Londen voerde Gunther von Hagen, wiens ensceneringen van 'geplastineerde' lijken een aantal geweldig succesvolle tentoonstellingen door heel Europa zouden opleveren, op 20 november 2002 in het openbaar een autopsie uit in een publiek toegankelijke ruimte en in aanwezigheid van zo'n 500 betalende bezoekers (en media). 'In een doorlopende enquête', zo staat het op de website van *Body Worlds* (www.bodyworlds.com), 'stemde een zeer grote meerderheid van bezoekers aan *Body Worlds* voor een openbare autopsie.' Voor een kunstwereld die vaak wanhopig op zoek is naar authentieke ervaring is Hagens werk een provocatie: de perverse lijken – deels medische wetenschap, deels performance, deels sculpturen, deels proefpersonen – tonen de breuklijnen in een morbide fascinatie. Dat de tentoonstellingen zulke overweldigende hoeveelheden bezoekers trokken maakt duidelijk dat de beeldwereld kan worden uitgebreid naar het domein van het materiële, waar ervaringen gemediatiseerd en tot een verhaal gemaakt worden, of waarin de grenzen tussen wetenschap en entertainment, werkelijkheid en virtualisering, in stijgende mate vervagen en het publiek vindt de bevestiging, de 'echtheidsverklaring', in wrede ervaringen van de werkelijkheid.

Het debat over leven en dood heeft ertoe geleid dat de media de ervaring afschermen van horror, terwijl ze er tegelijkertijd de meedogenloze getuigen van zijn. Het *live* verslag van 9/11 is in deze context een exemplarisch geval. Onvoorspelbare gebeurtenissen overspoelden werkelijk de tv-golven, terwijl tegelijkertijd een ad hoc benadering ervan in elkaar werd geknutseld. Veel van de regie uitte zich in de differentiatie tussen collectieve en individuele gebeurtenissen. Terwijl beelden van de vliegtuigen aan één stuk door herhaald werden (en er constant nieuwe werden aangevoerd) leidde de 'belegering' van de gebouwen ertoe dat een groot aantal mensen uit de ramen sprong. Met camera's gericht op de brandende verdiepingen werden bij de beelden van de puinhopen ook de mensen opgenomen die naar beneden sprongen vanaf de etages boven die waar de vliegtuigen zich in de gebouwen hadden geboord en waaruit niet meer te ontsnappen viel. Hoewel er een aantal werden getoond hielden de omroepen het spektakel buiten beeld van individuen voor wie het enige alternatief naar beneden springen leek. Op deze manier kon het afbeelden van persoonlijke gruwelen zoveel mogelijk worden vermeden, terwijl de algemene ontzetting het politiek geladen verschil kon uitmaken tussen de individuele uiting van verdriet en de sociale ervaring van solidariteit.

Onder de welhaast verpletterende zwaartekracht van omnivore bewakingssystemen dreigt sociale communicatie (in alle denkbare vormen) te verworden tot een spoor in een onzichtbaar systeem van het verzamelen van gegevens waarvan de algoritmes op zoek zijn naar patronen. In dit soort Orwelliaanse omgeving is ieder menselijk handelen, iedere menselijke activiteit, verdacht en als gevolg daarvan zouden we logischerwijs `

left page
Stefan Römer, *Installation view, (Corporate Psycho Ambient)*, Gallery Ursula Walbroel, Düsseldorf, 1999

210-211

right page
Stefan Römer, *Don't forget Love-Series*, Graffiti, Munich, 1998

Stefan Römer, *Don't forget Love-Series*, Graffiti: 'To let 0 m^2 580 Marks to single german blonde only', Cologne, 1991

A person comes home and checks his answering machine. While listening to the messages, he leafs through art and fashion magazines and books.

(Excerpt from the filmsound)

The answering machine beeps.

(Male voice)
So I dialled the wrong number again, eh, you fucking wanker?

(Beep)

You're an asshole and you'll always be one. You keep sayin' that I'm dialin' the wrong fucking number here? You fucking wanker. You are with Ute now after all, aren't you? Wanna make a fool out an old man, izzat what you want? You shitface.

(Radio noises in the background)

Just go on say who is Roemer, say who I am. And who my daughter is, yo fuckin' wanker. My daughter don't want do be 'round you, no. Just go a head, go ask her who she is anyways, fucker. So? You shitface, whatch want me to do? If my little girl has business, or, or, or trouble with the famil you wanker, why you keep messing round? You stupid wanker. And yo askin' me who I am. Your daughter doesn't want to anyways. Just go ahea tell me who you are, you wanker. You want me to come over? I'm watchi you all right, asshole. You're 38 year old you still studyin' just like my daugh ter, never worked a single day in your life, and now you wanna fuck wit daddy, hu? You have a dad, or haven't you? Tell me who you are, yo fuckin' wanker. Just hang up if you like. This is all about justice, you fucki asshole.

Beep.
[...]

(Translation: Clemens Krümmel

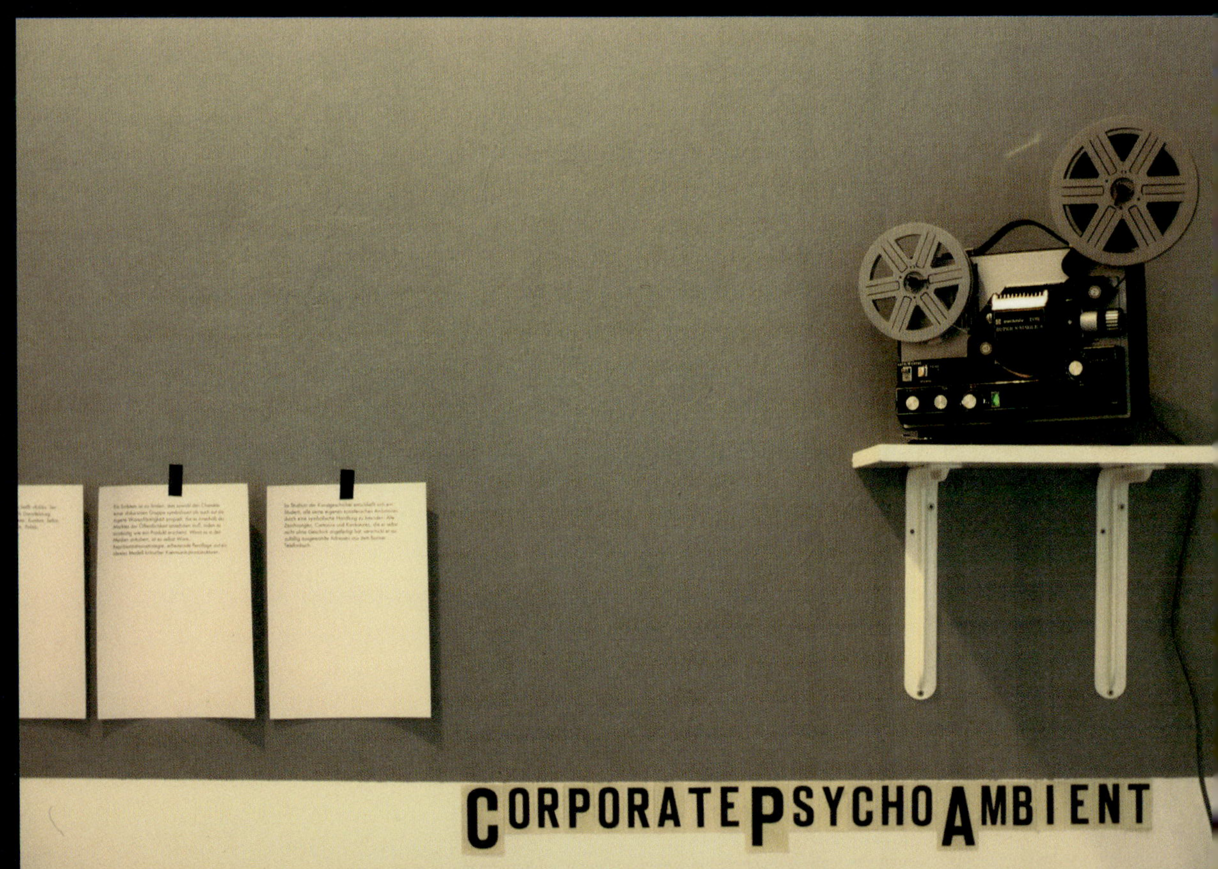

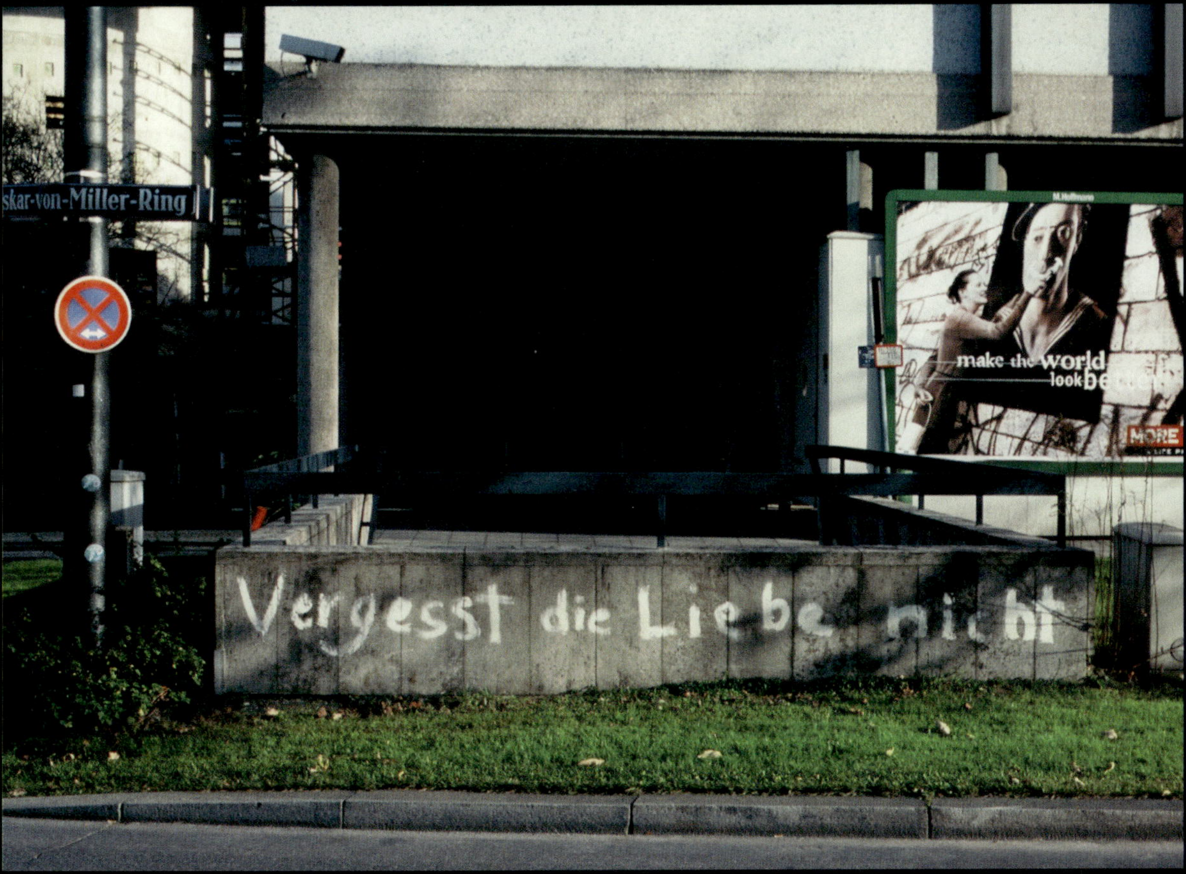

skar-von-Miller-Ring
make the world
look better
MORE
Vergesst die Liebe nicht

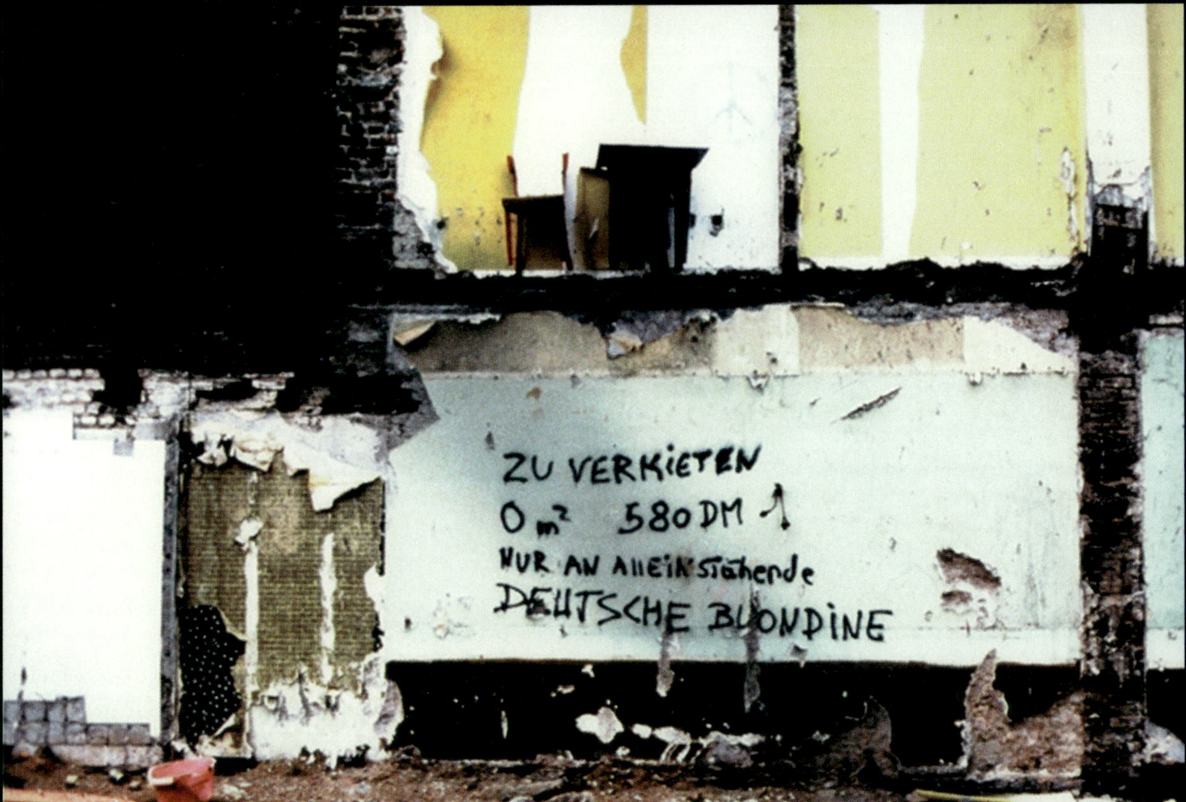

ZU VERKIETEN
0 m²   580 DM
NUR AN AlleiN'stehende
DEUTSCHE BLONDINE

onder steeds grotere geheimhouding gaan opereren, weg van het confronterende nieuwe domein waar informatie je niet sterker maakt, maar juist gevaar oplevert. Toch lijken de dialogen die zich heen en weer bewegen tussen verborgenheid en transparantie een publiek te hebben gevonden, louter en alleen vanwege de interesse in de confrontatie met ervaringen in steeds directere vorm. Op het gebied van de media neemt die ervaring de verraderlijke vormen aan van feedback, interactiviteit, onmiddellijkheid. Op het vlak van entertainment manifesteert de ervaring zich in vormen als 'reality' shows die op steeds intiemere manieren onze ervaring binnendringen. Deze gemediatiseerde ervaringsvormen worden, net als die welke hierboven werden aangestipt, gemakkelijk verveelvoudigd dwars door ieder facet van de eigentijdse ervaring heen, waarin 'real time' een surrogaat is geworden voor geleefde tijd. In deze zin kan men de fascinatie begrijpen die uitgaat van het gluren in de jurykamer, de doodskist, de autopsie, de gruwelijke gebeurtenis – die zich op hun beurt manifesteren in een creatieve praktijk die, zoals Marcuse suggereerde, 'de werkelijkheid laat beantwoorden aan andere dan de vastgestelde wetten...' en manieren aanreikt om ervaringen te herijken die diep in het menszijn verankerd liggen.

- Herbert Marcuse, 'Repressive Tolerance', in: Robert Paul Wolf, Barrington Moore jr., Herbert Marcuse, *A Critique of Pure Tolerance*, Boston 1969, p. 89
- Todd Gitlin, *The Whole World is Watching*, Berkeley 1980, p. 246
- Herbert Marcuse, *The Aesthetic Dimension*, Boston 1978, p. 7
- Armand Mattelart, *Networking the World 1794-2000*, Minneapolis 2000, p. 120
- Paul Virilio, 'The Media Coup d'Etat', *Le Monde Diplomatique*, 1 mei 1994, z.p.
- Regis Debray, *Media Manifestos*, New York 1996, p. 35
- David Johnson, David Post, 'Laws and Borders', in: Peter Ludlow (red.), *Crypto Anarchy, Cyberstates and Pirate Utopias*, Cambridge 2001, p. 146
- Anthony Negri, Michael Hardt, *Empire*, Cambridge 2001, p. 10
- Gilles Deleuze, 'Postscript on the Societies of Control', in: *October* 59, winter 1992, Cambridge, p. 7
- Eric Raymond, *The Cathedral and the Bazaar*, Sebastopol ca. 1999, p. 226

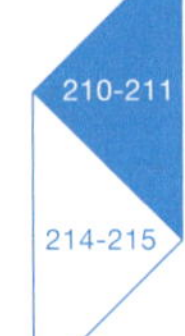
210-211

214-215

Sinds een paar jaar gaat al mijn werk over één thema, stelt de jonge Duitse kunstenaar/theoreticus **Stefan Römer**. 'Het gaat over de structurele verandering van de publieke ruimte in een commerciële ("corporate") ruimte, hetgeen inhoudt dat die ruimte geprivatiseerd is, door economische factoren wordt beheerst en gericht is op "events": dit is de "ambient" publieke ruimte (die niet publiek meer is).' Römer zet zijn stellingname ten aanzien van de oprukkende, vaak als 'neutraal' ervaren beeldcultuur neer in intelligent gemaakte filmpjes, die niet zelden gebruik maken van een zeer droge humor, en in theoretische publicaties. *Corporate Psycho Ambient* is een op super 8 gedraaid filmpje van achttien minuten, waarin iemand eindeloos door eigentijdse glossies bladert. Op de achtergrond horen we het geluid van een antwoordapparaat waarop de stem van een oudere man, die de geadresseerde voortdurend verwensingen naar het hoofd slingert.

The young German artist/theoretician **Stefan Römer** states that all his work over the last few years has been about one particular theme: 'It is about the structural transformation of the public space into a commercial ("corporate") space, which entails the privatization of that space, which is then governed by economic factors and is focused on "events": this is the "ambient" public space (which is no longer public).' Römer has expressed his views regarding the onward and upward march of a visual culture that is often perceived as 'neutral' in intelligently structured short films which often make use of extremely dry humour, as well as in publications on theory. *Corporate Psycho Ambient* is a short film recorded on Super 8 and lasting eighteen minutes in which someone leafs incessantly through modern glossies. In the background we hear the sound of an answering machine with the voice of an old man who unceasingly throws curses at the person he is addressing.

left page
Stefan Römer, *Installation view: Don't forget Love-Series*, Kunstverein Munich, 1998

Stefan Römer, *Installation view: Don't forget Love-Series*, Kunstverein Munich, 1998

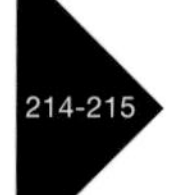

right page
Stefan Römer, *Corporate Psycho Ambient, Landscape (Eifel)*, 2000

Stefan Römer, *Corporate Psycho Ambient, Landscape (Dresden)*, 2000

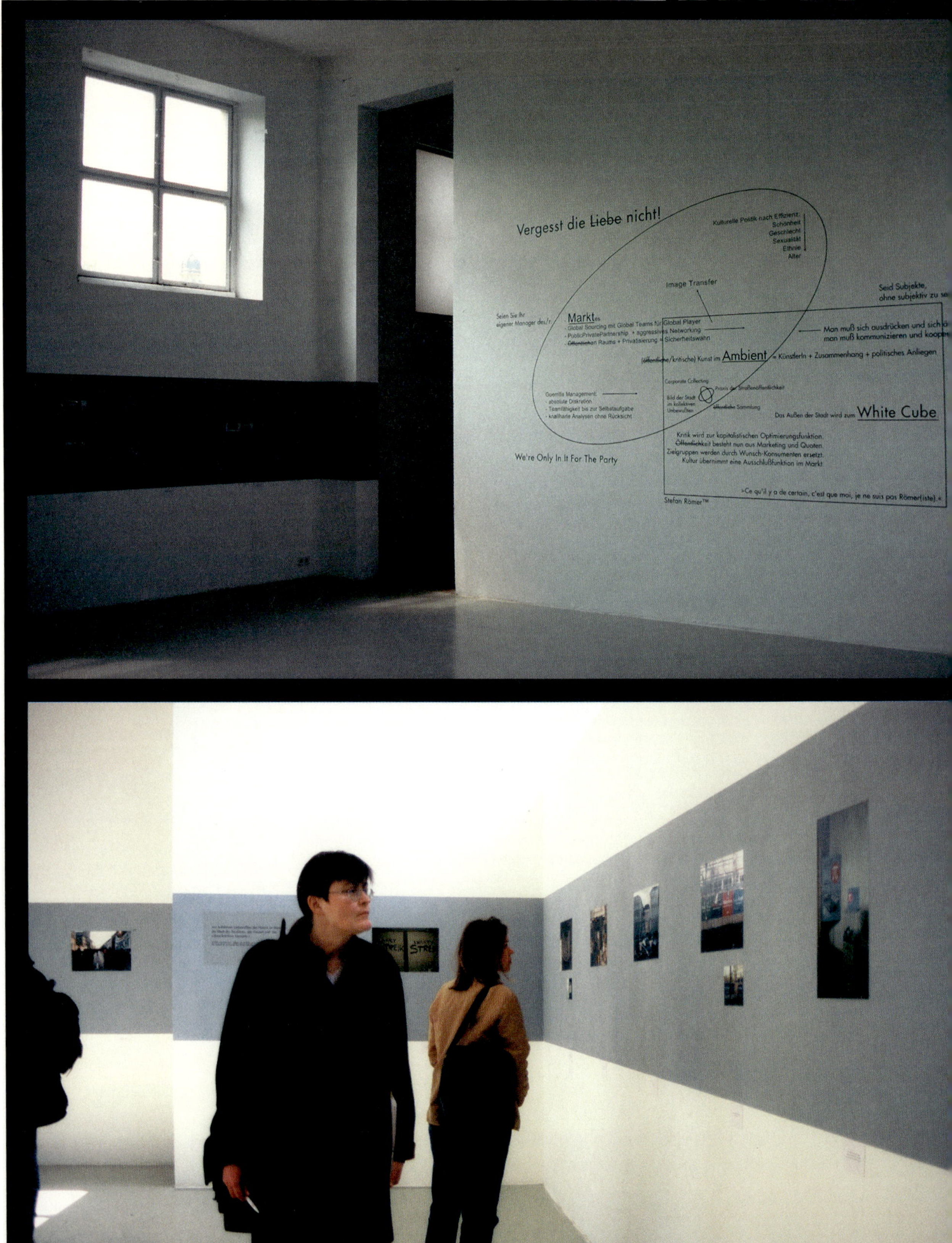

Vergesst die Liebe nicht!
Kulturelle Politik nach Effizienz,
Schönheit
Geschlecht
Sexualität
Ethnie
Alter
Image Transfer
Seid Subjekte,
ohne subjektiv zu se
Seien Sie Ihr
eigener Manager des/r
Markt es
- Global Sourcing mit Global Teams für Global Player
- PublicPrivatePartnership + aggressives Networking
- Öffentlichen Raums + Privatisierung + Sicherheitswahn
Man muß sich ausdrücken und sich
man muß kommunizieren und koope
(öffentliche/kritische) Kunst im Ambient = KünstlerIn + Zusammenhang + politisches Anliegen
Corporate Collecting
Praxis der Straßenöffentlichkeit
Bild der Stadt
im kollektiven
Unbewußten
öffentliche Sammlung
Das Außen der Stadt wird zum White Cube
Guerilla Management:
- absolute Diskretion
- Teamfähigkeit bis zur Selbstaufgabe
- knallharte Analysen ohne Rücksicht
Kritik wird zur kapitalistischen Optimierungsfunktion.
Öffentlichkeit besteht nun aus Marketing und Quoten.
Zielgruppen werden durch Wunsch-Konsumenten ersetzt.
Kultur übernimmt eine Ausschlußfunktion im Markt.
We're Only In It For The Party
»Ce qu'il y a de certain, c'est que moi, je ne suis pas Römer(iste).«
Stefan Römer™

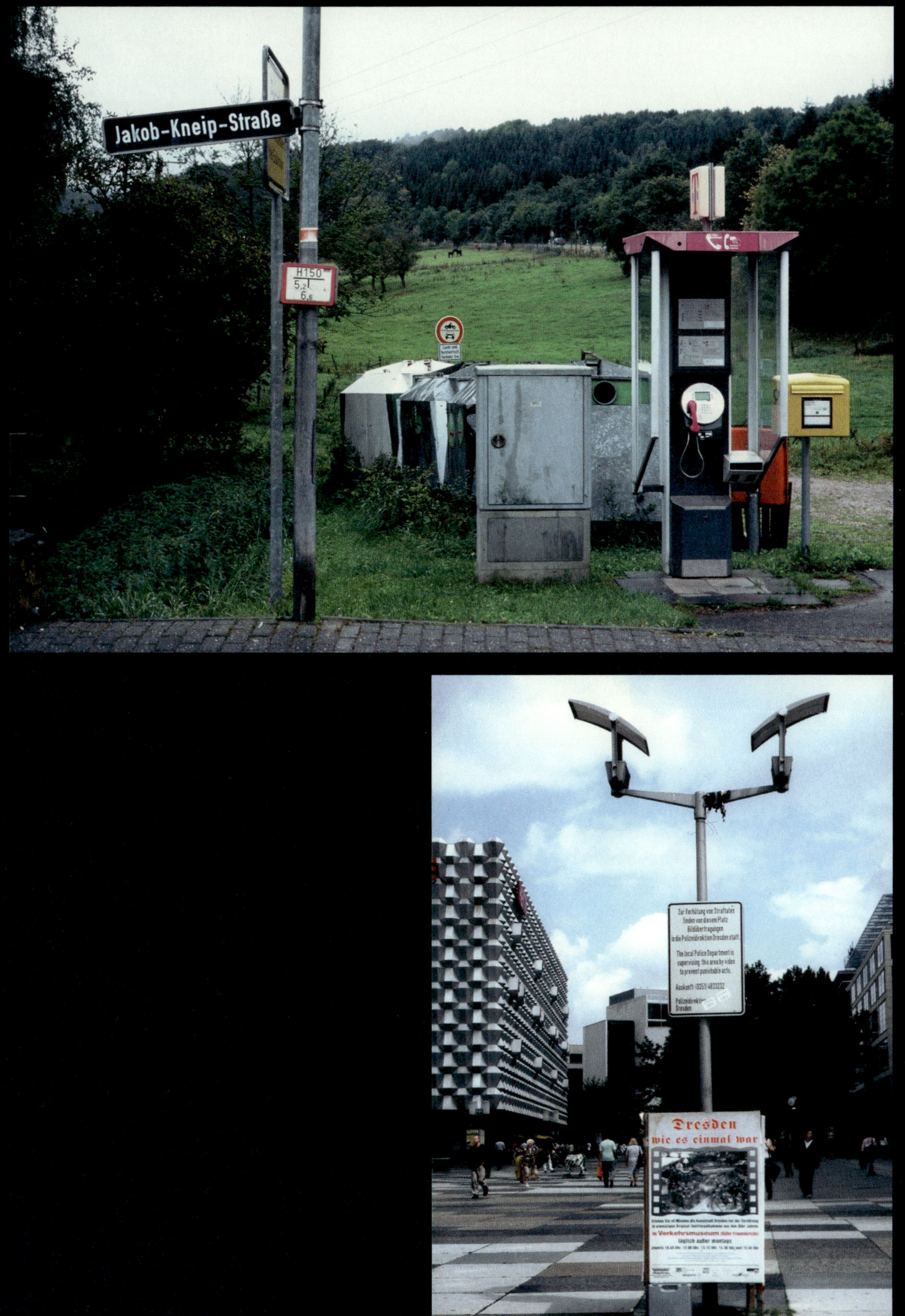

Jakob-Kneip-Straße
H150
5,2
6,6
Zur Verhütung von Straftaten
finden von diesem Platz
Bildübertragungen
in die Polizeidirektion Dresden statt.
The local Police Department is
supervising this area by video
to prevent punishable acts.
Auskunft (0351) 4833232
Polizeidirektion
Dresden
Dresden
wie es einmal war
in Verkehrsmuseum
täglich außer montags

"Wist je dat ze in de oorlog spionnen erop trainden om meteen weer te worden vergeten, om het soort persoon te worden waarvan niemand zich echt herinnert hoe hij eruit zag? Nou, zo zijn deze foto's voor mij . . ."

"You know, they used to train spies in the war to be instantly forgettable, the kind of person that nobody quite remembers what they looked like. Well, that's what these pictures are to me . . ."

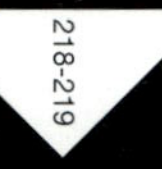

Magazines: *Addict, Commons & Sense, lab04, Neo 2, Permanent Food, Pulp, Purple, Remined, Tank, Wish u were here xxx, Zingmagazine*
Photography: Edo Kuipers

218-219

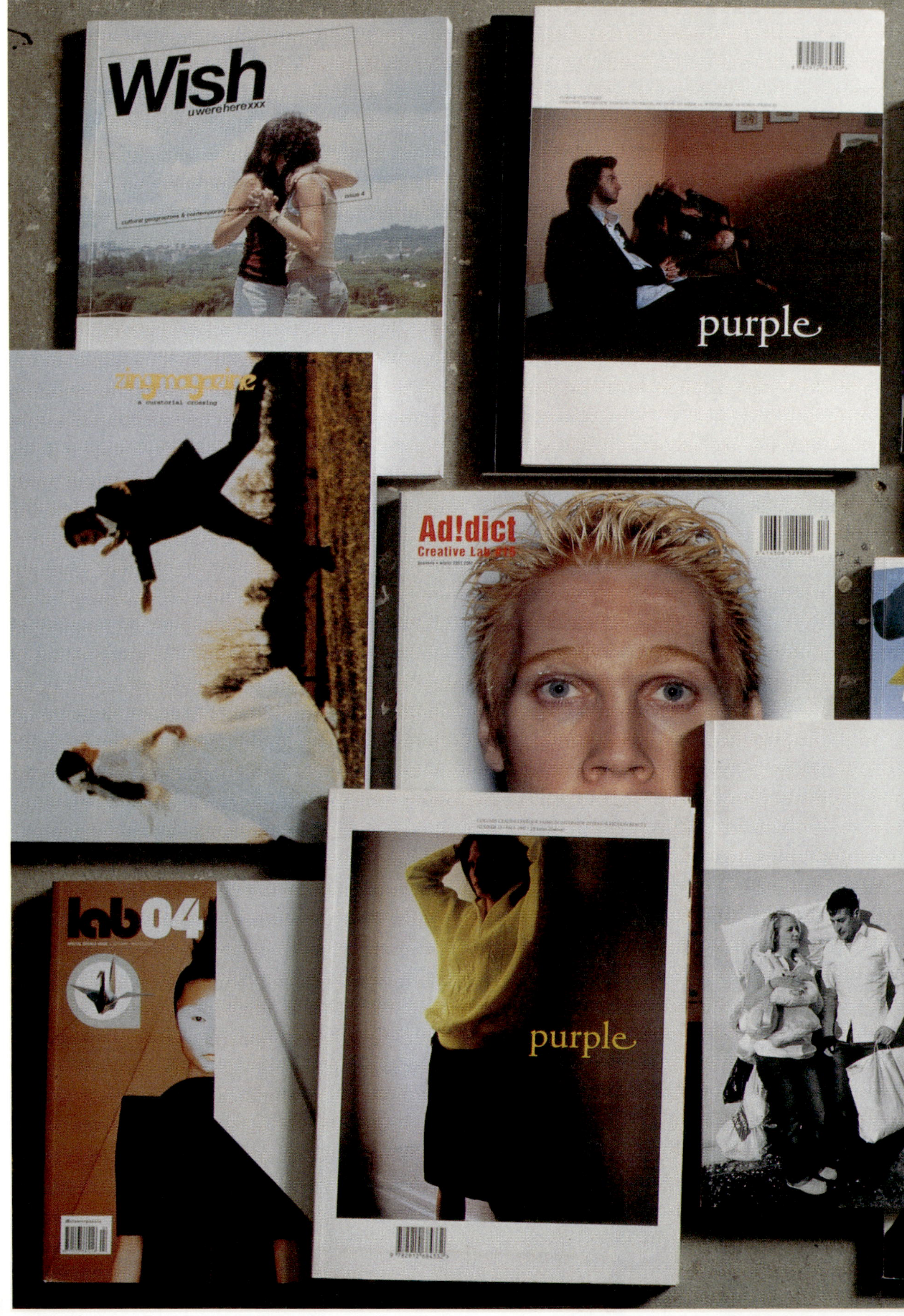
Wish
u were here xxx
cultural geographies & contemporary london
issue 4
purple
zingmagazine
a curatorial crossing
Ad!dict
Creative Lab #15
purple
lab 04

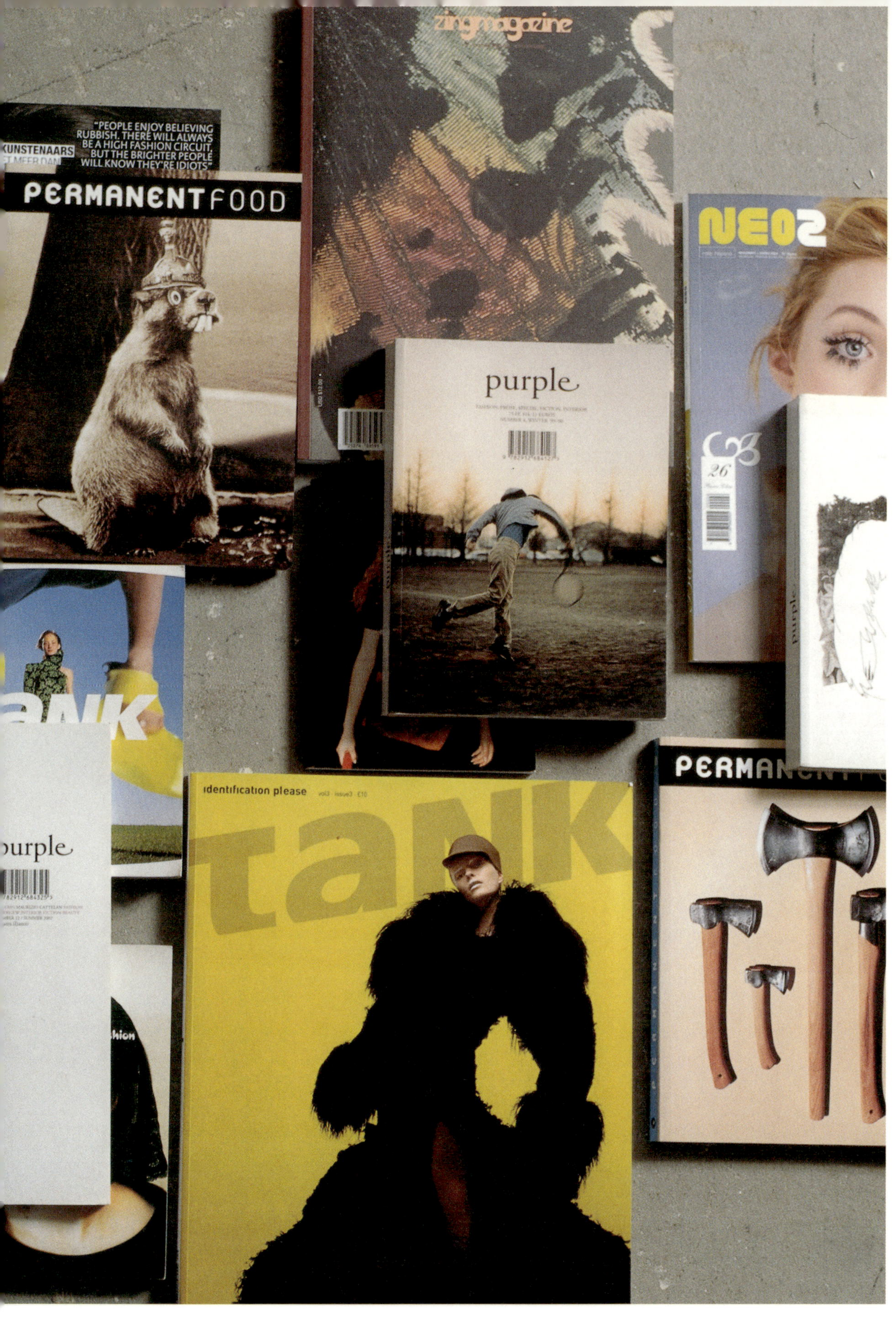
zingmagazine
"PEOPLE ENJOY BELIEVING
RUBBISH. THERE WILL ALWAYS
BE A HIGH FASHION CIRCUIT,
BUT THE BRIGHTER PEOPLE
WILL KNOW THEY'RE IDIOTS"
KUNSTENAARS
PERMANENT FOOD
NEO2
purple
26
purple
purple
TANK
identification please   vol3 · issue3   £10
TANK
PERMANENT

OVER DE AUTEURS

Jennifer Cypher (1968) doet promotieonderzoek aan de faculteit Environmental Studies aan de York University in Toronto. Haar onderzoek is gericht op de kruisverbanden tussen culturele technologische constructies en natuur. Zij voltooit binnenkort haar dissertatie over de invloed van *weblogs* en de praktijk van *blogging* op vrijheidsconcepten, en wat deze veranderingen voor de natuurlijke en virtuele omgeving kunnen inhouden.

Timothy Druckrey is curator, schrijver en redacteur gevestigd in New York City. Hij doceert internationaal over de sociale invloed en gevolgen van elektronische media, de verandering van representatie en communicatie in interactieve en netwerkomgevingen. Hij medeorganiseerde het internationale symposium 'Ideologies of Technology' in Dia Center of the Arts (NY) en was medesamensteller van het boek *Culture on the Brink: Ideologies of Technology*. Hij organiseerde de tentoonstelling *Iterations: The New Image* in het International Center of Photography en redigeerde het gelijknamige boek. Druckrey stelde diverse boeken samen, waaronder: *Electronic Culture: Technology and Visual Representation*, hij is hoofdredacteur van de serie *Electronic Culture: History, Theory, Practice*, en *Future Cinema: the Cinematic Imaginary after Film* (red. Jeffrey Shaw en Peter Weibel) en *The Un-archaeology of the Media* (Siegfreid Zielinski).

Frits Gierstberg (1959) is kunsthistoricus en werkzaam als hoofd tentoonstellingen in het Nederlands fotomuseum te Rotterdam. Hij stelde vele tentoonstellingen samen waaronder 'Conditions Humaines, Portraits Intimes' (Montreal, 1999), 'STILL/MOVING' (Kioto, 2000) en 'Surface, hedendaagse fotografie, video en schilderkunst uit Japan' (Rotterdam, 2001). In 2000 was hij chief curator van de Foto Biennale Rotterdam en redacteur van de bijbehorende publicatie *Positions Attitudes Actions. Engagement in de fotografie*. Hij publiceert met regelmaat over fotografie in binnen- en buitenland.

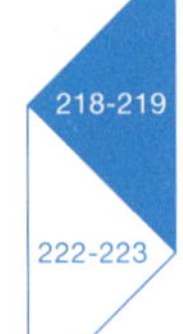

218-219
222-223

Tot de meest uitgesproken exponenten van de postmoderne culturele situatie behoren sinds de tweede helft van de jaren negentig, tijdschriften als *i-D* en vooral *Purple*, later gevolgd door *Tank*, *Blag*, *ADDICT!* en andere. Tijdschriften die zich moeilijk laten typeren. Het begrip 'lifestyle' is er zeker op van toepassing, maar ook design, kunst, fotografie, mode. Volkomen onduidelijk is welke positie hun inhoud op deze terreinen inneemt: wat advertentie is en wat een redactionele bijdrage vormt, wat een portfolio van een autonome beeldmaker is, of de promotiecampagne van een modemerk. In veel gevallen moet (waarschijnlijk) geconcludeerd worden dat beide waar is en dat ze als bladen een categorie op zichzelf zijn gaan vormen. Bladeren in deze tijdschriften betekent niet het op zoek gaan naar betekenissen, maar het jezelf overgeven aan een continue stroom van beelden.

Since the second half of the 1990s, magazines such as *i-D*, and *Purple* in particular, have been among the most prominent exponents of the postmodern cultural situation, followed later by *Tank*, *Blag*, *ADDICT!* and others. These magazines are hard to characterize. The term 'lifestyle' most certainly applies, but also design, art, photography, fashion. From their content, these publications are completely unclear about what stance they take on these areas: what is advertising or editorial content, what is a portfolio by an independent artist or a fashion label's promotional campaign? In many cases it (probably) has to be concluded that both are true and that as magazines they form a category in their own right. Leafing through these magazines does not mean going in search of meanings, but allowing oneself to be carried along by a continuous flow of images.

ABOUT THE AUTHORS

Jennifer Cypher (1968) is a PhD Candidate in the Faculty of Environmental Studies at York University in Toronto. Her research is focused on the intersections between cultural constructions of technology and nature. She is currently completing dissertation work on how weblogs and the practice of blogging is changing concepts of freedom, and what these changes might mean for natural and virtual environments.

Timothy Druckrey is a curator, writer, and editor living in New York City. He lectures internationally about the social impact of electronic media, the transformation of representation, and communication in interactive and networked environments. He co-organized the international symposium Ideologies of Technology at the Dia Center of the Arts and co-edited the book *Culture on the Brink: Ideologies of Technology* (Bay Press). He curated the exhibition *Iterations: The New Image* at the International Center of Photography and edited the book by the same name He edited several books, e.g.: *Electronic Culture: Technology and Visual Representation* and is Series Editor for *Electronic Culture: History, Theory, Practice*, and *Future Cinema: the Cinematic Imaginary after Film* (edited by Jeffrey Shaw and Peter Weibel) and *The Un-archaeology of the Media* (by Siegfreid Zielinski).

Frits Gierstberg (1959) is an art historian who works as the chief curator at the Nederlands fotomuseum in Rotterdam. He has been the curator of many exhibitions, including 'Conditions Humaines, Portraits Intimes' (Montreal, 1999), 'STILL/MOVING' (Kyoto, 2000) and 'Surface, hedendaagse fotografie, video en schilderkunst uit Japan' (Rotterdam, 2001). In 2000 he was chief curator of the Foto Biennale Rotterdam and editor of the accompanying publication, *Positions Attitudes Actions. Social and political commitment in photography.* He publishes regularly on photography in the Netherlands and abroad.

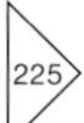

Magazines: *Addict, Commons & Sense, lab04, Neo 2, Permanent Food, Pulp, Purple, Remined, Tank, Wish u were here xxx, Zingmagazine*
Photography: Edo Kuipers

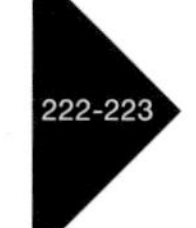

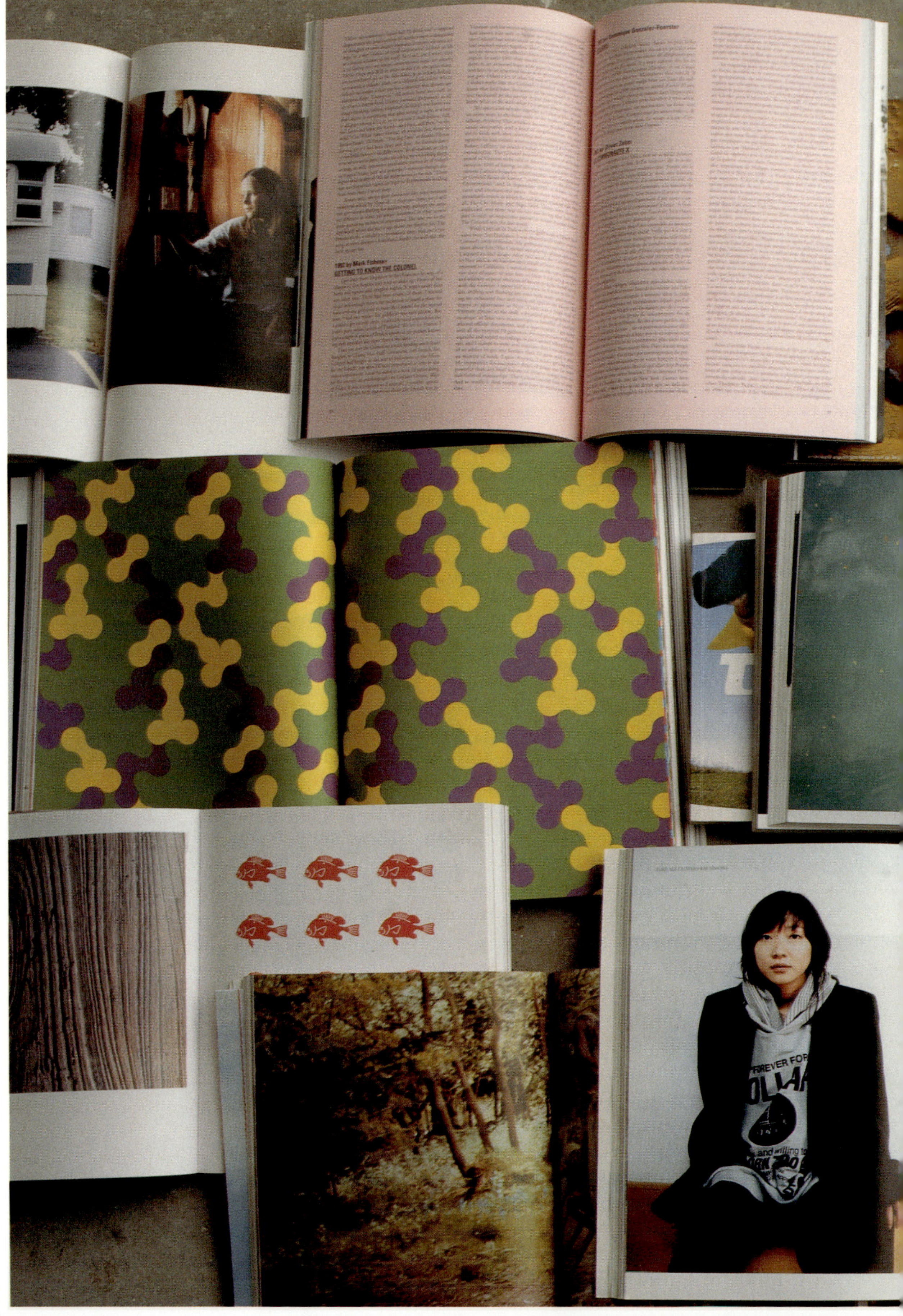

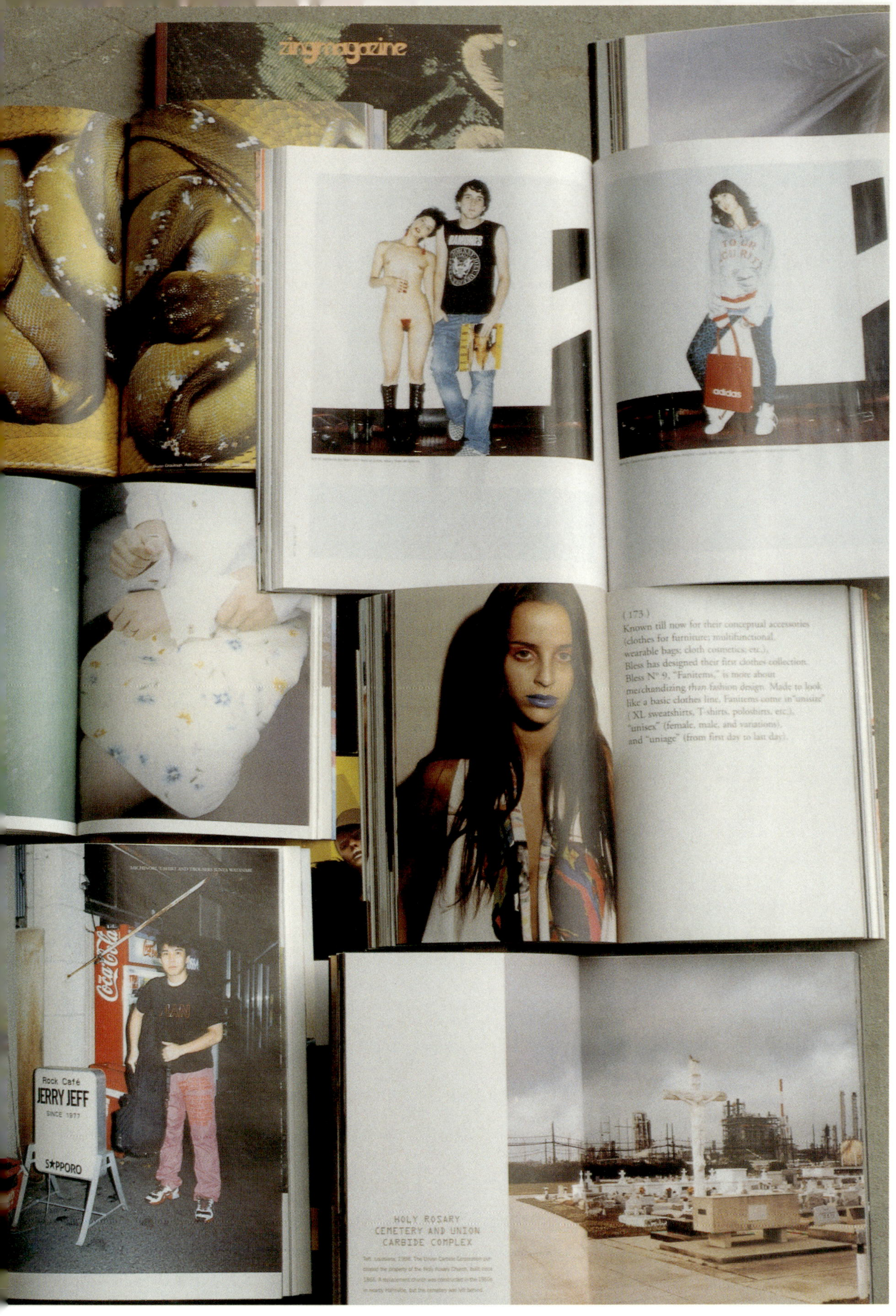
zing magazine
RAMONES
TO UP OUR FITT?
adidas
(173)
Known till now for their conceptual accessories
(clothes for furniture; multifunctional,
wearable bags; cloth cosmetics; etc.),
Bless has designed their first clothes collection.
Bless Nº 9, "Fanitems," is more about
merchandizing than fashion design. Made to look
like a basic clothes line, Fanitems come in "unisize"
(XL sweatshirts, T-shirts, poloshirts, etc.),
"unisex" (female, male, and variations),
and "uniage" (from first day to last day).
Rock Café
JERRY JEFF
SINCE 1977
S★PPORO
Coca-Cola
HOLY ROSARY
CEMETERY AND UNION
CARBIDE COMPLEX

Eric S. Higgs, studeerde filosofie en ecologische planning, is momenteel directeur van de School of Environmental Studies aan de University of Victoria. Zijn onderzoek richt zich op technologie, in het bijzonder de relatie van mens en natuur in een technologische cultuur. Zijn aanpak reikt van filosofische reflectie op technologie tot veldwerk in landschapsveranderingen (in de Rocky Mountains, met name Jasper National Park), tot beleidswerk gericht op ecologisch herstel. Dr. Higgs is voorzitter van de (international) Society for Ecological Restoration.

Francisco van Jole (1960) publiceert sinds 1987 over de maatschappelijke gevolgen van informatie- en communicatietechnologie. Hij is media-columnist voor de Volkskrant en co-presentator van TROS Radio Online. Recente boeken van zijn hand zijn *Valse Horizon*, een essaybundel over internet en *Blink*, een roman over de perikelen binnen een dot-com.

Arjen Mulder (1955) is bioloog en mediatheoreticus. Hij publiceerde onder meer: *Het fotografisch genoegen* (Amsterdam 2000), *Levende systemen* (Amsterdam 2002), en met Maaike Post: *Boek voor de elektronische kunst* (Amsterdam 2000). Samen met Joke Brouwer stelde hij de volgende bundels samen: *The Art of the Accident* (Rotterdam 1998), *Machine Times* (Rotterdam 2000), *TransUrbanism* (Rotterdam 2002) en *Information is Alive* (Rotterdam 2003).

Bas Vroege (1958) was directeur van Perspekief van 1980-1993 en hoofdredacteur van het gelijknamige tijdschrift tot 1995. In 1993 richtte hij Paradox op, een projectorganisatie op het gebied van de fotografie, video en nieuwe media. Met Paradox ontwikkelde hij een groot aantal (reizende) tentoonstellingen met o.a. Bertien van Manen (East Wind West Wind) en Ad van Denderen (Go No Go). Daarnaast is hij als adviseur verbonden aan de Koninklijke Academie voor Beeldende Kunsten in Den Haag.

Trained as a philosopher and ecological planner, **Eric S. Higgs** is the Director of the School of Environmental Studies at the University of Victoria. His studies revolve around technology, specifically how we relate to nature in a technological culture. His approach ranges from philosophical reflections on technology, to hands-on fieldwork on landscape change (in the Rocky Mountains, primarily Jasper National Park), to applied policy work on ecological restoration. Dr. Higgs is the Chair of the (international) Society for Ecological Restoration.

Francisco van Jole (1960) writes since 1987 on the social consequences of information and communication technology. He is a media columnist for the newspaper de Volkskrant and co-anchor for TROS Radio Online. His recent books include *Valse Horizon* (False Horizon), a collection of essays about the Internet, and *Blink*, a novel about the ups and downs of a dot-com.

Arjen Mulder (1955) is a biologist and media theorist, and has published several books of essays on the relationship between technical media, physical experiences and belief systems. He wrote, together with Maaike Post, *Book for the Electronic Arts* (Amsterdam 2000), and co-edited with Joke Brouwer: *The Art of the Accident* (Rotterdam 1998), *Machine Times* (Rotterdam 2000), *TransUrbanism* (Rotterdam 2002) and *Information is Alive* (Rotterdam 2003).

Bas Vroege (1958) was director of Perspektief from 1980 to 1993 and editor-in-chief of the magazine of the same name until 1995. In 1993 he founded Paradox, an organization for projects in photography, video and new media. With Paradox he developed a great number of (travelling) exhibitions in association with, among others, Bertien van Manen (East Wind West Wind) and Ad van Denderen (Go No Go). He also serves as a consultant to the Royal Academy of Art in The Hague.

top:
Philips, *New Nomads*, 2000,
wearable electronics
Photography: Rens van Mierlo, Korff & van Mierlo, Eindhoven

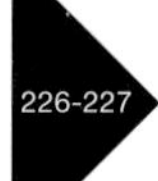
226-227

bottom:
Nike-Philips, Portable Sport Audio (PSA),
website, Feb 2003

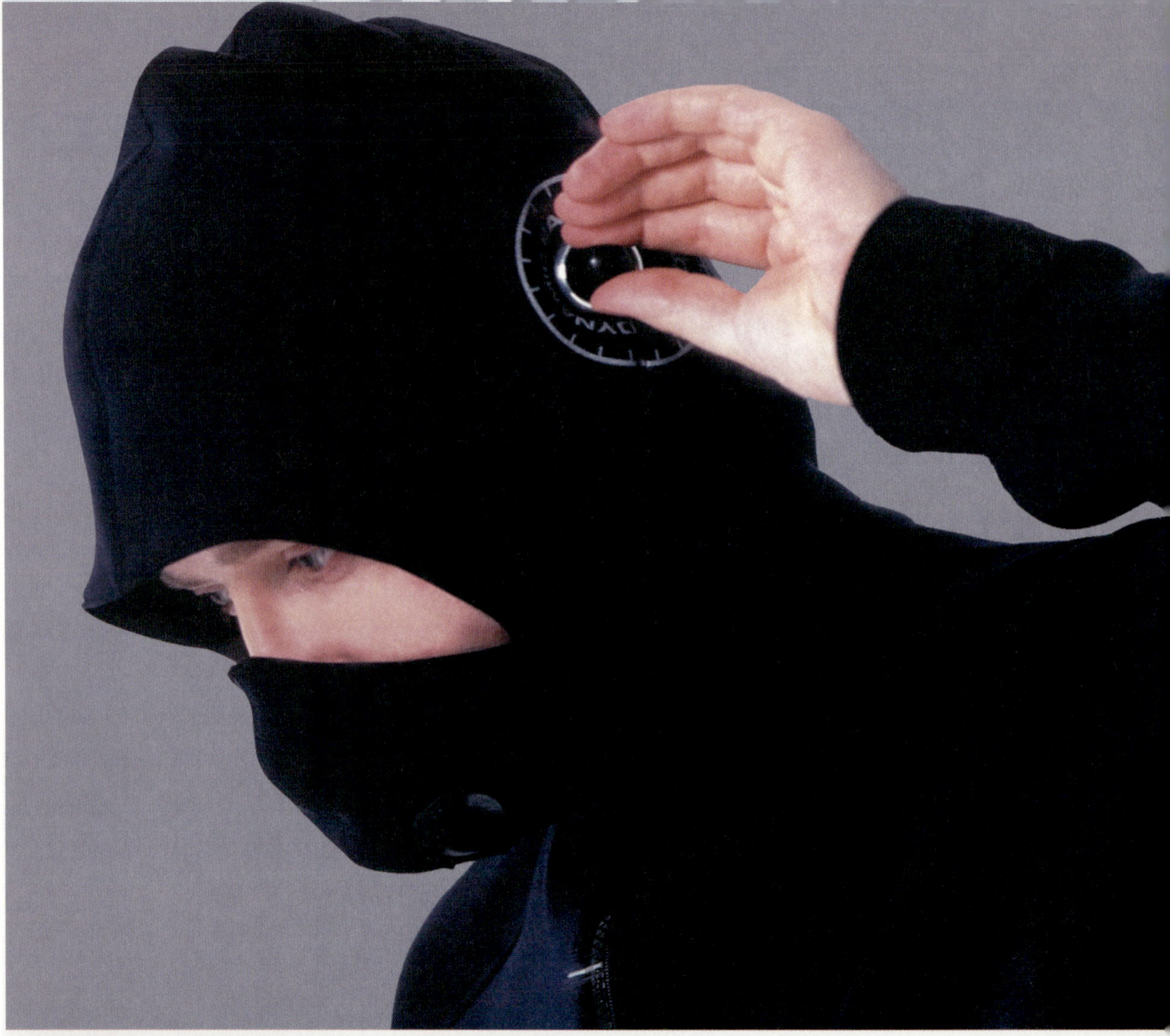

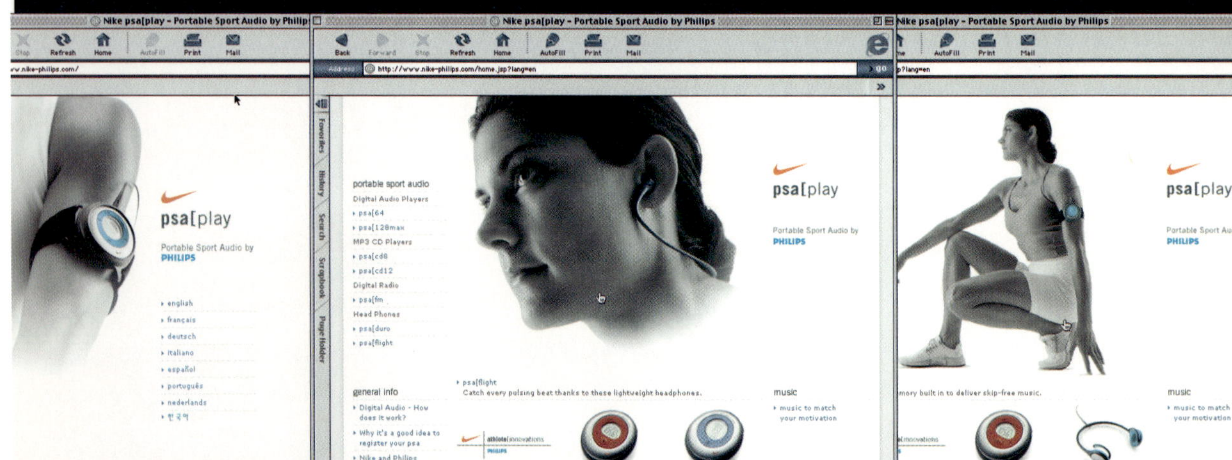

Nike psa[play - Portable Sport Audio by Philips

psa[play
Portable Sport Audio by
PHILIPS

english
français
deutsch
italiano
español
português
nederlands
한국어

Nike Inc. & Koninklijke Philips Electronics N.V. All rights reserved

portable sport audio
Digital Audio Players
psa[64
psa[128max
MP3 CD Players
psa[cd8
psa[cd12
Digital Radio
psa[fm
Head Phones
psa[duro
psa[flight

general info
Digital Audio - How does it work?
Why it's a good idea to register your psa
Nike and Philips - why the alliance?
Register for psa[news
Find the nearest psa store

psa[flight
Catch every pulsing beat thanks to these lightweight headphones.

athlete[innovations
PHILIPS

Nike and Philips
Find out how Nike and Philips are working together

psa[fm
This digital stereo FM radio is ultra small and super simple.

psa[128max
A graphical display and 128mb of memory built in for skip-free beats.

music
music to match your motivation

search

sitemap

Nike Inc. & Koninklijke Philips Electronics N.V. All rights reserved
Privacy Policy   Terms and Conditions

Link : http://www.nike-philips.com/product_details.jsp?lang=en&product=psaflight

psa[play
Portable Sport Audio by
PHILIPS

music
music to match your motivation

psa[fm
This digital stereo FM radio is ultra small and super simple.

psa[duro
These full-size headphones are all about stability and comfort.

search

sitemap

Nike Inc. & Koninklijke Philips Electronics N.V. All rights reserved
Privacy Policy   Terms and Conditions

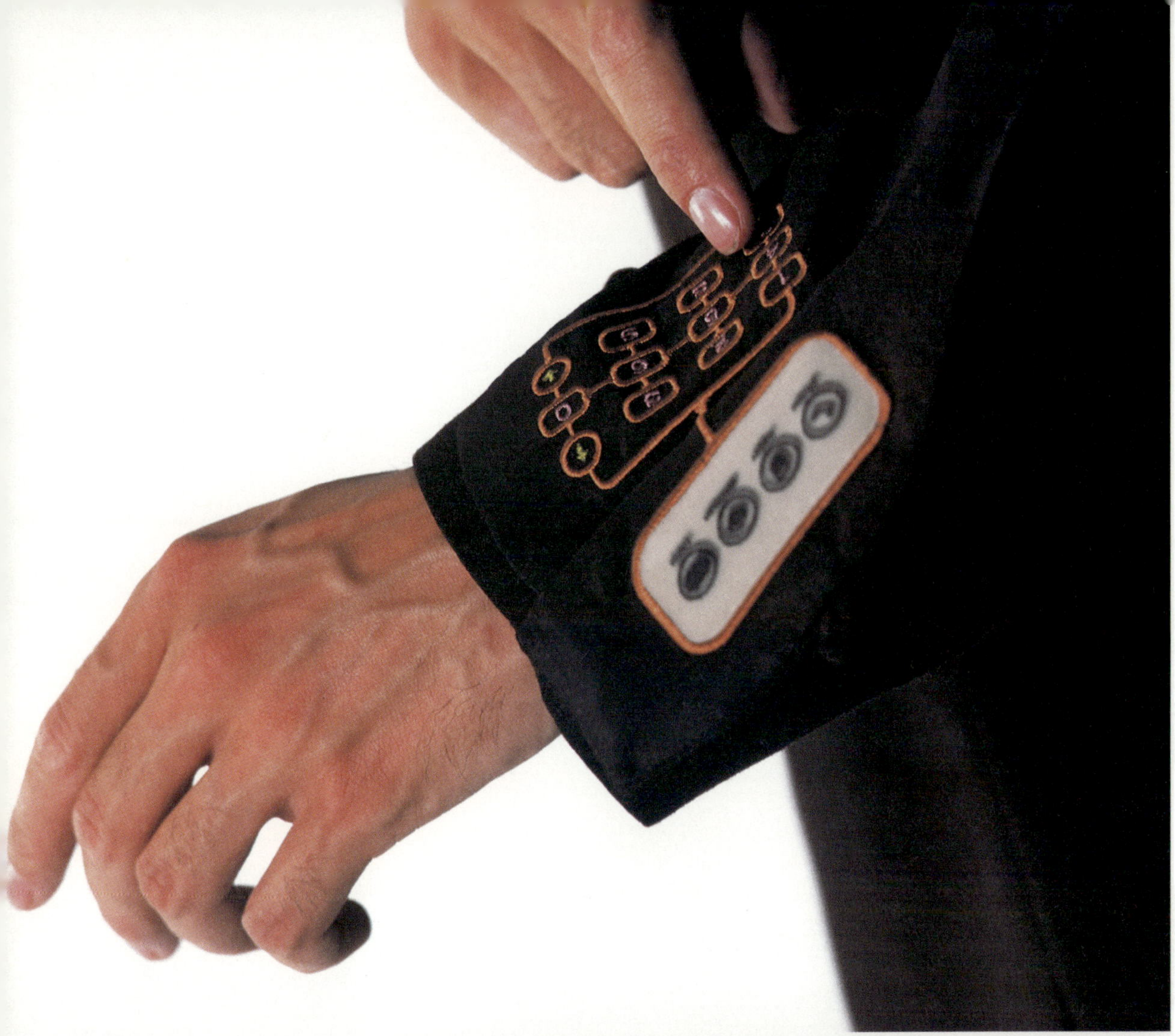

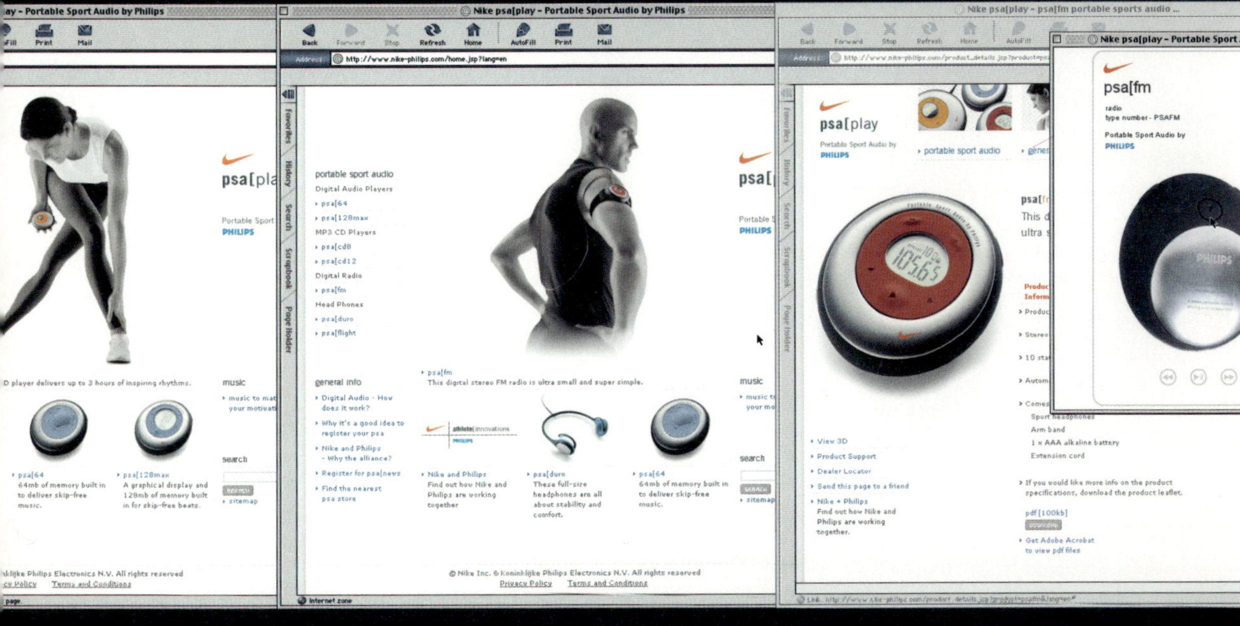
Nike psa[play – Portable Sport Audio by Philips
Back   Forward   Stop   Refresh   Home   AutoFill   Print   Mail
Address http://www.nike-philips.com/home.jsp?lang=en
psa[play
Portable Sport Audio by
PHILIPS
portable sport audio
Digital Audio Players
psa[64
psa[128max
MP3 CD Players
psa[cd8
psa[cd12
Digital Radio
psa[fm
Head Phones
psa[duro
psa[flight
general info
Digital Audio - How does it work?
Why it's a good idea to register your psa
Nike and Philips - Why the alliance?
Register for psa[news
Find the nearest psa store
psa[fm
This digital stereo FM radio is ultra small and super simple.
athlete[innovations
PHILIPS
psa[duro
Find out how Nike and Philips are working together
psa[duro
These full-size headphones are all about stability and comfort.
psa[64
64mb of memory built in to deliver skip-free music.
music
music to match your motivation
search
go now
sitemap
© Nike Inc. & Koninklijke Philips Electronics N.V. All rights reserved
Privacy Policy   Terms and Conditions
Internet zone
psa[play – Portable Sport Audio by Philips
Print   Mail
psa[play
Portable Sport Audio by
PHILIPS
CD player delivers up to 3 hours of inspiring rhythms.
music
music to match your motivation
psa[64
64mb of memory built in to deliver skip-free music.
psa[128max
A graphical display and 128mb of memory built in for skip-free beats.
search
go now
sitemap
Philips Electronics N.V. All rights reserved
Privacy Policy   Terms and Conditions
page
Nike psa[play – psa[fm portable sports audio …
Back   Forward   Stop   Refresh   Home   AutoFill
Address http://www.nike-philips.com/product_details.jsp?product=ps
psa[play
Portable Sport Audio by
PHILIPS
portable sport audio
general
psa[fm
This digital stereo FM radio is ultra small and super simple.
portable Sport Audio by Philips
105.6.5
Product
Information
Product
Stereo
10 sta
Autom
Comes
Sport headphones
Arm band
1 x AAA alkaline battery
Extension cord
music
music to match your mo
search
View 3D
Product Support
Dealer Locator
Send this page to a friend
Nike + Philips
Find out how Nike and Philips are working together.
Nike psa[play – Portable Sport A
psa[fm
radio
type number - PSAFM
Portable Sport Audio by
PHILIPS
PHILIPS
If you would like more info on the product specifications, download the product leaflet.
pdf[100kb]
download
Get Adobe Acrobat to view pdf files.

"Een grote eenheidsworst voor dezelfde prijs. We gaan naar een maatschappij waar- in alles hetzelfde wordt. Er is maar een soort aanbod, het kleurtje is misschien an- ders, maar het komt op hetzelfde neer. Alles is kunstmatig, plastic • • •"

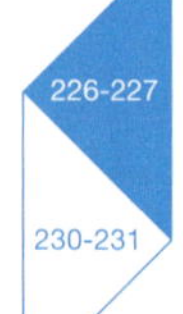

Een van de speerpunten in de research van *Philips* vormt de toekomst van home appliancies, huishoudelijke apparaten met smart technology. Philips test dit soort apparatuur uit in hun *HomeLab*, waarin proefpersonen soms langere tijd verblijven om situaties daar zo realistisch mogelijk te onderzoeken: wat werkt wel, wat niet, welke voorzieningen worden louter ervaren als gadgets waarvan na verloop van tijd geen gebruik meer wordt gemaakt, welke dragen bij aan de vergroting van het huishoudelijke gemak en de verrijking van de 'woonervaring'. Een van de succesvolste voorzieningen blijkt een badkamerspiegel te zijn, waarvan het spiegelede oppervlak transformeert in een videoscherm. Deze slimme spiegel herkent de persoon die ervoor staat en toont op basis daarvan de beursberichten of een tekenfilmpje dat net zo lang duurt als het goed poetsen van de tanden. Naast deze *ambient technology* voor thuis ontwikkelt Philips samen met Nike *smart clothing*: kleding waarin elektronica verstopt zit. Zo lang je je jas bij je hebt, heb je ook je telefoon bij de hand, en vergeet je je MP3 speler niet. 'Never a dull moment.'

The future of 'home appliances', household equipment with 'smart technology' is one of the spearheads for the *Philips* research department. Philips tests this kind of equipment in their HomeLab, where test subjects sometimes stay for extended periods in order to study situations that are as realistic as possible: what works well and what doesn't, which facilities are seen as nothing more than gadgets that will not be used as soon as the novelty has worn off, and which equipment increases 'home comfort' and the enrichment of the 'living experience'. One of the most successful pieces of equipment turned out to be a bathroom mirror with a reflective surface that transforms into a video screen. This 'smart' mirror recognizes the person standing in front of it and reacts by displaying either the latest stockmarket news or an entertaining cartoon that lasts as long as it takes to brush one's teeth effectively, depending on the person in view. In addition to this 'ambient technology' for the home, Philips is developing 'smart clothing' in conjunction with Nike: clothing that conceals electronic equipment. As long as you have your jacket with you then your mobile phone is at hand as well, and you won't ever forget your MP3 player: 'Never a dull moment.'

Philips, *New Nomads*, 2000,
wearable electronics
Photography: Rens van Mierlo, Korff & van
Mierlo, Eindhoven

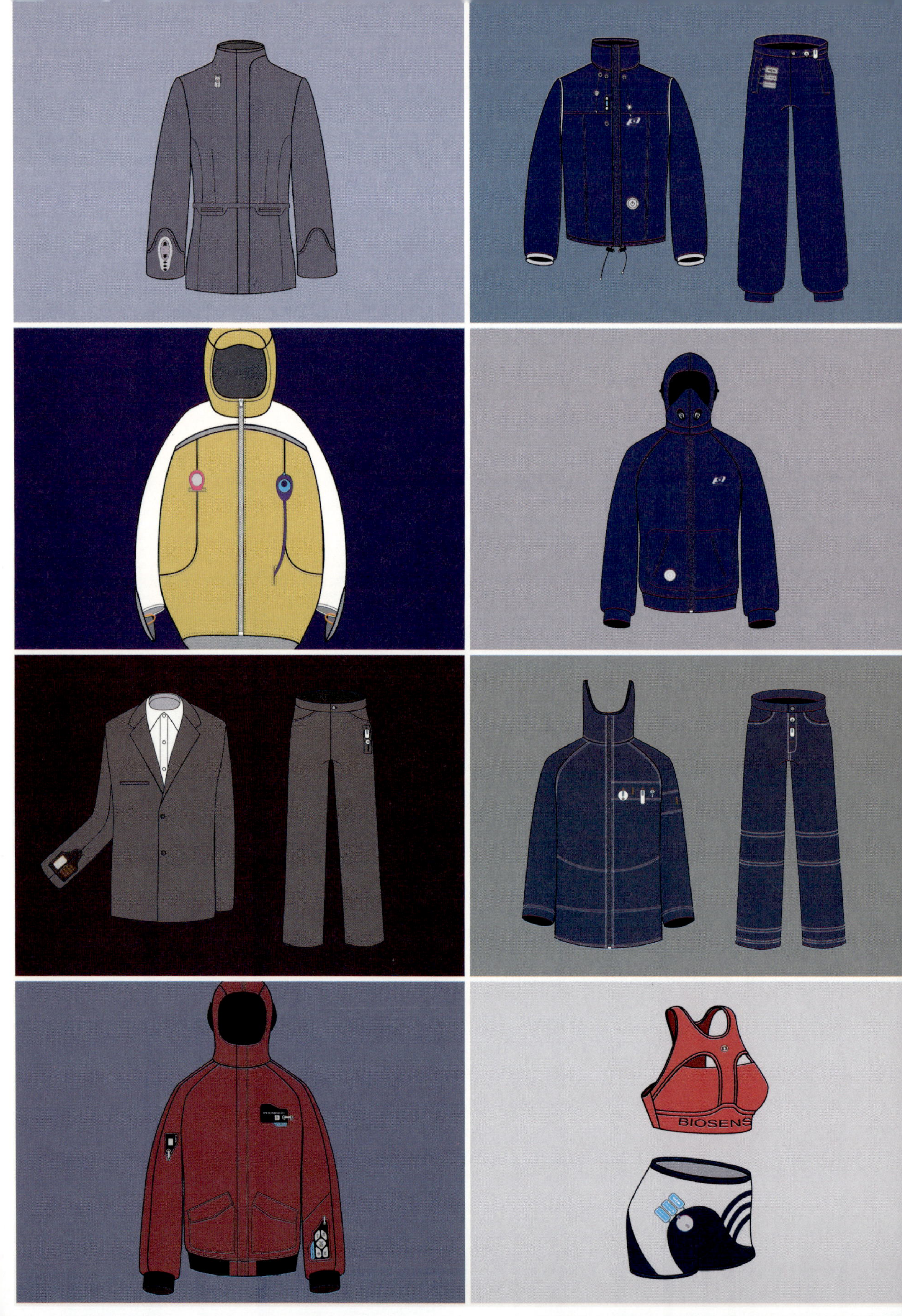

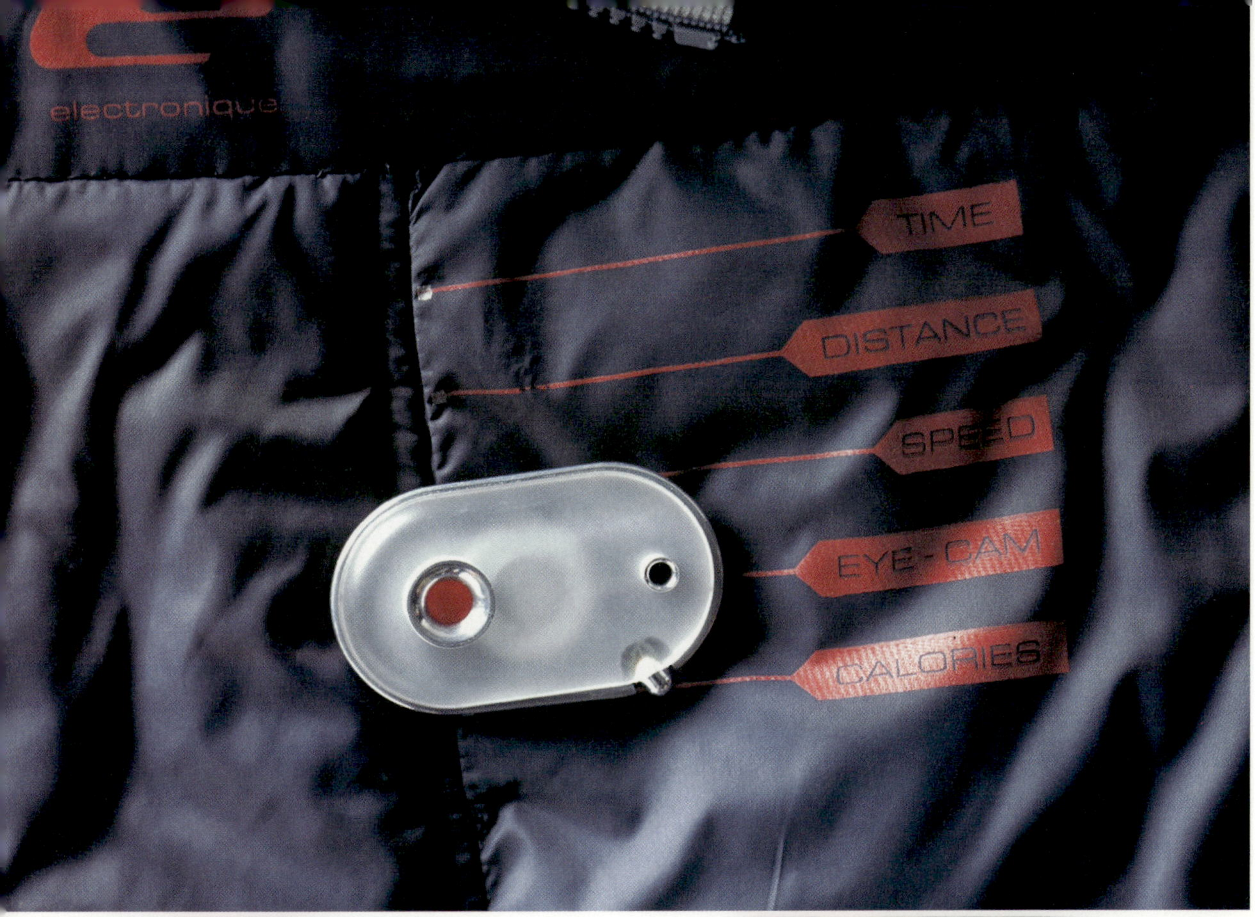

electronique
TIME
DISTANCE
SPEED
EYE-CAM
CALORIES

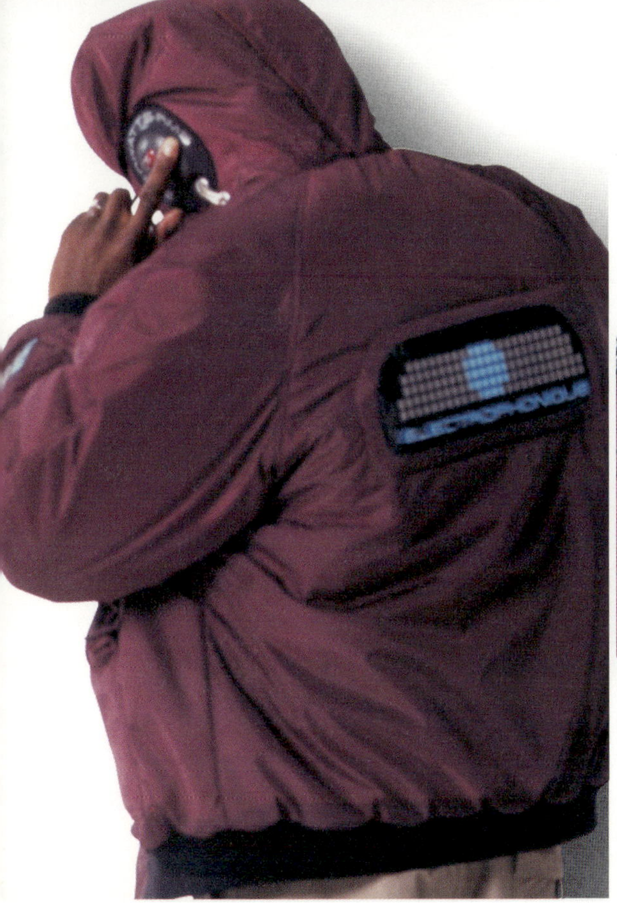

ELECTRONIQUE

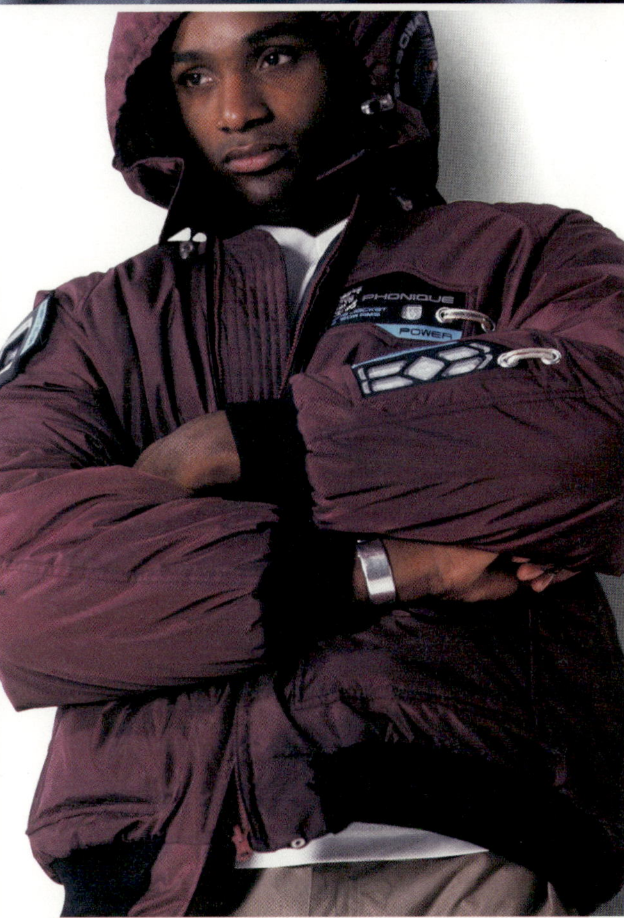

PHONIQUE
POWER

COLOPHON

The Foto Biënnale Rotterdam 2003 is an initiative of the Nederlands fotomuseum, Rotterdam
and produced with Paradox, Edam.

The exhibition and/or the publication were made possible, in part, through the financial support of:
ministerie van OCenW
Gemeente Rotterdam
Mondriaan Stichting
Association Française d'Action Artistique, Parijs
ministerie van Buitenlandse Zaken
VSB Fonds
Netwerk CS
MK2
Ambassade de France, Den Haag
Drukkerij Mart.Spruijt bv, Amsterdam

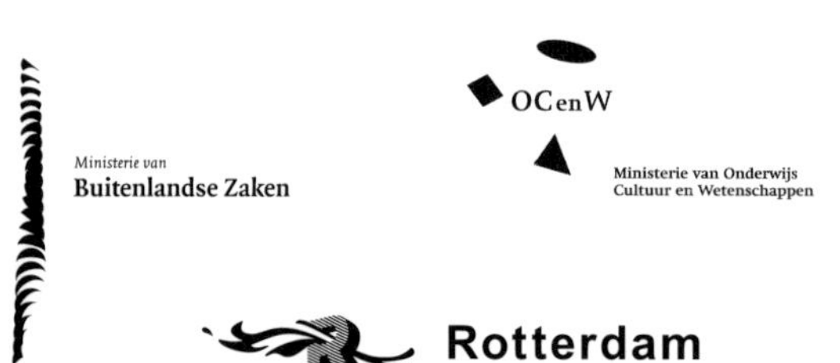

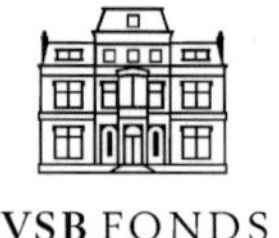

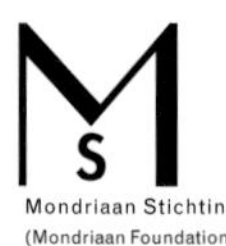

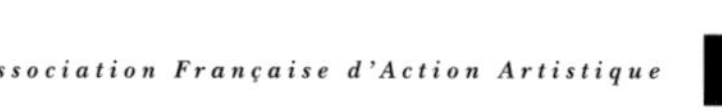

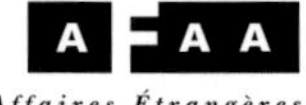

Experience exhibition

Thanks for their ideas and assistance
Alex Adriaansens
Paul Andriesse
Ferdinand Brüggemann
Philippe Bouychou
Catherine David
Chris Dercon
Mars Eijlders
Marta Gili
Jaap Guldemond
Heiner Holtappels
Marie-José Jean
Debbie de Jong
Erik Kessels
Paul Ketelaar
Eric Kluitenberg
Karen Love
Jan-Erik Lundström
Shirley Madill
Thomas Michelon
Dorine Mignot
Tomoe Moriyama
Sophie Robnard
Paul Römer
Bart Rutten
Maik Schlüter
Thomas Seelig
Jim Shedden
Ruth Silver
Pirkko Siitari
Hummie van der Tonnekreek
Henk Vermeulen
Hripsimé Visser
Flos Wildschut
Nicole Wijnja
Gerrit-Jan Wolffensperger
Jeroen Wolzak
Joanna van der Zanden

Vodafone: Arnoud Six, André van der Elsen
Philips: Gert van Santen, Jeannet Harpe
Verify: Geert Franssen, Lucas Hulsebos

Lenders galleries and museums
Agnès Fierobe, Marian Goodman Galerie, Paris
Jennifer Flay Galerie, Paris
James Cohen Gallery, New York
Monika Sprüth Galerie, Cologne
Sandberg Instituut, Amsterdam
Yumiko Chiba Associates, Tokyo
Paul Andriesse, Amsterdam
Stedelijk Museum Amsterdam
Montevideo, Amsterdam
Endemol, Aalsmeer
Museum Boijmans Van Beuningen, Rotterdam
V2_Organisatie, Rotterdam

EXPERIENCE team
Director: Ruud Visschedijk
Curators, editors: Frits Gierstberg, Bas Vroege
Project management: Telma Ferreira
Communication: Renate Schepen, Femke IJsinga-Van Boxsel, Pieter Lagerwerf
Communication concept and art direction: KesselsKramer, Amsterdam
Production management: Mira Matic, Marc Thelosen
Research: Maik Schlüter, Hans Zonnevijlle, Claudia Küssel

Exhibition design
FAT, London

Website
Artmiks, Amsterdam
www.fbr.nl

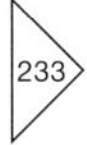

Thomas Struth, *Corso Vittorio Emanuele, Napoli*, 1989, gelatin silver print, 47 x 58 cm, collection Museum Boijmans Van Beuningen, Rotterdam

234-235

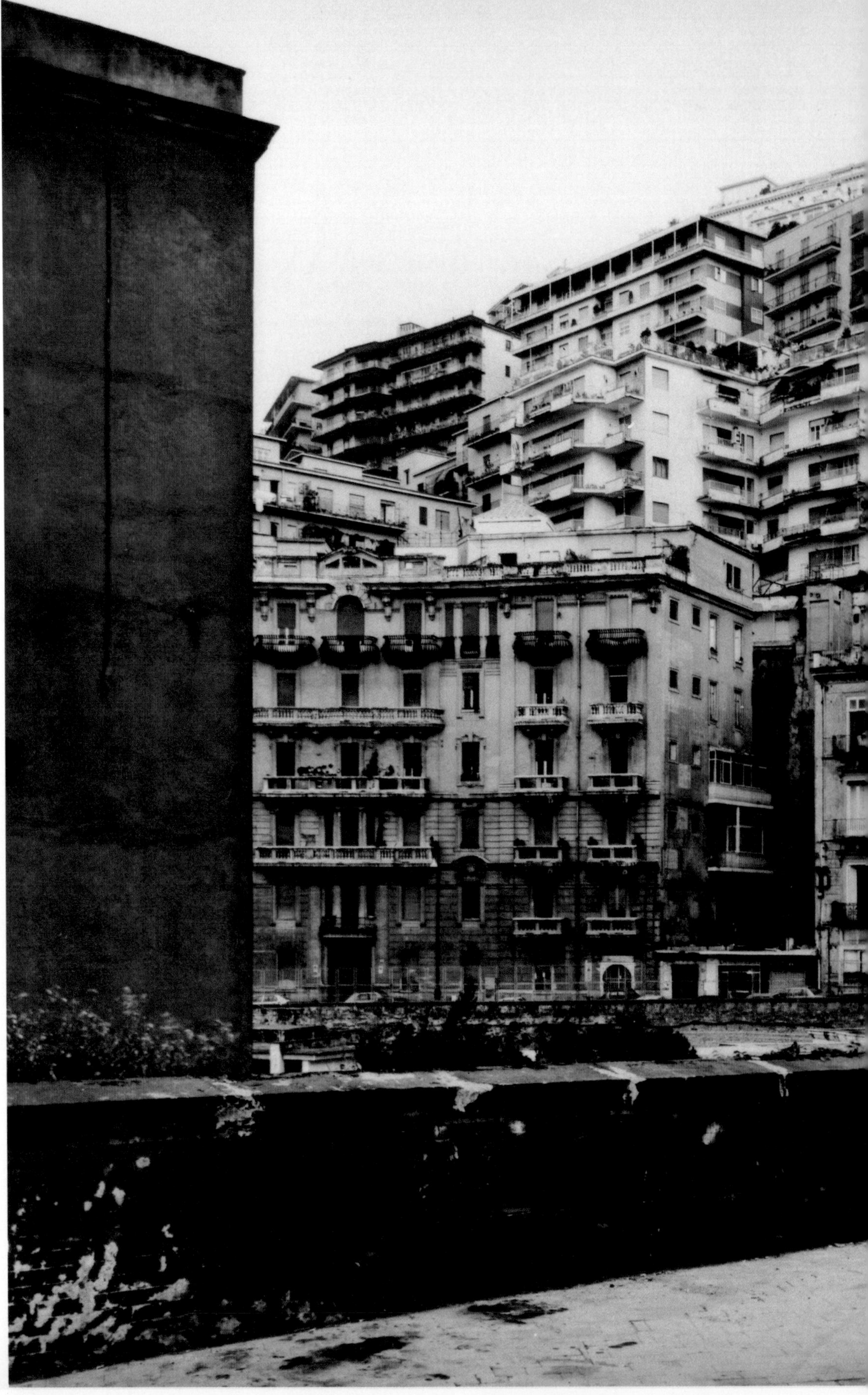

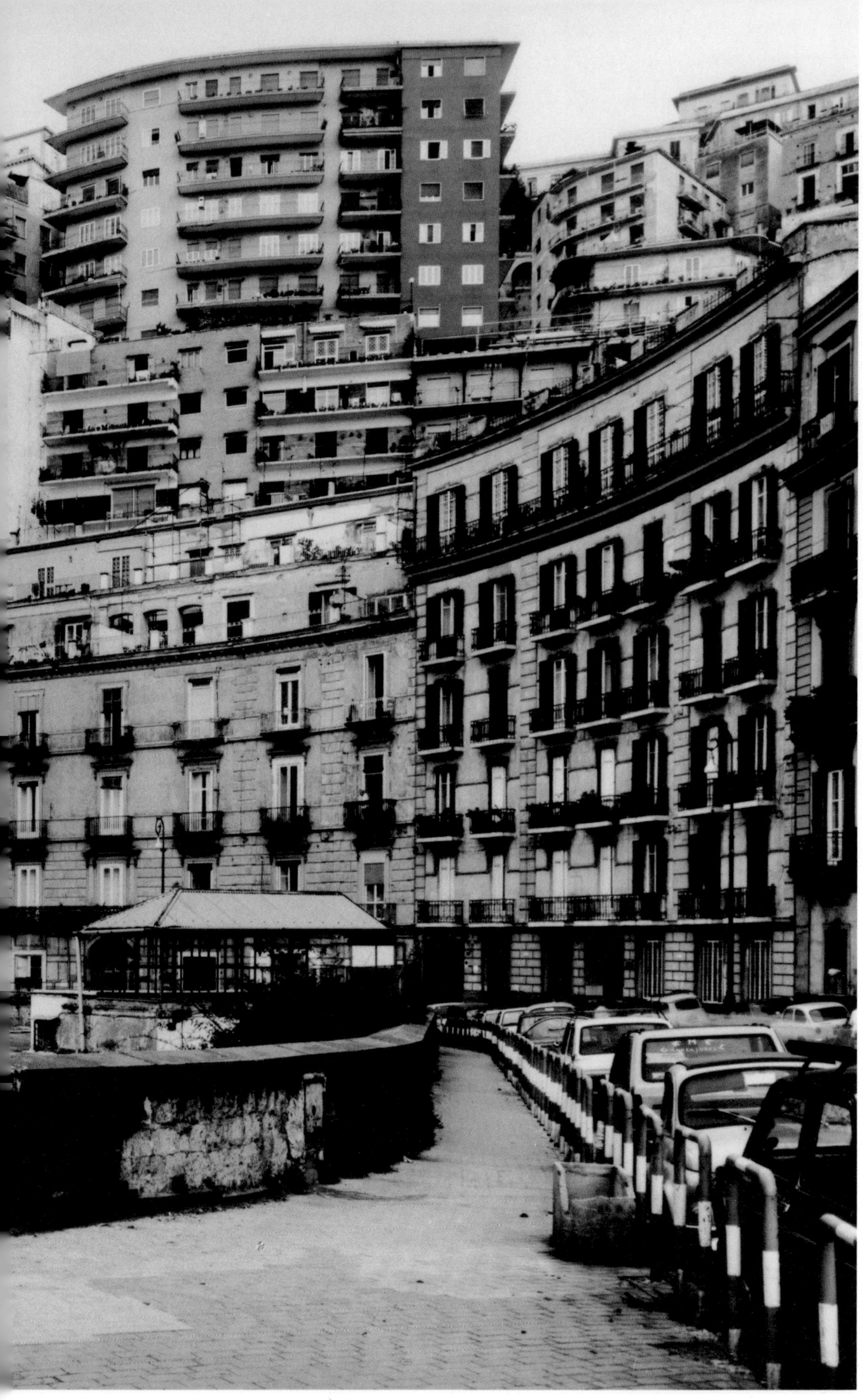

Experience publication

Editors: Frits Gierstberg, Bas Vroege
Editing assistant: Claudia Küssel
Texts: Jennifer Cypher, Timothy Druckrey, Frits Gierstberg, Eric Higgs, Francisco van Jole, Claudia Küssel, Arjen Mulder, Bas Vroege
Copy editing: Marianne Lahr, Diepenveen; Astrid Vorstermans, NAi Uitgevers/Publishers
Translation: Pierre Bouvier (D-E: Van Jole, Mulder, quotes), Amsterdam; Andrew May, Amsterdam (D-E: Gierstberg/Vroege, projects); Philip Peters, The Hague (E-D: Druckrey, Cypher/Higgs)
Graphic design: Harmine Louwé, Amsterdam
Production: Astrid Vorstermans NAi Uitgevers/Publishers
Lithography and print: Mart. Spruijt, Amsterdam
Publisher: NAi Uitgevers/Publishers, Rotterdam & Nederlands foto-museum, Rotterdam

Credits of the images, photographs, works of art
- Chantal Akerman, Courtesy Corto Pacific, Paris/Marian Goodman Gallery, New York/ Paris
- Big Brother, Endemol Nederland BV, Hilversum
- Bijlmercrash, Nederlandse Omroep Stichting, Hilversum
- David Claerbout
- Claude Closky, Courtesy Galerie Jennifer Flay, Paris
- Rineke Dijkstra, Courtesy Marian Goodman Gallery, NewYork/Paris
- FAT, London
- Flip Franssen/Hollandse Hoogte
- Andreas Gursky, Courtesy Monika Sprüth Galerie, Cologne
- Alfredo Jaar
- Gerald Van Der Kaap, Courtesy Torch Gallery, Amsterdam, Chill terminals in co-operation with: Leo Anemaet (music); Peter Giele (hardware/setting); Koos Dalstra, Jacob Groot, Hiroo Yamagata (texts); Mevis & Van Deursen (graphic design); Henry Kawahara (3D and Body sonic Remix); Ruud van der Peijl (Hoverty wear). Courtesy photo: Canon Artlab, Tokyo
- Ralph Kämena in association with Schie 2.0, Antenna Men (video editing), Nous Faes (consultancy)
- Peter Hilz, Hollandse Hoogte
- Magazines: Addict, Commons & Sense, lab04, Neo 2, Permanent Food, Pulp, Purple, Remined, Tank, Wish u were here xxx, Zingmagazine
- Osamu Kanemura, Courtesy Yumiko Chiba Associates, Tokyo
- Tara Karpinski
- KesselsKramer, Amsterdam
- Bruce Mau Design Inc., Toronto
- Mondophrenetic™ (Herman Asselberghs_Els Opsomer_Rony Vissers)
- Geert Mul with Carlo Prelz (software); Lucas van der Velden (audio programming), *The library of Babel* has been realized with support by the Fonds beeldende kunsten, vormgeving en bouwkunst, Amsterdam; Technische Universiteit Eindhoven; Nederlands foto-museum, Rotterdam; Mondriaan Foundation
- MVRDV
- Koninklijke Philips Electronics nv
- Stefan Römer
- Roel Rozenburg/ NRC Handelsblad
- Joachim Schmid, with support by the Mondriaan Foundation
- Thomas Struth, Courtesy Marian Goodman Gallery, New York/ Paris; Galerie Paul Andriesse, Amsterdam
- Francis Summers
- Verify
- Bill Viola, Courtesy James Cohan Gallery, New York
- Vodafone
- Markus Weisbeck; Sewo Stille, Oliver Sahner (software)

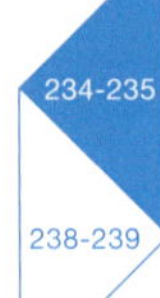
234-235
238-239

De Duitse fotograaf **Thomas Struth** wordt gerekend tot de zogenaamde Becher-school, die wordt getypeerd door de precieze, afstandelijke en consequente manier van fotografisch documenteren (zie ook Andreas Gursky). Struths beelden stralen een grote verstilling en rust uit. Zij verzetten zich tegen de hectische beeldcultuur buiten de museum- of galerieruimte en bieden de beschouwer een moment van contemplatie en rust. Struth biedt de ogen de gelegenheid om rustig langs alle details in het beeld te dwalen, zonder dat direct naar betekenissen hoeft te worden gezocht. Juist door de esthetiek van de foto's, waaronder de evenwichtige compositie en het uitgebalanceerde licht, weet hij als geen ander een dergelijke visuele rust te creëren. Met name zijn stadsopnamen en portretten maar ook zijn groot-formaat oerwoudbeelden hebben dit effect – de laatstgenoemde zijn daarom ook interessant omdat het klassieke 'rustgevende' effect dat de natuur op de (romantische) mens heeft hier is vervangen door een beeld van de natuur – dat uiteindelijk een gelijksoortige ervaring aanreikt.

The German photographer **Thomas Struth** is considered among the 'Becher School', practicing a form of photographic documentary characterized by a rigorous, detached and consistent style (see Andreas Gursky as well). Struth's images imbue a profound sense of calm. They are an antidote to the hectic visual culture beyond the bounds of the museum or gallery space, and offer the public a moment of contemplation and repose. Struth gives the eyes the opportunity to relaxedly contemplate all the details in the image without necessarily having to search for meanings. Because of the aesthetics of his photographs, including their balanced composition and lighting, Struth has an exceptional ability to create visual peace in this way. This effect is especially noticeable in his city photos and portraits, but his large-format photographs of untouched jungle have a similar effect – the latter are also notable because the classic 'calming' effect of nature on the romantic soul is replaced with an image of nature, which in fact evokes a comparable experience.

At the start of 2003 the Netherlands Photo Archives merged with the Nederlands Foto Instituut and the National Photo Conservation Studios to form the **Nederlands fotomuseum**. The museum focuses on photography in the broadest sense of the word: photo history, the evolution of contemporary photography, professional and amateur photography, the border areas of photography (e.g. with the visual arts, media, film) etc. These subjects are approached and treated in a variety of ways, presented in exhibitions, publications, web pages, lectures, photo viewing days, workshops and symposia. Research shall play an important part in all these activities. The photo museum is also becoming a powerful stimulator for Dutch photography abroad. The Nederlands fotomuseum holds the largest number of negative archives in the country and has the only studio specialized in photo conservation and restoration in the Netherlands. The fotomuseum's library is an indispensable centre of knowledge for Dutch photography. Also see: www.nederlandsfotomuseum.nl

NAi Publishers is an internationally orientated publisher specialized in developing, producing and distributing books on architecture, visual arts and related disciplines. Also see: www.naipublishers.nl info@naipublishers.nl
Available in North, South and Central America through D.A.P./Distributed Art Publishers Inc, 155 Sixth Avenue 2nd Floor, New York, NY 10013-1507, Tel 212 627 1999, Fax 212 627 9484.
Available in the United Kingdom and Ireland through Art Data, 12 Bell Industrial Estate, 50 Cunnington Street, London W4 5HB, Tel 208 747 1061, Fax 208 742 2319.

Printed and bound in the Netherlands, ISBN 90-5662-295-1

Thomas Struth, *Paradise 10, XI Shuang Banna, Provinz Yunna*, China, 1999, c-print, 182 x 233 cm, collection Stedelijk Museum Amsterdam

238-239

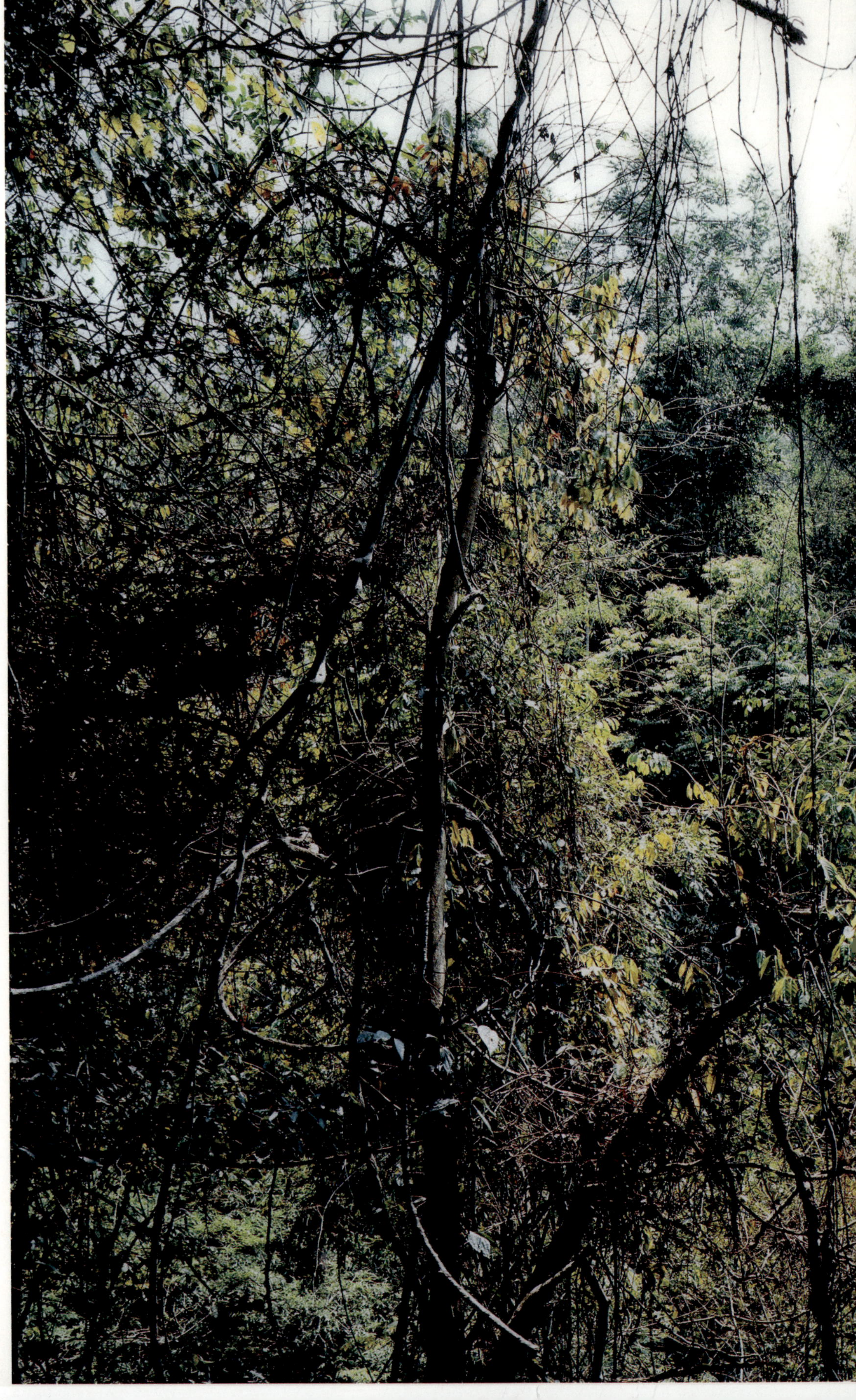

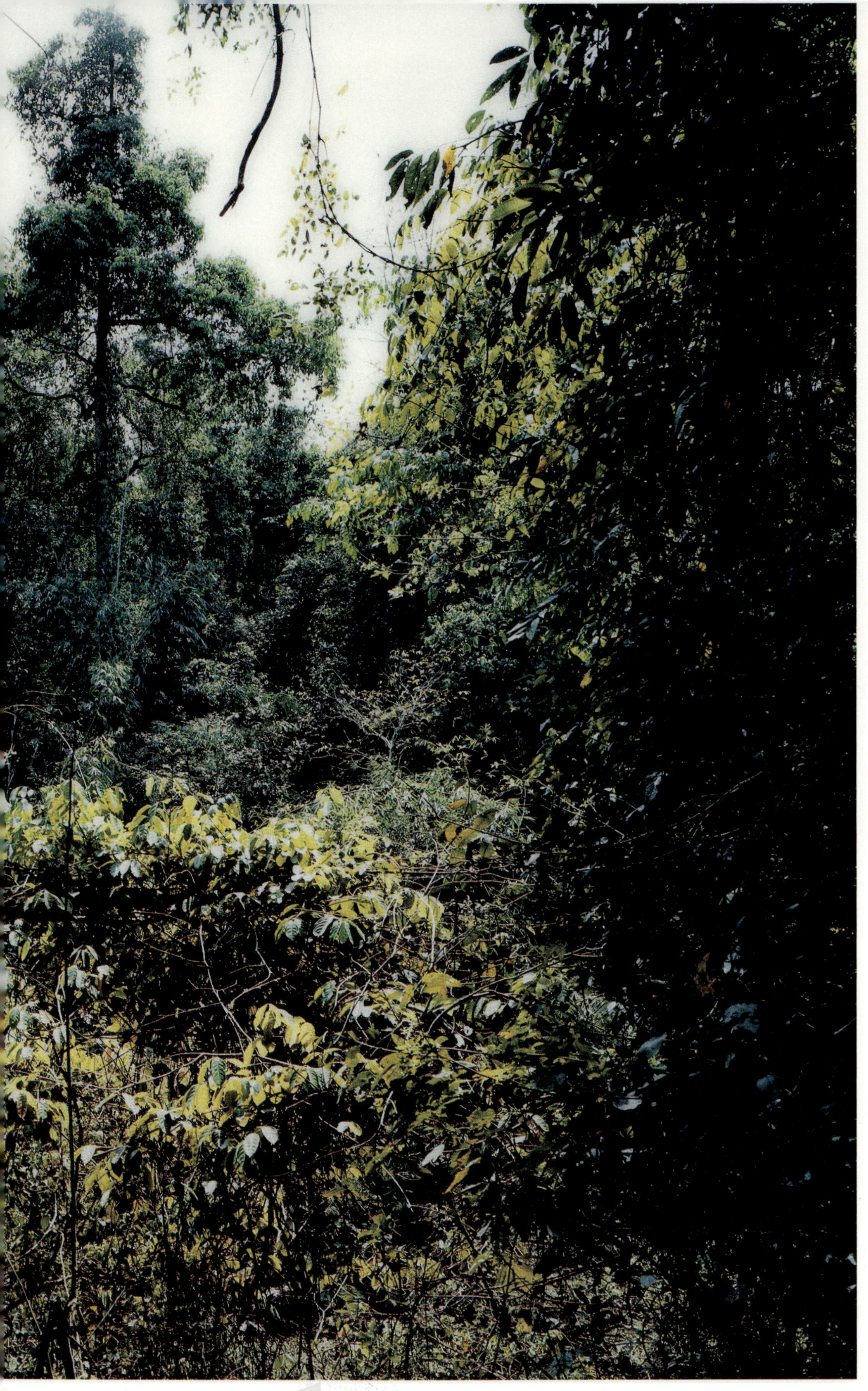

ISBN 90-5662-295-1

9 789056 622954

FOTO BIËNNALE ROTTERDAM V
NAi UITGEVERS / PUBLISHERS, ROTTERDAM
NEDERLANDS FOTOMUSEUM, ROTTERDAM
The Foto Biënnale Rotterdam 2003 is an initiative of the Nederlands fotomuseum, Rotterdam
and produced with Paradox, Edam.

Contents / Inhoud
Frits Gierstberg, Bas Vroege, EXPERIENCE, Media Strategies in an Immersive Visual Culture / Mediastrategieën in een immersieve beeldcultuur
Arjen Mulder, THE TRANCE OF PHOTOGRAPHY / DE TRANCE VAN DE FOTOGRAFIE
Francisco van Jole, THE SCRIPTLESS SOCIETY / DE SCRIPTLOZE SAMENLEVING
Jennifer Cypher, Eric Higgs, JOURNEY INTO THE IMAGINATION / OP REIS IN DE VERBEELDING
Timothy Druckrey, CLOSED CIRCUITS / GESLOTEN CIRCUITS

Printed and Bound in the Netherlands